21 世纪交通版高等学校教材

浮 桥 工 程

王建平　主　编
黄亚新　程建生　副主编

人 民 交 通 出 版 社

内 容 提 要

本书围绕浮桥工程中的概念、特点、组成、结构、设计、计算和架设等环节加以系统阐述。全书共十三章,内容包括:浮桥概述、浮桥分类、浮桥的力学体系、浮桥的组成、浮桥的桥脚舟与桥跨结构、浮桥固定(锚定)部分结构、浮游桥脚舟计算、简支体系浮桥计算、铰接体系浮桥计算、连续体系浮桥计算、浮桥阻力计算、浮桥锚定计算、浮桥架设组织等内容。

本书可供道路桥梁与渡河濒海工程、道路桥梁与渡河工程、渡河舟桥工程等专业本科生使用,也可作为相关专业工程技术人员的参考书。

图书在版编目(CIP)数据

浮桥工程/王建平主编.--北京:人民交通出版社,2012.6

ISBN 978-7-114-09813-0

I.①浮… II.①王… III.①浮桥—桥梁工程—高等学校—教材 IV.①U448.19

中国版本图书馆 CIP 数据核字(2012)第 104602 号

21 世纪交通版高等学校教材

书　　名: 浮桥工程
著 作 者: 王建平
责任编辑: 曲　乐　李　喆
出版发行: 人民交通出版社
地　　址: (100011)北京市朝阳区安定门外外馆斜街 3 号
网　　址: http://www.ccpress.com.cn
销售电话: (010)59757969, 59757973
总 经 销: 人民交通出版社发行部
经　　销: 各地新华书店
印　　刷: 北京市密东印刷有限公司
开　　本: 787×1092　1/16
印　　张: 16.5
字　　数: 414 千
版　　次: 2012 年 6 月　第 1 版
印　　次: 2012 年 6 月　第 1 次印刷
书　　号: ISBN 978-7-114-09813-0
定　　价: 36.00 元

序

浮桥作为一种特殊的桥梁，由于其具有架设速度快、跨越江河障碍性能好、使用灵活多变等特点，既是军队作战工程保障的主要工程措施，也是地方抗灾抢险江河两岸交通应急保障的主要技术手段。部队制式的浮桥主要是依托舟桥装备拼组架设而成，其具有能够伴随机动、迅速展开、全天候保障、浮桥门桥互换等优点；而依托民舟民船、各类浮桥结构物及各种材料架设就便浮桥也是未来渡河工程保障的重要内容。

各种浮桥由于不同的使用要求和结构形式，其浮桥的类型、力学体系也各不相同。部队作战保障一般采用制式浮桥，应急江河保障采用战备浮桥，地方工程施工建设多采用就便浮桥；水位季节变化大的江河两岸交通多采用季节性浮桥，风景游览区多采用人行浮桥，公路浮桥、铁路浮桥多用于抢修公路桥梁和铁路桥梁时使用。但总体要求都是需要承载能力大、浮性稳性好、拼组方便，有时还需要快速机动、操纵性能好、抗沉性能高，质量要求轻等。

《浮桥工程》这本书理论与实践紧密结合，既有浮桥的概念和发展历史的介绍，又有浮桥的分类和组成阐述；既有浮桥的各组成部分结构介绍，又有浮桥的力学体系分析；既有简支体系浮桥的计算，又有铰接体系浮桥、连续体系浮桥的计算；既有浮桥的锚定结构及计算的介绍，又有浮桥架设作业的组织与浮桥的维护使用。综上所述，这本书体系完整、内容翔实，适合军队和地方院校道路桥梁与渡河工程专业本科生作为专业教材使用，同时也可供相关工程技术人员参考。

本书作者王建平教授、黄亚新教授、程建生副教授等同志长期从事浮桥工程的教学训练、理论研究和科研攻关工作，获得多项国家级、省部级（军队级）科技进步奖，获得多项发明及实用新型专利，发表相关学术论文90余篇，在本书中融入了他们在教学和科研工作中的部分最新成果。

我相信本书的出版，必将对浮桥工程专业教学和专业人才的培养以及落实抢险救灾应急交通保障发挥积极的推动作用。

中国工程院院士：王景全

前　言

浮桥既是一种古老的桥型，也是一种具有特色的桥型。自三千多年前周文王为了迎娶新妃子，“亲迎于渭，造舟为梁”，架设了第一座具有文字记载的浮桥后，浮桥作为古今方兴未艾的特殊桥梁，发展了人行浮桥、军用浮桥、应急浮桥、特种浮桥、带式浮桥、混合浮桥、施工浮桥、季节性浮桥、观光浮桥、抢险浮桥等，为宽大江河的两岸交通保障、经济建设发挥了积极的贡献。

本书主要介绍了浮桥概述及分类、浮桥的力学体系、浮桥的组成、浮桥的桥脚舟与桥跨结构、浮桥固定（锚定）部分结构、浮游桥脚舟计算、简支体系浮桥计算、铰接悬臂梁体系计算、连续体系浮桥计算、浮桥阻力计算、浮桥锚定计算、浮桥架设作业组织等内容。本书的附录部分内容包括：浮桥相关法规，风力、航区、船舶及航道资料数据，钢材、木材相关资料，常用材料有关参数，六四式铁路军用梁技术资料等。本书在编写过程中，其中的研究工作得到国家自然科学基金（50578157）项目“浮桥在动荷载作用下关键问题研究”、中国人民解放军总部科研课题“×桥面防滑耐磨技术研究”、“×浮桥锚定技术研究”、“×桥梁架设过程动态响应分析”、“×桥故障诊断综合系统”等项目的资助。

本书融合了作者们近30多年的相关研究成果，并始终得到了中国工程院王景全院士的指导。一些项目是与黄亚新、李志刚、程建生、郑峰、屠义强、李峰、何晓晖等教师共同完成；部分内容引入了研究生杜乃娟、李强、李俊爱、冀勋高、张旭、余卿卿、马建、李冬兵、孟瑜等人的研究成果。作者对以上人员一并表示感谢。

本书由王建平教授主编，并编写第一章、第五章至第十二章，黄亚新教授编写第二章，程建生副教授编写第三章，郑峰副教授编写第四章，何晓晖博士编写第十三章第一节至第四节，李峰博士编写第十三章第五节至第七节。全书由王建平教授统稿。

本书承蒙中国工程院王景全院士作序，表示感谢。由于作者水平和资料有限，对于书中存在的问题，欢迎批评指正。

编　者

目　录

第一章 浮桥概述

第一节 基本概念

浮桥(Floating Bridge)是最古老的桥梁类型之一,由于它具有受水深,河幅、河底土质影响较小,架设和撤收速度快,通行能力大等优点,在军事上一直被广泛采用。浮桥按桥脚的配置方式可分为桥脚分置式浮桥和带式浮桥;按使用的器材可分为制式器材浮桥、就便器材浮桥和混合浮桥;按河中部分桥桁的连接方式可分为简支体系浮桥、铰接悬臂梁体系浮桥和连续体系浮桥。桥脚分置式浮桥是浮游桥脚之间有一定间距的浮桥,其优点是载重吨位变化多,对流水的阻力较小;缺点是浮体、桥桁、桥板等各成一体,构件繁多,架设作业费时、费力。带式浮桥是用特制的舟紧密排列而构成的浮桥,这种浮桥将舟体、桥桁和桥板等合为一体,每个舟就是浮桥的一段。这种浮桥的优点是架设作业省时、省力、通行能力大;缺点是阻水面较大,浮桥固定较困难。制式器材浮桥是用军队装备的浮桥器材架设的浮桥,其特点是架设、撤收速度快,陆地和水上机动性能好。就便器材浮桥是用就地搜集的器具材料架设的浮桥,其特点是可就地取材,材料来源广泛。混合浮桥是用不同类型的浮桥器材或制式浮桥器材与就便器材混合架设的浮桥,通常在一种器材不能满足桥梁长度需要时采用。

浮桥的桥桁之间的连接方式不同,其体系也不同,浮桥采用的体系,是根据使用要求、获得器材的状况等确定的。架设载重吨位较大的浮桥获得的桥脚舟载重吨位较小,且不要求经常更换浮桥的位置和改变渡河方法时,通常采用连续体系浮桥;当要求浮桥能迅速分解,经常转移渡口位置或经常改变渡河方法时,通常采用铰接体系浮桥;当搜集的单个桥脚舟有足够的载重量,桥桁的断面尺寸较小,不考虑改变渡河方法时,通常采用简支体系浮桥。新式浮桥器材架设的浮桥,运用新技术,较好地解决了门桥与门桥的相互连接,能迅速地分解、结合,故采用连续体系浮桥。

浮桥是河中部分浮在水面上的桥梁,通常由河中部分、过渡部分和岸边部分组成。对浮桥的要求包括架设撤收迅速,稳定性、抗损性能好,通行能力大。

民舟浮桥(Bridge of Civil Boats)是用民用船只作桥脚架设的浮桥。当舟的总体或局部强度不足时,应根据具体情况进行加强。民舟浮桥是人类历史上最古老的桥梁类型之一,直到17世纪欧洲30年战争中出现专用器材——浮桥船,此前的军用浮桥基本上都是民舟浮桥。用民舟架设军用浮桥,通常是用就地征集的木船、水泥船或钢质驳船作桥脚,用木材、竹材、钢材等加工制作上部结构构件和其他构件,架设成桥脚分置式浮桥。随着平时交通战备工作的开展,有些国家发展了平战结合的民用船舶,战时可以用来方便地架设浮桥。如中国武汉长江航运局于1983年在汉水上用300t级分节驳船架成了长280m的民舟带式浮桥,架设时间只用了几十分钟,并通过了中型坦克,展示了沿江河地区交通战备工作的重要作用。

浮桥工程(Floating Bridge Engineering)就是研究浮桥的类型、特点、体系、组成、结构、受力、计算、设计、架设、使用、维护等一系列工程环节的系统工程,是道路桥梁与渡河工程专业渡河方向的大学本科专业知识的重要组成部分。

第二节 发展历史

我国幅员辽阔、江河众多、沟渠密布，对军队的机动影响很大，能否快速、有效地克服江河障碍，直接关系到战局的胜败。浮桥是我军工程兵舟桥部（分）队战时用于架设浮桥、开设门桥渡口、保障作战部队和武器装备克服江河障碍的重要装备。

“逢山开路、遇水架桥”，历来是兵家必须解决的重要难题。在我国，江河纵横、沟渠密布，据统计，流域面积在 100km^2 以上的江河有 5 万多条，其中流域面积在 1 000km^2 以上的江河有 1 500 余条，且有长江、黄河、珠江、松花江、鸭绿江、闽江、乌苏里江等特大江河 79 条。

一、早期浮桥

1. 古代浮桥

浮桥是人类历史上最古老的桥梁形式之一。据资料记载，早在公元前 9 世纪，塞密拉密斯女王（Semiramis）在征服印度的战争中，就使用了可分解的轻型平底木船，运输时分解开，使用时结合起来，采用钩子和圆环作为连接件架设浮桥；公元前 49 ~ 45 年间，古罗马统帅凯撒（Casar）在克服江河障碍中，架设浮桥的浮体时采用柳条编织，然后覆盖动物皮囊；18 世纪俄罗斯创建了舟桥部队，采用木质骨架外包铁皮的桥脚舟；1759 年俄军又装备了钢质骨架的帆布舟，运输时将帆布卷起（图 1-1），使用时展开连接，舟自重仅 230kg，载重量达到 5.8t。

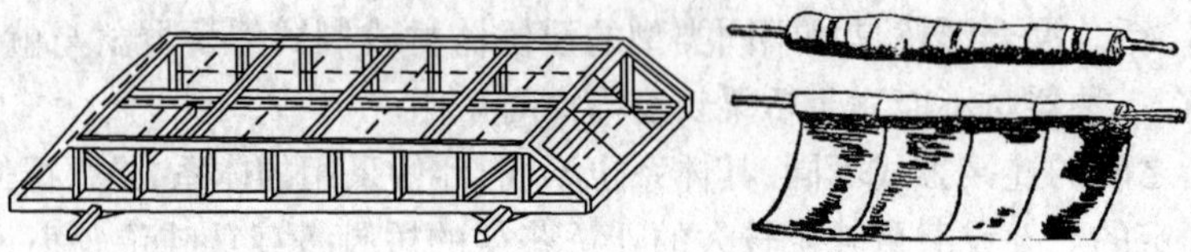

图 1-1 钢骨架帆布浮桥的桥脚舟

我国自古以来军事家都十分重视渡河问题。据史料记载，“亲迎于渭，造舟为梁”（《诗经》）讲的是公元前 1 142 年，周文王为了迎娶妃子，在渭水河上用舟船连成浮桥，并且亲自到河边迎接的故事，这是有史以来最早的关于浮桥的文字记载。

周武王伐纣时（约公元前 1066 年）即有渡大水的“天潢”和“飞江”，越沟堑的“飞桥”。

公元前 287 年，秦昭襄王在山西蒲坂（现永济县）的黄河上架通了著名的军用浮桥——蒲津桥。

公元 35 年，蜀将任满、田戎在湖北荆门—虎牙的长江上，首次架设了跨越长江的军用浮桥，后被东汉刘秀军焚毁。

开宝年间（公元 974 年）赵匡胤在樊若冰的建议下，在安徽采石矶上架设浮桥：浮桥两岸石柱系缆绳，缆绳上绑千艘舰船，船上铺木板，连接成桥。各船下碇石为锚，沉于江底，长度在 6 000m 上下（现在南京长江大桥为 4 589m 和 6 772m），一举破灭了南唐皇李煜的美梦。

宋朝《嘉泰会稽志》中有西小江浮桥，即钱清浮桥，由 12 只船连成桥长 36 丈，宽 17 尺。北宋东京的西浮桥，“旧以船为之桥”，北宋末“皆用木石造矣”。真宗时，通津门外新置汴河浮桥一座，“未及半年，累损公私船，经过之际，人皆忧俱”，最后不得不废掉。开远门外之浮桥，在元丰二年（1079 年）12 月 25 日才改为土桥。

建于宋嘉定四年（1211 年）的浙江黄岩利涉桥，俗称大树下浮桥，是一座曲浮桥，桥跨澄江。浮桥长 100 丈,桥宽 3 丈,共用舟 40 只,铁缆 9 000 余斤。南宋叶适《利涉桥记》称:"奔波争舟,倾覆蹴踏之患免,而井屋之富,廛肆烟火,与桥相望不绝,甚可壮也"。

宋金时期在黄河、长江存在或建造了大量的浮桥见表 1-1、表 1-2,在黄河上的浮桥绝大多数是曲浮桥。

宋金时期黄河浮桥 表 1-1

序号	桥　名	桥 形 式	始建年代(公元)	序号	桥　名	桥 形 式	始建年代(公元)
1	溪哥浮桥	浮桥	1109	6	滑州浮桥	浮桥	1081
2	折桥	河厉	1216	7	大伾山浮桥	浮桥	1115
3	菏桥	浮桥	1222	8	安乡浮桥	浮桥	1073
4	保德浮桥	浮桥	1002	9	金城关浮桥	浮桥	1083
5	永和桥	浮桥	1073	10	澶州浮桥	浮桥	1004

宋金时期长江浮桥 表 1-2

序　号	桥　名	桥 形 式	始建年代(公元)	序　号	桥　名	桥 形 式	始建年代(公元)
1	乐山浮桥	浮桥	1173	4	九江湖口浮桥	浮桥	1275
2	青山矶浮桥	浮桥	1259	5	池州浮桥	浮桥	1275
3	白鹿矶浮桥	浮桥	1260	6	采石浮桥	浮桥	974

公元 1243 ~ 1276 年,蒙古军兼并南宋进攻四川时,专门组织了船桥水手军,在我国这是首次组建的专业浮桥部队,装备了木船、革囊、浑脱(用整只羊皮充气的浮囊),先后架桥 20 余次,对平定四川,"浮桥之功居多"。

2. 蒲津浮桥(图 1-2、图 1-3)

蒲津浮桥的桥位在今山西省永济市,对岸为陕西省朝邑县(现属大荔县朝邑镇)。早在春秋战国时代就有在此造浮桥的记录(见杨伯峻《春秋左传注》昭公元年夏);北朝时期,此地又因军事需要架起浮桥,直到唐玄宗开元年间都还扮演着沟通黄河两岸的角色;只是因为使用竹制缆绳,必须经常更换;每到春初冰水顺流而下,更往往造成严重损坏,维修保养甚为不便;因此开元 9 ~ 开元 12 年(公元 721 ~ 公元 724 年),在唐玄宗大力支持下,由兵部尚书张悦负责对蒲津浮桥进行了彻底性的翻修。

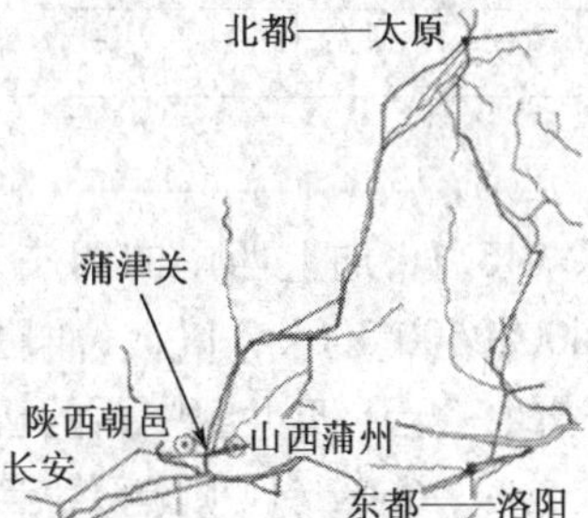

图 1-2　蒲津浮桥位置

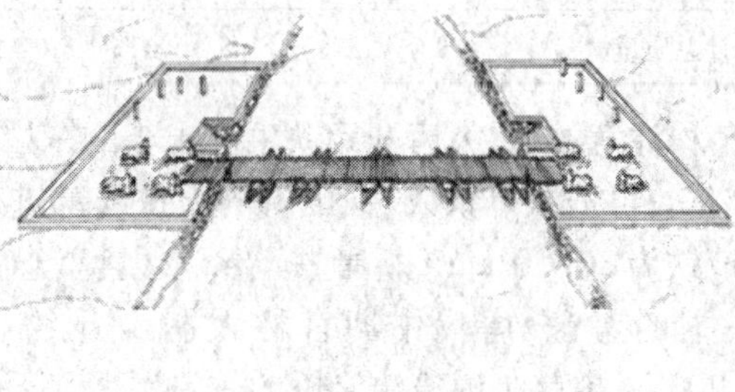

图 1-3　蒲津浮桥示意图

蒲津浮桥当时采取的措施:(1)以沉重的铁牛、铁人、铁山、铁柱埋在两岸,供系缆绳之用,大幅度增加了岸锚的拉力;(2)以环状铁链将作为浮体的舟船连在一起,主缆两端固定在岸锚上;不仅以抗拉性强、经久耐用的铁缆取代了容易朽坏的竹制品,并且因铁缆的质量使各浮体不易漂移，增加了桥面的稳定性；同时又提升了对抗水流的能力；(3)还针对河中淤积，予以疏通，并加大浮体舟船间的距离，一则减少所需船只的数量，再者可以让冬春时节凌汛期的冰水顺利通过，减低凌汛对浮桥的威胁。

唐亡之后(公元907年)，历代仍然继续维修、使用着蒲津浮桥，虽然在北宋时曾经因大洪水导致桥梁损坏，铁牛也沉没河中，但是在僧人怀丙的巧妙措施下，铁牛又回到了原位(祥见南宋人吴曾《能改齐漫录》卷十三及《宋史》卷462〈方技传〉下)。金代末叶(13世纪初)，桥曾毁于金、元兵乱；但是明太祖洪武二年(1369年)，为了军事需要，又恢复了浮桥；武宗正德(1506～1521年)、神宗万历(1573～1620年)年间，均曾加以整建；可惜随着黄河河道的摆动，蒲津桥终于再也无法恢复昔日的风采，民国期间，不仅浮桥早已荡然无存，甚至铁牛、铁人等都埋入黄河的泥土淤沙之中，不见踪迹。

公元1988年3月起，永济市博物馆工作人员根据文献(例如《通典》卷179，〈州郡〉9，〈河东郡河东县〉，《唐会要》卷86，〈桥梁目〉，《新唐书》卷39，〈地理志〉3，〈河中府河西县〉，《读史方与纪要》卷39，〈山西〉1)记载，并结合当地遗老的印象与经验，在永济城西15km，蒲州古城西门外的黄河东岸，进行大规模发掘，挖掘面积达2 000余平方公尺，开挖土方6 000余立方公尺，由1989年7月31日到1991年6月，深埋已久的大唐开元铁牛四头(图1-4，表1-3)、铁人四尊、铁山两座、七星铁柱一组及若干历代文物相继出土，历经千载风霜的大唐铁牛与铁人等稀世珍宝终于重见天日。

图1-4　出土的蒲津浮桥作锚定的铁牛

考古工作者将四头铁牛按西北、东北、西南、东南方位，编为1、2、3、4号，并判定1号为公牛，2号为黑唇黄牛，3号为去势公牛，4号则为三岁左右的小牛。

蒲津浮桥锚定的铁牛　　表1-3

编号	1	2	3	4
位置	西北	东北	西南	东南
牛种类	公牛	黑唇黄牛	去势公牛	三岁左右的小牛
质量(t)	26.1	31.4	43.5	45.1
合计总质量(t)	146.1			

值得注意的是，大唐开元铁牛已出土的东岸四头即已重达146.1t，加上西岸的四头，当不少于290t；再把八尊铁人、铁山、铁柱、铁缆算进來，总重应在600t(600 000kg)以上；而唐代中期年产铁为207万kg(《新唐书》卷54，〈食货志〉4)，依据郭正忠《三至十四世纪中西的权衡度量》一书的考证，唐代中期官秤大制1斤约合656～672g，今以660g计，则唐代年产铁1 366 200kg；也就是说蒲津浮桥的铁制品竟消耗了大唐帝国铁年产量的50%左右，由这个数据，也可以想见这是多么受到唐皇朝重视的巨大工程！

3. 赣州浮桥

赣州城的浮桥自古有之。有明确记载的最早浮桥是原西门浮桥，古称“知政桥”，它是北宋熙宁年间(1068～1077年)虔州知军刘瑾始先建造。赣州现存的建春门浮桥，原称“惠民桥”，它是南宋著名文学家、《容斋随笔》的作者洪迈在乾道年间（1165～1173 年）任赣州知军时始建。

赣南最长的浮桥是东河浮桥，桥的浮船曾达 116 只，铁锚 58 口，贯桥杉板有 300 块。难怪明代一位葡萄牙人来到赣州，见到宏伟壮观的赣州浮桥时情不自禁地叹道：“全世界建筑工人数中国的第一”。不过，由于长大的浮桥是依靠铁锚来固定它的位置，遇到爆发的大洪峰或涨大水时，很容易冲垮桥船；或因水太深、太急而被迫收桥，中断江面交通。浮桥的桥头，还往往是官府收税和盘查行人的卡口。来往的船只停泊在浮桥两侧，船主或货主必须上到桥头向官府纳税，才开桥准予通行。多年前曾在桥东头旁发现明代官府立卡收税的告示铁柱。前几年，又将铁柱挖出，重新立于桥头不远的码头边原地保存，为赣州增添一景。

浮桥是古代人民征服江河的一个创举，川北古城阆中巴蜀之要冲，位于嘉陵江中上游。诸葛亮北伐中原时，南粮北运，粮草必经阆中运至汉中，当时要在宽阔的嘉陵江上建造桥梁是不可能的事，于是诸葛亮为了解决渡江之苦，指挥军民在江面上架设浮桥，从阆中古城华光楼至南岸绵屏山脚下的南津关，全长近 200 多米，浮桥共用 36 只木船横列于嘉陵江上，每隔 3m 一只，船与船之间用木板相连，以纤绳作栏杆。将粮草从浮桥上运到对岸，显示出了我国古代人民的智慧。

免渡今无苦，舟横东复西。

河流奔勿断，市贾聚常齐。

霜迹寒鸿爪，江声滑马蹄。

这首诗描述了阆中嘉陵江浮桥，由清代王恬所作。

明代成华年（公元 1464 年），保宁府（阆中）知府赵宇继用诸葛之法，每年秋冬时就将浮桥搭起，次年春夏涨水季便将浮桥拆去。年复一年，直到中华人民共和国成立后 20 世纪 50 年代初，因嘉陵江运输船只增多，浮桥有碍水上交通运输而被废除。

二、近代浮桥

1851～1854 年，清代太平天国也多次在武汉等地的长江上架设军用浮桥，其中有一次的架桥点就是目前武汉长江大桥的桥址；1881 年，直隶总督李鸿章呈光绪皇帝的奏章中报告：“查天津机器制造局……西局……上年造成行军桥船 130 余只，百丈之河，顷刻成为平地”，这是近代工业制造浮桥的最早记录。

遵义会议后红军在毛泽东同志领导下，迂回曲折地穿插于敌军重兵之间，四渡赤水、兵临贵阳、威逼昆明、巧渡金沙，彻底摆脱了长征初期的被动局面。在四渡赤水过程中广泛地采用民船架设了浮桥，有利地保证了主力红军的战略机动。1935 年 1 月 29 日，朱德发布西渡赤水河的命令（一渡赤水），规定：第一军团，第九军团，军委第二、第三梯队，干部团上干队为右纵队，右猿猴场渡河，转向古蔺以南前进；军委直属队、干部团及第五师为中央纵队，由土城下游浮桥过河，取道角子头、三角塘、头场坝前进；第五军团、第三军团直属队及第四师为左纵队，由土城上游浮桥渡河取道头场坝向太平渡前进。2 月 18～2 月 21 日，中央红军在川黔交界的太平渡、二郎滩等渡口东渡赤水河（二渡赤水），向敌人兵力比较空虚的桐梓地区急进，准备消灭由桐梓来土城的黔敌。3 月 16 日，红军在贵州的茅台及其附近地区西渡赤水河（三渡赤水），迅速跳出敌人的合围圈，向古蔺、叙永方向前进，再次进入川南，并摆出准备从这里北渡长江的姿态，将国民党军主力引向赤水河以西地区。3 月 21 日晚至 22 日，红军主力以隐蔽、神速的行动，由大村、两河口地区北上，在二郎滩、九溪口、太平渡东渡赤水河（四渡赤水），折返贵州。

3 月 30 日李先念、徐向前指挥的红四方面军在阆中渡江，遭到了敌人的阻挠，派出数架飞机对阆中浮桥进行了狂轰滥炸，浮桥被过江的逃敌切断。红军组织了渡江突击队，冒着敌机的轰炸和江对岸的机枪扫射，强行渡江，将浮桥修复，使大部队顺利过江，赢得了渡江战役的胜利，阆中古浮桥为中国革命事业作出了它的贡献。同年 4 月，红军告别了阆中人民，投入了举世闻名的二万五千里长征。

1950 年 10 月中旬，驻扎在吉林市的我志愿军工兵二十二团接到命令，立即筹备架设浮桥的各种器材，同时开展在松花江上的战前练兵。我团决定在长甸河村镇约两三里路的上河口处设置架桥点。浮桥长约 200 余米，既要考虑到人员车辆通行方便，又要考虑到便于部队疏散，更要考虑到对岸山地便于修筑进出路以接近公路，保证大部队过江后迅速挺进。10 月 19 日黄昏，志愿军一声令下准备过江。我架桥部队立即集结，敏捷地摆渡已准备好的门桥，迅速驶向架桥点，接近桥轴线，开始架设浮桥，并准确无误地提前架通，等待大部队按时过桥。浮桥是夜架昼撤，上级要求在黄昏 2 ~ 3 小时架起，而我们仅用一个小时就架通了；要求拂晓前一个小时必须拆除隐蔽好，我们只用半个小时就拆除隐蔽完毕了。就这样，我们在鸭绿江上连续战斗了 3 个夜晚，保证了首批 25 万大军秘密过江。

三、现代浮桥

在民用上，季节性浮桥的使用也十分常见，黄河下游河道具有覆盖层厚、冲淤变化大的特点，给桥梁建设带来很大的困难，而且桥梁建设投资大、周期长。浮桥以其建设周期短、投资少、适应水位变化能力强、拆建方便等优点被广泛应用，为缓解黄河两岸交通紧张状况、促进黄河两岸的经济发展起到了重要作用，在黄河中下游有季节性浮桥 70 多座，仅黄河山东段就已修建浮桥 51 座，如图 1-5 所示，平均间距 17km，浮桥的建设通车解决了两岸交通，发展了地方经济。

承压舟浮桥自 1985 年在山东省率先架设以来，在沿黄河流域得到了迅猛发展。截至 2007 年年底，黄河山东段 628km 河段上，登记注册的浮桥企业共 54 家，各式承压舟 1 000 余艘。截至 2009 年年底山东省注册的浮桥有 64 座。

大榭岛跨海浮桥是连接宁波穿山镇至大榭岛的海上浮桥（图 1-6），属于施工浮桥。浮桥全长 445m，桥宽 9.6m，通航孔 96.5m，设计寿命为 3 年，经过加强后实际使用 6 年，经受了数次台风袭击的考验，并适应了该海域水深流急、潮汐变化大、通航要求高等实际情况。

图 1-5　黄河吴王浮桥

图 1-6　大榭岛海上施工浮桥（加强后）

在国外，大型浮桥也有华盛顿湖浮桥、胡德运河桥、诺赫德兰得桥（图 1-7）、大阪港活动桥（图 1-8）等，具体浮桥情况见表 1-4。

外国浮桥一览 表 1-4

项目		加尔特桥	华盛顿湖 1 号桥	华盛顿湖 2 号桥	华盛顿湖 3 号桥	胡德运河桥
建成时间(年)		1912	1940	1963	1989	1961
桥长(m)		457	2 018	2 310	1 771	1 988
浮筒	类型	分离基础	连续基础	连续基础	连续基础	连续基础
	材料	钢	预制混凝土	预制混凝土	预制混凝土	预制混凝土
	数量(个)	50	25	33	18	23
系泊		锚链 + 锚碇	钢丝绳 + 锚碇	钢丝绳 + 锚碇	钢丝绳 + 锚碇	钢丝绳 + 锚碇
梁间连接		铰	铰和端桁架	铰和端桁架	铰和端桁架	铰和端桁架
线形		直线	直线	直线	直线	直线
活动性		平转	竖转	竖转和提升	无	竖转
最大水深(m)		41	75	61	65	104
水位变化(m)		-0.5/-0.14	+0.3/-0.9	+0.3/-0.9	+0.3/-0.94	+3.9/-1.4
水流速(m/s)		0.27	无	无	无	1.3
设计浪高(m)		—	2.4	2.7	2.4	3.4
最大波周期(s)		—	≤5	≤5	≤5	≤5
设计风速(m/s)		—	28	37	28	28
单元尺寸(m)		25×9×3.7	127×18×4.4	110×18×4.5	108×23×5.0	110×18×4.4
备注		1992 年起火、沉没	1990 年部分沉没、吃水 2.1m	吃水 2.1m	吃水 2.1m	1979 年西半部分沉没,吃水 3.6m
项目		伯格斯萨得桥	诺赫德兰得桥	大阪港桥	西印度码头人行桥	福特岛桥
建成时间(年)		1992	1994	2000	1996	1997
桥长(m)		845	1 246	410	94	457
浮筒	类型	分离基础	分离基础	分离基础	分离基础	连续基础
	材料	预制混凝土	预制混凝土	预制混凝土	预制混凝土	预制混凝土
	数量(个)	7	10	2	8	1
系泊		无	无	边墩	—	锚链 + 锚碇
梁间连接		铰	铰和端桁架	铰和端桁架	铰和端桁架	铰和端桁架
线形		曲线	曲线	直线	直线	直线
活动性		无	无	平转	竖转	竖转
最大水深(m)		230	500	10	—	13.5
水位变化(m)		+2.0/-2.0	+1.6/-1.4	+4.8/-0.52	不清楚	不清楚
水流速(m/s)		1.31	1.75	0.2	不清楚	0.36
设计浪高(m)		1.4	1.67	1.4(外海 4.4)	不清楚	1.5
最大波周期(s)		3.3~5.25	3.6~5.1	5.7~7.7	不清楚	不清楚
设计风速(m/s)		37.54	27.1	42	不清楚	45
单元尺寸(m)		25×9×3.7	42×12.5×6.8	—	—	—
备注		钢管桁架桥	钢箱梁	—	—	军用

图 1-7　诺赫德兰得桥

图 1-8　大阪港活动桥

第三节　浮桥的特点

一、以浮体为中间桥脚，适应各种江河

利用制式舟、民舟等浮体，可以架设各种形式的浮桥。这些浮桥除了岸边部分和锚定部分与江河的河床有关外，其余部分漂浮在水面上，采用投锚固定、张纲固定等措施就可以保障浮桥在一般常水位下，稳定地架设在江河上，保障所设计的荷载通行。因此，浮桥多用于宽大江河，克服江河障碍的能力大，同时，浮桥器材经过分解再组合，可以适应不同河幅上架设浮桥的需要。

二、以门桥为作业单元，架设速度快

浮桥河中部分的架设单元为桥节门桥，岸边部分通常是栈桥和进出口。桥节门桥由两舟门桥至五舟门桥不等，但是在一座浮桥中，除了特殊的用于浮桥闭塞作业（即浮桥架设合拢时的门桥）外，其他桥节门桥的结构应该一致，即门桥的舟数、节间、车行道宽度、桥桁的材料与截面、数量、配置以及结构细部。因此，在准备器材时，以一个桥节门桥为单元，若干门桥就准备若干组器材。在桥节门桥结合时，可以提前在岸边组织人员分组进行，并在岸边架设好固定栈桥或浮游栈桥，构筑好进出口，一旦需要架设浮桥，则只需要将提前结合的桥节门桥分别引进桥轴线，并相互连接，就可以迅速地架设浮桥，同样浮桥的撤收作业也很快。

三、各种体系浮桥，因器材江河而定

浮桥的总体结构形式不同，可以区分为简支体系浮桥、铰接悬臂梁体系浮桥（简称铰接体系浮桥）和连续体系浮桥等种类。

在结构上，简支体系浮桥最为简单，连续体系浮桥最为复杂，而铰接体系浮桥介于两者之间。对于桥脚舟受力来说，简支体系浮桥的受力最大，而连续体系浮桥的受力最小，铰接体系浮桥的受力介于两者之间。

与桥脚舟受力相反，对于桥跨受力来说，简支体系浮桥的受力最小，而连续体系浮桥的受力较大，铰接体系浮桥的桥跨受力与连续体系浮桥的桥脚舟受力相当。

在浮桥的通行性能方面，简支体系浮桥由于纵坡较大，通行性能差，铰接体系浮桥有一定的纵坡，而连续体系浮桥的桥梁总断面是平顺的曲线，因此通行效果最好。

由于结构上的局限，简支体系浮桥无法直接改为漕渡门桥，而需要将浮桥全部分解才重新结合成漕渡门桥或码头，因此基本上不考虑浮桥和门桥之间的直接转换；连续体系浮桥均是由一个个桥节门桥纵向刚性连接而成，在浮桥转换成门桥时，需要将所有的刚性连接接头全部分解，因此工作量较大；而铰接体系浮桥的桥节门桥之间仅采用铰接器连接，一般门桥与门桥之间在车行道两侧仅设置两个，因此分解、连接十分方便，门桥浮桥转换迅速。

根据分析，简支体系浮桥的抗沉性能最差，连续体系浮桥的抗沉性最好，而铰接体系浮桥的抗沉性介于上述两者之间。

根据以上各种浮桥体系的特点、装备器材情况以及江河情况，可选择合适的浮桥体系。一般说来，制式浮桥几乎都采用连续体系浮桥。当江河较窄、流速较小、征集的民船较大时采用简支体系浮桥。当在宽大江河、流速较大的情况下，一般都采用铰接体系浮桥。

四、结构形式多样、满足不同需要

由于浮桥是构件拼组式，因此通过专门设计，可以利用同一套器材架设结合不同的浮桥或水上工程结构物。例如某特种舟桥，通过作业变换，可以在宽大江河上分别架设 50t 浮桥、60t 浮桥、80t 浮桥、100t 浮桥、单车道浮桥、双车道浮桥等，还可以根据需要结合 60t 漕渡门桥、100t 漕渡门桥、100t 大面积漕渡门桥，利用其岸边器材可以架设 50t 浮游栈桥、60t 浮游栈桥、80t 浮游栈桥、100t 浮游栈桥，以及相应的上下载码头。

又比如带式浮桥可以架设 50t 浮桥、20t 浮桥，还可以结合 40t 漕渡门桥、60t 漕渡门桥和 110t 漕渡门桥等。

上述的制式舟桥装备，还可以根据实际需要，结合锚定门桥、闭塞门桥、水上作业门桥（打桩门桥、水上清障门桥、水上运输平台）、岸边作业码头（栈桥）等。

五、便于撤收转移，浮桥战场生存率高

与江河上的固定桥梁不同的是，浮桥是漂浮结构，可以根据江河条件和战场需要，适时架设、通行荷载、迅速转移，再辅以防护和伪装措施，浮桥的战场生存率较高。

另外，一旦浮桥受到袭击破坏后，可以分解成漕渡门桥进行门桥渡河，也可以利用预备器材进行应急抢修。

未来采用新型复合材料架设浮桥，则战场暴露征候减小；舟内填充发泡材料，则抗沉性能大为提高。

第二章　浮桥的分类

浮桥的分类方法有很多种，按照是否是制式装备来分，可以分为制式浮桥、战备浮桥和就便浮桥；按照通行荷载来分，可以分为公路浮桥、铁路浮桥、其他特殊用途浮桥（如游览浮桥、游船靠泊浮桥、输送管道浮桥等）；按照载重量来分，可以分为重型浮桥、中型浮桥、轻型浮桥和徒步浮桥；按照结构形式来分，可以分为桥脚分置式浮桥、带式浮桥、自行舟桥架设的浮桥等；按照运输方式来分，可以分为越野车辆运输的浮桥、牵引车辆运输的浮桥、装甲车辆运输的浮桥、可人工搬运架设的浮桥、水上可机动的浮桥、可空运空投的浮桥等；按照主体结构材料来分，可以分为钢质浮桥、铝合金浮桥、木质浮桥、钢筋混凝土浮桥、复合材料浮桥；按照战场遂行保障任务来分，可以分为前线冲击保障型浮桥、机动伴随保障型浮桥、后方定点支援型浮桥等。

第一节　按是否制式化分类

渡河器材按器材的来源可以分为制式浮桥装备、就便浮桥器材、战备浮桥器材等。

一、制式浮桥装备

制式浮桥装备是专门设计的由中国人民解放军总部正式命名并配发浮桥部（分）队使用的舟桥装备，又可以称为舟桥装备，主要有重型舟桥、轻型舟（门）桥、带式舟桥、特种舟桥和自行舟桥等。它是部队渡河工程保障时进行门桥渡河、浮桥渡河的装备（图 2-1）。

二、战备渡河器材

一般是由国家交通战备部门研制并配发，用于后方交通保障的渡河器材。例如 20 世纪 90 年代研制的多用途浮箱，再配合装配式公路钢桥，就可以架设浮桥（图 2-2）。

图 2-1　制式浮桥架设的长江浮桥

图 2-2　多用途浮箱和装配式公路钢桥架设的战备浮桥

三、就便浮桥器材

在战时根据需要临时征集各种就便器材用来架设浮桥、构筑门桥等，这些就便器材主要包括：作为浮游桥脚舟主要征集钢质民船（运输船、驳船、拖船、工程船等）、木质民船（运输船、捕鱼船、工程船）、钢筋混凝土民船等，还可以用具有一定浮力的汽油桶、木筏等构筑小吨位的浮桥或者徒步桥；作为桥桁主要征集各类型钢、施工脚手架、万能杆、钢轨、木材等；作为桥板，主要征集各种钢板、木板等材料用于加工。就便箱式浮桥和就便人行浮桥见图 2-3、图 2-4。

图 2-3　就便箱式浮桥

图 2-4　就便人行浮桥

第二节　按使用用途分类

一、公路浮桥

通行各种汽车、车辆的浮桥为公路浮桥。公路浮桥可以是施工临时用，也可以是半永久（洪水时分解）使用。公路浮桥可以是带式（箱式）结构（图 2-5），也可以是桥脚分置式结构；一般公路浮桥设计成双车道浮桥，以方便使用(图 2-6)。

图 2-5　正在架设的箱式公路浮桥

图 2-6　正在通车的公路浮桥

公路浮桥的设计荷载是按照公路荷载规范来选取，或者根据需要来选用。

二、铁路浮桥

铁路浮桥在特定的条件下运用，它主要用于战时铁路抢修，平时抢险救灾，克服江河障碍，保障铁路运输畅通，是短期应急通车的一种临时设施。它还可以用于新建铁路临时通车和新建铁路施工。

铁路浮桥一般设计成桥脚分置式浮桥，它的基础是浮墩。荷载是通过浮墩而传到水面，依靠水对浮墩的浮力来承受。因而铁路浮桥不需修建复杂的深水固定基础，浮桥的结构和架设方法，不受水深和河床地质的影响。

铁路浮桥的拼组架设方法简单，可以有较多的作业面，并且浮节和其他结构可预先在远距桥址处结合好，然后由水路运到桥址就位，拼架速度快，施工工期短。铁路浮桥还可以根据需要及时拆除和架设，具有一定的快速性和机动性。

1993 年研究成功了多用途浮箱铁路浮桥（图 2-7），多用途箱作浮墩，就便桥梁器材作浮桥梁，研究设计了带式铁路浮桥、六四式铁路军用梁分置式铁路浮桥、拆装式衔梁分置式铁路浮桥。

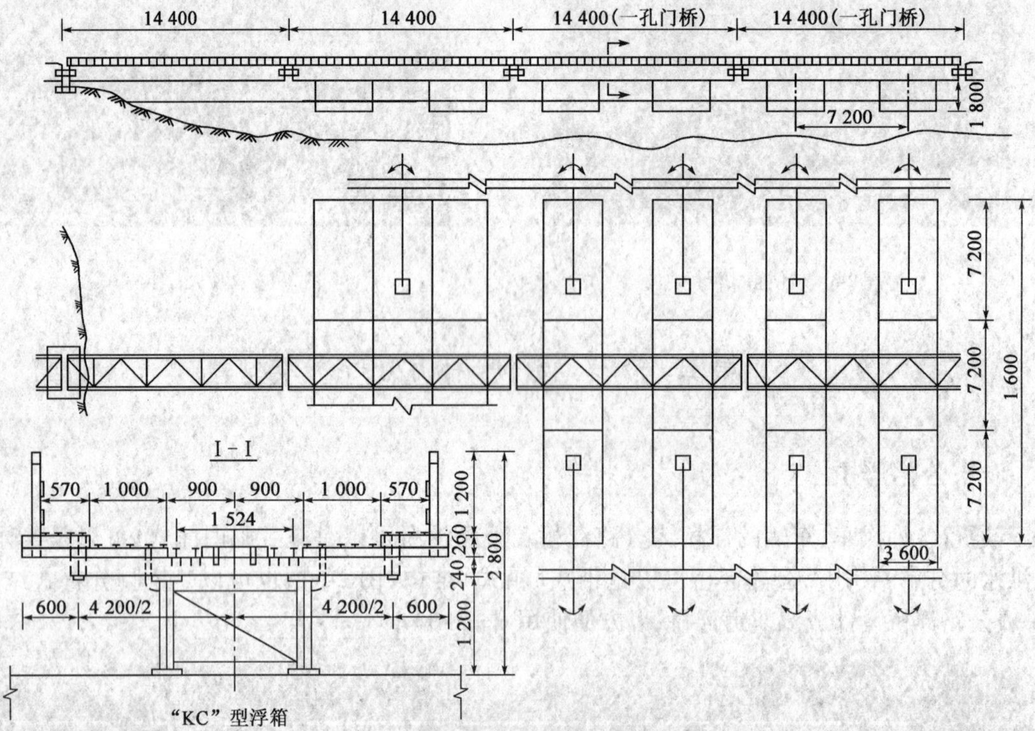

图 2-7　KC 型万能浮桥架设的铁路浮桥（尺寸单位：mm）

在长江上利用甲板式驳船和装配式钢桥（梁），可以架设铁路浮桥，如图 2-8 所示的长江浮桥方案，它用八七型长梁与 500 ~ 1 000t 级的民船组成高架固定门桥，以保证长江流域大量的中小吨位船舶不间断地通航；仍设通航孔，定期或不定期开启，放行大吨位船舶；它用既有数量很大的 100 ~ 500t 级的民船和六四式军用梁和其他铁路钢梁拼组浮桥的其他部分。

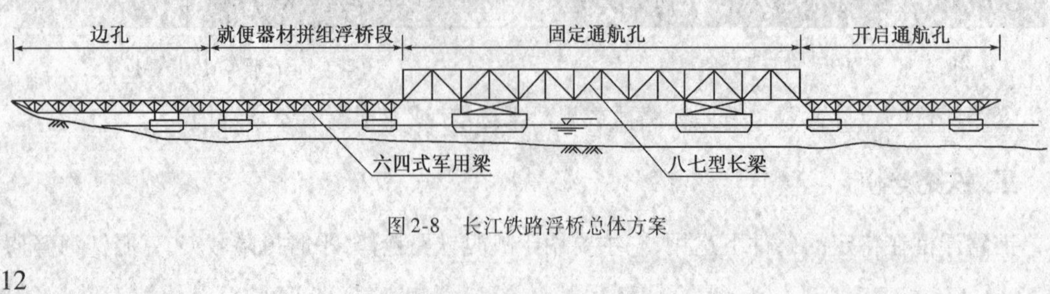

图 2-8　长江铁路浮桥总体方案

三、其他特殊浮桥

俄罗斯军事专家们把该国先进技术用于建造民用浮桥，设计并成功试验了世界上第一座能通多节火车的“超级万能”浮桥（图2-9）。

这座浮桥的设计结构十分独特，虽然表面上看起来结构单薄，但实际上它可以承受数百吨质量产生的压力；各种汽车、履带式交通工具及火车等陆地上行驶的各种交通工具都可以在它上面自由通行。因此，设计者们为它起名为“超级万能”浮桥。

“超级万能”浮桥全长780m，当出现洪水等自然灾害时，“超级万能”浮桥在拖船的帮助下直接在水面上进行组装；用特殊钢索进行连接加固，铺设浮桥的耗时不超过3天。这样，就能在最快的时间为受灾地区运送物资、疏散灾民。

图2-9　俄罗斯“超级万能”浮桥

根据特殊需要设计的浮桥，还包括游览浮桥、游船靠泊浮桥、输送管路浮桥等。如图2-10所示为深圳明斯克航母主题公园的游人参观浮桥，图2-11为游轮靠泊浮桥。

图2-10　深圳明斯克航母主题公园游览浮桥

图2-11　游船靠泊浮桥

第三节　按载重量分类

一、重型浮桥

重型浮桥装备：载重量为50t以上主要保障各种重型装备克服江河障碍。

德军FFB2000带式浮桥，可以在流速达3.5m/s的河中使用，其承载能力达70军用吨级，在特殊情况下可达80军用吨级。它与现有的带式浮桥功能类似，可以为结构浮桥或是门桥。它完全可与美国、德国的带式浮桥相媲美。FFB2000由中间单元和跳板单元组成，并且其截面为30°弧度的流线型。每个中间单元和跳板单元折叠成W形，由一辆全地形7t卡车运输。在架设过程中，桥节自动从运输车上展开。在水中时，桥梁单元可由架桥汽艇架设成门桥或浮桥。可由两块跳板和一些中间单元架成模块化的门桥。有效车行道宽为4.1m（5.2m宽的双车道桥承载能力为16军用吨级），车行道两侧各有宽2.2m的人行道。装配100m长的浮桥的时间为60min，每小时可通行200辆80军用吨级的车辆。门桥由两个中间桥节和两个跳板桥节组成，可以在流速达3.5m/s的河中承载70军用吨级。为了适应各种岸况和岸高，跳板单元可以液压调节成高于水面2.2m的高度。可以适应的最浅水深为1.2m。每块单元有四个可供起重机作业的操作点。FFB带式浮桥的先进之处为：新型的截面形式，提高了浮力；更高的门桥漕渡能力；适应岸高能力强；上桥的坡度更为平稳；提高了桥梁渡河能力；有连续的路面板；整体结构上更为牢固；提高了在水中和在架设中的控制。

FFB2000浮桥主要用于架设浮桥和结合门桥，保障车辆和技术兵器渡河（图2-12、图2-13）。FFB2000带式浮桥由KRUPP Forder technik GmbH公司和MAN Gutehoffnung Shutte AG公司共同研制，FFB2000样桥在Duisburg的内河船舶制造研究所进行了大量的测试。该器材在性能方面较FSB-70带式浮桥有较大提高。浮桥载重量由原来的60级提高到70级，在特殊情况下可达到80级。河中舟的质量由5 440kg降为4 800kg，其他性能也有明显改进。FFB2000同类似装备相比的优点是：由于采用了新的断面形状，改进了浮游的稳定性；门桥能适应较高的河岸；去掉了跳板；总结构强度更高；装卸作业也作了改进。一套FFB浮桥器材架设浮桥能力见表2-1。

图2-12　FFB浮桥装备在泛水

图2-13　FFB浮桥装备在泛水

一套FFB浮桥器材架设浮桥能力　　表2-1

项　目	性能数量	单　位	项　目	性能数量	单　位
履带式载重量	63	t	长度	100	m
车行道宽	4.1	m	架设速度	1.67	m/min
架设时间	60	min	适应流速	3.5	m/min

二、中型浮桥

中型浮桥的载重量为40t以下，例如俄罗斯ЛПП浮桥纵列，主要保障各种中型装备克服江河障碍。一套ЛПП器材架设浮桥能力见表2-2。

俄罗斯ЛПП浮桥是在第二次世界大战末期发展的一种轻型浮桥器材，可架设12～40t的浮桥和结合25～40t的漕渡门桥，保障军队和轻型技术兵器、车辆渡河。该器材曾用来替换当时装备部队使用的ДЛП浮桥纵列。该桥现已被ПМП带式浮桥所取代，但有些国家，如越南等国目前仍在使用。

一套 ЛПП 器材架设浮桥主要性能　　表 2-2

项　目	性能数量	单　位	项　目	性能数量	单　位
履带式载重量	12/24/40	t	轮式载重量	6/8/8(轴压)	t
桥长	160/88/64	m	车行道宽	3/3.67/3.85	m
架设时间	50/50/55	min	适应流速	<2.5	m/s
作业人数(名)	105	名			

三、轻型浮桥(门桥)

轻型浮桥装备的载重量为25t以下,主要保障各种轻型装备克服江河障碍。

例如LMS轻型浮桥是由原捷克斯洛伐克自行研制的一种轻型浮桥(图2-14)。河中舟和岸边舟均为铝质。河中舟为全封闭式的,而岸边舟则有一个敞开式甲板。浮桥在水中时就已装配好,桥桁用螺栓固定好。随后铺上车辙道,它们可以是全宽车行道或双车辙道,双车辙道桥更为普遍。LSM轻型浮桥还可以结构成10t、15t、20t和24t门桥。门桥通过一个22马力(1马力=735.499W)的舷外机航行,其最大航速可达11km/h。该器材用于结合门桥和架设浮桥,保障24t以下的车辆和技术兵器渡河。该器材的桥脚舟为开口舟,采用硬铝制造,车辙板系木制。门桥漕渡采用16kW舷外机作动力,水中航速11km/h。该器材于1952年定型,后装备捷克工程兵部队使用。一套LMS器材架设浮桥主要性能见表2-3。

图2-14　原捷克斯洛伐克LMS轻型浮桥

一套 LMS 器材架设浮桥主要性能　　表 2-3

项　目	性能数量	单　位	项　目	性能数量	单　位
履带式载重量	15	t	车行道宽	3	m
桥长	72	m	架设时间	40	min

四、徒步浮桥

轻型门桥装备的载重量为16t以下,主要包括轻型门桥和架设徒步桥,保障作战人员克服小型江河,其装备器材可以人工搬运架设。

1. 前苏联T3徒步浮桥

T3徒步浮桥是前苏联军队在第二次世界大战时研究制造的,现仍为装备部队使用,作为原华约部队的装备器材(图2-15)。除了保障人员渡河外还可以结构1t的门桥用以漕渡轻型车辆。桥脚由内部充填稻草或干草的涂橡胶织物密封袋浮体构成,每个浮体的质量在30~40kg,尺寸(长×宽×高):2.74m×0.48m×0.7m,上部结构由木板组成。一套T3器材架设浮桥主要性能见表2-4。

一套 T3 器材架设浮桥主要性能　　表 2-4

项　目	性能数量	单　位	项　目	性能数量	单　位
通载重量	250	kg	作业人数	64	m
长度(单行道)	56	m	长度(双行道)	28	m
架设速度	10~18(单行道)	m/min	架设速度	14~22(双行道)	m/min

2. 法国 49/63 型步兵浮桥

49/63 型步兵浮桥是法国在 20 世纪 40 年代研制的器材,1949 年定型,1963 年在 49 型步兵浮桥的基础又进行了改进,定型为 49/63 型步兵浮桥(图 2-16)。上部结构由地面兵器工业集团所属塔布制造厂生产,舟由昂热万尼和儒埃莱—图尔工业公司生产。桥脚舟为尼龙橡皮舟,上部结构由铝合金材料制成。49/63 型步兵浮桥器材也可结合轻型门桥,漕渡轻型车辆和装备,动力采用舷外机。该器材现仍为装备法军所使用。一套 49/63 型步兵浮桥器材架设浮桥主要性能见表 2-5,DE 步兵浮桥见图 2-17。

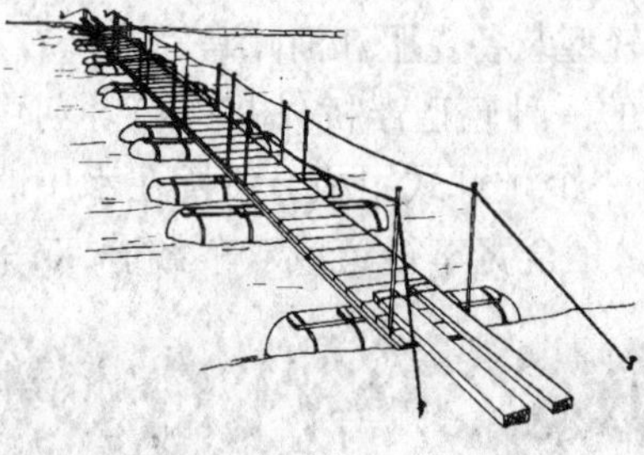

图 2-15　架成的 T3 徒步浮桥

图 2-16　架成的法国 49/63 型步兵浮桥

一套 49/63 型步兵浮桥器材架设浮桥主要性能　　表 2-5

项　目	性能数量	单　位	项　目		性能数量	单　位
通载时人员间距	0.5	m	车行道宽		0.6	m
长度(单行道)	51	m	通行能力		75/40	人/min
适应流速	3	m/min	架设速度	白昼	34	min
				黑夜	40	min

3. 奥地利带式徒步浮桥(图 2-18)

这种徒步浮桥是奥地利自行研制的,由铝合金的箱形桁浮体构成徒步浮桥(图 2-18)。架桥时将箱形桁连接在一起构成带式的徒步浮桥,靠箱形桁本身提供的浮力,不需要任何支撑结构,每个箱形桁内部有支撑加强,可负载 136kg,浮箱质量 81kg,尺寸(长×宽×高)为:5m×1.2m×0.13m,通载面覆盖一层塑料材料。该器材是 20 世纪 70 年代发展的器材,现仍为装备奥地利工兵部(分)队所使用,一套奥地利带式徒步浮桥器材架设浮桥主要性能见表 2-6。

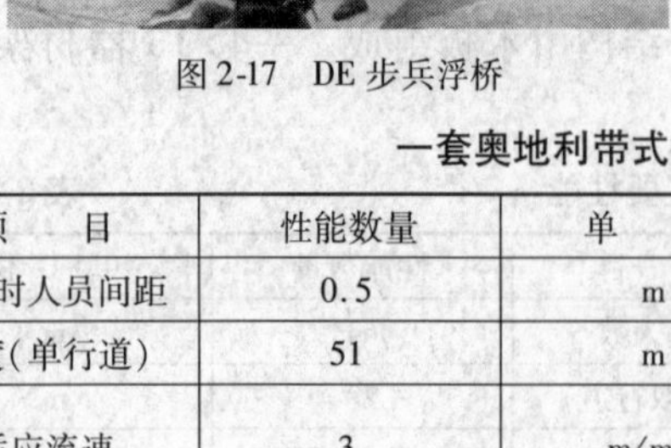

图 2-17　DE 步兵浮桥

图 2-18　奥地利带式徒步浮桥

一套奥地利带式徒步浮桥器材架设浮桥主要性能　　表 2-6

项　目	性能数量	单　位	项　目		性能数量	单　位
通载时人员间距	0.5	m	车行道宽		0.6	m
长度(单行道)	51	m	通行能力		75/40	人/min
适应流速	3	m/min	架设速度	白昼	34	min
				黑夜	40	min

第四节　按结构形式分类

一、桥脚分置式浮桥

桥脚分置式浮桥就是各个桥脚舟之间有一定距离，在桥脚舟上再架设主梁、铺设桥面板的浮桥(图2-19)。这类浮桥具有佳力明确、形式变化多、适应流速大等优点，但具有作业步骤多、作业量大、架设速度慢等缺点。

1. 前苏联 TПП 重型浮桥纵列

前苏联在战后发展了 TПП 重型浮桥纵列(图2-20)，1948 年开始装备部队。它是前苏联军队 20 世纪 50 年代的主要舟桥装备，起初装备到集团军舟桥团，20 世纪 50 年代中期装备到机械化师，60 年代又装备到步兵师。TПП 现已被 ПМП 带式浮桥所取代，现有器材只用在后方，但有些国家目前仍作为制式装备继续使用。架设浮桥主要性能见表2-7。

图2-19　桥脚分置式浮桥

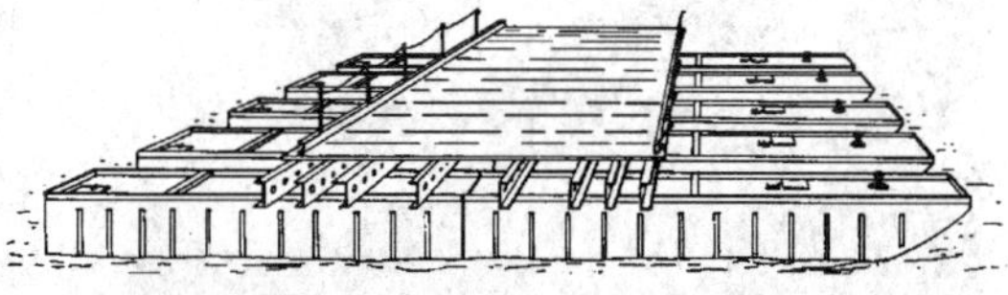

图2-20　结合成的 TПП 浮桥的桥节门桥

架设浮桥主要性能　　表2-7

项　目	性能数量	单　位	项　目	性能数量	单　位
通载质量	16/50/70	t	轴压力	7/15/15	t
长度	335/265/205	m	车行道宽度	3.2/4.0/4.0	m
适应流速	1.5～3	m/s	作业人数	384	人

2. 英国马比浮桥

马比浮桥于 1974 年开始发展，由英国马比·约翰逊有限公司研制，1977 年投入使用，主要用于后方架设浮桥和构筑门桥渡口，保障后勤运输，如图2-21 所示。马比浮桥的桥脚舟有两种类型：一种高 1.3m 排水量 10t，另一种高 2.1m、排水量 30t，为钢质闭口舟；浮桥的上部结构为马比·约翰逊钢质桁架。

图2-21　英国马比浮桥

二、带式浮桥

带式浮桥由一个个的箱形桥脚舟直接连接而成，其具有舟桁板合为一体、作业步骤少、劳动强度低、作业速度快、浮桥通行性能好、桥节门桥与漕渡门桥结构相同等优点，但是其水阻力较大。

1. 俄罗斯的带式浮桥

俄罗斯的带式浮桥有 ПМП 带式浮桥(图 2-22)、ПП-91 带式浮桥(图 2-23、图 2-24)和 ПП-2000 带式浮桥等几代。ПМП 带式浮桥(浮桥纵列或浮桥设备)被认为是浮桥设计中的重要转折。埃及军队于 1973 年 10 月成功地利用它架设数座浮桥渡过苏伊士运河。ПМП 桥与 ПМП-М 桥已被 ПП-91 浮桥取代。

图 2-22　ПМП 带式浮桥全貌

图 2-23　ПП-91 浮桥架设 60t 浮桥通车

图 2-24　ПП-91 浮桥架设 120t 浮桥通车

构造与技术特点:ПМП 的单舟都由高强钢制成,四个单舟铰接在一起组成一个节套舟。折叠状态时由 6×6 或 8×8 轮式卡车运输。最初的舟车使用 KrAZ-214(6×6)7t 载货汽车底盘,而后使用功率更大的 KrAZ-255B(6×6)7.5t 载货汽车底盘。

标准基础桥可以承载 60t 级,但该桥还可结构成荷载等级 20t 级的、宽度为一半但长度更长的桥,这通过在架设中将浮桥从纵向上拆开来实现。

ПП-91 浮桥整套器材由 8 个 МЗ-235 动力(节套)舟、4 艘 ВМК-130М 桥梁牵引汽艇、32 个河中(节套)舟、4 个舟底连接器、2 个路面器材箱、4 个附加的工具、辅助器材和装备箱组成。该套纵列中还包括水障侦察装备、交通控制设备和冬季渡河设备。该纵列由 50 辆 КрАЗ-260Г 浮桥载货汽车和 2 辆 ЗИЛ-4334 桥梁牵引汽艇载货汽车运输。МЗ-2351 动力舟由有桥面板的梯形桥节、连接点、可拆卸的甲板舱、特殊用途的部件组成。它由 3Д20АС2С 柴油发动机提供动力,并可运输一个 ПОК-220 枢轴杆。该部件还可用于构筑门桥。岸边舟和 ПМП-М 浮桥类似,它们由两个中间和两侧铰接的舟组成。当展开时,这些部件长 7.2m,宽 6.83m。连接点在每节部件的末端,它们连接各个部件构成门桥。在浮桥的一个末端有铰接的挡板,它借助连接点与其他岸边部件连接,构成两倍宽度的桥梁。每块末端桥节都有岸边舟的连接点,跳板有液压起重装置,用于将跳板放至岸上。每辆 КрАЗ-260Г 舟车有一个特殊用途的平台,用于运载、装卸除桥梁牵引汽艇以外的所有桥梁部件。

2. 法国 PFM F1 摩托化浮桥

PFM Mle F1 带式浮桥可用于架设浮桥或者门桥,其适应流速高达 3m/s,其承载能力达 70 军用吨级,该装备可以从岸高达 4m 的岸边架设(图 2-25)。PFM F1 带式浮桥的主要优点是其浮桥和门桥可以使用最少的人力在最短的时间内架设,主要部件的架设、驱动和撤收不需要起重机、架桥汽艇或其他辅助设备。PFM Mle F1 带式浮桥的各部分填充有聚氨酯泡沫或者设置隔舱开，因此提高带式浮桥的抗沉性。

PFM Mle F1 带式浮桥由两部分主要部件组成：河中舟和接近跳板。河中舟在两端、边舟节和压载舟节上都有锁定部件。中心舟节和边舟节由轻合金制成，压载舟节由 GRP 层压材料制成。每个压载舟节包括一个装有舷外机（55kW 或 75hp）的合金支架。接近跳板也由轻合金制成，它们的末端可以通过液压调节来适应岸高。河中舟和跳板折叠起来装运在一辆半挂车上，该半挂车由一辆 6×6 轮式拖拉机牵引，并提供桥节展开、架设、撤收和再折叠的动力。桥梁部件按以下程序架设：拖拉机倒车至河岸边、桥节展开、滑梁后置、液压推杆向前推至倾斜梁末端、桥节滑入水中。10m 长的桥节安装好，加装好接近跳板后桥梁安装完毕。各部分通过两个舷外机在水中航行。一支 21 人的分队可以在 20min 内装配 70 军用吨级的门桥、这样的门桥由三个河中舟和两个接近跳板组成。一支 45 人的分队可以在 45min 内装配 100m 长的浮桥，如果在河岸边没有障碍的话，这个时间可以减为 15min。高效的架设系统使这一时间得以缩短，因为它可以在无设备岸同时进行架设。使用这一系统的跳板成套附件可以使桥梁通行离地间隙小的法国车辆。该套器材的技术特点主要为：①架设速度快，机械化部队通过迅速；②具有自航能力，泛水和撤收时对河岸的要求不高；③由于每个单元都是高强度铝合金结构，并具有良好的水上稳定性，所以在大流速时仍能获得极好的使用操作性能；④尽管 PFM 机械化程度很高，但其结构简单，易于维护，具有极好的可操作性和适中的维护成本；⑤PFM 具有良好的战术和战略地面机动能力，抗沉性好；⑥PFM 结构灵活，不仅适用于较平坦的岸边（通过短跳板），也能用于较高的岸边（通过长跳板），它既可作为 70 军用荷载级桥（主要用途），也可以携带各种附加装置组合成门桥。

图 2-25　法国 PFM 摩托化浮桥通载

三、自行舟桥架设的浮桥

自行舟桥架设的浮桥由履带（或轮式）装甲车辆为底盘，部分具有水陆两栖功能。该类浮桥具有“三防”能力：可以在一线敌火威胁下迅速展开、架设；人员为闭舱作业；通常克服中小江河和干沟、浅滩等障碍。目前国际上有轮式自行舟桥和履带式自行舟桥等，可以在敌火威胁下架设舟桥或结合漕渡门桥。

1. M3 自行舟桥架设的浮桥

M3 自行舟桥是在 M2 自行舟桥系统之上作了一些改进，其中包括可以不必调转车头就能驶上陆地或驶入水中（M2 自行舟桥驶入水中时，其驾驶室在尾部）。三块架桥跳板取代了 M2 浮桥上的四块，并且每个桥节模块加长至 2.8m。装在车轮拱板内部的浮囊可以提供额外的浮力。在通常情况下，M3 自行舟桥的操作方式在很大程度上与 M2 相类似。可以进行全轮操纵，并安装了一个轮胎气压调整系统。M3 自行舟桥的荷载能力为 70 军用吨级。一套 100m 长的桥可以承载 70 军用吨级的履带式车辆，或承载 100 军用吨级的轮式车辆，它可在 20min 内架设完毕；一套双舟门桥可以承载 70 军用吨级的履带式车辆；一套三舟门桥可以承载 100 军用吨级的轮式车辆，或 70 军用吨级的履带式车辆，它可以在流速达 3.5m/s 的河流中操作使用。德国 M3 自行舟桥见图 2-26、图 2-27。

图 2-26　德国 M3 自行舟桥泛水

图 2-27　德国 M3 自行舟桥结构的快速浮桥

德国 M3 自行舟桥用以替代早期的 M2 自行舟桥。现已为德国陆军生产了 4 套 M3 自行舟桥，为英国陆军生产了 3 套 M3 自行舟桥。德国和英国陆军对这些样机和先前的 4 个系列的车辆进行了试验，在成功地通过了可靠性试验和其他试验之后，于 1994 年 8 月军方与德国 EWK 公司签订了生产合同。第一批 7 套器材于 1996 年年底交付部队使用，第二批器材则在 1999 年年底交付部队使用。最初德国和英国陆军总共需要 64 套器材，英国陆军采购了 38 套（包括以前生产的车辆中的 4 辆），德国陆军采购了 30 套车辆。M3 的车辆是在 M2 车辆的经验基础上生产出来的。水上推进采用了由计算机控制的单手柄双离心式喷水推进装置，提高了水上机动性、操纵性、浅水适应性，简化了操作。M3 桥车从入水到上岸不需要调头行驶，缩短了水陆行驶的转换时间。M3 自行舟桥比 M2 自行舟桥，成本低，作业人员少，结构 54t 的门桥和架设 100m 的浮桥，比 M2 自行舟桥减少人员 50%、车辆 33%。1997 年，台湾定购了 22 套 M3 自行舟桥，这个定购项目计划于 2002 年结束，已经有 6 套器材于 1998 年年底交付使用。这些车辆装有装甲驾驶室、一个三防系统和空调系统，以及为适应当地气候的其他一些特殊系统。

2. 俄罗斯 ПММ 自行舟桥架设的浮桥

ПММ 自行舟桥是前苏联研制的一种新型的自行舟桥器材，第一次出现在 1981 年原“华约组织”国家进行的“西方 81”演习中，当时架设了一座浮桥保障演习部队克服江河障碍。ПММ 自行舟桥桥车采用 ЗИЛ-135 型（8 × 8 轮式）越野车底盘改装，两侧各铰接一个舟形浮体。浮体由液压缸操纵，作业状况时在车体两侧展开，陆上行驶状态时折起。该桥可以和 ПМП 带式浮桥结合使用。ПММ 自行舟桥已装备驻原东德的前苏联军队。以后又在此基础上发展了 ПММ-2 自行门桥（图 2-28、图 2-29）。

图 2-28　ПММ-2 自行门桥展开

图 2-29　ПММ-2 自行门桥门桥漕渡

3. 法国的 EFA 前方渡河支援器材

EFA 前方渡河支援器材车体由轻型焊接铝合金制成，在车辆顶部两端各有一个 12m 长的连接跳板，它们也由轻型焊接铝合金制成（图 2-30）。在桥节泛水之前，铰链板在两侧展开，浮筒充气。该套器材有 4 个大车轮，它们的轮胎为低压的，由中央充气系统充气。它在水中由两个肖特尔 SPJ55 离心泵式喷水推进器推进，通过 Renk 传动系统，车体两端的推进器可以在 360°范围内旋转。EFA 前方渡河支援器材既可作为浮桥使用（图 2-31），又可作为门桥使用。作为浮桥使用时，它的跨度为 23.5m，荷载级达到 70 军用吨级，可在流速达 2.5m/s 的河中使用。作为门桥使用时，两套 EFA 前方渡河支援器材可承载重达 150t 的货物。每个 EFA 前方渡河支援器材的承载面积为 $96m^2$。多套 EFA 前方渡河支援器材可以连接至需要的长度、荷载级为 70 军用吨级的浮桥。可以在 15min 内架设成一座 100m 长的浮桥，所需的乘员为 16 人。每套 EFA 前方渡河支援器材车辆驾驶室有核生化三防系统。

图 2-30　法国 EFA 前方渡河支援器材舟车

图 2-31　法国 EFA 前方渡河支援器材结构成浮桥通载

EFA 前方渡河支援器材是由 MAF 水陆快速桥发展而来的，它取代曾在法国军队中使用的季洛瓦自行浮桥系统（目前已经退役）。法国里昂热科学技术中心负责研究和评估两套样桥，整个项目则由法国地面武器技术局负责。两套样桥的研制与评估由海军武器制造公司洛里昂分公司与阿尔萨斯金属与钢材公司联手进行。在 MAF2 水陆快速桥第一套样桥完成之后，法国陆军又决定为其进一步的试验提供资金。这些试验于 1987 年完成，法国陆军定购了 80 套（后来又减为 39 套），以替代季洛瓦浮桥和门桥系统。第一批生产出来的桥梁于 1992 年交付给法国陆军，目前已经完成生产。

4. MAB 自行舟桥架设的浮桥

根据美军的要求，1959 年由工兵研究发展试验室（即贝尔沃研究、发展与工程中心）开始发展 MAB 自行舟桥，在 1960 年 11 月完成 MAB 自行舟桥样桥的研究工作。由克莱斯勒公司制造了 12 辆 MAB 样桥并做了试验，1963 年 3 月进行部队试验，1965 年由圣何塞的食品机械公司、达拉斯的空间公司和康戴克公司开始小批量生产，同时将铆接浮体改为焊接浮体的合同交康戴克公司制造样车。这期间，美陆军工兵研究发展试验室和克莱斯勒公司签订了改装 12 辆桥车的合同。MAB 自行舟桥拖到 1969 年 11 月才定型，电气和液压系统也做了进一步的改进，这些改进包括改成焊接浮体，到 1970 年 9 月才全部完成，并决定生产 220 辆桥车，在 1973 年期间交付美军使用。MAB 自行舟桥的基础车采用 4×4 的轮式水陆两用车，装置采用 Kort 导管螺旋桨。河中桥车和岸边桥车相同，只是桥节不同。MAB 自行舟桥主要采用铝合金制造。图 2-32 为在莱茵河上 MAB 自行舟桥架设的浮桥。

图 2-32　在莱茵河上 MAB 自行舟桥架设的浮桥

MAB 自行舟桥由一个装有一块中间舟上部结构或是岸边舟上部结构的 4×4 运输车组成。这两种上部结构可以互换，使用吊臂进行互换的时间近 15min。车体为全铝合金结构，为焊接或铆接形式。侧壁和甲板厚度为3.175mm,舟底、舟艏和舟尾为4.7mm厚。加强筋对运输车的侧壁和底部提供额外的加强力。乘员为3名:驾驶员,也是乘员长;副驾驶员,也是驾驶员;一名乘员。3名乘员的水密驾驶舱装在车体前部,如果需要可以移走。通过在车顶部和车尾部的两个舱口可进入乘员舱。空气压缩机为风挡刮水器、轮胎浮力和制动系统提供动力。MAB自行舟桥有两个液压系统:高压系统为上部结构定位、车轮升降和绞盘操作提供动力;低压系统为转向操作(四个车轮均可转向)、水中驱动和轮穴压力鼓风机提供动力。每个MAB自行舟桥有四个电动舱底排水泵,它们在发动机舱的四个角落,排水量为509L/min。两个液压操作的绞盘一个在甲板前部,另一个在甲板后部,在上部结构的连接过程中将单元组件闭合。绞盘的作业效率在15.24m/s时为2 268kg·f(22.68kN)。装载在舱顶的锚长为60.96m。MAB自行舟桥在水中航行时使用一个单独的711mm推进器,这一推进器装在车体后部,它的最大牵引力为2 272kg·f(22.72kN),在行军状态水平吊运。推进器系统可以旋转360°,以使车辆转向或是倒车。当在水中时,车轮提升,推进器降至水中相应位置;满载后吃水深为1.066m。中间舟由焊接钢大梁和挤压成形的铝合金甲板组成,在道路运输时,它与车轴平行;在水中操作时则旋转90°。桥节展开后其有效长度为7.924m,宽度为3.657m。在228mm的缘材提升后,桥梁甲板全宽为4.224m。岸边舟的上部结构为有铝质甲板的铝桁,它由两块铰接部分组成。岸边舟上部结构长7.315m,当缘材放下后其宽度为3.657m。跳板和甲板长10.972m。上部结构可以在入水前就进行装配,并向左旋转或是向右旋转。跳板可以适应不同岸高,包括在水下0.914m。MAB自行舟桥可以用作门桥或是浮桥。门桥和浮桥是由连续连接的MAB自行舟桥桥节舟组成的。在门桥的结构过程中,一个岸边舟和一个中间舟连接起来形成一个双舟门桥,两个双舟门桥连接起来形成一个四舟门桥,它可以以12.875km/h的航行速度承载60t货物。桥梁由连接起来的桥节舟和岸边舟上放到岸边的跳板组成。乘员可以在6min左右安装一个四舟门桥,撤收时间为4min左右。桥梁可以在流速为4.572~6.096m/s的河中装配,在流速为4.572~7.62m/s的河中撤收,装配好的桥的最大承载能力为60t。

第五节　按运输方式分类

根据运输方式,浮桥又可以分为:越野车运输的浮桥、牵引车运输的浮桥、可空运空投的浮桥、可人工搬运的浮桥、可水上机动的浮桥和装甲车运输的浮桥等,其中装甲车运输的浮桥参见自行舟桥架设的浮桥。

一、越野车辆运输的浮桥

浮桥器材由越野车作为底盘车,该底盘车可以是轻型底盘车、中型底盘车或重型底盘车,一般都是全轮驱动,其泛水装车均由该底盘车上的机构来完成。因此,这类浮桥机动性能好,可以适应不良道路、山路、河岸等地形,但是由于要提高其越野性能,一般底盘车的有效载荷小、单车架设的浮桥长度较短、往往超载使用而影响底盘车的寿命。

1.美军的带式浮桥

美军于1969年6月开始研制带式浮桥,美陆军机动装备研究与发展中心根据前苏联ПМП带式浮桥的有关资料,采用铝合金仿制前苏联带式浮桥,其质量比ПМП减轻1/3,浮桥运输只需用5t越野车。美军的带式浮桥配有专用货盘,可以使舟车做到一车多用。1976年春将美军首批订购的带式浮桥装备驻原西德和南朝鲜美军。1984~1993年,西北运输系统公司(目前的系统与电气有限公司)是带式桥运输车的唯一生产厂商,它为美国陆军生产了500套带式浮桥。带式浮桥运输见图2-33。

2. 原西德的FSB带式浮桥

1977年初原西德军方决定采用带式浮桥装备部队，随后得到了生产美军带式浮桥的许可证。原西德军方委托EWK公司研制自己的带式浮桥。EWK公司在分析前苏联ПМП带式浮桥和美军带式浮桥的基础上研制出了FSB带式浮桥，并于1978年开始生产。EWK公司生产的带式浮桥有两种类型：一种是铝合金的，另一种是钢质的，后者为埃及军方供货。FSB带式浮桥节套舟的展开机构为双臂杆-钢索联动装置。岸边舟采用了舟体内装有手摇液压泵系统的技术措施，使岸边舟的调整既快又省力。在4.1m宽的车行部承载面上涂了一种防滑、耐磨的树脂黏结物，抗磨颗粒为络刚玉，可保证通过坦克14 000车次。FSB带式浮桥已装备原西德部队。

德国的带式桥与美国的有所不同，它使用公制单位，其一系列改进符合德国的要求，增强了可靠性并易于维修。对跳板液压提升系统进行改进，可以对其进行调节，以适应不同的岸高，并使用无污染的液压油，由德国、葡萄牙和比利时军队使用的FSB带式浮桥在MAN(6×6)7t载货汽车后部运输(图2-34)。

图2-33　带式浮桥用M923卡车运载状态

图2-34　FSB带式浮桥河中舟运输状态

二、牵引车辆运输的浮桥

法国F1型带式浮桥亦称F1摩托化浮桥，它是一种带式浮桥，可通过连接跳板与陆地相连。该器材底盘车采用Renault TRM10000(6×6)牵引车，因此每辆车所运输的桥节达到10m，岸边桥节达到12m。F1型带式浮桥的河中舟由一个中心舟节、两个边舟节和两个压载舟节组成，是一种独特设计的五折节套舟，岸边跳板由一个坚固的构架和车行道扩宽件组成，跳板的升降由液压油缸调节。中心舟节、边舟节和跳板用铝合金制造，压载舟节用复合材料制成。该浮桥通过运输车辆(半挂车)将浮桥桥节和跳板从近岸边进行泛水或装载(图2-35、图2-36)。所有桥梁的架设过程全部机械化作业，而且桥梁自身配有舷外机。

图2-35　PFM摩托化浮桥河中桥节运输

图2-36　PFM摩托化浮桥岸边桥节运输

三、可空运的浮桥

可空运的浮桥的桥脚舟、桥跨结构可以空投、空运。这类浮桥一般都是轻型浮桥，并采用铝合金、橡皮舟、复合材料制作。可空运空投浮桥要求自重轻、结构紧凑(充气型、折叠型)、功能多样、便于固定和展开等,例如英国16级空运桥(图2-37)。

图2-37 英国16级空运桥

英国16级空运桥的桥梁由高强度铝锌镁合金制成,它可作为有效跨度为15.2m的桥梁使用,或是架设成任何长度的浮桥,或是最大航行速度为6节的动力门桥。当桥梁架设好后,其防滑车行道宽3.3m。16级空运桥的基础构件是箱形车辙板、跳板、铰接部件、充气浮筒和舷外机支架。这些部件一般由轻便汽车运输,它还可牵引一辆单轴拖车。Puma直升机可以运输16级空运桥的任何部件,而C-130运输机则可运输架设一座门桥所需的所有部件。箱形车辙板将桥梁桁梁、横梁和浮筒结合起来,形成了浮游能力,箱形车辙板的上部为桥梁甲板。浮桥长58m,由40块箱形车辙板、2对铰接构件、2对跳板和浮筒架设成。5辆轻型汽车和拖车可运输一座浮桥的所有部件,24人的装配小队用45min的时间可架设完成,并且根据需要浮桥的长度可以增加。

16级空运桥用以结合漕渡门桥,也可架设浮体和固定桥,保障人员和轻型车辆渡河。它是一种铝质桥,由箱形车辙板、跳板、铰接构件、舷外机支架和充气浮筒组成。该桥质量轻,易于人工架设,还可用直升机吊运和架设,快速结合。该桥在保持空运特性的同时,尚可用带拖车的汽车运输。

四、可人工搬运架设的浮桥

浮桥的桥脚舟、桥跨结构、辅助器材在公路上用汽车运输,当接近执行任务区域附近时,可以通过作业手肩扛、手抬、背负等方式运输到河边,并且进行人工充气、拼装、架设等作业,这类浮桥一般都是轻型浮桥或徒步桥,也采用铝合金、橡皮舟、复合材料制作。可人工搬运架设的浮桥要求单件质量轻、结构紧凑[充气型(图2-38)、折叠型]、功能多样、便于人工搬运等,例如日本的轻型(铝质)徒步桥(图2-39)。

图2-38 充气式浮桥

图2-39 日本的铝质徒步桥

日本的铝质徒步桥的桥身用铝合金制成,桥体中填充了泡沫橡胶,防止桥体下沉。一套徒步桥器材由两辆2.5t的货车运输,由21块活动铺板和42个浮体组成,可提供长76m、人行道宽0.55m的徒步桥,其上每分钟可通过75人的队伍。它由45人的作业小队在11min内装配完毕。此外,加强的25.2m长的徒步桥宽1.65m,每分钟可通行150人的两支队伍,它由45人在18min内装配完毕。

第三章　浮桥的力学体系

浮桥根据其桥跨纵向连接方式的不同，可以区分为简支体系浮桥、铰接体系浮桥和连续体系浮桥，这些力学体系不同的浮桥的结构特点不同、受力不同、使用性能不同，分析计算方法也不同。

简支体系浮桥(Floating Bridge of Simple-balk System)是桥桁两端直接固定在桥脚舟上、桁与桁不相连接的浮桥。其优点是结构简单，架设作业方便；缺点是通载时桥面坡度大，稳定性差，通行能力小，且不便于转移渡口和转换渡河方式。在古代，简支体系浮桥应用较广泛，随着通行荷载自重的不断增大，这种体系已逐渐被其他体系取代。

铰接体系浮桥(Floating Bridge of Articulated-balk System)是相邻桥节门桥之间的桥桁采用铰接形式连接的浮桥，适用于民舟浮桥。其优点是便于架设、撤收、转换渡河方式和转移渡口；缺点是通载时纵坡度较大，影响行车速度。现代制式器材架设的浮桥不再采用这种体系。

连续体系浮桥(Floating Bridge of Continuous-balk System)是桥桁之间的纵向连接均采用刚性连接的浮桥，是现代军用浮桥的主要形式。其优点是：稳定性好，通载时纵坡度小，通行能力大，抗损性能好；缺点是架设作业较复杂，转换渡河方法和转移渡口不方便。使用现代制式器材架设浮桥，连续体系的缺点已不甚明显，故多采用这种体系。

第一节　简支体系浮桥

简支体系浮桥的河中部分是浮游桥脚上的多跨简支梁桥(图3-1)，它的浮游桥脚可以是民舟和筏，还可以是门桥和纵轴垂直水流方向设置的驳船和渡船；桥跨结构自由地支承在上述这些浮游桥脚上。其支承方式可以是支承在浮游桥脚的中央，也可以支承在桥脚的中央两侧。后一种支承方式只在桥脚舟宽度较大，例如门桥和驳船、渡船等情况采用(图3-2)。

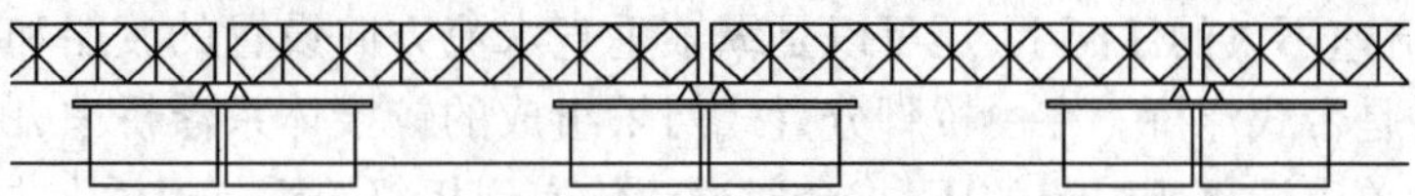

图3-1　舟中简支体系浮桥

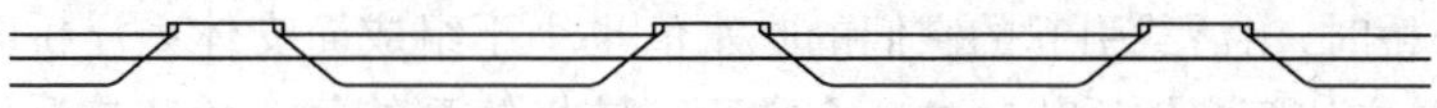

图3-2　舷侧支撑的简支体系浮桥

简支体系是静定体系，每跨的工作与其他跨无关，其受力与变形既简单又明确。由于简支体系浮桥结构简单，受力与变形明确，在第一次世界大战中，国外曾广泛采用这种体系作为军用制式浮桥。但是简支体浮桥在单个活载作用下，其浮游桥脚所受到的压力和刚性支座简支梁一样，接近于活载的重量。对于重量较大的活载，浮游桥脚必然具有很大尺寸，以至于无法用车辆载运这种桥脚舟实施机动。这是简支体系浮桥的主要缺点，也是现代制式浮桥器材中不采用这种体系的重要原因之一。简支体系不适于快速架设浮桥，是它的另一缺点。在绝大多数情况下，这种体系的浮桥不能采用门桥架设法，而必须在桥头配桁以逐次推出的方式逐跨架设，显著地缩小了作业正面，增加了架设时间。只有采用民舟门桥和驳船、渡船作为浮游桥脚的情况下，才可以对此缺陷作一些弥补，但也不可能是根本的克服。这一缺点使简支体系不能满足现代军用浮桥迅速由门桥渡河转变为浮桥渡河或由浮桥渡河转变为门桥渡河的战术要求。在跨度比较小而桥脚吃水比较大的时候，简支体系浮桥上的活载会使相邻桥跨互枙形成很大的折角，桥面形成很大的纵向坡度，这就会降低车辆沿浮桥行驶的速度并增大车辆对浮桥的动载冲击作用。简支体系浮桥的抗损性很低，一个浮游桥脚的损坏会导致两个桥跨的破坏，因而也导致浮桥停止使用。上述一系列缺点使这种体系在现代制式浮桥器材中不能被采用。

但是在由当地征集民船和就便材料架设的浮桥中，简支体系仍然有其价值。在可以获得载重量较大的船只和可分解钢桁架桥（如装配式公路桁架桥）的桁架时，采用简支体系架设载重量较大的大跨度浮桥，应当认为是适宜和切实可行的，这不仅减少了浮游桥脚的使用数量，而且还减少了桥面的纵向坡度，可以改善简支体系浮桥的通行性能。用载重量很大、甲板首尾平齐的驳船和渡船，以其纵轴垂直水流方向设置，船只衔接处以跳板或梁式桥跨简单连接，这样组成的简支梁体浮桥具有结构简单、架设方便和使用民舟民船少的特点，在流速不大的条件下，其使用效果也是比较好的。简支梁体系浮桥的连岸部分采用梁式过渡桥跨、该桥跨一端简单支承在岸边浮游桥脚上，另一端却支承在岸边桥础上（图 3-3）。它的特点是结构简单，能适应水位的变化；从组成上来看它是河中部分的延长，可以采用相同的桥跨组成。

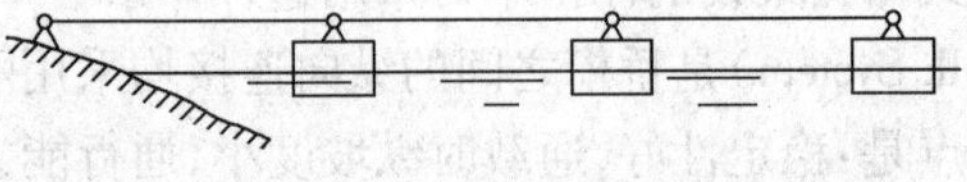

图 3-3 简支体系浮桥连岸部分

第二节 铰接体系浮桥

一、河中部分

浮桥河中部分各桥节彼此用铰连接所组成的体系称为铰接体系。铰接体系的每个桥节又是浮桥的架设单位，它可以是桥脚分置式的门桥或连续的长桥段，由于这种桥节的桥跨结构两端伸悬在边浮游桥脚外，铰安装在此悬臂上，故称这种铰接体系为铰接悬臂梁体系，简称为铰接体系浮桥；在流速不大的江河上，还可以是纵轴垂直水流方向设置的渡船和驳船，此时组成的铰接体系浮桥是带式浮桥。在由桥脚分置式门桥组成的铰接体系浮桥中，由配置在一个桥节门桥范围内的单个活载所引起的压力，会通过铰传递到相邻的桥节门桥上去，因此桥节门桥中每个浮游桥脚所受到的压力比简支体系小得多。纵轴垂直水流方向设置的渡船和驳船，在组成铰接体系浮桥时，由活载引起的它们的吃水值也小于组成简支体系浮桥时由同一活载引起的吃水值，这是它比简支体系优越的一个方面。铰接体系的每个桥节是浮桥准备好了的桥段，只需在桥轴线上用铰把它们连接起来，这就允许以宽大的正面高效率地架桥，还可以实现迅速地由浮桥渡河变为门桥（或渡船）渡河。而且由于每个桥节的载重能力和整个浮桥的载重量是相同的，变为门桥（或渡船）渡河时，不会降低载重能力，这是铰接体系的最主要优点。铰连接的存在还使这种体系浮桥具有较好的抗损性，其中一个桥桥舟破损后不至于使整个桥节沉没，也不会使桥节完全失去承载能力，因而可以达到不停顿桥上的通载，只需降低载重量使用。因此，桥脚分置式铰接体系在第二次世界大战中被采用作为制式浮桥的主要体系。当时,它的上述优点在很大程度上满足了军用制式浮桥的战术技术要求,我军曾使用过的 M2П(恩二波)浮桥采用了这种体系。但是它和简支体系一样,载荷沿浮桥行驶时,桥面会在铰接接头处形成折角,因而降低了车辆的行驶速度,桥面纵向坡度值较大是这种浮桥的主要缺点(图 3-4)。此外,这种体系由活载中引起的弯矩比同样跨度或者同样驳船、渡船组成的简支体系的要大。

随着军用载荷重量的增加,铰接体系在现代已经不被制式浮桥所采用,原因是铰接体系浮桥承受现代军用荷载时,每个浮游桥脚的压力仍然很大,不得不采用尺度较大、不便于车辆运输的桥脚舟。所以铰接体系只在就便器材浮桥中得到采用,在可获得较大载重能力的民舟时,利用铰接体系的上述优点架设铰接体系军用浮桥是很适宜的。为了克服上述缺点,外军制式浮桥中曾采用过带限制器铰的铰接体系。带限制器铰的典型样式如图 3-5 所示,当载重 P 作用在限制器铰上时,可以看成先有一部分活载重量迫使铰转动 φ 角,此铰接接头变成了刚性接头,铰两边的桥节成为了一个加倍长的桥节,它们共同承受剩下的那一部分活载重量。因此活载作用位置下的浮游桥脚获得了较小的压力和吃水值,桥面的纵向坡度也会变得平缓一些。但是,这种铰接接头只适于桥跨承重结构内只有两片桁架或者两片板梁的情况。在每片桁架或板梁的端部构成这种接头比较容易;对于高度较低的桥桁,这种接头很难构成,即使能够构成,由于每根桥桁端部都要构成这种接头,当桥跨横断面内桥桁数量较多时,很难保证它们同时参加工作。这也就是此种体系没有得到推广使用的直接原因。

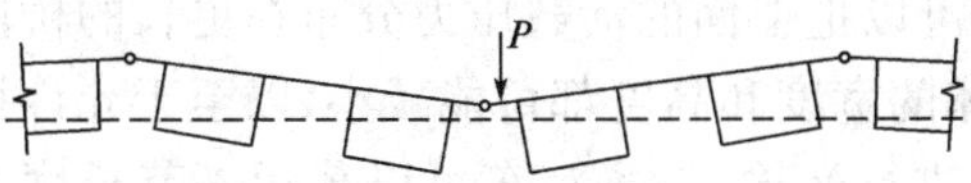

图 3-4 铰接体系浮桥的变形

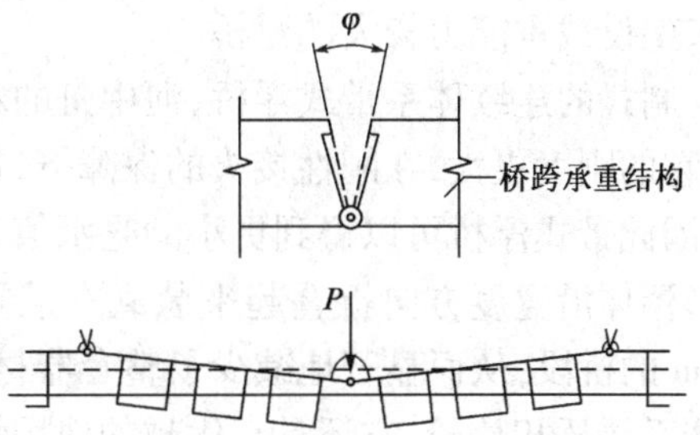

图 3-5 有限制铰的铰接体系浮桥

二、岸边部分

桥脚分置式铰接体系浮桥的连岸部分可以单独由浮游栈桥构成,也可以由固定栈桥和浮游栈桥联合组成,这主要取决于浅滩的长度和桥础基面与河中部分浮游桥脚顶面的高差。

图 3-6 中浮游栈桥的悬臂端用铰和河中部分末端连接,栈桥内引入浮游桥脚的目的是为了使浮游栈桥起到支承河中部分末端的作用,使河中部分末端桥节和远处的桥节有相似的工作条件,减少河中部分最边上浮游桥脚的吃水值,不使它的吃水值超过河中部分中央的浮游桥脚吃水值。根据此目的,有时栈桥内只引入一个浮游桥脚是不够的,而需要引入两个桥脚。

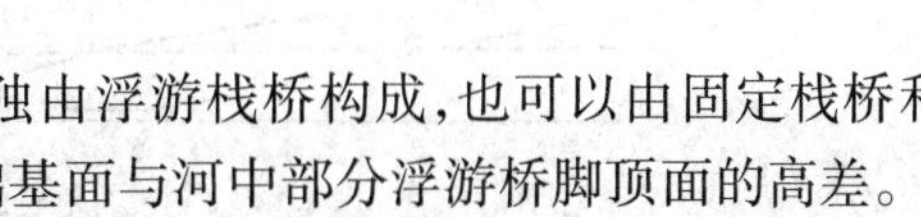

图 3-6 铰接悬臂梁体系浮桥的过渡部分

这种连岸部分还可以保证河中部分末端在承载时能自由地垂直移动,并且在水位变化不大时能保障浮桥正常地工作。因此,它不仅在制式浮桥中,而且也在就便器材浮桥中得到采用。这种连岸部分的缺点在于活载位于河中部分末段上时,栈桥的岸端有脱离桥础而翘起的可能,因而必须采取牢靠的固定措施。由纵轴垂直水流方向设置的驳船和渡船组成的带式铰接体系浮桥，其连岸部分可以单独由梁式过渡桥跨组成，也可以由固定栈桥和梁式过渡桥跨联合组成。无论是单独使用还是联合组成，梁式过渡桥跨的水侧一端都简单支承在岸边船只上，其支承点应选在尽量离开该船只靠近岸边一端的位置上，以便减小活载上下浮桥时所引起的岸边船只的纵倾角。

第三节　连续体系浮桥

一、河中部分

河中部分承重结构从始至终在结构上一直刚性连续的浮桥被称为连续体系浮桥。桥脚分置式浮桥和制式的带式浮桥都可以采用这种体系，前者需要在每根桥桁或每片桁架的两端接头处都构成刚性接头，后者需要在所有相邻接的河中舟之间构成刚性接头。连续体系已经成为现代制式浮桥的唯一体系，这是因为这种体系具有一系列优点，能够满足保障现代军用载重渡河的军用浮桥的战术技术要求。连续体系浮桥的承重结构具有较大的刚度，而且是连续的，它能把位于浮桥上的活载压力分配给更多的浮游桥脚来承受，随着承重结构刚度的增大，承受活载压力的桥脚舟也就增多，每个浮游桥脚所承受的压力就减少，这也就允许采用尺寸较小的浮游桥脚来架设浮桥，对于制式浮桥来说，也就是可以采用适于车辆运输的、尺寸较小的制式舟来架设载重能力较大的浮桥。

制式的连续体系带式浮桥，河中舟的箱形浮体就是浮桥的承重结构，整个横断面都参加工作，它的刚度更大，在刚性接头的保障下，带式浮桥可以把上面的活载压力分布在更长的桥段上，因此带式浮桥可以得到更小的吃水值，箱形浮体的宽度和高度都可能减小，以至于允许把箱形浮体沿宽度方向折叠起来装载在载重汽车上进行运输，一辆汽车可以载运一节长度为670m的桥段，从而显著地减少了整套器材所需的运输车辆数。连续体系浮桥与简支体系和铰接体系浮桥相比较，它还具有优越的使用性能，在活载作用下连续体系浮桥的挠曲线具有平滑的曲线形状（图3-7）。

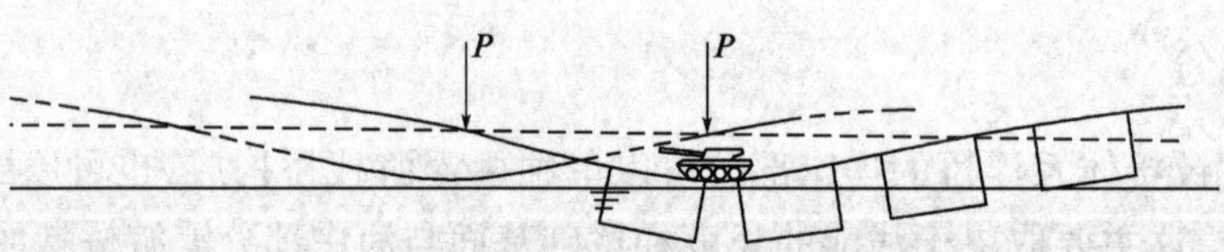

图3-7　连续体系浮桥的变形特点

这种变形特点，可以允许车辆以较高的速度通过浮桥，同时也减少了车辆对浮桥的动力冲击作用。沿浮桥通行的车辆实际上不克服纵向坡度，因为具有最大挠度的点始终位于此车辆下并且随同车辆一起沿桥长方向移动。但是，挠曲线这样的移动会引起水的阻抗，从而也会阻碍载荷的运动，这种阻抗的大小随着浮桥承重结构刚度的减小而增大，也随着载荷运动的速度增大而增加。比其他体系有较好的抗损性是这种体系的另一优点，浮桥内一个浮游桥脚或一个河中形浮体的破损，还不会使浮桥完全停止通行，此时承重结构的刚性和连续还可以将浮桥上活载的压力分布在其他浮桥桥脚上，或者其他的箱形浮体上，在降低浮桥载重量的条件下还可以继续使用浮桥。连续体系浮桥承重结构内各构件弯曲工作的均匀性比简支体系和铰接体系都要好，这对于减轻承重结构的重量以及承重结构的单个构件的重量是有利的。承重结构以其较大的刚度和连续性将浮桥上的活载压力分布到较长的桥段上，必然增大连续体系浮桥承重结构内的弯矩,和同一载重量的另外两类体系浮桥相比较,连续体系承重结构内由活载引起的弯矩是最大的。承重结构的刚性接头在保障承重结构连续性的同时,它将要承受很大的弯矩。这就使刚性接头在结构上要复杂化,特别是在由一些单根桥桁所组成的桥跨承重结构中,为了保障每根桥桁的连续,必须在每根桥桁的所有接头处设置刚性接头。数量繁多的刚性接头必然降低在桥轴线上进行连接作业的顺利程度,其后果是延长了架桥的时间。这种缺点在一定程度上限制了连续体系在就便器材浮桥中的广泛使用,特别是在木质桥桁的就便器材浮桥中,构成刚性接头是比较困难的。在这方面连续体系不如铰接体系,铰接体系只需在相邻桥节之间以二至四个铰进行连接,连接作业也比较简单,允许在桥轴线上快速连接和分解。连续体系带式浮桥在很大程度上克服了上述缺点,它的承重结构不是由零散的单根桥桁组成,而是由宽度和高度(和桥桁相比)都较大的一两个中空箱形截面梁组成,这种梁的截面整体性很强,能像一根梁一样工作。因此浮桥横断面内刚性接头的数量可以大大减少,只需在每个箱形截面梁的接头处集中构成一个刚性接头,于是整个横断面内只有1~2个集中构成的刚性接头。这就使带式浮桥在桥轴线上的连接作业量非常少,连接作业既简单又迅速,促成了带式浮桥架设和分解的快速性。

二、连岸部分

连续体系浮桥的连岸部分,由固定栈桥、一端固定的岸边浮游桥节和梁式过渡桥跨三种基本形式构成。但是河中部分末端与上述连岸部分的连接样式是多种多样的,形成了连岸部分对河中部分末端的多种样式的支承,其目的是为了使连续体系河中部分末段由活载引起的最大吃水值和最大弯矩小于或等于河中部分中间段的,从而使河中部分全部采用同样的结构形式。

1. 桥脚分置式连续体系浮桥

(1)刚性支承河中部分末端的固定栈桥连岸部分(图3-8)

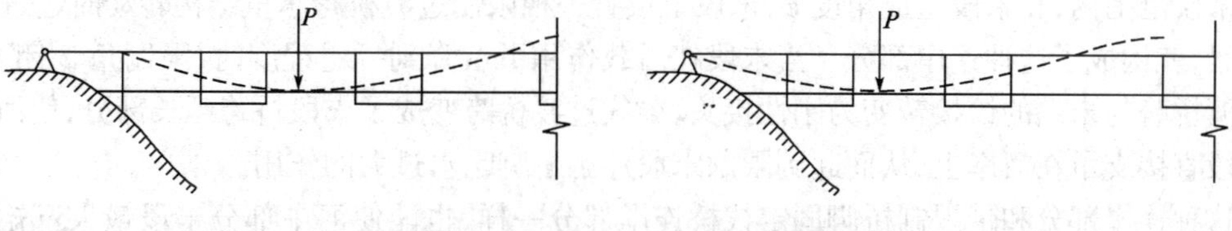

图3-8 连续体系浮桥河中部分末端刚性支承时的变形

在这种连岸部分里,河中部分末端与连岸部分的连接最简单。固定栈桥的水侧固定桥脚是河中部分末端的刚性支点,河中部分末端直接支承在此固定桥脚上。当岸边水深比较大、河中部分末端可以直接达到桥础位置时,这种连岸部分具有最简单的样式,连岸部分内只有桥础和跳板,而河中部分末端直接支承在桥础上。这种连岸部分和连接样式的缺点在于:活载P行驶到末段上时,末段承重结构由于一端刚性支承而具有很大弯曲度,承重结构由活载引起的弯矩会超过河中部分中间段的弯矩。从而要求末段的承重结构比中间段的承重结构更刚强,两部分不能采用组成形式相同的承重结构。这种连岸部分只能在河中部分中间段承重结构的强度有较大富余时,例如浮桥上通行的活载小于设计活载时采用,此时末段采用和中间段相同的承重结构组成形式,其强度上也是足够的。在水位变化时,如果不调整固定桥脚(桥础)的高度,会导致末端出现较大的附加弯矩,因此固定栈桥的水侧固定桥脚(桥础)应做成高度上可以调整的,以便适应水位的变化,保证浮桥不间断的使用。

(2)带预留垂直间隙的固定栈桥连岸部分(图 3-9)

将固定栈桥的桥跨承重结构用铰与河中部分末端桥跨承重结构连接起来,在固定栈桥水侧固定桥脚上表面与河中部分末端承重结构的下表面之间预先留有间隙 Z,就构成了这种连岸部分。当岸边水深较大,河中部分末端可以直接达到桥础位置时,连岸部分具有最简单的样式,只有桥础和跳板,河中部分末端与跳板连接,末端与桥础上表面之间预留间隙 Z。在这两种情况里,水侧固定桥脚(桥础)起到限制末端过大沉降的作用,被叫做限制桥脚。这种连岸部分和连接样式不仅在制式器材里使用,而且在就便器材浮桥里也广泛使用,这首先是由于其结构和设置起来都比较简单,而它的另一个优点是正确选择预留间隙 Z 值以后,河中部分末段浮游桥脚由活载引起的最大吃水值和承重结构中由活载引起的弯矩值都不会超过河中部分中间段的数值,因而末端和中间段可以采用完全相同的结构组成。这是因为和无预留间隙的刚性支承末端比较(图 3-8),限制桥脚上预留间隙的存在将导致固定桥脚由活载引起的压力会大大减小,而末段几个浮游桥脚的吃水和反力增大,以浮游桥脚的充分吃水换取了固定桥脚的压力(或反力)减小,因而这种情况下河中部分末段某一断面的弯矩将比相同条件下无预留间隙连岸部分中的小,而某一浮游桥脚的吃水值却相应地要大。正确地选择预留间隙值,将会使河中部分末段的最大弯矩值、最大吃水值和河中部分中间段的相应值基本相同。在水位变化时,限制桥脚应保持上述预留垂直间隙值不变,因此限制桥脚应做成高度上可以调整的。

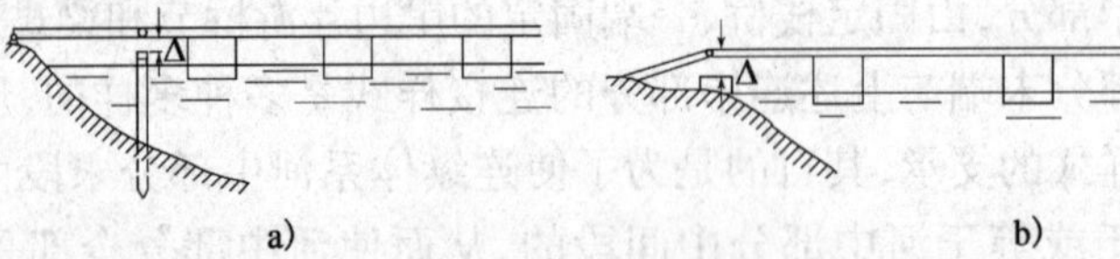

a) b)

图 3-9 带预留间隙的连岸部分

(3)带限制角的梁式过渡桥跨连岸部分(图 3-10)

过渡桥跨连岸部分梁式过渡桥跨的承重结构用铰与河中部分末端连接,过渡桥跨的一端伸向末段范围内,和末段组成角度 φ,末段上设置一根限制过渡桥跨承重结构转动时超过 φ 角的横梁,就构成了这种连岸部分。当末段在活载作用下沉降到一定程度时,限制角 φ 闭合,梁式过渡桥跨与末端的铰接转变为刚性接头,梁式过渡桥跨变成了末段桥跨延长部分,使河中部分末段直接支承在河岸上,从而起到限制末段浮游桥脚吃水过大的作用。

这种连岸部分和带限制桥脚固定栈桥连岸部分一样,也能使河中部分末段最大弯矩和最大吃水被限制在中间段的相应值以内,从而使末段和中间段采用同一的结构组成,这点通过正确选择限制角 φ 值来达到。采用这种连岸部分可以不需要构筑固定桥脚,避免了相应的作业,这是它的另一个优点。但是,限制角 φ 的构成带来一些诸如限制横梁和调整 φ 角用的千斤顶一类辅助构件;并且过渡桥跨承受的弯矩值较大,需要增加承重结构的抗弯能力,使其广泛采用受到一定的限制。

(4)梁式过渡桥跨简支在末端部分上的连岸部分(图 3-11)

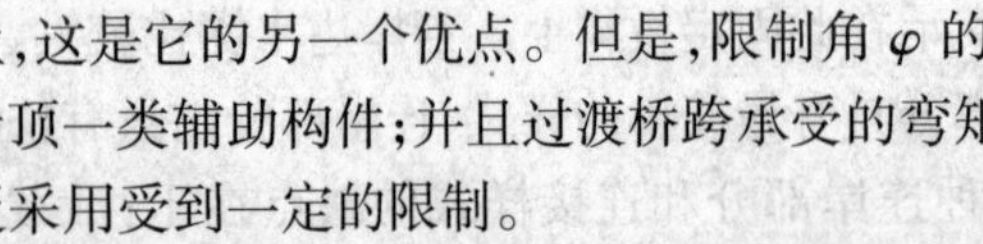

图 3-10 带限制角的梁式桥跨连岸部分

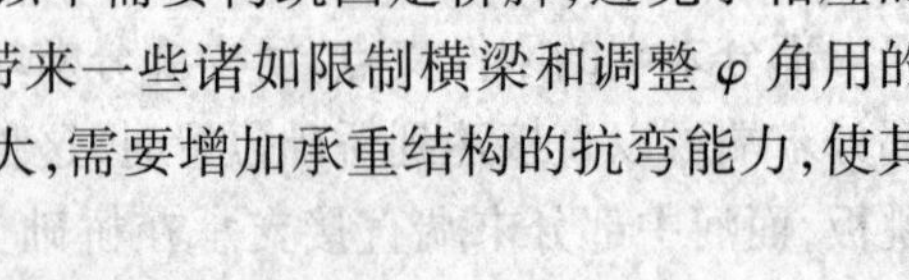

图 3-11 带辅助舟的梁式桥跨连岸部分

采用这种连岸部分时，应在过渡桥跨支承点下增设辅助桥脚，支承点也应尽量离开河中部分的端部，以减少末端的吃水。它的优点是结构简单，其缺点是要增设辅助舟和不能充分利用河中部分长度，在河岸比较低的情况下使用也有一定的困难。通常只在河岸高于桥面较多时采用。

(5)浮游栈桥连岸部分

它和铰接体系的浮游栈桥连岸部分相同，浮游栈桥的水侧一端用铰与河中部分末端连接，岸侧一端支承在岸边的桥础上。在连续体系浮桥中浮游栈桥不和固定栈桥联合使用，因为既然设置了固定栈桥，那么完全可以用第二种连岸部分来解决河中部分末端与岸边的连接，没有必要再设置浮游栈桥。

2. 带式连续体系浮桥

(1)用带限制器铰连接的岸边舟连岸部分(图 3-12)

这种连岸部分中的制式岸边舟，用安装在下弦的铰接接头与河中部分末端连接，而它们的上弦用限制器保持一定的距离，构成限制角，岸边舟的一端直接支承在河岸上(不需设置桥础)，用跳板和此端部连接，以便于车辆上下浮桥。在活载作用下，连岸部分中的预留限制角 φ 会逐渐减小，当 φ 角尚未完全闭合时，岸边舟的工作情况与浮游栈桥相类似，起到弹性支承河中部分末端的作用；当 φ 角完全闭合、结合部的上弦顶紧承压时，整个结合部转变成刚性接头，岸边舟成为了河中部分末段的延长部分。通过岸边舟，河中部分末段得以支承在河岸，此时连岸部分的工作情况又类似于带限制角的梁式过渡桥跨。

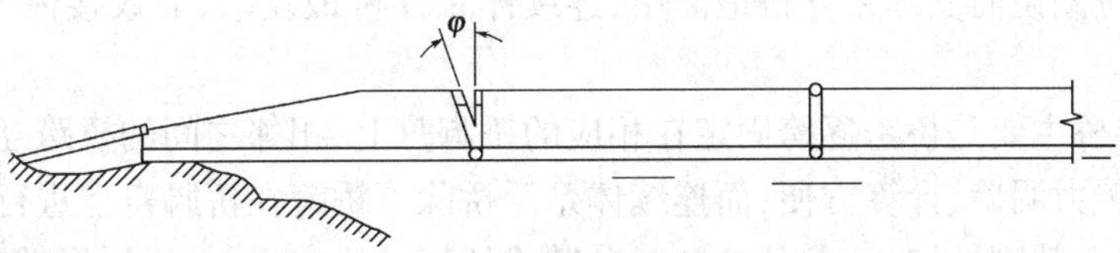

图 3-12　带限制角的岸边舟

它和完全铰接的连岸部分比较，限制角 φ 的存在，限制了河中部分末段吃水过大，φ 角关闭后可以使活载的一部分被传递到河岸上，从而减轻河中部分末段的负担。

和刚性结合部比较，预留限制角 φ 又会减少岸端的支反力，而使河中部分末段的浮游桥节多承受一点活载，获得比较充分的沉降吃水，其结果是使末端部分由活载引起的弯矩值比刚性结合部连岸部分的末段弯矩要小。因此，这种连岸部分具有一定的优点，正确地选择限制角 φ 的大小，完全可以使河中部分末段的最大弯矩、最大吃水不超过河中部分中间段的相应值，整个河中部分可以采用相同的河中舟组成，不必对末段采用特殊的河中舟。

岸边舟的浮游性和与河中部分末端的连接简单也是这种连岸部分的优点，它使架设岸边桥节的作业既方便又迅速，在岸边桥节和河中部分同时开始架设的情况下不会影响河中部分的架设作业。应当指出，随着水位的变化，原有限制角会增大或减小，因此结合部上弦的距离应该能进行调整，使水位变化时限制角保持不变，这通常是用带螺纹的顶紧装置限止器来实现的。

(2)河中部分末端与河底有预留垂直间隙的跳板连岸部分(图 3-13)

在这种连岸部分内，河中部分末端的舟底与河底之间预留有一定的间隙值 Z，此值小于浮桥只有静载时的水上舷高。当活载作用在末段上时，河中部分端部的舟底会直接被河底支承，并将活载的一部分传递至河底，因此河底应进行加固。为了使活载便于上下浮桥，还要用跳板和岸边相连。

这种连岸部分的工作情况和桥脚分置式浮桥的第二种连岸部分简单形式相同，它既简化了架桥作业，又使得整个河中部分可以采用相同的河中舟组成。但是，由于舟底的端部要直接承压在河底上，带式浮桥每个河中舟的两端必需加强，在某种程度上增加了每个河中舟的质量。

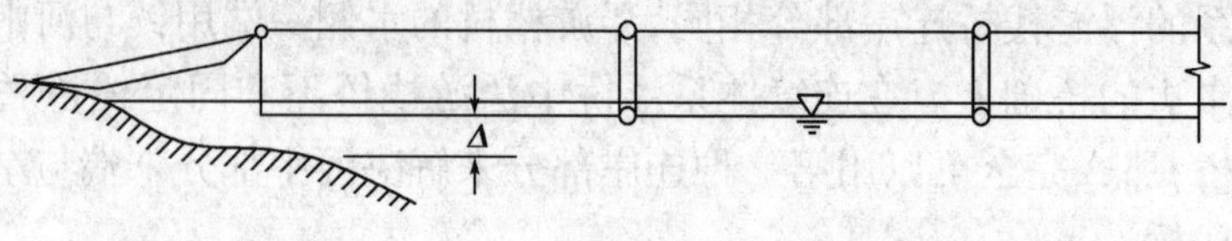

图3-13　有预留垂直间隙的跳板连岸部分

(3)河中部分末段直接支承在岸边河底的跳板连岸部分

它和桥脚分置式浮桥第一种连岸部分工作原理相同，只在河中舟强度有较大富余时才采用。浮桥的结构组成和连岸部分的样式不断发展，随着技术的发展，将会创造出更新的样式。

第四节　各种体系浮桥的对比

一、在结构特点方面

在结构上，应该说简支体系浮桥最简单，连续体系浮桥最复杂，而铰接体系浮桥介于两者之间。

简支体系浮桥主要是桥跨逐跨固定在相应的桥脚舟上，相邻之间的桥跨互补连接，因此结构上最为简单，传力明确、计算方便；而连续体系浮桥除了桥跨在桥脚舟上进行逐个固定外，整座浮桥中的桥跨全部刚性接长，尤其是针对分散式桥桁结构来说，每根桥桁都需要连接两个螺栓，如果采用短桁连接方式，则要固定4个螺栓，随着桥桁数量的增加，则连接螺栓的工作量很大，作业时间也较长；铰接体系浮桥在桥节门桥内部采用刚性接长，在门桥与门桥之间采用铰接，因此结构上的复杂程度要介于上述两种体系之间。

二、在桥脚舟受力方面

通过计算可以得知，对于桥脚舟受力来说，简支体系浮桥的受力最大，而连续体系浮桥的受力最小，铰接体系浮桥的受力介于两者之间。

假如跨度都是8m，履带式荷载为500kN，履带接地长度为5m，连续体系的浮桥的弹性特征系数$\beta=0.1(1/m)$，则简支体系浮桥的桥脚舟受力为421.875kN，连续体系浮桥的桥脚舟受力为200kN，而铰接体系浮桥(两舟门桥、门桥节间8m、全长16m)的桥脚舟受力为303.57kN。

由此可以看出，在相同跨度、荷载条件下，简支体系浮桥的桥脚舟受力大约是履带式荷载的0.8倍，连续体系浮桥的桥脚舟受力大约是履带式荷载的0.4倍、铰接体系浮桥的桥脚舟受力大约是履带式荷载的0.6倍，这也是影响三种体系浮桥实际运用的主要因素之一。

三、在桥跨受力方面

通过计算中可以得知，与桥脚舟受力相反，对于桥跨受力来说，简支体系浮桥的受力最小，而连续体系浮桥的受力较大，铰接体系浮桥的受力与连续体系浮桥的桥脚舟受力相当。

还是上述基本数据，简支体系浮桥的桥跨受力为687.5kN·m，而连续体系浮桥的桥跨受力为937.5kN·m，铰接体系浮桥的桥跨受力为1 020.8kN·m。可以看出，简支体系浮桥的桥脚舟受力是连续体系浮桥的73%，而铰接体系的是连续体系的108.89%。

四、在浮桥通行性能方面

在浮桥的通行性能方面，除了体现浮桥的车型部宽度、浮桥的水平固定及其稳定性以外，还要考虑到浮桥的纵坡度方面。在设计中整座浮桥均采用同样的桥脚舟和桥跨结构，但是由于结构形式上的特点，使得简支体系浮桥产生较大的纵坡度，铰接体系浮桥产生较小的纵坡度，而连续体系浮桥由于是桥梁整体连续接长的，其变形是连续光滑曲线，一般不计算桥面纵坡度。

例如，基于上述数据的简支体系浮桥（桥脚舟水线面积是25m^2），其纵坡度为19.8%，而铰接体系的纵坡度为7.3%。

五、在门桥浮桥渡河方法转换方面

舟桥装备在遂行渡河工程保障过程中，适时采用门桥渡河或者浮桥渡河的方式，浮桥虽然通行能力大、通行性能好，但是也由于需要的装备器材多、目标固定明显、战场难以伪装等，需要在必要的时候改为漕渡门桥渡河。

简支体系浮桥由于结构上的局限，无法直接改为漕渡门桥，而需要将浮桥全部分解才重新结合成漕渡门桥或码头，因此基本上不考虑浮桥门桥之间的直接转换；连续体系浮桥均是由一个个桥节门桥纵向刚性连接而成，在浮桥转换成门桥时，需要将所有的刚性连接接头全部分解，因此工作量较大；而铰接体系浮桥的桥节门桥之间仅采用铰接器连接，一般门桥与门桥之间在车行道两侧仅设置两个，因此分解、连接十分方便，门桥浮桥转换迅速。

需要强调的是，门桥浮桥的转换吨位要根据实际情况具体分析，而不是500kN的浮桥分解成的漕渡门桥也是500kN，350kN的漕渡门桥连接起来的浮桥就是350kN的浮桥。

六、在浮桥抗沉性方面

浮桥的抗沉性也是浮桥装备重要的战术技术指标之一，它体现在浮桥受到敌火力打击受到一定的损伤后，还是否具有一定的基本的生存力的性能。分析三种体系的浮桥结构特点，不难得到简支体系浮桥的抗沉性能最差，连续体系浮桥的抗沉性最好，而铰接体系浮桥的抗沉性介于上述两者之间。

由于简支体系浮桥是一个桥脚舟一组桥跨逐一简支架设而成的，无论是桥脚舟还是桥跨受到破坏都直接造成浮桥的中断，因此相比其他浮桥类型的抗沉性，简支体系的抗沉性是最差的；连续体系浮桥是一个桥脚舟一组桥跨逐一连续架设的，当某个桥脚舟受到打击，由于有其他桥脚舟的支撑作用，浮桥不至于直接损坏而是有一定的生存力，即使桥跨受到打击，只要不是全跨破坏，浮桥还是保持基本稳定以便于抢修；而铰接体系的浮桥抗沉性介于上述两者之间。

以上性能的对比综合见表3-1。

三种体系浮桥性能对比　　表 3-1

体系	结构	舟	桁	抗沉	坡度	转换	架设速度	适用江河	用途
简支体系	简单	大	小	差	陡	不能	慢	小型江河	就便器材
铰接体系	中等	中	中	中	中	快速	快速	中等以下江河	就便器材（+制式器材）
连续体系	复杂	小	大	好	缓	可以	较快	所有江河	制式器材

七、各种体系浮桥的适用江河和主要用途

根据以上的定性分析，可以对三种体系的浮桥作如下总结：

（1）简支体系浮桥，由于结构简单，而且结构稳定性较差，因此只能适用于小型江河中使用；另外由于其桥脚舟受力较大，往往与通行荷载的吨位相等，因此一般用于就便民舟作为桥脚舟时使用。

（2）连续体系浮桥，结构最为复杂，桥跨内受力也最大，而桥脚舟受力最小，因此在就便器材架设浮桥中难以使用，而在制式浮桥器材中则可以较好地解决上述问题：桥脚舟受力（浮力）最小，因此桥脚舟的排水量（即体系）小，便于陆上机动；桥跨受力大，可以用制式钢梁或桥脚舟的舟内桥跨来受力；连接复杂，可以用各种制式连接的接头来解决，因此制式浮桥器材都是采用连续体系的浮桥来架设的，该体系的浮桥是力学中的超静定结构，结构体系稳定，在复杂江河中也可以使用，因此针对宽大江河、大流速等江河都采用该体系的浮桥。

（3）铰接体系浮桥，结构复杂程度和结构稳定性都是介于简支体系和连续体系浮桥之间的，因此当在宽大江河上，征集大量民舟，并利用装配式公路钢桥等战备器材作为上部结构时，可以用来架设浮桥。该桥设计方法成熟，可以充分利用岸边地形分别组织结合桥节门桥，当浮桥架设开始时利用各种水上动力将门桥逐次引入桥轴线，在桥轴线上用铰接连接器进行连接，架设速度较快；同时当有敌情时可以迅速分解，在浮桥渡河与门桥渡河方法之间转换。

第四章 浮桥组成

第一节 桥脚舟部分

一、桥脚分置式浮桥的桥脚舟

桥脚分置式浮桥的浮游桥脚可以是制式舟、民舟和浮游材料组成的筏。舟的结构材料可以是金属的、木质的、纤维增强塑料和气密的橡胶织物；筏的结构材料通常采用木材、竹材及诸如汽油桶之类的就便浮游材料。

桥脚舟可以是一节舟来承担，也可以多节舟拼组后来作为桥脚舟。制式浮桥的桥脚舟通常都是由多节舟组合而来的。一方面制式浮桥需要分解后装车在陆上机动，另一方面，浮桥要设计成架设多种吨位，因此不同数量的舟节可以架设不同的吨位浮桥。

例如，某重型舟桥16t浮桥使用的单节舟（尖舟或方舟）如图4-1所示、50t浮桥采用的两节舟（一个尖舟、一个方舟或者两个尖舟）如图4-2所示、50t加强型浮桥采用的三节舟（两尖一方或者一尖两方）如图4-3所示、70t特种漕渡门桥采用的四节舟（两尖两方）如图4-4所示。

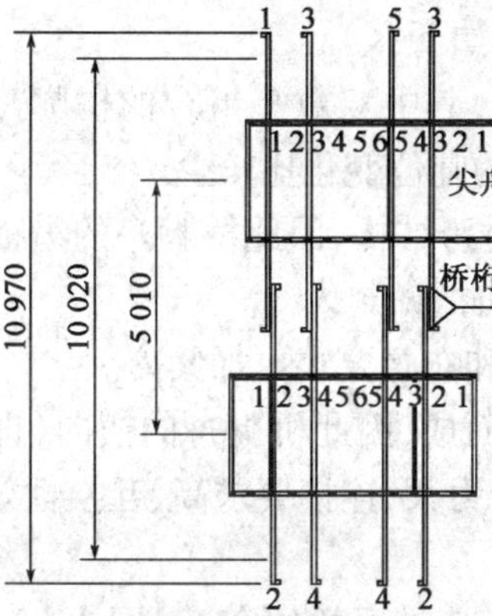

图4-1 16t浮桥单节舟（尺寸单位：mm）

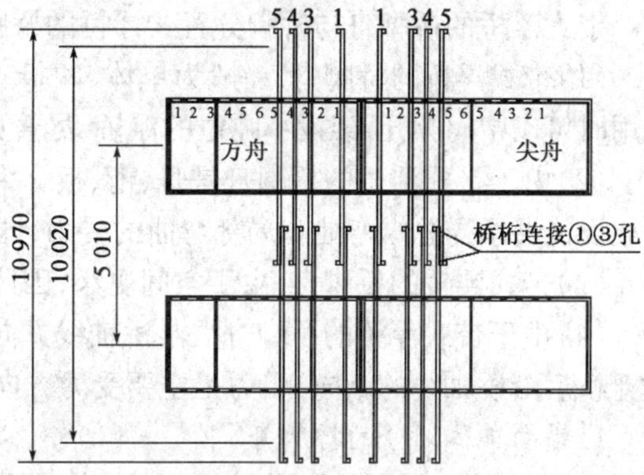

图4-2 50t浮桥双节舟（尺寸单位：mm）

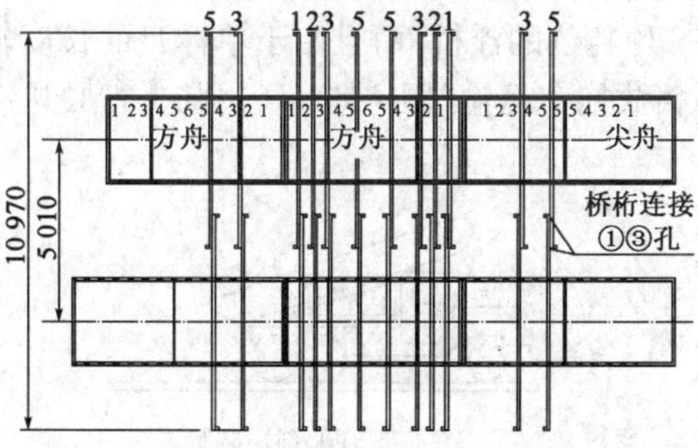

图4-3 50t加强型浮桥三节舟（尺寸单位：mm）

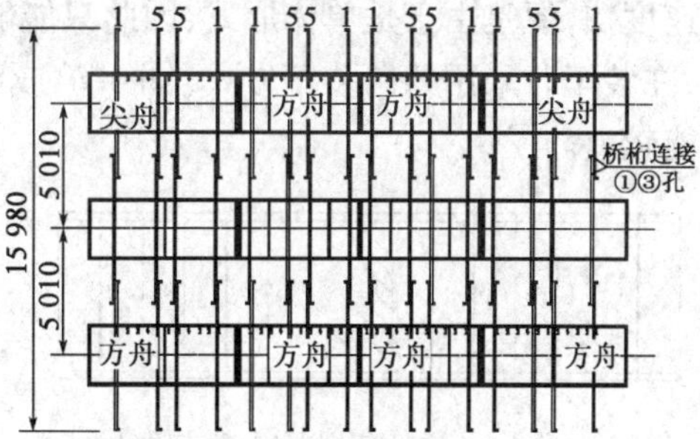

图4-4 70t特种漕渡门桥四节舟（尺寸单位：mm）

而某特种浮桥的桥脚舟采用六节舟形式，即每个桥脚舟由一节首舟、一节尾舟、四节中间舟组成，其中四节中间舟结构相同、可以互换，一个桥脚舟在陆上运输时需要六辆汽车进行运输，如图4-5所示。

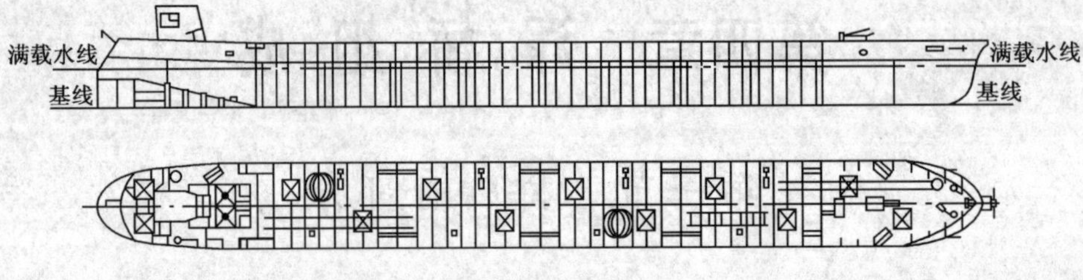

图4-5　某特种浮桥的桥脚舟

对于桥脚分置式浮桥的桥脚舟，由于浮桥上的荷载是通过桥跨传递到桥脚舟上，因此要求舷缘结构能够承载桥跨的压力，舟体的舷板、底板和端板承受水压力，甲板承受人员及器材的作用力。桥脚舟拼组连接后，舟的纵向强度需要计算和校核，各种纵向连接接头需要设计。

二、带式浮桥的桥脚舟

带式浮桥的河中部分直接由一系列被称为河中舟的箱形浮体组成，每个河中舟本身就是浮桥的承重结构，其甲板面就是浮桥的桥面部分。这种浮游桥脚、承重结构、桥面部分三位一体的结构组成，使浮桥在架设中不需要预先结合桥节，只需要在桥轴线上逐次接长桥段，拼装工序的减少使得带式浮桥架设所用的人力和时间大大减少，保证了快速架设和显著地缩短渡口准备时限。

带式浮桥的桥脚舟与桥脚分置式浮桥的桥脚舟的主要区别如下：

(1)带式浮桥的桥脚舟，一般为单体、两折、三折、四折组成，其中双数舟组合的桥脚舟在使用时可以中间分开，架设小吨位的浮桥，尽管如此，带式浮桥的吨位变化比较少。

(2)由于带式浮桥的桥脚舟是舟、桁、板合为一体，不再有桥跨结构，因此桥脚舟的纵横向骨架要能够承受总纵弯曲和局部弯曲的受力，同时要兼顾桥脚舟的密封。

(3)带式浮桥的桥脚舟，由于空间更小，因此舾装件的设计和布置要求更加紧凑。

(4)由于带式浮桥的桥脚舟沿浮桥轴线方向是逐个舟连接而成，因此桥脚舟的横向(即架设浮桥后沿桥轴线的纵向)受力是主要受力方向，其拼装连接受力大、连接要求高、互换性好。

1. 横向单体划分的桥脚舟

横向单体划分的带式舟桥桥脚舟，结构简单，桥脚舟的长度就是浮桥的宽度(图4-6)，泛水后将桥脚舟横向相连就成为门桥，而桥节门桥相连就是浮桥。这种浮桥的连接作业量少，架设速度快，但是由于是单体形式，因此只能够架设一种吨位的浮桥，而且由于单体舟的长度较长，在装车时采用斜向装车方式(图4-7)或者两舟叠放拖车运输(图4-8)，所以陆上行驶机动性能较差。

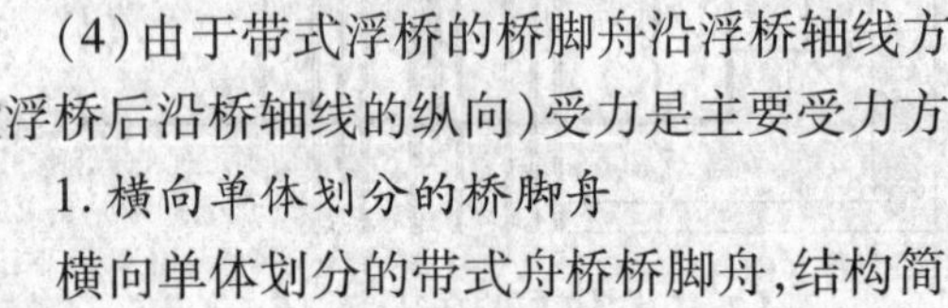

图4-6　横向单体划分的带式桥单元

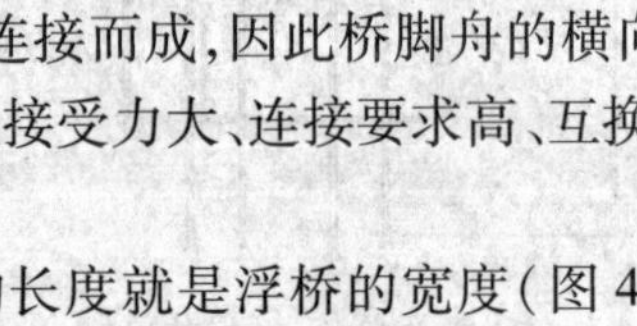

图4-7　单舟斜向装车

2. 横向两折划分的桥脚舟

横向两折划分的桥脚舟(图4-9)应用较为广泛,在我军第一种带式浮桥采用的是这种形式。这种浮桥可以架设两种吨位的浮桥,即单舟架设小吨位的浮桥,首尾舟连接成全形舟后架设大吨位的浮桥(或者双车道浮桥);尽管都是两折形式,但是装车运输方式有很多种。我军第一种带式舟桥采用两折交叉叠放(即舟首一前一后,图4-10),尾舟在下、首舟在上,泛水时两舟同时入水,装车时采用两根钢索按规定路线绕挂后,将两舟同时装车,但是由于底盘车落后、带桥脚的岸边舟作业繁琐、木质车辙护板容易损坏、装车方式比较复杂等原因已经被淘汰。

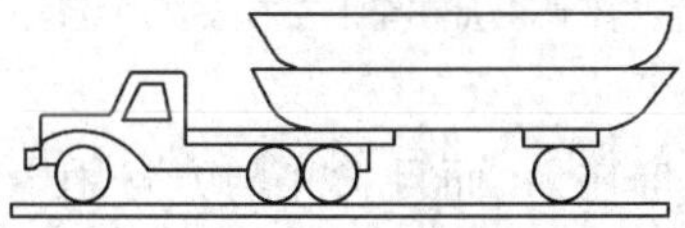

图4-8 两舟叠放拖车运输

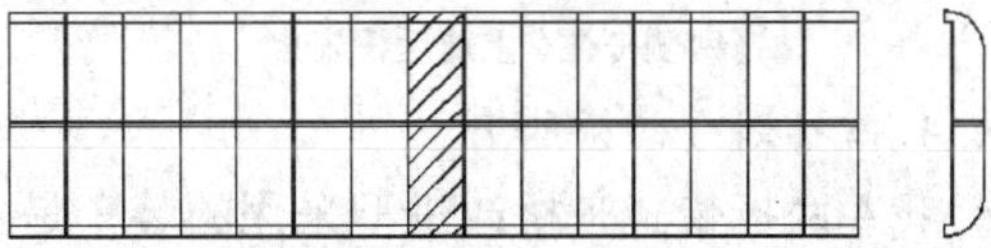

图4-9 横向两折划分的带式桥单元

另外还可以两舟叠放、舟首朝后(图4-11),两舟竖放,中央铰接(图4-12)等多种形式。

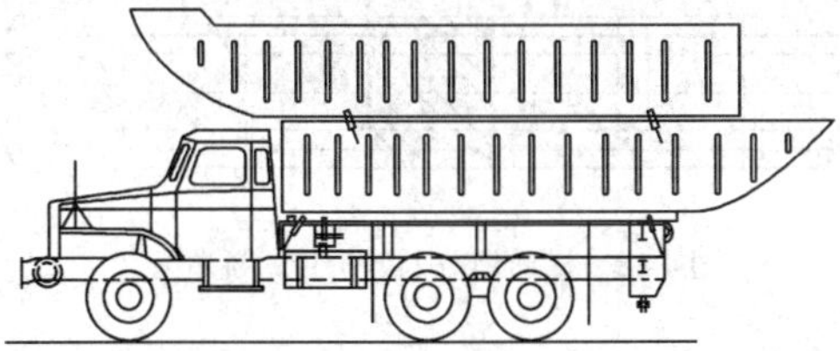

图4-10 两折带式舟首尾颠倒叠装

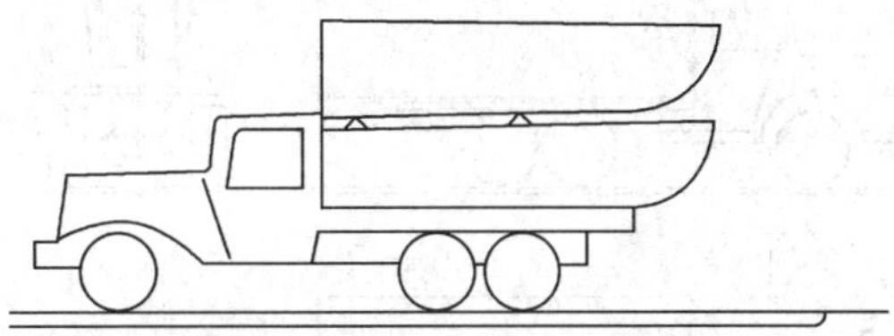

图4-11 两折带式桥首部朝后叠装

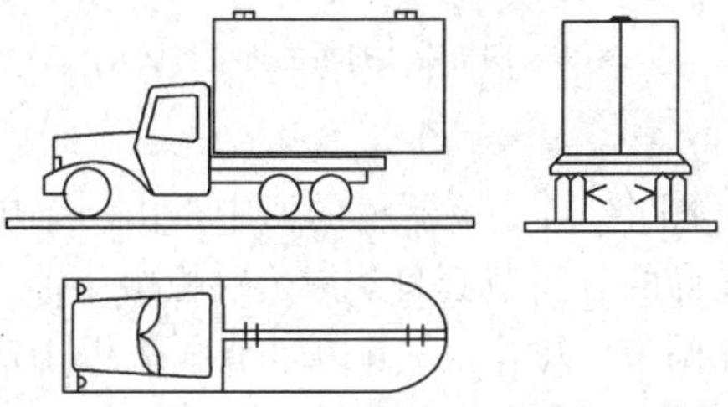

图4-12 两折带式桥竖向叠装

图4-13 两折带式桥斜向叠装

波兰PP-64带式舟桥也是采用的两折带式舟桥的形式,但是它采用两舟铰接、斜跨舟车两侧的方式(图4-13),这种装车方式泛水时展开方便,两舟的连接只需要在甲板上进行,作业量小,但是装车后重心较高,舟的宽度受到限制(否则超高)。

两舟竖放中央铰接的形式适合沿浮桥纵向划分的两折带式浮桥,如图4-14所示。

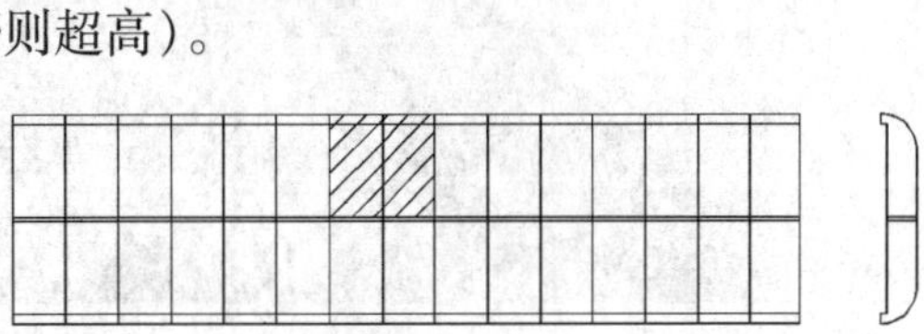

图4-14 横向划分的两折带式桥单元

3. 三折划分的桥脚舟

三折划分的桥脚舟架设带式浮桥,应该桥面比二折舟的要宽,通行性能要好,三折舟在车上的运输分为前后叠放(图4-15)和左右叠放两种(图4-16),其侧舟的展开通常采用液压机构,而液压机构的动力来自舟车。这种结构的缺点是只能够架设一种吨位的浮桥,变化不多。

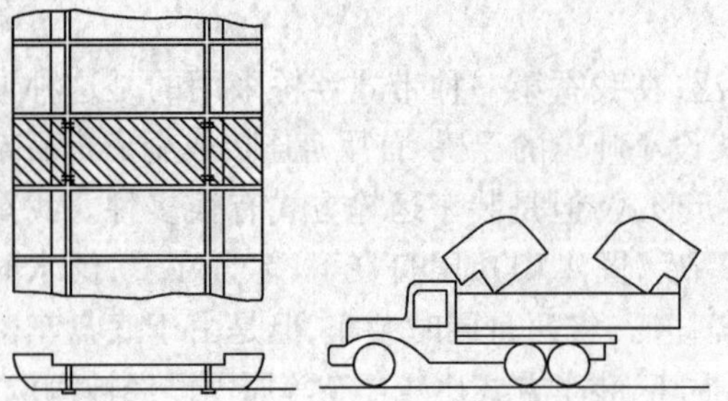

图 4-15 横向划分三折带式舟的单元和装车（两侧舟在车上前后叠放）

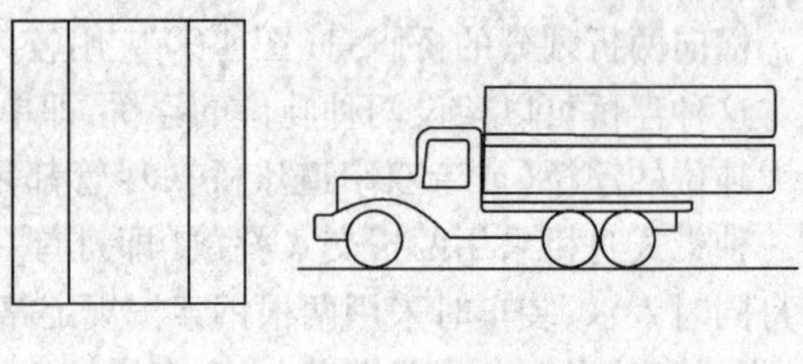

图 4-16 横向划分三折带式舟的单元和装车（两侧舟在车上左右叠放）

4. 四折划分的桥脚舟

我军两折带式舟桥改进型采用的装车是尖舟在上、方舟在下，而且尖舟与方舟用甲板铰链连接，在舟车平台上尖舟预展后进行泛水，两台舟车上的桥脚舟横向连接成为四折带式浮桥，另外，我军的四折带式舟桥采用四周垂直折叠装车，如图 4-17 ~ 图 4-19 所示。

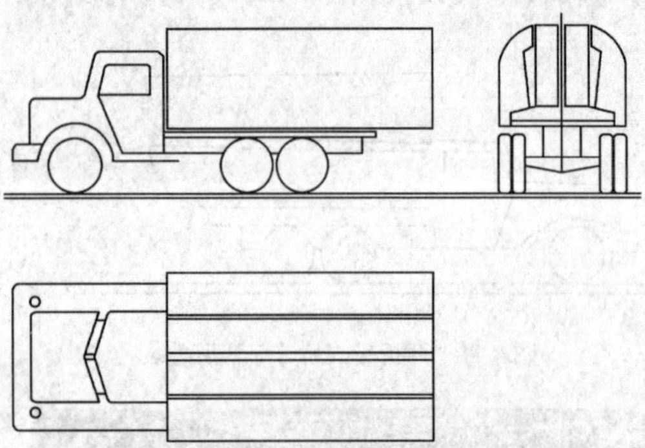

图 4-17 四折带式舟桥的装车

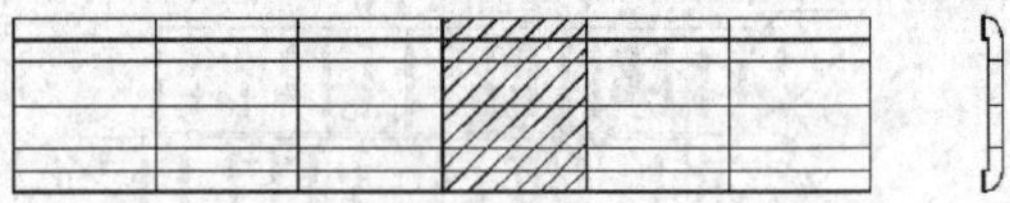

图 4-18 横向划分的四折带式桥单元

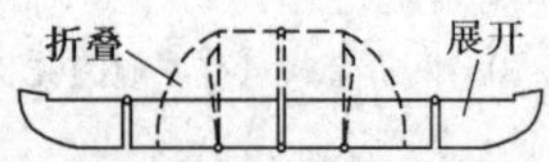

图 4-19 四折带式舟桥的折叠与展开

5. 横向五折划分的桥脚舟

法国 F1 摩托化浮桥是一种五折带式浮桥的典型（图 4-20）。该器材的河中舟由一个中心舟节、两个边舟节和两个压载舟节组成，是一种独特设计的五折节套舟。岸边跳板由一个坚固的构架和车行道扩宽件组成，跳板的 L 降由液压油缸调节。中心、舟节边舟节和跳板用铝合金制造，压载舟节用复合材料制成。五折带式桥的折叠和展开截面见图 4-21。

图 4-20 横向划分的五折带式桥单元（法国的 F1 舟桥）

五折舟的长度达到 10m，采用拖车运输，其边舟节与压载舟节的展开采用液压机构。这种浮桥的横向尺度较大，浮桥的宽度大、通行性能好；每个舟节长度大，每百米浮桥需要的舟车数量较少；压载舟节还采用了动力舟的形式，自身机动性能好；岸边桥节达到 12m，岸边适应性能好等优点，但是也存在三层叠放、拖车运输、陆上机动性能差；五折展开、机构比较复杂；桥型无变化，只能架设一种形式的浮桥等缺点。

6. 其他

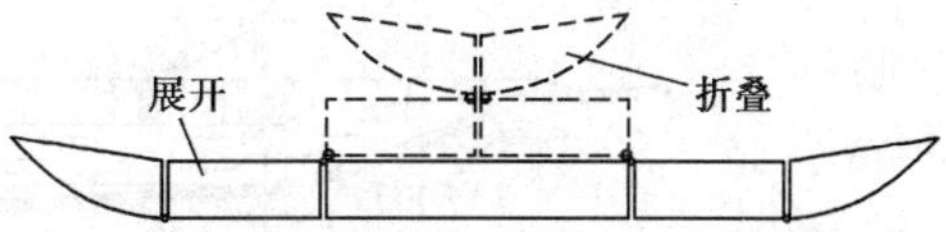

图4-21　五折带式桥的折叠和展开横截面

前西德的箱形结构桥由尖舟（端部舟）、方舟（中间舟）组合而成，变化较多。其舟的宽为2 100mm，高为730mm，尖舟长度为4 725mm，方舟长度为4 200mm，舟体为板架形式。通过组合拼装可以架设30t的浮桥、50t的浮桥（单车道50t，双车道单位面积承载量4MPa，见图4-22）和80t的浮桥（单车道通行80t，双车道通行30t，三车道通行12t，见图4-23），还可以结合50t的漕渡门桥（图4-24）。该型带式浮桥的结构简单、变化多样、适应性好，但是由于是单舟拼装式，因此舟单元需要量大，人工拼装作业步骤多，结合架设速度慢。

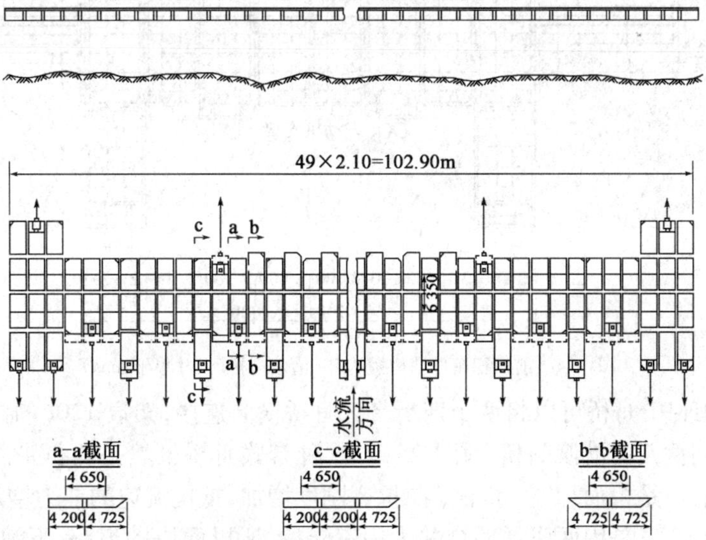

图4-22　前西德箱形结构桥的50t浮桥（尺寸单位：mm）

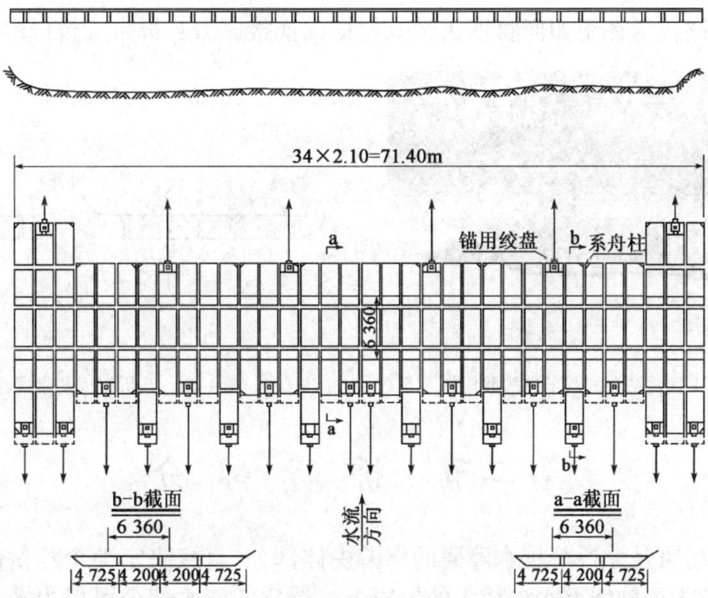

图4-23　前西德箱形结构桥的80t浮桥（尺寸单位：mm）

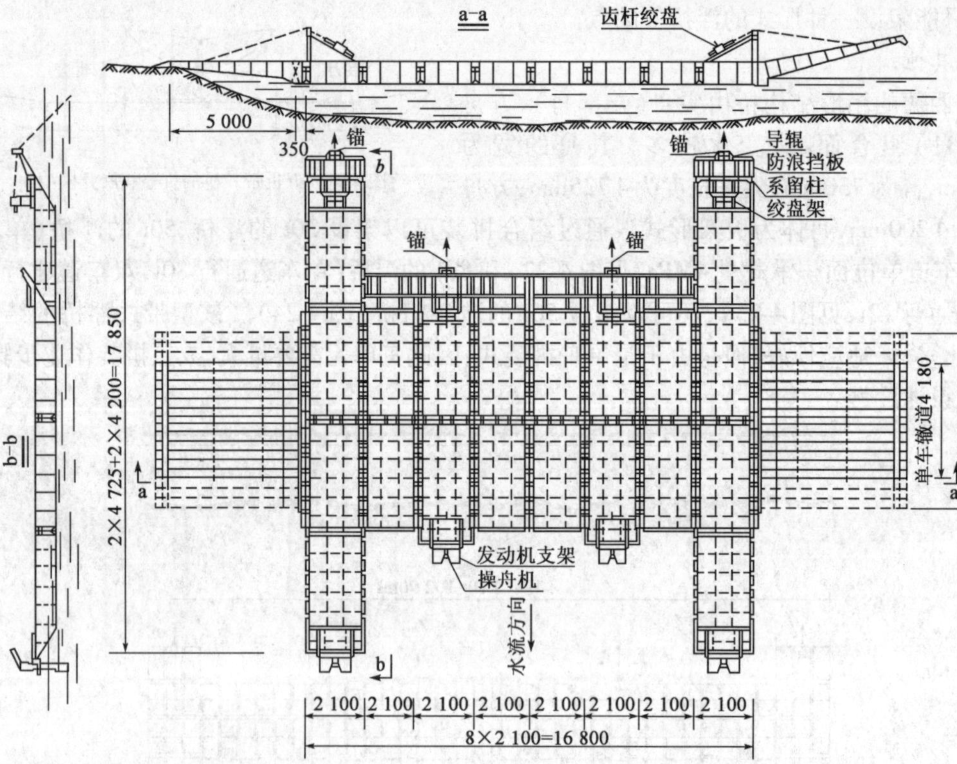

图 4-24　前西德箱形结构桥的 50t 漕渡门桥(尺寸单位:mm)

俄罗斯的 ПП-91 舟桥可以将两个四折带式舟桥横向连接,架设 120t 的浮桥(即双车道浮桥,或者结合相同截面的漕渡门桥(图 4-25)。这种带式舟桥虽然是四折带式舟桥的拓展,但是也有以下特点:一是桥面加宽,水平横向抗弯刚度增加,抵抗流速的能力增加;二是浮桥的整体稳定性有所增加;三是因两座浮桥合并为一座浮桥,所以两岸的道路、下河坡路只需要构筑一条,减少了两岸道路的构筑量,但是存在的问题就是战时的遭敌打击后的生存率降低。结合双车道浮桥的关键技术在于如何将四折带式桥横向连接成为八折带式桥(图 4-26)。

图 4-25　ПП-91 舟桥结合的双车道漕渡门桥

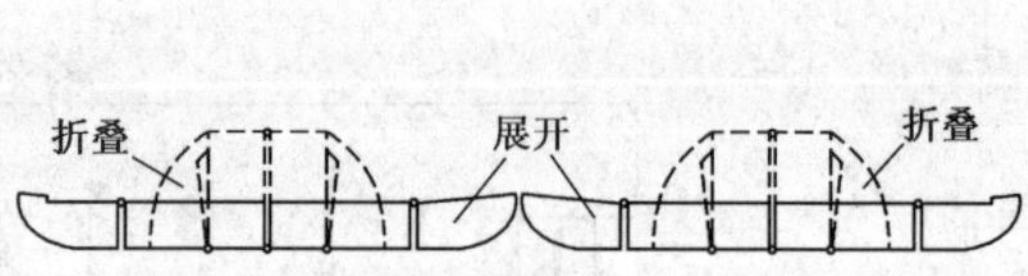

图 4-26　八折组成的带式浮桥横截面

第二节　桥 跨 部 分

河中部分的桥跨是浮桥跨越水障碍的浮游主体部分,直接决定整个浮桥的承载能力和使用性能,它通常位于桥轴线上水深较大的地段上。浮桥的河中部分可以由若干个彼此相距一定距离的浮游桥脚,以及被它们支承的桥跨结构组成,这种浮桥叫做桥脚分置式浮桥;也可以由一系列既能提供浮力、又能作为承重结构和载面部分的箱形浮体沿桥轴线方向密接而成，这种浮桥叫做带式浮桥。

(1)支承在桥脚舟中央或舟舷上的桥跨结构，又由截面部分(车行部)和支持它的承重结构组成。承重结构通常由各种型钢桥桁、木质桥桁或桁架组成，桥桁或桁架可以成对地用横向联结系联成桁联，也可以单根、单片地使用。有时桥跨的承重构件和载面部分被预制成整体构件，组成车辙或直接做成整体式桥跨结构。无论是何种桥跨结构，单个承重构件在桥跨横断面内的配置，可以是等间距排列、不等间距排列以及车辙式配置。桥脚分置式河中部分的跨度，即桥轴线上浮游桥脚轴线间的距离，可以在较大的幅度内变化。在由型钢和方木、圆木桥桁组成的浮桥中，跨度通常在 4 ~ 6m 内变化；而承重结构是金属桁架的浮桥，其跨度可达 10m 以上。

桥脚分置式浮桥的优点在于单个构件的结构简单、质量轻、便于制造和更换。另一个最大的优点是在结合成不同载重量的浮桥方面，具有较大的灵活性。它可以用改变桥跨横断面内的桥桁、桁架的数量来达到变化浮桥载重能力的目的，也可以用增减浮游桥脚内舟节的数量和变化跨度值来达到变化载重能力的目的。但是这种浮桥的构件种类繁多，形成大量的连接件，因而在架设浮桥时要花费较大的时间完成大量细小的工序，而且难以实现机械化作业。

(2)带式桥箱形浮体的整个横断面参加工作，因而浮桥的垂直刚度很大，截面部分很宽阔，这不仅允许单向行驶的车辆以较高的速度通过浮桥，而且可以给轮式车辆提供双行道。带式浮桥在结构处理上比桥脚分置式浮桥复杂得多，在用作漕渡门桥时水阻力也将增大，而载重量变化的灵活性更不如桥脚分置式浮桥，往往只能用改变带式桥横向宽度的办法来实现。用当地浮游工具组成的带式浮桥，其河中部分是用排水量 200t 以上的驳船或公路渡船组成的。将其纵轴(长方向)垂直水流方向设置，车辆沿其甲板纵向行驶。对于载重量较大、甲板面首尾齐平的相同驳船或渡船，在流速不大的江河上架设这种带式桥既经济又简单，将大大地减少在甲板面上构筑车行部的作业量。

第三节　岸 边 部 分

浮桥的连岸部分是支承河中部分末端并使之与河岸平缓过渡，保障浮桥在通载和水位变化时正常使用的两岸端部分。连岸部分有三种基本形式：梁式过渡桥跨、一端固定的岸边浮游桥节和固定栈桥。前两种又称为浮桥的过渡部分，第三种称为岸边部分。根据河岸的实际情况，连岸部分可由其中一种单独组成，也可以由固定栈桥和岸边浮游桥节或者固定栈桥和梁式过渡桥跨组成。在单独使用固定栈桥作为连岸部分时，它的水侧固定桥脚就是河中部分末端的支承。在联合组成连岸部分的情况下，固定栈桥设置在岸边，它可看成是河岸的延伸，而它的水侧桥脚是岸边浮游桥节和梁式过渡桥跨岸侧一端的刚性支点。

由于固定栈桥的架设作业比较费时费力，通常只有浅滩过长不能设置浮游桥脚，或者河岸高陡需要由较高的接近路向较低的河中部分末端平缓过渡，以及浮游桥脚数量不足等三种情况才采用这种形式。

(1)连岸部分固定栈桥由岸边桥础、固定桥脚和梁式桥跨组成(图 4-27)，整个栈桥根据岸况和浮游桥脚数量，可以设置成单跨或多跨栈桥。它们的水侧固定桥脚通常设置在水深不大于 1 ~ 1.5m 的地方。为了适应水位的变化，水侧的几个固定桥脚被构筑成高度上是可以调整的，并且有升降桥跨结构的装置。这种桥脚的数量是根据水位变化幅度和桥面允许纵向坡度值来确定的。在制式浮桥器材中,固定桥脚被预制成架柱桥脚、滚筒桥脚和三角形桥脚等形式。在就便器材中则常常采用列柱、架柱桥脚和木杆层桥脚作固定栈桥的桥脚。为尽量缩短固定栈桥的长度,桥础是设置在尽量靠近水边的干硬地点,并且离岸边陡坎有一定的安全距离,以防止被水淹没或陡坎塌方。固定栈桥的桥跨结构可以采用浮游部分桥跨结构相同的组成,整个固定栈桥可以容许有不大于8%的纵向坡度,大于此值的纵向坡度将会妨碍车辆的通行并增大车辆对栈桥的冲击。

(2)岸边浮游桥节可以被认为是河中浮游部分的合乎实际的延伸(图4-27),它能适应水位的变化,又能支承河中部分末端,保障河中部分末段不至于出现比河中部分中央大的吃水和应力。在桥脚分置式浮桥里,岸边浮游桥节是由配置在水侧一端的一个或两个浮游桥脚和支承在它们上面的桥跨结构组成(图4-28)。它的一端刚性支承在岸边桥基础上或者固定栈桥的水侧固定桥脚上,而它的水侧一端伸出在浮游桥脚舟舷之外,形成悬臂,用铰和河中部分末端连接,这种岸边浮游桥节称为浮游栈桥。在带式浮桥中岸边浮游桥节是由一端直接支承在岸滩上(没有桥基础),另一端与河中部分末端连接的"岸边舟"组成。此种岸边舟的端部具有加强的舟舷和舟底,以便能直接将活载的压力传递到岸滩上。

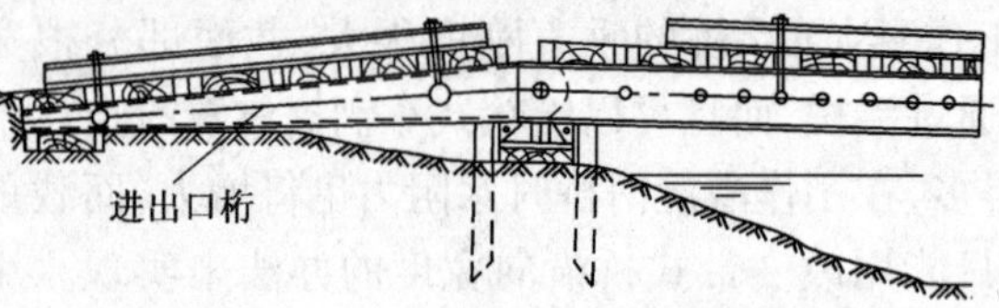

图4-27 连岸部分固定栈桥

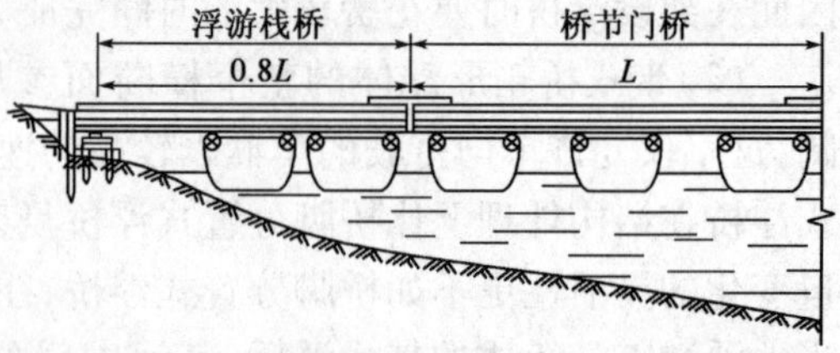

图4-28 浮游栈桥

(3)梁式过渡桥跨是连岸部分的一种简单形式。它由载面部分和若干根桥桁或数片桁架组成。一端支承在岸边桥基础上或固定栈桥的水侧桥脚上,另一端支承在河中部分末端。当梁式过渡跨简单支承在河中部分末端上时(图4-29),它不能起到支承河中部分末端的作用,反而使河中部分末端负载。因此必须在河中部分末端增设辅助浮游桥脚,以减少末端的沉降,此时梁式过渡桥跨主要以其长度减少连岸部分的纵向坡度。只有当梁式过渡桥跨采用特殊的铰接装置——带限制器铰和河中部分末端连接时,它才能起到支承河中部分末端的作用(图4-29)。

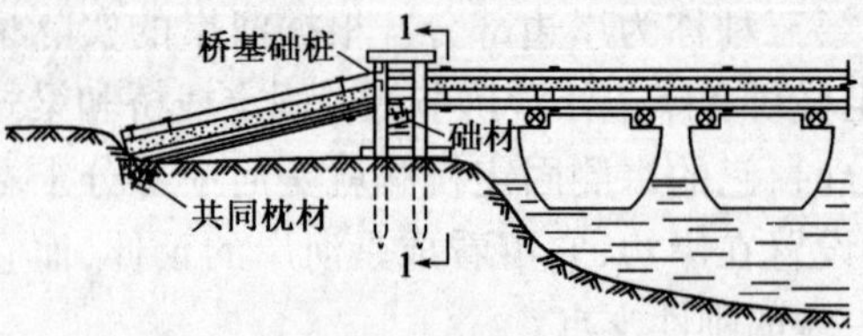

图4-29 桥跨直接连岸

上述连岸部分与河中部分末端连接时,其连接形式是多种多样的,它主要取决于河中部分的结构组成。实际上,有的浮桥无固定栈桥部分,有的浮桥可以没有过渡部分,而且近代浮桥中(尤其在连续梁体系浮桥中)这两部分已融合成整体难以区分。

第四节 锚定部分

平衡浮桥所受的各种水平力,保持浮桥在水平面稳定的一系列固定设施,统称为浮桥的水平固定系统。它由横向固定和纵向固定两部分组成,横向固定部分平衡浮桥所受到的垂直桥轴线方向的水阻力和风阻力;纵向固定部分承受车辆沿桥运动时的制动力和斜向水流对浮桥的冲击力以及顺桥轴线方向的风力。浮桥的横向固定通常采用锚定、横张纲系留固定和斜向控制纲固定等形式。采用投锚固定形式时,横向固定由若干个彼此相距一定距离、在浮桥上下流投下的锚和相应数量的顺水流方向固定在浮桥两侧固定装置上的锚纲组成,将浮桥牢固地固定在河底上。采用横张纲系留固定浮桥是将浮桥固定在河岸上,此时横向固定是由在浮桥上流和下流横过河面张拉的主索和一系列顺沿水流方向设置的系留索组成,系留索一端固定在主索上,另一端固定在浮桥上,主索在岸上用塔架支持并固定在埋设在土壤中的固定装置上。采用斜向控制纲固定浮桥时,是用一系列与水流方向成一定角度的斜张纲将浮桥固定在两岸,它也分为上流固定和下流固定。浮桥的纵向固定通常由岸边系留纲和在桥基础前后植入土中的系留桩所组成,此时桥础与桥桁的末端应牢固连接。浮桥的水平固定系统是浮桥赖以生存的重要组成部分,应该根据当时当地的河流水文、地质、气象和固定的材料等情况慎重确定。

第五章　浮桥桥脚舟与桥跨结构

第一节　桥脚舟结构

浮游桥脚舟主要用于作为漕渡门桥和浮桥的浮游桥脚,为它们提供足够的浮力,并承受由桥跨部分传递来的载重以及水中的压力作用(图5-1)。在外部载重及水压力作用下,舟体纵长方向可能发生像梁一样的弯曲而导致断裂或破损。为了保证浮桥的安全使用,舟体需要有坚固的结构以保证其足够的强度。

舟体承受一定的载重漂浮于水中。为保证舟体能提供充分的浮力,一般浮游桥脚舟都采用封闭的箱形结构(方形舟),只是首尾舟的端部采用雪橇形式或匙形成为尖形舟,以便减小浮桥所受的水阻力。舟体的外部用壳板密封,浮游桥脚舟的壳板,通常采用如10Mn2、16Mn或902等低合金钢材料的薄板,厚约1.0~3.0mm。由于舟体壳板较薄,当受到水压力作用时可能产生较大的变形而影响使用,因此在壳板上要用一些刚度较大的构件作为支撑结构,这些结构就是舟体的纵横骨架。依据舟体骨架的排列情况,舟体结构有纵骨架式和横骨架式两种。纵骨架式结构即舟体纵长方向的骨架数量较多、排列较密。横骨架式结构即舟体横向骨架数量较多、排列较密,纵向骨架数量很少。浮游桥脚舟基本结构形式多为横骨架式。

舟体的壳板依其位置分别有底板、甲板、舷板和端板,在各个板上都焊有纵横骨架。每种板及其附连的纵横骨架形成一块板架结构,在船厂对浮游桥脚舟是以板架结构为组成单位进行装配的,通常把它们称为分段,如底板分段、甲板分段、舷板分段等。

现将舟体各部分结构分别说明如下。

一、底板分段

底板分段由底板及其纵横骨架构成(图5-2)。底板在舟体底部,它所受的水压力最大,其厚度可依据舟体受力大小选用1.5~3.0mm的薄板。整块底板由一定宽度的板相互搭配焊接而成。桥脚分置式浮桥器材的桥脚舟(以下简称桥脚分置式舟)底板采用材料为10Mn2、厚度为2.0mm的薄板制成。

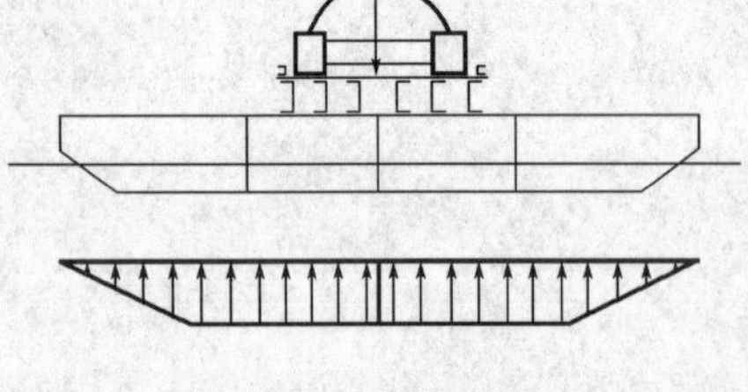

图5-1　舟体受力简图

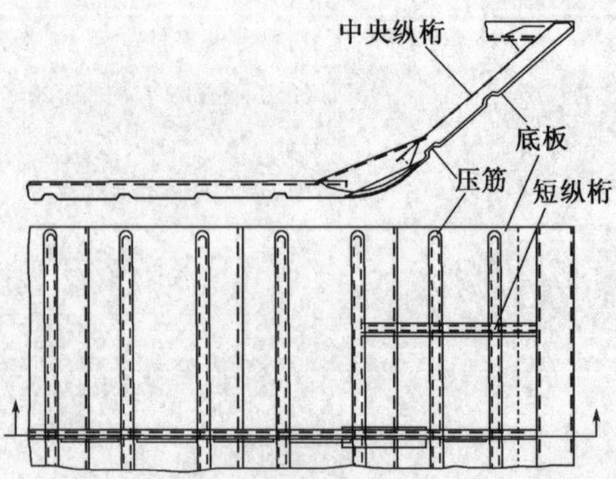

图5-2　底板分段结构

桥脚分置式舟底板上的横向骨架,均采用"压筋"。压筋是直接在钢板上每隔一定距离用机械设备辊压出一种波纹状槽口,用以取代型材制的横向骨架构件,它可以减轻舟体质量。制式舟的压筋形状多采用槽形波纹;压筋距离可依据板的厚度以及作用于板上的水压力确定,一般取 40 ~ 50cm。

底板上的纵向骨架是保证舟体纵向强度的主要构件之一,其数量依据舟体宽度及其受力情况确定。桥脚分置式舟通常在舟体纵中剖面处设置一根纵向骨架(称为龙骨或纵桁),用材料 10Mn2、厚 2.0mm 的薄板弯折成"Z"形(图 5-3)。在尖形舟的首部,可在中央纵横两旁各设置一根短纵桁加强,以抵抗水流冲击时的水压力。

纵桁与压筋相交处,可在纵横腹板上开口以通过压筋,并设置肘板连接(图 5-4)。

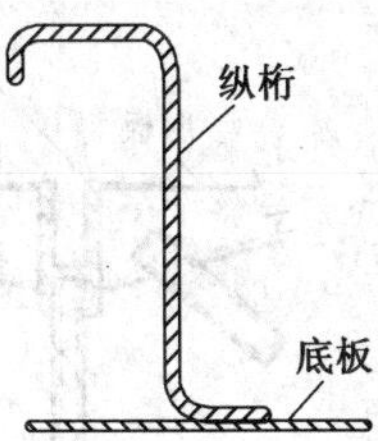

图 5-3　舟底纵桁

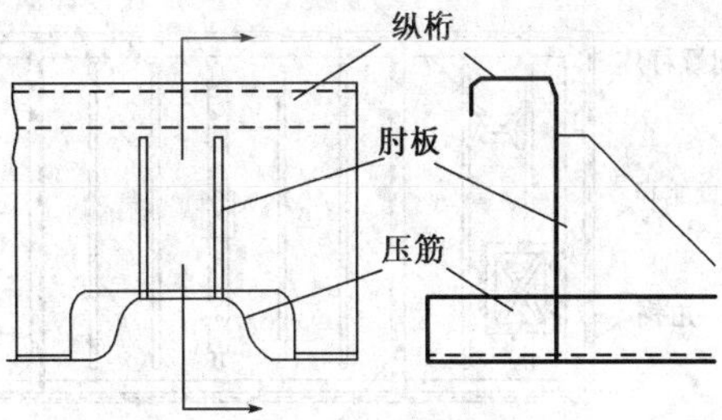

图 5-4　舟底纵桁与压筋连接

二、甲板分段

制式浮游桥脚舟在上部覆盖一层钢板(称为甲板)封闭舟体,以增强舟体的抗沉性能及其横向刚度。作为桥脚舟,其甲板还有以下功用:用来放置浮桥的各种附属设备(如锚,螺杆等);运输时在舟体上放置一定数量的桥桁和桥板;在结合门桥时可供作业手在上面活动。

甲板分段是由甲板及其附连在上的纵横骨架组成。桥脚分置式等分置式浮桥的桥脚舟,甲板受力较小,一般其厚度为 1.0 ~ 1.5mm,材料为 10Mn2 低合金钢。

在甲板上同底板一样,其横向骨架也采用压筋。桥脚分置式舟在甲板上还焊有横梁(用角钢制成),方形舟上有两根,尖形舟上有一根,可用以安放压铁螺杆,以固定放置在舟上的桥桁和桥板。

在舟体内部甲板下设置纵桁,它用厚 2.0mm 的薄钢板弯制成"Z"形,其数量和形式与底板纵桁相同。

为便于检查和维修舟体内部,在甲板上可开设 1 ~ 2 个舱口,并用盖板密封。

桥脚分置式舟上的桥桁和桥板,运输时是放置在甲板的旋转梁上的,旋转梁(图 5-5)可绕一轴旋转。为此,在甲板上设置有旋转梁套筒(图 5-6);套筒用钢管(材料用 Q235)制成。为加强甲板刚度,套筒处设置支柱和斜撑(图 5-6)。支柱和斜撑用 $\phi25$ 的钢管(材料为 15 号钢)。斜撑两端压成扁平状,分别焊于套筒旁及舷底间的肘板上。支柱一端压成扁平状并焊于底板纵桁上,另一端则插入套筒内,以支持套筒上器材的载重。

三、舷板分段

舷板是舟体两侧旁板,它与甲板和底板相连用以密封舟体并承受水压力作用。

桥脚分置式舟的舷板分段,只由舷板和横向压筋组成。舷板用材料 10Mn2、厚度为 1.5 ~

2.0mm 的薄板制成。舷板上的横向压筋沿垂直方向布置,以加强舷板刚度。在舷板与底板连接处可用角钢或较厚钢板弯折成角形以增加强度。桥脚分置式舟为便于在舟车上装卸,将舷板与底板连接处的构件做成槽形(称为舷底滑铁)。滑铁两端分别与舷板和底板焊接在一起(图 5-7)。滑铁用材料 902、厚度为 3.0 ~ 4.0mm 的钢板弯折制成。舷板上部通过甲板边板与甲板相连接,甲板边板也是用钢板弯折制成(图 5-8)。在舷板上部即甲板边缘处沿舟长纵方向焊有角钢称舷缘角钢(图 5-8),它也是用 902 钢材(桥脚分置式舟采用∠90 ×56 ×6 角钢)。舷缘角钢主要用来支托桥桁,以便将桥跨及其所承受之载重传给舟体。滑铁与舷缘角钢均沿舟体纵长方向连续配置,它们都可作为舟体承受总弯曲的构件。

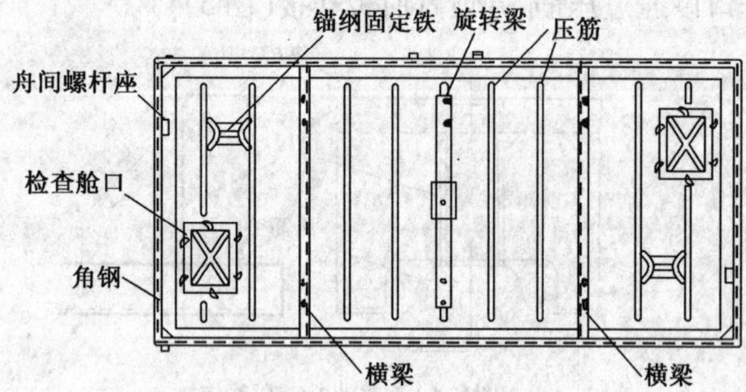

图 5-5　甲板上结构与设备

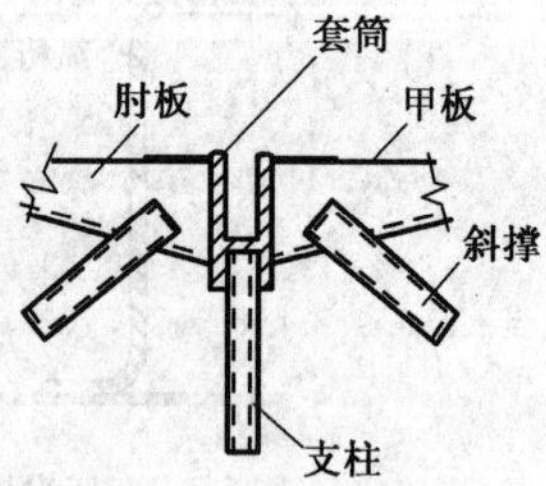

图 5-6　旋转梁套筒节点

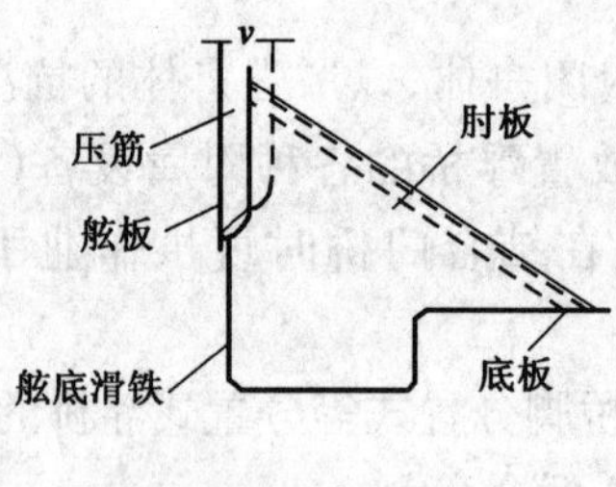

图 5-7　舷底滑铁

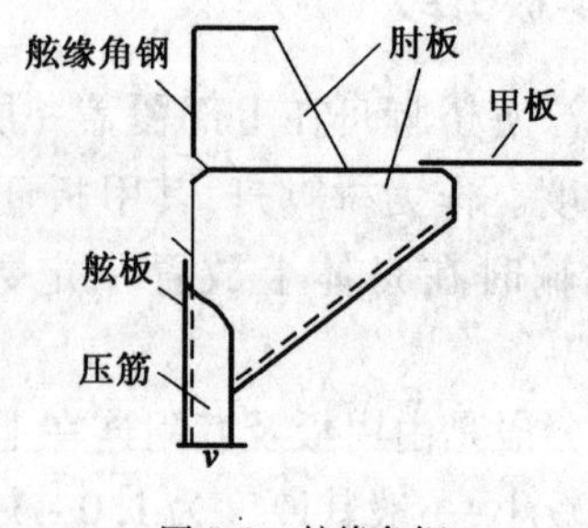

图 5-8　舷缘角钢

当舟体舷部高度较大时,可在舷板上设置纵桁以加强其刚度。因浮游桥脚舟舷高较小,一般都不必设置纵桁。

四、端板分段

端板在舟体首尾部分,方形舟首尾均有端板,尖形舟只在尾部有端板。桥脚分置式舟的端板用厚 1.5 ~ 2.0mm 的钢板制成,沿端板的垂直方向布置压筋以加强其刚度。端板与底板用∠63 ×63 ×6 的角钢相连接,端板与舷板用∠45 ×28 ×4 的角钢相连接,端板与甲板相连接处同样用钢板弯折制成的甲板边板。端板上缘用角钢与舷缘角钢相连,其尺寸与舷缘角钢相同。在角钢上开有圆形孔,供舟与舟连接时插入舟间螺杆用。

在端板下端两边缘之底部焊有舟体连接装置。该装置为凸凹铁结构(图 5-9),此构件通常采用高强度合金钢制作,如用 40Cr 材料。

五、桁架结构

在二折带式舟体内部横向设置有三片桁架,均配置在舟体有连接装置的部位。因舟体直接在甲板上通过荷载,因此该桁架为带式浮桥的主要受力构件(图 5-10)。

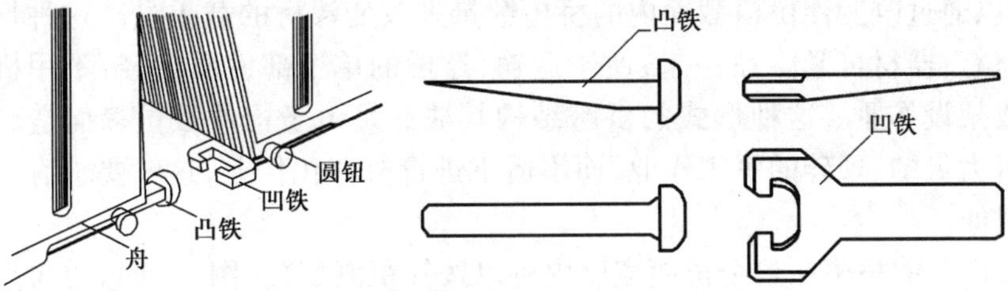

图 5-9　舟体下部连接

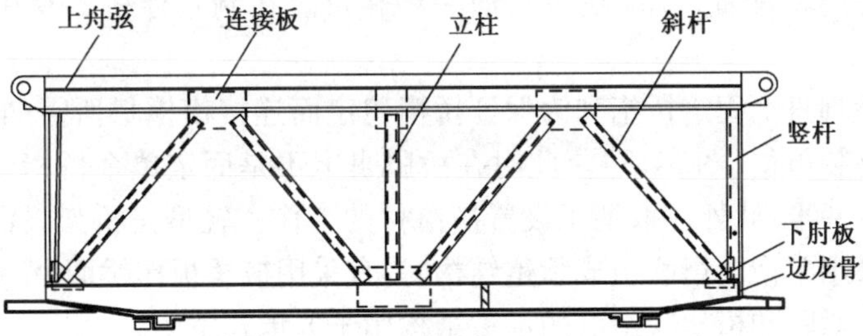

图 5-10　横向桁架

桁架的上下弦杆即利用舟体的横梁和肋板构件。上弦杆是用 4.0mm 厚的 902 钢板折边制成，下弦杆即"T"形构件，其腹板及翼板均采用 5.0mm 厚的 902 钢板焊接制成。桁架两端竖杆用 3.0mm 厚的 902 钢板折边制成；斜撑及中间竖杆（或称立柱）采用 $\phi36 \times 3.5$mm 的 16Mn 钢管。节点连接板、肘板均采用 4.0 ~ 6.0mm 厚的 902 钢板制成。

在舟体纵方向以甲板与底板的纵桁为上下弦杆，其间以竖杆和斜撑相连也组成桁架，使舟体各构件连成整体以加强舟体纵向总强度和刚度。

第二节　河中部分桥跨结构

一、桥桁结构

1. 金属桥桁

因为金属材料强度高、坚固耐久、各向受力均匀，所以在制式浮桥器材中，通常采用金属材料作桥桁，在就便器材浮桥中有条件时也优先采用金属材料作桥桁。

桥脚分置式浮桥河中部分和门桥由浮游桥脚舟和支承于其上的桥跨结构组成。

浮桥的桥跨结构形式：一种由单个的、看作彼此独立工作的桥面部分和承重部分组成；另一种由桥面部分和承重部分连成一体的整体结构组成。

在承受外力作用时共同工作。第一种桥跨结构形式不论在制式浮桥还是在就便器材浮桥、门桥中都得到了广泛的应用，而第二种桥跨结构形式目前只有制式浮桥中采用。第一种桥跨结构的承重结构可由若干单桁、若干组用联结系连接成对的桁联、金属板梁联或桁架联以及用垂直和水平联结系连成的整体的多片桁架组成。在就便器材浮桥、门桥以及一般的制式浮桥器材中最广泛采用由轧制型钢、两面砍制的圆木、方木做成的单桁作为桥跨结构的承重结构，并在其上铺设桥板。这就不仅可以通过改变桥脚舟的间距来改变浮桥的载重量,而且还可以通过改变浮桥横截面内的桥桁数量来改变浮桥的载重量。这种形式的桥跨结构其优点还有:器材可紧凑在一起,便于运输,浮桥的单个部件质量轻,不用机械化作业工具亦能完成架设作业。这种形式的桥跨结构其缺点是由于构件数量多而造成在结构拼装时必须进行大量的、琐碎的手工作业,而不适于进行机械化作业,这就要求有大量的兵力及消耗很多时间。

浮桥横截面内的桥桁在整个桥面宽度内可以按等距离配置(图5-11),也可以集中布置在坦克履带行进位置上(图5-12)。前一种桥桁布置方法称为等间距配置。这种配置,桥桁受力不够均匀,有的桥桁不能充分发挥作用,但这种配置可以减轻桥面部分重量。后一种桥桁布置方法称为不等间距配置,其优缺点与前一种相反。在制式浮桥器材中常采用不等间距配置。

为了节省在桥脚舟上固定桥桁和为保证桥桁稳定而连接横撑材所需的时间,宜将桥桁成对地连接成一个拼装单位(图5-13)。此时在桥脚舟上不是固定单个桥桁,而是固定桁联,这就使上述工作减少一半,此外还取消了设置横撑材的工作。轻型舟桥架设的浮桥承重结构就是采用这形式。采用单桁或桁联组成承重结构时,宜采用横桥板作桥面,桥板利用缘材固定在桥面上。用金属板梁联和桁架联组成的承重结构用于上承式桥。

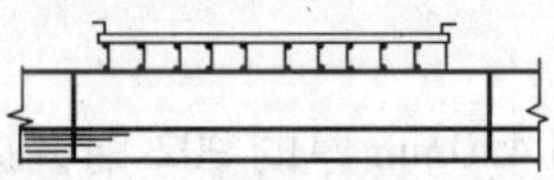
图5-11　等间距配置桥桁

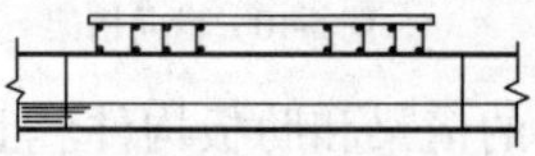
图5-12　不等间距配置桥桁

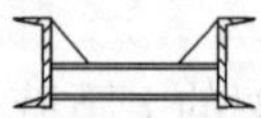
图5-13　桁联配置

桥桁是桥跨结构中的主要受力构件,它承受由桥面传来的载重,并通过它将载重传到桥脚舟或固定桥脚上。因此对桥桁有如下几点基本要求:

(1)桥桁应具有足够的强度和稳定性。

(2)桥桁的纵向接长必须牢固,结构要简单,作业要方便,这样可提高架桥速度。

(3)要求桥桁便于与桥脚舟和桥板进行连接。

1)桥桁的结构

制式浮桥和采用金属材料的就便器材浮桥的桥桁一般采用轧制型钢——槽钢或工字钢。槽钢是浮桥器材中采用较为广泛的一种材料,其最大优点是便于桥桁纵向接长,并且还便于与桥脚舟连接,因为可利用其水平翼缘来开设舷桁螺杆孔;但这种桥桁容易倾倒,影响作业安全。桥脚分置式浮桥器材的桥桁(图5-14)用[30a制造,其材料为902低合金钢。桥桁长度为5.96m,质量为209kg,这可以认为是用手工进行桥桁作业的最大质量。桥脚分置式浮桥的桥桁与桥桁及其他构件的连接孔布置在桥桁的翼缘和腹板上。在水平翼缘的开孔位置焊上加强铁以补偿由于开孔引起的翼缘横截面面积折损。在桥桁端部的水平翼缘之间焊上圆钢和肋材,以防止翼缘弯曲。此外圆钢又作为把手,用以推移和搬运桥桁。在肋材上开有一孔,用于运输时固定桥桁螺杆。为了改变单根槽钢稳定性不好的弱点及减少拼装工序,将两根槽钢用横撑固定在一起组成桁联来使用。如图5-15所示为某轻型浮桥器材的桁联,它由两根18号槽钢组成,并用三根横撑材将其焊在一起。材料用低合金钢15MnV,桥桁长为3.98m,宽为52cm,高为18cm,质量为168kg。

桁联每根槽钢的腹板两端,各有两个桥桁连接器插栓孔和一个固定系留钢索的系留孔;翼缘两端各有一个桥础螺杆孔供桥桁与桥础材、固定桥脚的冠材或桥头桥板等连接时插螺栓用;上翼缘的下面有两条固定缘材螺杆的钩铁。桁联上的横撑材焊在两根槽钢中间,用槽钢制成,并用垂直及水平肘板加强。每根横撑材上可放置一个舷桁螺杆[图 5-15a)],舷桁螺杆用以将桥桁固定到舟上或滚筒桥脚的冠材架上;在横撑材上安有卡铁,用于转桁时卡住提起的舷桁螺杆[图 5-15b)]。桁联的中部腹板上焊有旋转轴支座[图 5-15c)]。旋转轴支座是用两块三角形水平板、中间焊一个带槽圆管制成。在圆管内安置旋转轴,转桁时将其插入舟上甲板的套筒内作为轴心。旋转轴的上端有一个提环,中央有榫头,根据需要将榫头安入圆管槽两端的缺口内以控制旋转轴的垂直位置。

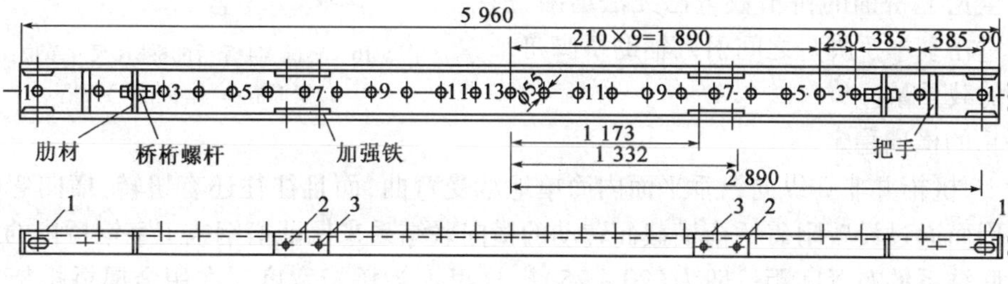

图 5-14 桥桁结构(尺寸单位:mm)

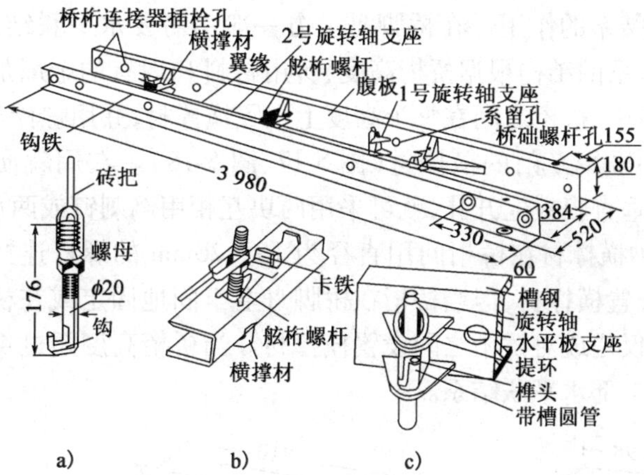

图 5-15 桁联结构(尺寸单位:mm)

a)舷桁螺杆;b)卡铁的工作情况;c)旋转轴支座

桁联的优点是:

(1)通过接头的合并可以简化桥桁的接头。

(2)减少舷桁螺杆的数量。

(3)在沿桥脚舟推桁时可避免桥桁翻倒。

(4)减少在桥桁翼级上开孔及焊接加强铁。

但是桥桁的质量显著增大,这会给结合作业造成困难,因而桁联只在轻型浮桥器材中采用。

在用就便金属材料制作桥跨结构的浮桥和门桥中有时采用由双槽钢或双工字钢制成的梁束作桥桁。因为它们的接头相当困难,所以只有当其长度等于跨长或门桥长度时,在简支体系和铰接体系浮桥或门桥中使用。由钢或轻合金制作的焊接箱形桥桁只有制式浮桥中采用,并且目前采用较少。如图 5-16a)所示为桥桁美国 M4 浮桥的桥桁,其优点是较稳定,但因采用焊接制造,质量较大,另外沿桥长方向的对接及其接头结构复杂。

如图 5-16 所示为美国 M4 浮桥器材的桥桁,是用铝合金制造的,其截面是空心结构。M4

浮桥桥跨结构的特点是没有桥板，在浮桥的整个桥面范围内密铺箱形桥桁。在 M4 浮桥中有三种桥桁：标准桁、短桁和浮桥与岸边连接的楔形桁，标准桁质量为 102kg。桥桁是水密的，在完全浸没时还具有 136kg 的承载能力。在浮桥横截面内密布 22 根桥桁，以保证车行部宽为 4.2m。由于在浮桥的全宽上密铺的桥桁数量已无法增减，所以只能通过在基本桥脚舟之间引入辅助桥脚舟来变化浮桥的载重量。

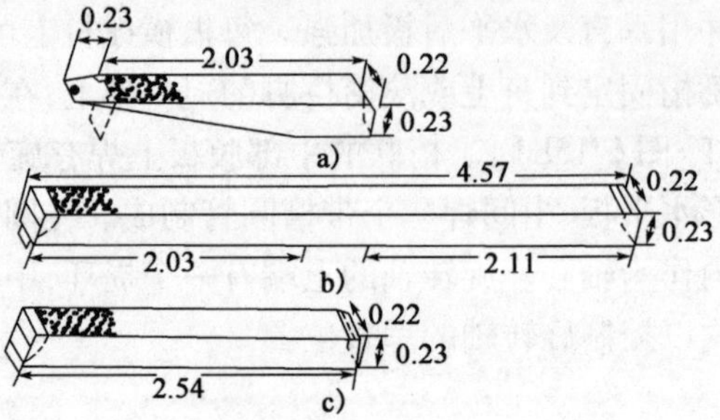

图 5-16 美国 M4 浮桥的桥桁（尺寸单位：m）

a）锲形桁；b）标准桁；c）短桁

2）桥桁的横向稳定

实际上，桥桁并非在纵向铅垂平面内简单地承受弯曲，而且往往还有扭转、横向弯曲的作用存在。因而通过设置阻碍桥桁横截面转动的横向联结系来保证槽钢或工字钢桥桁的总体稳定。横向联结系的布置间距一般为（20 ~ 25）b，这里 b 为桥桁宽度。在用金属桥桁架设的浮桥中，当桥桁可靠地固定在桥脚舟上时，将桥桁固定在桥脚舟的结构（如舷缘角钢和舷桁螺杆）可以起到横向联结系的作用。在桥脚舟上方一般不需要水平联结系，因为它们已由桥脚舟本身代替。横向联系的结构根据桥桁高度、所用材料和现有的金属加工设备确定。在桥桁高度较小的制式器材中，桥桁之间在整个高度上设置横撑材，并用螺栓与桥桁连接。例如在桥脚分置式浮桥器材中采用专门的横撑材（图 5-17、图 5-18）。在用就便金属材料制作的浮桥中，如果能在桥桁的垂直腹板上开孔，就可采用两块互相用倒刺钉或两爪钉连接的方木作为横撑材（图 5-19）。这种横撑材在桥桁间用直径为 16 ~ 20mm 的螺杆连接。通常在整个桥宽范围内各桁之间均需设置横撑材，但当桥桁在桥脚舟上牢固地固定或在桥面带有连接桥桁系板的情况下，可以采用仅是成对桥桁之间设置横撑材。当桥桁高度超过 40cm 时，除设置横向联结系外，还必须布置上部水平联结系。

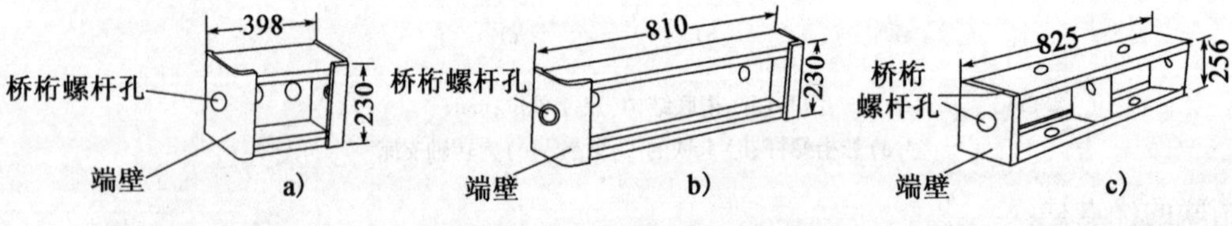

图 5-17 桥桁的横向联系构件——横撑材（尺寸单位：mm）

a）短横撑材；b）长横撑材；c）专用横撑材

3）桥桁的接长

桥桁接头的结构取决于它的用途和种类。

桥桁的接头分为能承受弯矩和剪力的刚性接头和只能承受剪力（铰力）的铰接接头。因为在架设浮桥时一般要首先结构桥节门桥和桥段，然后在桥轴线上将其互相连接，所以浮桥承重结构的接头分为门桥内接头和门桥间接头。对于漕渡门桥，只有门桥内接头。

在桥轴线上的连接和分解门桥应快速完成，因而门桥间接头在结构方面有时不同于在岸边比较有利条件下连接的门桥内接头。在连续梁体系浮桥长度方向上桥桁的接头采用刚性接头。而在铰接悬臂梁体系中，桥节门桥范围内采用刚性接头，桥节门桥之间采用铰接接头。铰接接头还可用来连接浮桥的河中部分和连岸部分。如图 5-20 所示为利用辅助圆木接长。

按结构处理方法不同，桥桁的刚性接头可分为下列几种基本形式：搭接接头、垂直盖板接头、衬板(桥桁连接器)接头、门桥系梁接头、连接横桁接头和法兰盘接头。

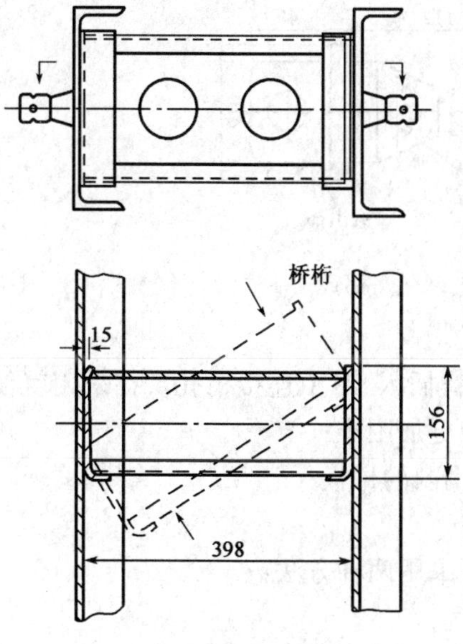

图5-18　横撑材的安装(尺寸单位:mm)

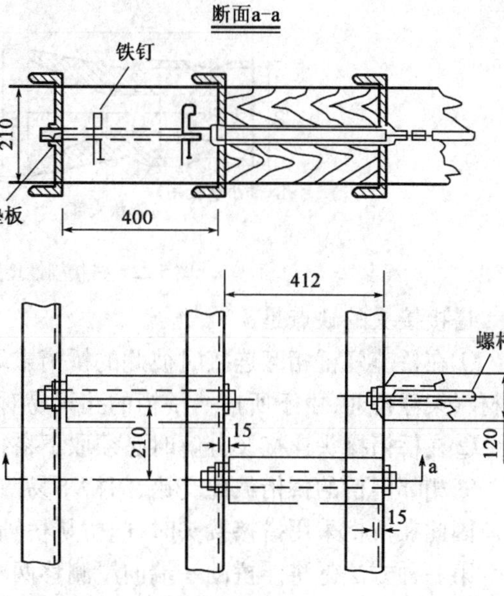

图5-19　木质材料的横撑材(尺寸单位:mm)

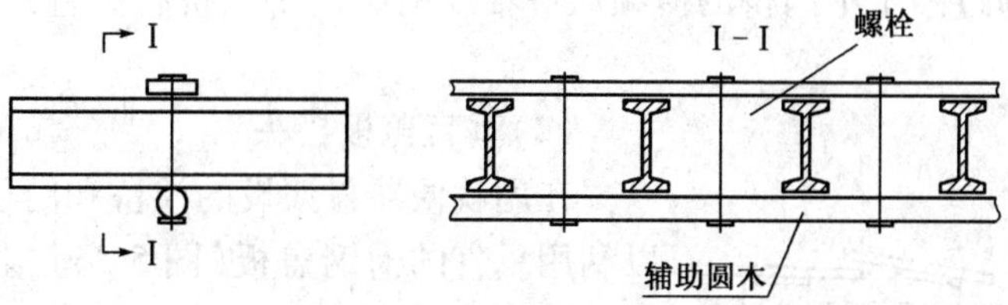

图5-20　利用辅助圆木接长

(1)搭接接头

最简单的槽形截面桥桁的搭接接头如图5-21所示。两桥桁端部的垂直腹板在0.6~1.0m的长度上重叠,该长度称搭接长度。这种形式的接头无论在制式浮桥和门桥还是在就便金属材料架设的浮桥中都可采用。桥脚分置式浮桥器材的桥桁连接就是采用这种方式。在桥脚分置式的桁桥腹板上设有25个ϕ55mm圆孔,可根据浮桥载重量变化和闭塞作业的需要来变化桥桁搭接长度和浮桥跨度,其连接用的桥桁螺杆如图5-22所示。

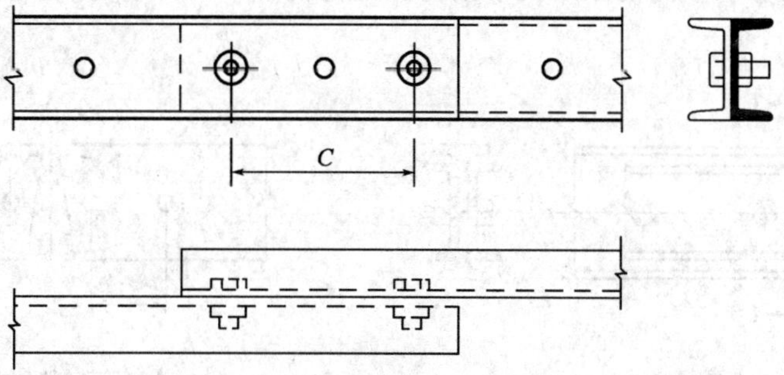

图5-21　搭接刚性接头

ϕ53.5mm的圆柱承受两搭接桥桁腹板的剪切与挤压,由于接头处受力较大,螺杆一般采用高强度钢制作。搭接接头也可用于工字形截面的桥桁接头,但此时必须在搭接范围内切去一侧的翼缘使腹板靠紧,同时其折损的截面应通过在腹板上焊上钢板予以补偿。

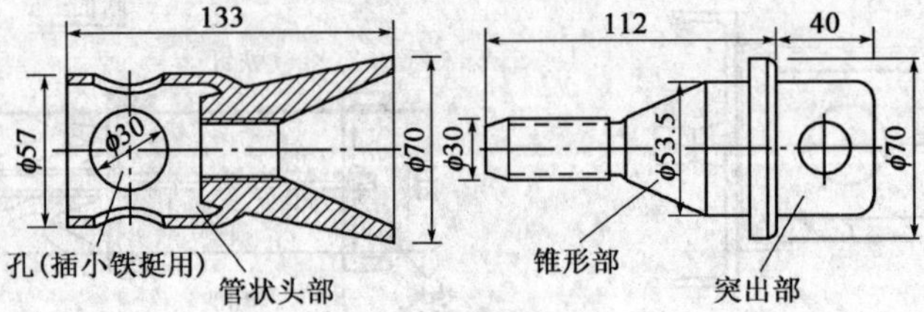

图 5-22　搭接刚性接头的螺栓(尺寸单位:mm)

搭接接头的缺点是:

①在桥节门桥相互连接时彼此的桥桁末端要背靠背插入、对中连接桁孔。在采用就便金属材料架浮桥时,由于所连接桥桁的孔不易对准而连接更加困难;

②在桥桁接头连接及分解时必须取下搭接长度范围内的桥板;

③相邻门桥的桥桁彼此交错,门桥不易引出桥轴线。

因此在桥桁采用搭接接头时,门桥从桥轴线引出可采用两种方法:

第一种方法是将浮桥的一端向岸侧移两个接头长度;

第二种方法,在门桥中央卸去搭接接头的一组桥桁螺杆以构成铰接接头,再卸去引出门桥两端的连接螺杆,通过两个半门桥的横倾从桥轴线引出门桥。桥脚分置式就是采用这种办法(图 5-23)。

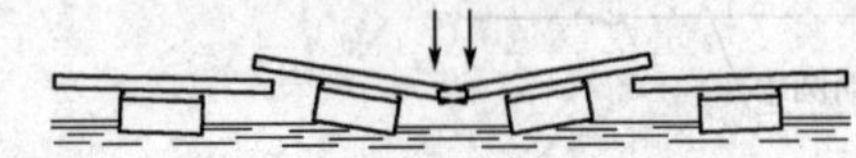

图 5-23　门桥倾斜法进入桥轴线

(2)垂直盖板接头

在用就便器材架设的浮桥和门桥中,工字钢桥桁可以利用垂直的槽钢盖板(图 5-24)构成接头。此时槽钢用两个螺栓固定在桥桁上,盖板的截面应与所连桥桁截面等强度。这种接头的特点是结构简单,并能保证在取下盖板后能迅速将门桥引出桥轴线。而这种接头的缺点是存在单个盖板接头构件,并且螺栓的数量要比搭接接头多一倍。

(3)衬板(桥桁连接器)接头

这种接头用于箱形截面桥桁和桁联的制式浮桥,在箱形截面的桥桁中,衬板插入被连接桥桁端部管孔内,并且在每一个桥桁上用两个销钉固定衬板。J-43 浮桥器材就是采用此种结构(图 5-25)。

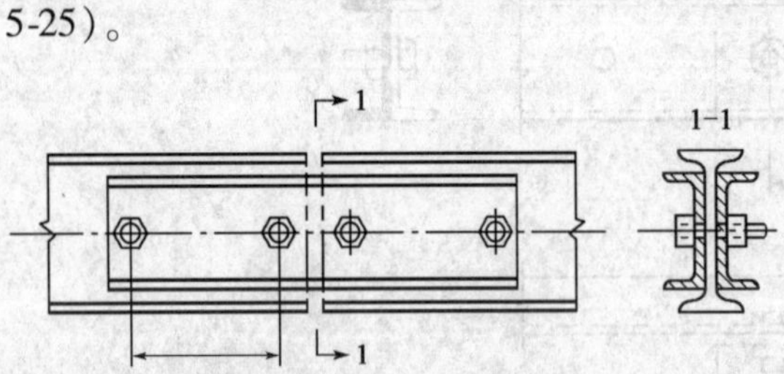

图 5-24　垂直盖板接头

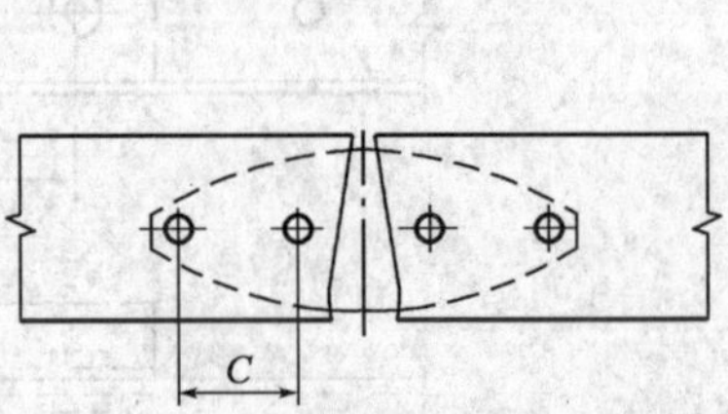

图 5-25　衬板(桥桁连接器)接头

轻型浮桥器材桥桁的接头采用桥桁连接器(图 5-26)可作为桁联用衬板接头连接的例子。

采用桥桁连接器可使架设作业速度加快,因插栓插入桥桁孔后不需要拧紧螺帽,可节省作业时间，而且这种连接形式有利于夜间作业。

当然这种连接方式也有缺点，主要是连接器的自重较大(70kg)，当变浮桥渡河为门桥渡河时，需卸下门桥两侧的连接器，在作业时不很方便。另外插栓与孔的公差配合，从架设观点要求，越大越方便；但从受力观点来看，太大后会使插栓不仅受剪切，而且还承受弯曲，这是不利的。

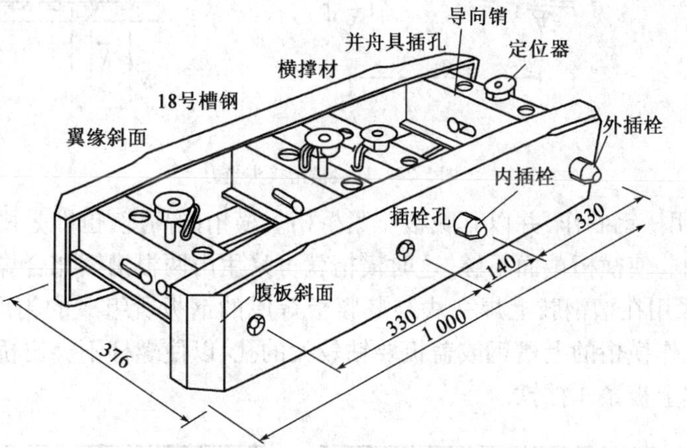

图 5-26　某轻型浮桥的桥桁连接器(尺寸单位：mm)

上述三种接头的连接螺栓或插栓均承受单截面剪切，其剪切力 S 按桥桁的计算弯矩计算，按式(5-1)确定：

$$S = MC \tag{5-1}$$

式中：M——一根桥桁的计算弯矩；

C——在桥桁一端的两螺栓(插栓)中心距。

(4)门桥系梁接头

为了在桥轴线上快速连接或分解，采用箱形或工字形截面桥桁的制式器材桥节门桥的连接可采用门桥系梁接头。德国的 J-43 浮桥器材架设的浮桥中，门桥间的连接就是采用这种接头(图 5-27)。门桥通过带有螺纹拉杆的两根系梁连接，系梁用螺纹拉杆锁紧在辅助桥桁上，此辅助桥桁放在边桁上方的桥板上，同时兼作缘材。

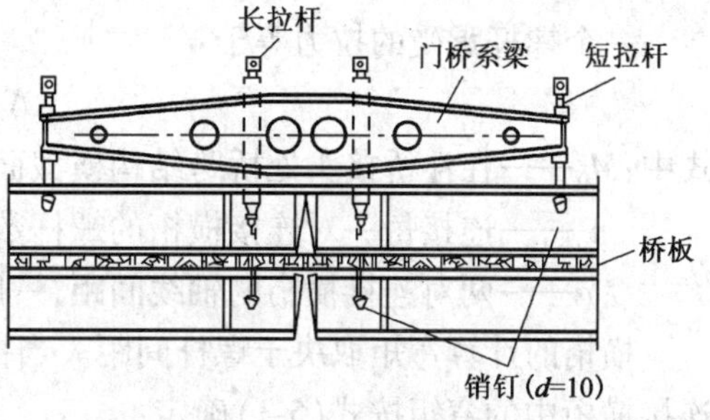

图 5-27　J-43 门桥间刚性连接

这种接头的优点是连接构件易于获得，并能迅速连接和解脱桥节门桥。该接头的缺点是所有的中间桥桁都不连接，因此浮桥该处横截面内中间桥桁不能参加工作。

(5)连接横桁接头

用就便金属材料制作的桥桁，其接头宜采用带有连接横桁的接头。这种接头不要求制造大直径的螺栓和在桥桁腹板上钻孔。桥桁接头由两对连接横桁组成，桥桁为交错搭接，连接横桁布置在被连接桥桁端部上下表面处，并且通过在桥桁之间穿过的垂直螺杆拉紧(图 5-28)。因此在这种形式的接头中螺杆受拉，而横桁受弯。如果桥桁接头布置在桥脚舟上面，可以利用舟舷或负桁材作下连接横桁，此时接头长度做成等于舟宽。在这种情况下，如果每根桥桁都单独地与此种下连接横桁固定，就可以不设置上连接横桁。美军 M4 浮桥器材就是采用这种接头。

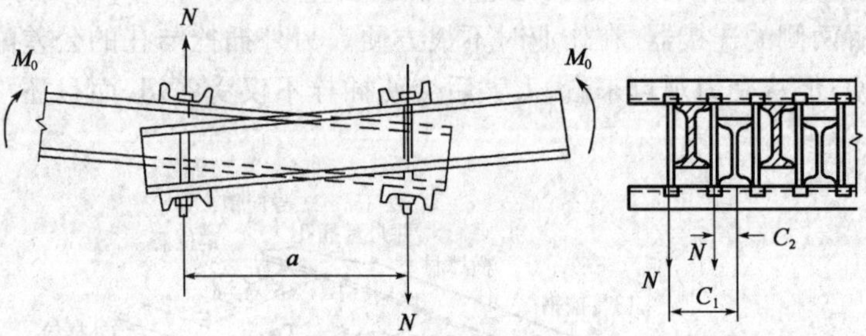

图 5-28　连接横桁接头受力

横桁一般采用槽钢制作，并以其腹板压紧桥桁。横桁的高度，也即是槽钢的宽度有时会受到桥板厚度的限制，使横桁截面不够，这时横桁就可采用由两根槽钢扣合焊在一起组成箱形截面（图 5-29），或采用在槽钢肢上焊一块与其腹板等厚的钢板所组成的箱形截面，此时为了穿过螺杆，在桥面上作横桁的上槽钢或盖板要钻较大的孔，以使螺杆不突出桥面。为了防止横桁移动，在桥桁上焊上板条作挡铁。

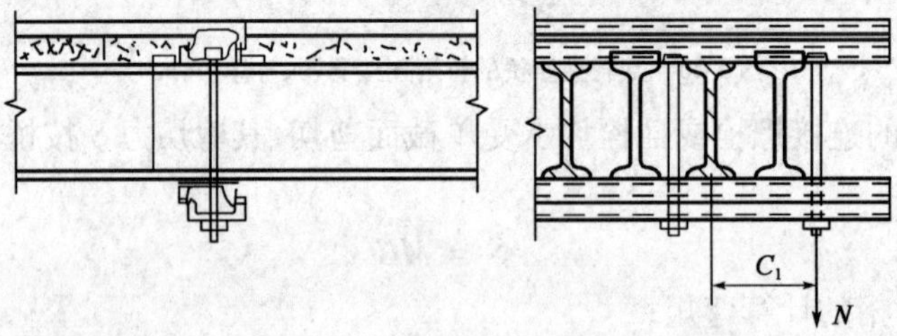

图 5-29　槽钢相扣的连接横桁

采用连接横桁时接头受力计算可归结为确定边螺杆的内力和连接横桁的应力校核。

一个螺杆承受的拉力等于：

$$N = M_0 n_0 a \tag{5-2}$$

式中：M_0——在浮桥接头处桥跨结构横截面内的计算弯矩；

n_0——连接每一对连接横桁的螺杆数量；

a——两对连接横桁的轴线间距，一般为 1m 左右。

横桁的计算弯矩取决于螺杆间距。当接头在全部桥桁之间布置螺杆时（图 5-28），在每个连接横桁中的弯矩按式（5-3）确定：

$$M = N(C_1 + C_2) \tag{5-3a}$$

而当螺杆布置在成对桥桁之间时（图 5-29）上述弯矩按式（5-3a）确定：

$$M = NC_1 \tag{5-3b}$$

式中：C_1、C_2——分别为图 5-28 和图 5-29 所示的力矩的力臂。

（6）法兰盘接头

不论在制式浮桥还是采用就便金属材料制作的浮桥或门桥中，对于较高的工字形截面桥桁可以采用法兰盘接头（图 5-30）。在这种形式的接头中，梁的翼缘用 1 ~ 2 个水平螺栓连接，此时水平螺栓同时承受拉力和剪力，翼缘内的压力通过接头的支撑板或垫板传递。

法兰盘连接能比较方便地从桥轴线上引出门桥；在接头处当浮桥宽度方向存在不同间隙

时还可以通过用不同厚度的垫板填满间隙使桥桁均匀共同工作。

由桥桁弯矩引起的螺栓拉力等于：

$$S = Mh_e \tag{5-4}$$

式中：M——一根桥桁的计算弯矩；

h_e——受压翼缘挤压面积重心到受拉螺杆轴线之间的距离，一般近似取上、下翼缘螺栓轴线间距。

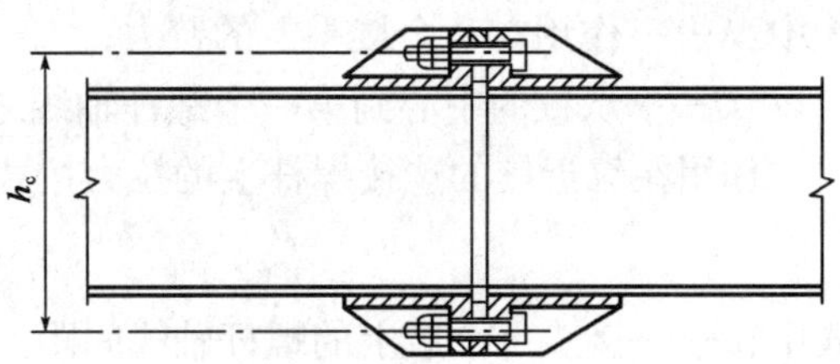

图 5-30　法兰盘接头

为了不使下翼缘上的受拉螺栓超载，剪力应由布置在上翼缘上的螺栓承受。为此下法兰盘上的螺孔直径要做得比上法兰盘的螺孔要大一些。要使接头截面内的全部螺栓传递剪力实际上是很困难的，因为这样做要求法兰盘有很高的制造精度。

必须指出在采用法兰盘接头时，要求把桥面部分设置在横梁上，并且横梁高度应大于法兰盘的高度。

4）桥桁的铰接接头

在前三种接头中，取掉一个连接螺栓（桥桁连接器去掉一对插栓）时即可组成铰接接头。此时桥桁接头能容许相对转动。如图 5-31 所示为在用就便金属材料架设的浮桥中采用的工字钢桥桁的铰接接头结构。但是这种处理方法一般不采用了，因为这种接头在连接和分解桥桁时必须拆开部分桥面。

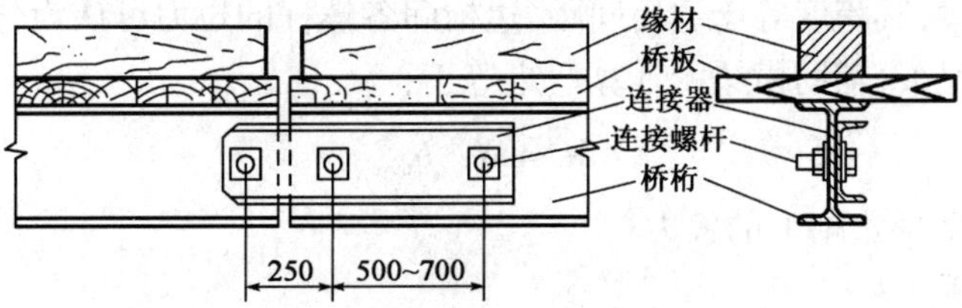

图 5-31　工字钢桥桁的铰接接头（尺寸单位：mm）

由于铰力在桥桁中引起的弯矩不大，所以可以只限于连接两根边桁，并将连接件布置在缘材中。图 5-32 是制式浮桥器材 H2Π（恩二波）中采用过的铰接接头简图，相邻接的两桥节门桥间用左、右两个铰接接头连接彼此的桥跨结构。这种接头形式可在任何形式的桥桁和缘材截面的情况下使用。

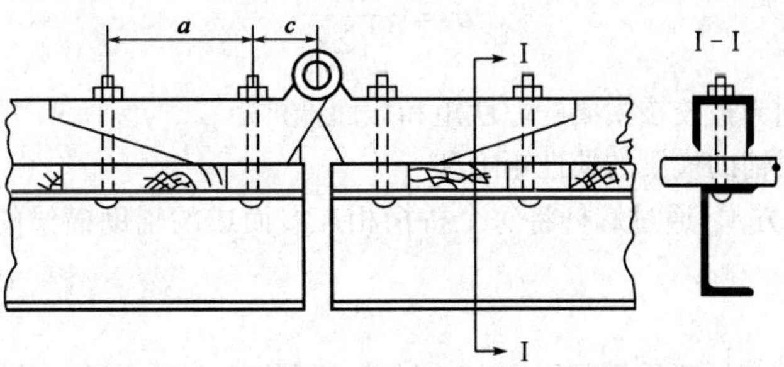

图 5-32　设置在缘材上的铰接接头

铰接接头构件按计算铰力及其引起的力矩计算。该力矩按式（5-5）确定：

$$M = XC \tag{5-5}$$

式中：X——作用在一个接头上的铰力；

C——从铰的中心到第一个螺杆轴线之间的距离（图5-32）。

作用在靠近铰的连接螺杆上的拉力按式(5-6)确定：

$$S = M_a + X \tag{5-6}$$

式中：a——接头一个肢上的螺杆轴线间距。

当只在边桁上布置铰接接头时，必须预先采取在浮桥横截面内的全部桥桁之间分配铰压力的措施。如果舟舷的位置很接近桥桁末端，那么桥脚舟的舟舷可以起到分配的作用。当桥脚舟的舟舷到桥桁末端的间距大于0.5m时，就必须在距桥桁末端0.2～0.3m处设置辅助横梁，或者用“U”形垂直螺杆固定在桥桁下面（图5-33）；或者用垂直螺杆连接的上下两根辅助圆木（方木）夹紧全部桥桁（图5-34）。

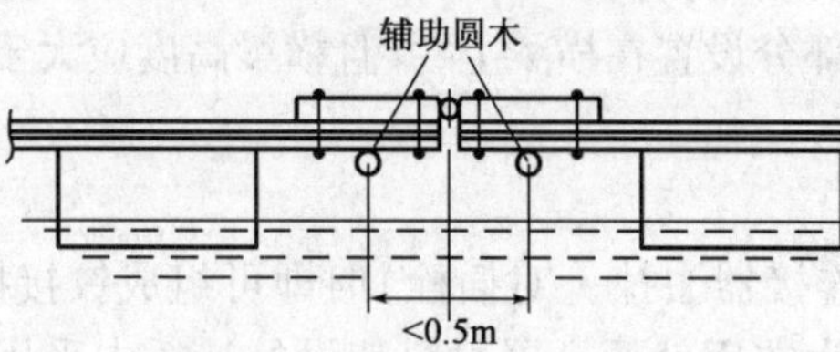

图5-33　利用辅助圆木设置的铰接接头

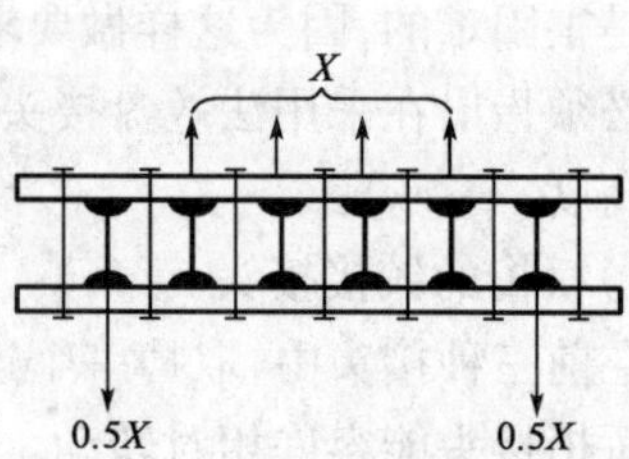

图5-34　辅助圆木接头计算

边桁通过辅助横梁和连接螺杆将它所承受的铰力均匀地传给其他的桥桁。此时辅助横梁可看做是两端简支梁，其跨度等于边桁间距，边桁间各螺杆的拉力可认为分布于辅助横梁上的均布载。在这种情况下，辅助横梁的计算弯矩等于：

$$M = X \cdot b_{max} \tag{5-7}$$

式中：X——作用于两根边桁上的铰力；

b_{max}——边桁间距。

边螺杆内力（图5-34）：

$$N = X \cdot n_0 \tag{5-8}$$

式中：n_0——连接辅助横梁的螺杆数目。

当有两根辅助横梁上下夹住桥桁时可认为两辅助横梁为一复合梁，其中最高的横梁的应力按式(5-9)校核：

$$\sigma = \frac{MI_1}{W_1 \sum I} \tag{5-9}$$

式中：I_1、W_1——分别为被校核横梁的惯性矩和截面抵抗矩；

$\sum I$——两根辅助横梁的惯性矩之和。

用一根圆木（或方木）通过螺杆将每个桥桁相连接而成的辅助横梁的应力按通常的公式校核。

2. 木质桥桁

就便器材浮桥和门桥还采用圆木和方木制成的桥桁。由于木质桥桁的承载能力较小，所以它们宜用于载重量不大的浮桥。

当浮桥的载重量较大时，桥跨结构将变得笨重，因为在浮桥横截面内的桥桁数量相当多，以致在桥面范围内不能排下，必须铺成两层（图5-35），这样在构筑桥桁刚性接头时就比较困难。

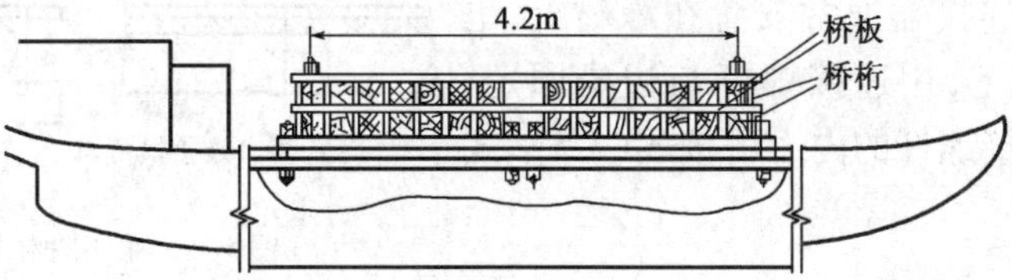

图 5-35　双层木质桥桁

木质桥桁接头一般采用连接横桁接头。主桁在接头处搭接配置时(图 5-36),其搭接部的长度一般为桥桁直径(或高度)的 5 ~ 6 倍,主桁在接头处对接配置时(图 5-37),在每根桥桁侧面,设置一根连接短桁(又称负桁),短桁截面应与桥桁截面等强度,其长度一般为 10 ~ 12 倍桥桁直径(或高度)。连接短桁既可采用木质的,也可采用金属的(特别是在桥桁数量多,而木质短桁放不下时)。当金属短桁低于木质主桁时,可在短桁及连接横桁之间加上垫板(图 5-38)。用槽钢作短桁时,应腹板相靠成对配置,并用焊接或螺杆连接组成工字形,以保证短桁的稳定性。

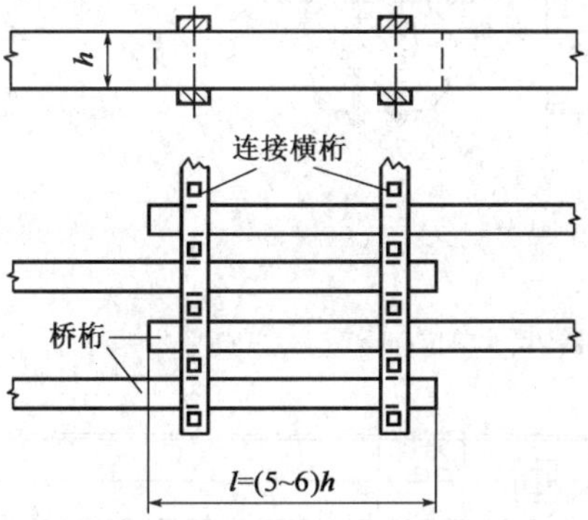

图 5-36　木质桥桁交错连接

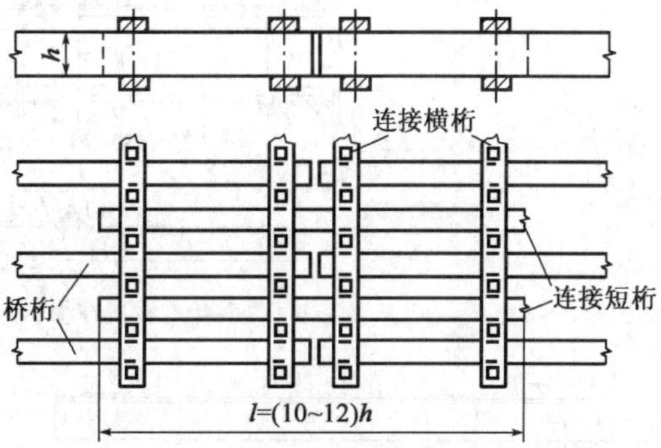

图 5-37　木质桥桁对接连接

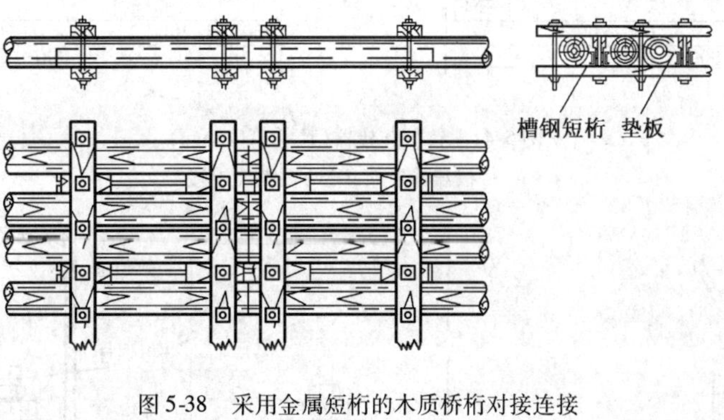

图 5-38　采用金属短桁的木质桥桁对接连接

上、下连接横桁可以采用金属桥桁中连接横桁的各种形式,亦可以采用较宽的硬木木板(横桥板亦可)等作上连接横桁,而下连接横桁采用方木或两面削平的圆木(图 5-39)。螺杆配置方法与金属桁中的连接横桁接头相同(图 5-29、图 5-30),接头中的横桁及螺杆按式(5-2)、式(5-3a)、式(5-3b)计算,并需校核垂直连接螺杆垫圈下面木材的挤压。

木质桥桁铰接悬臂梁体系浮桥的铰接接头,一般是用槽钢或角钢切段制作的铰接连接器

(图 5-40)。它由连接器(图 5-41)、铰接螺栓和连接螺杆组成。铰接连接器通常安置在缘材上,也可直接安置在桥板上,用连接螺杆与边桁固定。连接器的弯矩及连接螺杆的内力可按式(5-5)、式(5-6)计算。

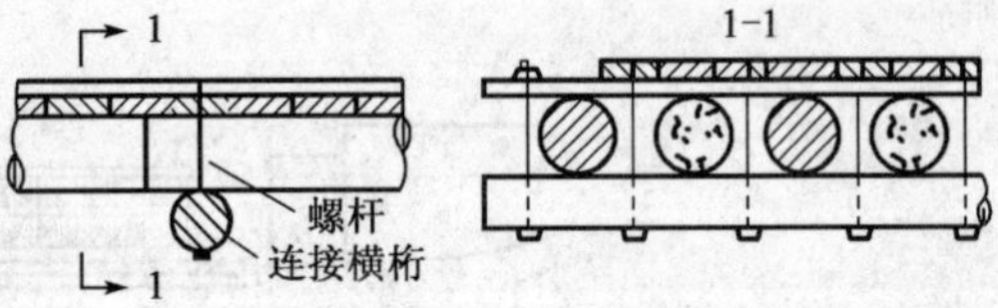

图 5-39　采用圆木作下连接横桁

二、桥桁和舟的连接

在铰接悬臂梁体系和连续梁体系浮桥中桥桁一般支撑在桥脚舟的舟舷上。制式浮桥的桥桁一般通过舷桁螺杆(图 5-42)固定在舷缘角钢上。连接方式随着桥桁的种类不同而有所不同。在大部分情况下采用桥桁与舟舷直接连接(图 5-43)。桥桁水平翼缘孔与舟舷上孔对准,即将端部有闭锁挡销的舷桁螺杆插入固定。

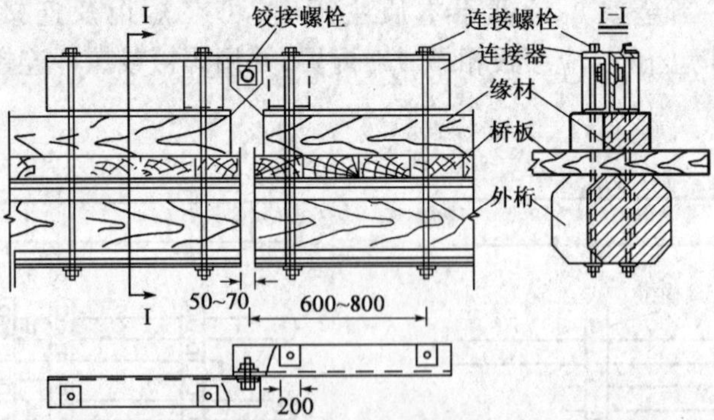

图 5-40　设置在缘材上的铰接连接器(尺寸单位:mm)

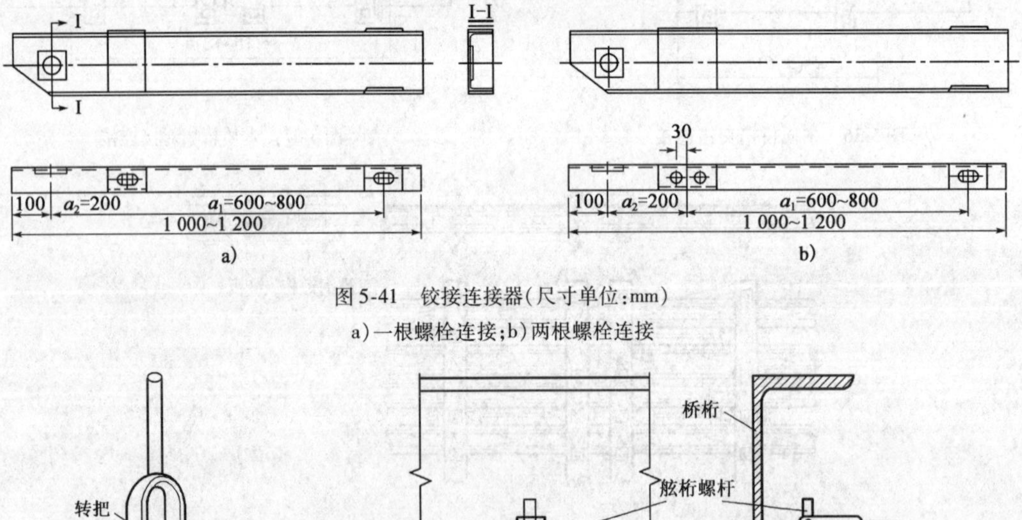

图 5-41　铰接连接器(尺寸单位:mm)

a)一根螺栓连接;b)两根螺栓连接

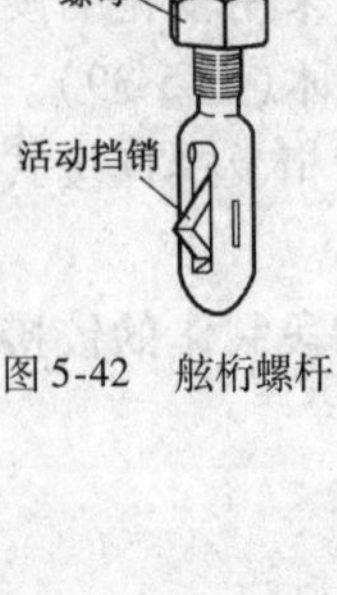

图 5-42　舷桁螺杆

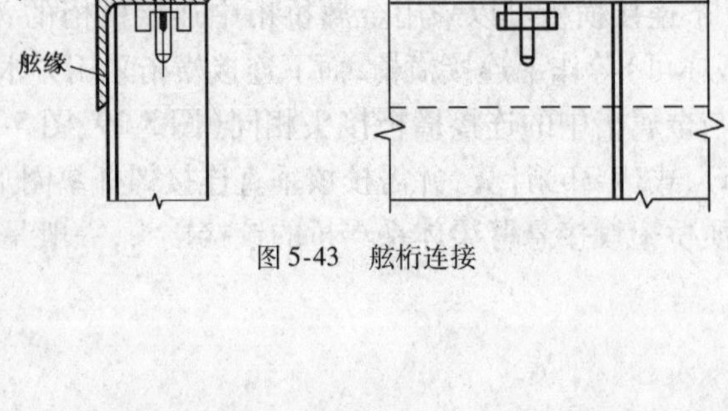

图 5-43　舷桁连接

桁联可以采用其横撑上的钩形舷桁螺杆(图5-44)固定,螺杆端部的小钩钩住舷缘角钢的垂直壁孔(图5-45)。不钻孔的单根桥桁可以用带有异形压紧垫圈的舷桁螺杆固定(图5-46),舷桁螺杆插入靠近桥桁的舷缘孔中。在拧紧螺母时,压紧垫圈将桥桁的下翼板压在舟舷上。在就便器材浮桥和门桥中,当舟内有框架加强时,可将桥桁与框架冠材固定(图5-47);舟内没有加强时可以采用下连接横木固定桥桁(图5-48),就是在舟内设置横木,横木两端紧贴在仓口边板的下沿,然后用螺杆、铁线或绳索将桥桁与横木固定。在舟舷平直且允许钻孔的情况下,桥桁也可用穿过木桥板的螺栓固定在舷缘上(图5-49)或用穿过横梁及横撑材的螺栓固定在舷缘上(图5-49)。如果不能在舷缘必需的位置上钻孔,那么桥桁可以通过辅助横木固定,辅助横木紧靠桥桁布置,这些辅助横木就有可能固定在桥脚舟的两根舷缘上,此时在横木下设置辅助方木或圆木,并用螺栓与桥桁固定(图5-50)。

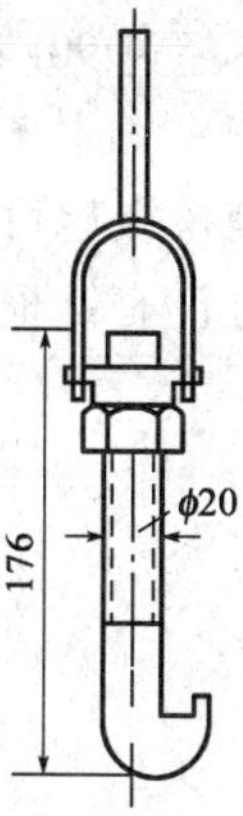

图5-44 钩状舷桁螺杆

(尺寸单位:mm)

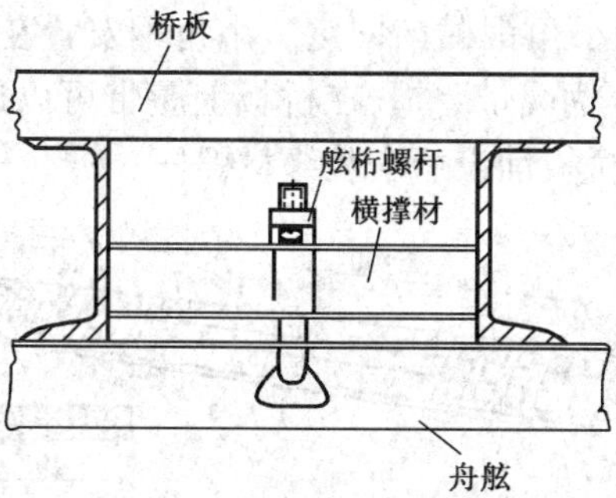

图5-45 横撑材进行舷桁连接

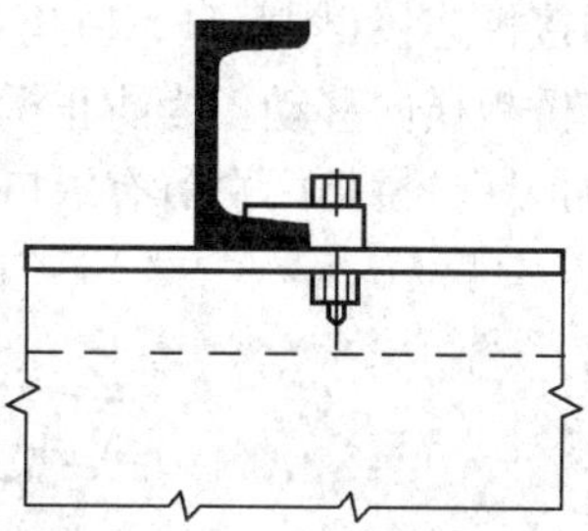

图5-46 异型垫圈连接

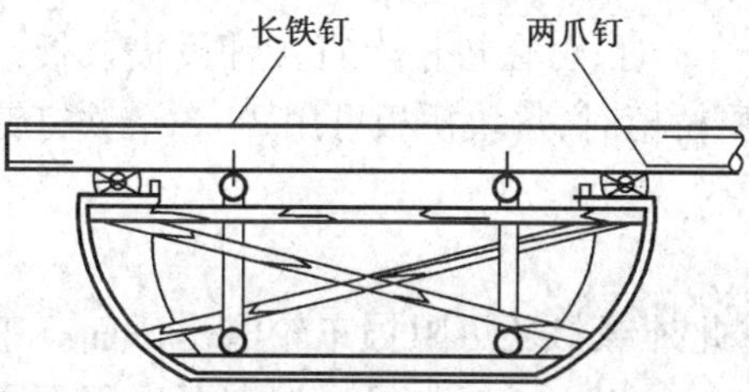

图5-47 桥桁与加强框架进行连接

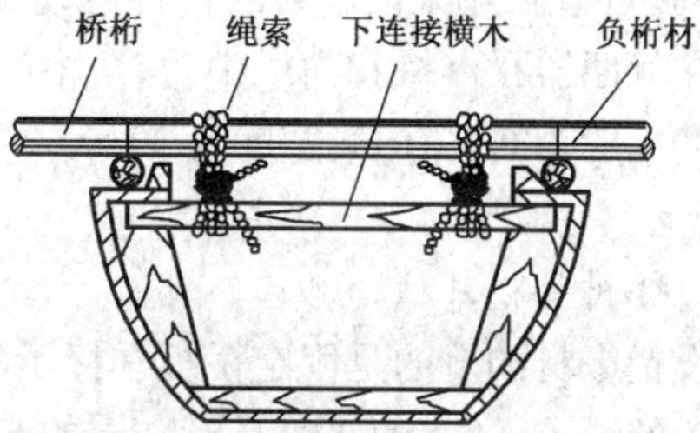

图5-48 用下连接横木固定桥桁

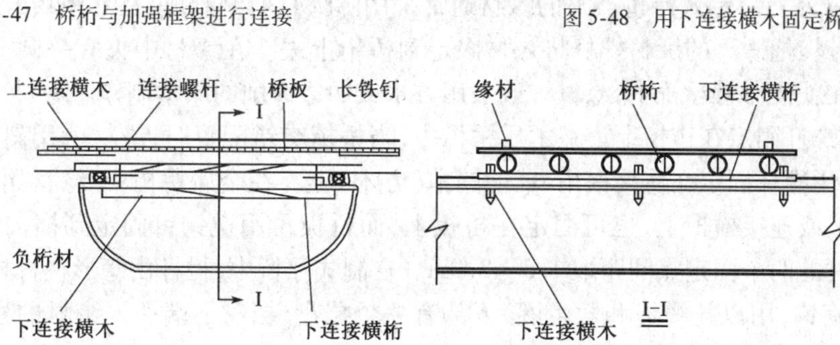

图5-49 桥桁固定在负桁材上

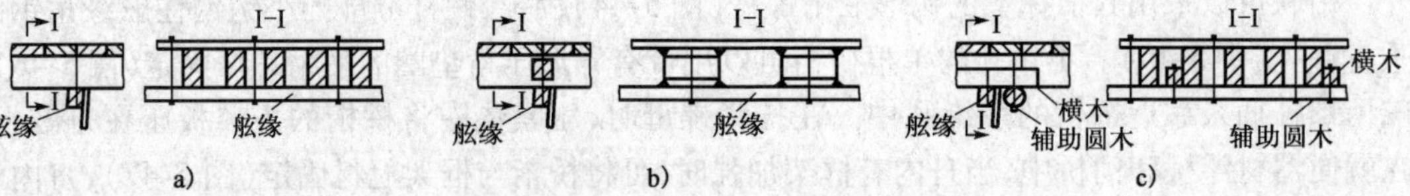

图 5-50　桥桁固定在舷缘上

a)用桥板；b)用连接撑材；c)用辅助圆木（方木）

三、桥面系结构

1. 桥板

在制式浮桥器材中桥板采用直接搁置于桥桁上的横桥板。横桥板长度一般比车行宽20～30cm，以便设置缘材。桥板厚度取决于通过的荷载和桥桁横向间距的大小，一般采用6～8cm。桥板宽度一般采用40cm左右。为了保证两名作业手能搬运，桥板的质量宜不超过90kg。桥板一般采用木材制作（桥脚分置式浮桥器材的桥板均用东北红松木）。它是用三块木条以凸凹接榫连接（图5-51），并有铁条和小角钢横向固定。小角钢安置在桥板下，铺桥板后可以防止桥板横向移动。为防止桥板被车辆履带磨损，在桥板上履带可以通行的地方设有铁框作车辙护铁。桥板两端留有缺口，以便桥板铺设后安装缘材螺杆。

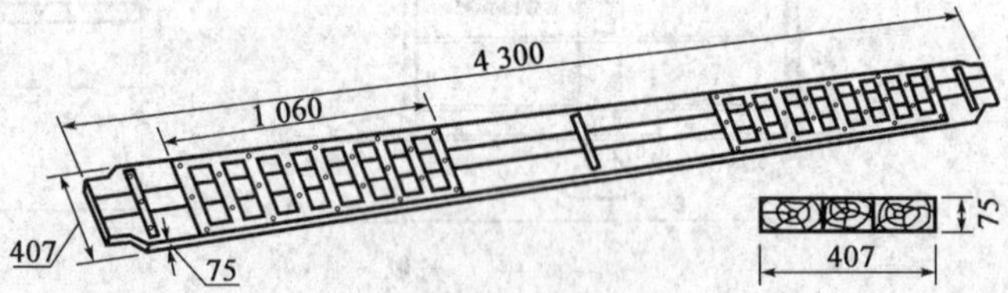

图 5-51　桥板（尺寸单位：mm）

在制式浮桥器材中还有一种特殊用途的桥头桥板。它铺设在漕渡门桥的两端以及码头（栈桥）的两端，用来防止桥板前后移动和安装跳板，或供固定门桥挡架。

在就便器材浮桥和门桥中，当桥桁间距不大于0.7m时，可在桥桁上直接铺设横桥板。桥板厚度一般为6～10cm，宽度为20cm左右。使用木质桥桁时，每块桥板可用2～3个铁钉钉在桥桁上。

2. 缘材和栏杆柱

设置缘材的目的是固定桥板和标示车行部宽度，此外缘材还可阻挡车轮滑出桥面。正由于后者的要求，通常使缘材具有一定的高度，一般在12cm以上。缘材可根据需要采用不同长度，一般在4m左右。制式浮桥器材的缘材通常采用沸腾钢槽钢制成，在水平翼开有缘材螺杆孔。可通过带转把螺母的缘材螺杆将缘材固定到桥桁上去。在缘材中央有一圆孔，用以插栏杆柱。设置在就便器材浮桥中，缘材一般采用方木或两边砍削的圆木制作。缘材可用绳索、铁丝、逆钩钉或螺杆固定在边桁上。在木质桥桁中，当桥桁交错配置时，缘材可用斜钉固定在桥桁上，也可以用螺杆固定在连接横桁、辅助圆木（方木）上。在金属桥桁中，缘材用螺杆等固定在辅助构件上或连接横桁上，也可固定在桥板上，而桥板再用逆钩钉固定到横向联结系撑材上。一根缘材的两个固定点间距取1.5～2.0m。在制式浮桥中，栏杆由管形栏杆柱组成，其上部有两个螺旋钩，用以挂缆绳和救生圈，下部有一个挡盘，挡盘下端插入缘材的栏杆柱孔内。在就便器材浮桥中，栏杆柱用小方木制作。

四、桁架式结构

上承式桥的桥面结构比较轻便,因为成对地构成立体拼装单位的桁架联能保证稳定。这种结构形式是预定用来在宽大江河上构筑渡场时专用的浮桥器材所特有的(图5-52)。它的桥面部分形式一般是双行道,所以在浮桥横截面内桁架间距相当大,不可能直接采用横桥板型的桥面结构。

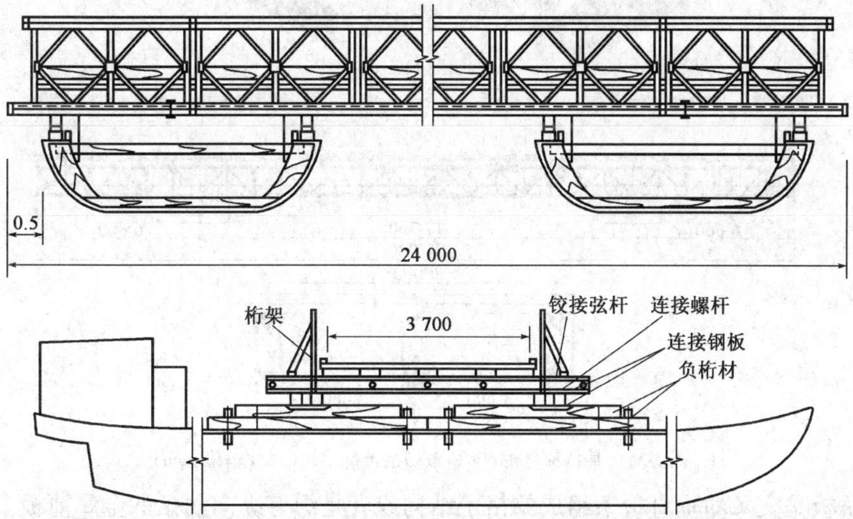

图5-52　就便器材架设的浮桥(桥节门桥)(尺寸单位:mm)

对于这种类型浮桥的桥面结构可采用三种形式:布置在横梁上的连跨纵桥板(横梁间距为0.6~0.8m);在桁架节点上设置横梁,再在横梁上铺设纵梁支掌握横桥板;在横梁上铺设单跨(横梁间距为0.9~2.2m)钢木组合纵桥板或箱形胶合纵桥板。后一种桥面结构在制式桥器材中应用。在利用我国定型生产的装配式公路钢桥的平面桁架拼装单位和线性拼装单位架设民舟浮桥时,其桥跨结构采用下承式。在此桥跨结构中利用横梁及抗风拉杆来固定水平桁架,并利用专用的斜撑使平面桁架固定在垂直位置上,斜撑同时又能保证受压弦杆的稳定性并作为横向联结系。桥面部分采用在横梁上设置纵梁,然后在纵梁上再铺设横桥板。

特种舟桥的桁架,每个桁架由两个平面桁架组成。两个平面桁架之间用上、下纵向联结系及横向联结系连接。桁架(图5-53)是上部结构的主要承载构件;长4 580mm、宽574mm、高1 230mm,质量570kg。平面桁架由弦杆及腹杆组成。桁架的上弦杆及下弦杆用12号工字钢制成;腹杆包括斜杆,端竖杆及中间竖杆。

横桁(图5-54)设置在桁架或进出口桁上,由两根18号槽钢组成,用于支承桥板,在桥础材不够时,可代替桥础材;长3 516mm、宽168mm、高210mm,质量157kg。

某特种舟桥60t桥节门桥上部结构见图5-55。

五、车辙式桥跨结构

车辙式桥跨结构只在制式浮桥中采用。

(1)在浮桥和门桥的横截面内配置两个已将全部桥跨结构构件结合在一起的车辙。

(2)用金属制作的车辙一般由用数道横隔板连接的两片板梁和固定在板梁上的金属桥板组成。

图 5-53　某特种舟桥桁架

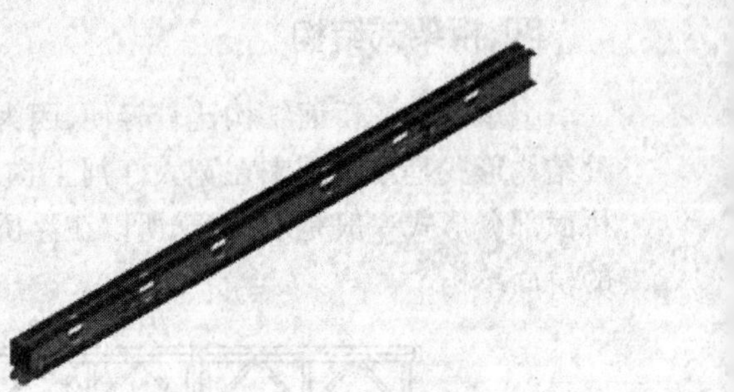

图 5-54　某特种舟桥横桁

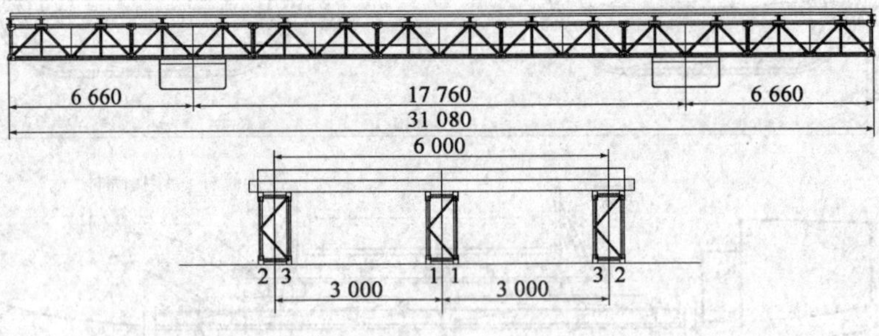

图 5-55　某特种舟桥 60t 桥节门桥上部结构（尺寸单位：mm）

(3)桥板是交叉的垂直板条组成的格子结构或者是焊有纵向肋条的金属薄板。

格子式桥板的优点是可以在较大间距（指横隔板间距）范围内铺设成，而且其纵向连接较好。这种桥板的缺点是：由于通行车辆带来的泥土会通过孔眼漏下而使桥脚舟上积存大量的泥土。平面金属桥板可保护桥脚舟不需清除泥土，但要求金属板下设置数道纵向梁钩件与横隔板交叉，并且要采取保护和防滑措施加强桥板表面（采用波纹表面、焊上钢条等）。在桥长方向上车辙纵向梁之间的接头可采用桥桁接头所使用的方法。美国采用充气桥脚舟的 60t 级浮桥（图 5-56）可以作为带车辙间桥板的车辙桥的例子。在浮桥的截面内布置有两个宽度为 1.4m 的车辙和一个宽度为 1.23m 的车辙间桥板，这样将可保证车行部宽度为 4.06m。

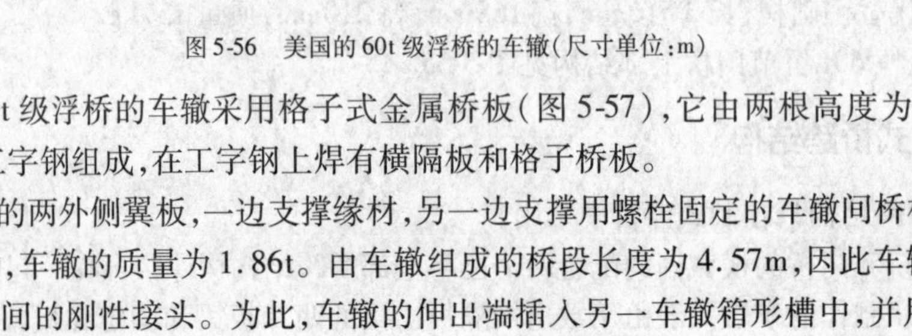

图 5-56　美国的 60t 级浮桥的车辙（尺寸单位：m）

美国的 60t 级浮桥的车辙采用格子式金属桥板（图 5-57），它由两根高度为 457mm、宽度为 190mm 的工字钢组成，在工字钢上焊有横隔板和格子桥板。

在梁上沿的两外侧翼板，一边支撑缘材，另一边支撑用螺栓固定的车辙间桥板。当车辙长度为 5.37m 时，车辙的质量为 1.86t。由车辙组成的桥段长度为 4.57m，因此车辙的伸长部分用以组成车辙间的刚性接头。为此，车辙的伸出端插入另一车辙箱形槽中，并用两个销钉固定，其中离车辙端部最远的销钉是不能取下的，因为在车辙的伸出端有专门的槽与此销钉相配合。为了固定车辙，充气桥脚舟的支撑梁上带有专用的夹具夹紧车辙梁的下翼板。

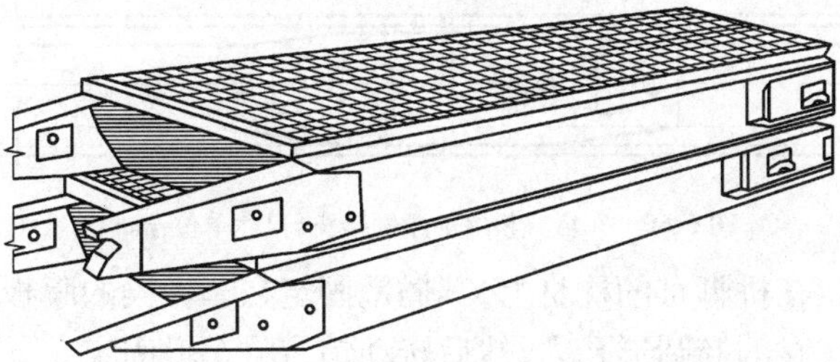

图 5-57　美国的 60t 级浮桥的车辙

采用第三种桥跨形式即车辙式结构，可以缩短架桥的拼装、结合作业时间。在这种结构中桥跨结构由两个车辙组成，此车辙将承重结构和桥面结构合并成一个构件，并且具有较小的外形尺寸和质量。采用车辙式桥跨结构，浮桥通过变化桥脚舟的排水量及其轴线间距来变化浮桥的载重能力。在最简单的情况下，桥跨结构的车辙由两根用横撑连接的主梁组成，并在主梁上固定格子或金属桥板。车辙的宽度取 0.8 ~ 1.4m，两车辙被拉开一段距离，形成车辙间空隙，其宽度根据容许通过的荷载通行宽度确定。前苏联空降部队专用的带橡皮舟的浮桥器材 ПВД-20 中采用了这种形式的桥跨结构（图 5-58）。

为了克服车辙式桥跨结构只能容许通过一定轮距的荷载这种缺点，在 ПВД-20 浮桥结构浮桥中车辙可按其轴线间距为 1.2m、1.6m、2.0m 布置。车辙间空挡除了限制轮距外，还会降低浮桥的通行性能，并使浮桥在夜间和为了伪装施放烟幕条件下的使用发生困难。在第二次世界大战和朝鲜战争中车辙式浮桥的使用经验使美国在 60t 级的浮桥器材中被迫采用车辙间桥板，这种桥板铺在车辙间的空挡上以构成沿整个桥宽密铺的桥面。

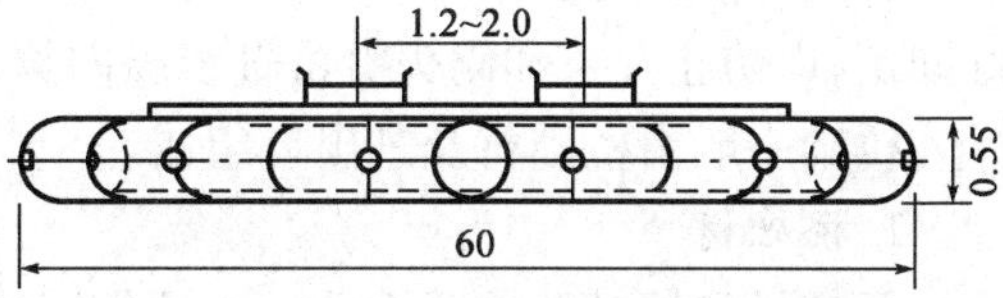

图 5-58　车辙式结构（ПВД-20）（尺寸单位：m）

如图 5-59 所示 ПВД-20 浮桥器材的车辙在由这种器材架设的浮桥的横截面内布置两个不带车辙间桥板的车辙。车辙是由两根用密布的横隔板连接起来的纵向梁组成的铆接结构。横隔板支撑平面钢桥板。梁的翼缘高出桥面起到缘材的作用。在桥轴线方向上车辙采用布置在车辙外边的盖板刚性接头连接（图 5-60）。

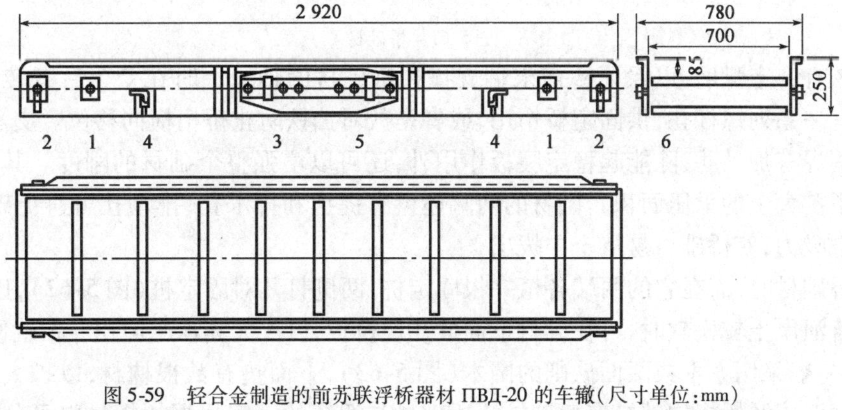

图 5-59　轻合金制造的前苏联浮桥器材 ПВД-20 的车辙（尺寸单位：mm）
1-不可拆卸的接头销钉；2-接头螺栓；3-固定销钉；4-插销；5-接头盖板；6-进出口支柱的固定座

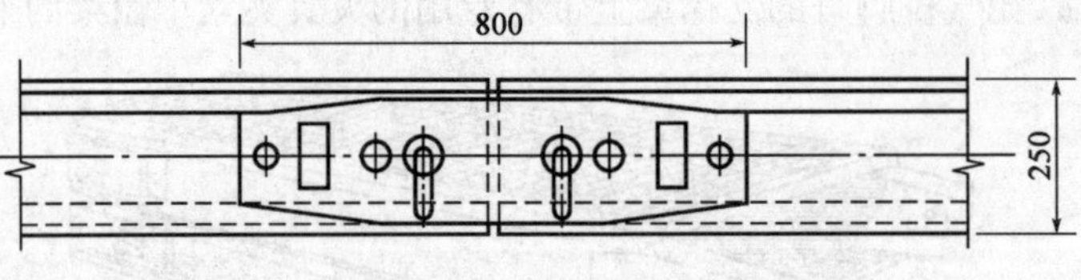

图 5-60 车辙式桥跨的刚性接头(尺寸单位:mm)

车辙通过插销固定在桥脚舟的枕材上,其插销固定在车辙梁的腹板上。在固定车辙时,销钉的椭圆形头部插入枕材的椭圆形孔内,然后转动销钉将车辙固定。

第三节 岸边部分结构

一、桥础结构

在桥脚分置式浮桥和漕渡门桥中,与岸边连接的结构物根据水深和器材情况可设置成固定栈桥、码头或浮游栈桥、码头,在桥脚分置式浮桥中还可用梁式过渡桥跨与岸边连接。其上部结构一般采用河中部分的桥跨结构,在岸侧均搁置在桥础上。在岸坡和水深条件允许的情况下,河中部分和门桥端部可直接与桥础连接。桥础是浮桥和码头的岸端支点,在设置时应很好固定,以防止浮桥和码头沿桥轴线纵向移动。

桥础一般由桥础材及进出口组成。

1. 桥础材

桥础材是桥础的主要构件。它的作用是支托栈桥、码头的桥桁,承受由桥桁传来的载荷压力,并将此压力分布于土壤。

桥础材的外形像一根梁,其长度取决于桥面宽度,当桥面宽度为 6m 以上时可将长桥础材设计成 2 节以上两端面有榫头榫眼对接的短桥础材。础材的宽度则与土质的承载能力有关(通常取中等土质、允许压力值 0.2 ~ 0.3MPa)。桥础材可用钢或木质材料制成。制式浮桥器材一般采用薄钢板焊接而成的工字型剖面的梁(图 5-61)。

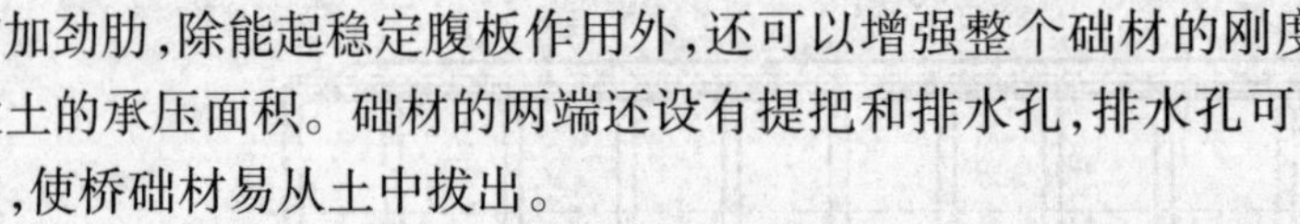

图 5-61 桥础材

其上弦有一定弧度,以保证桥桁末端支撑在桥础材的轴线上时在受力后有转动的可能。上弦中间有一系列螺杆孔,供固定桥桁用,或者是数对挡铁防止桥桁横向移位。支承桥桁位置的腹板两侧焊有加劲肋,除能起稳定腹板作用外,还可以增强整个础材的刚度。其下弦较宽,主要是为了扩大土的承压面积。础材的两端还设有提把和排水孔,排水孔可避免础材底面与土产生真空吸力,使桥础材易从土中拔出。

设置桥础材时,需在它的两端各植一根固定桩,两侧打几对固定桩(图 5-62),以固定础材的位置。若河岸土较松软时,可在础材下面放几块桥板,以扩大其承压面积。在就便器材浮桥中,桥础材一般采用方木或两面砍削的圆木(图 5-63),下面垫有数根枕材,以扩大承压面积,并在基础材四周及桥桁端部打有桥础桩。桥础材与桥桁的固定根据桥桁材料可分别用栓钉、两爪钉固定或用绳索及铁丝捆扎。

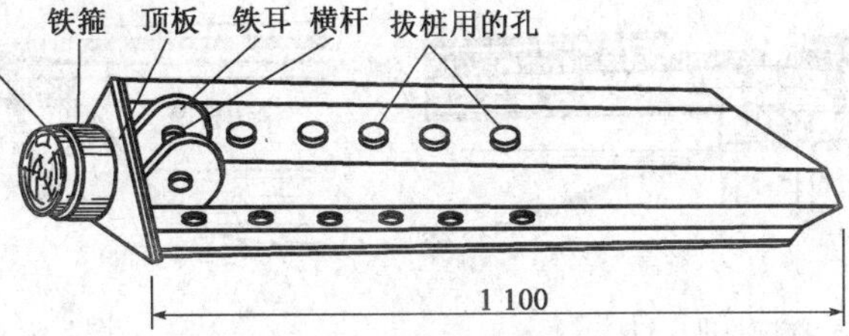

图 5-62　固定桩(尺寸单位:mm)

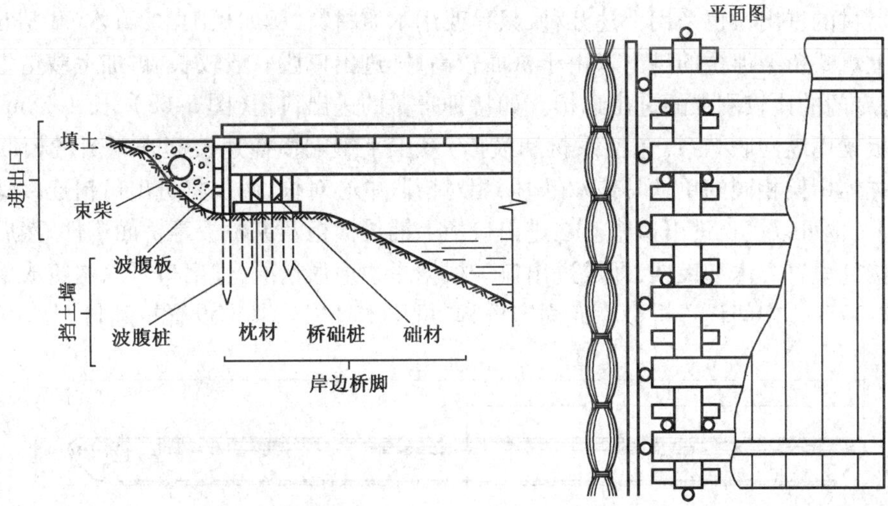

图 5-63　木质桥础

2. 进出口

为了便于车辆由岸边上、下浮桥及门桥,需构筑进出口。

(1)在制式浮桥器材中,有些器材的进出口采用跳板

它是用薄钢板焊接成的板架结构,并在其面上焊有防滑钢筋。某轻型浮桥的浮桥中跳板(图 5-64、图 5-65)在其一端焊有弯铁,使用时,把弯铁插入桥头桥板相应的方孔中。

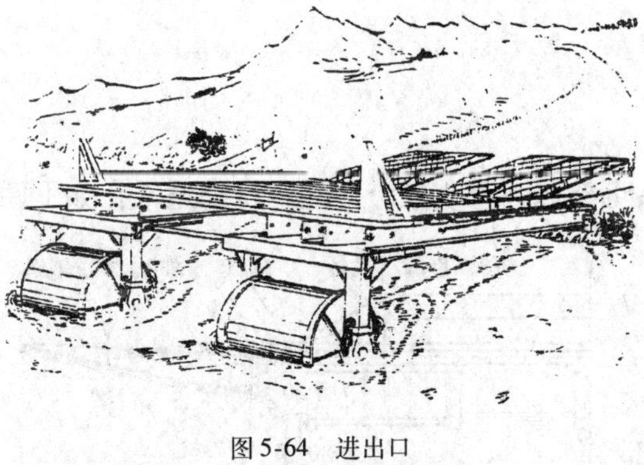

图 5-64　进出口

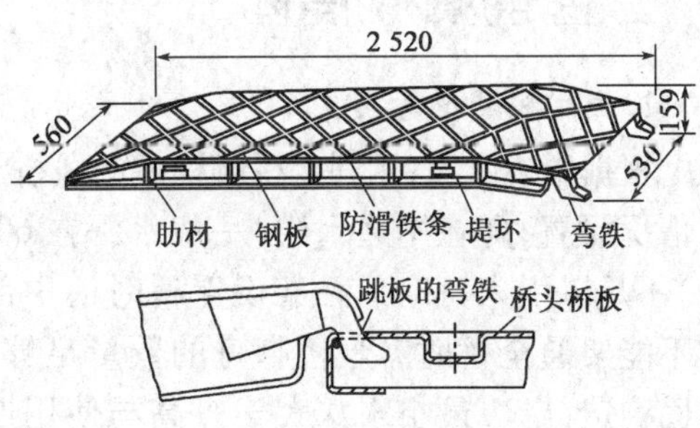

图 5-65　跳板(尺寸单位:mm)

(2)有些器材则装备有进出口桁

桥脚分置式浮桥的进出口桁是纵长为倾斜的槽钢,可在其上铺设桥板,窄端焊有挡板,用以限制桥板的滑动,数根进出口桁与浮桥末端桥桁相连,上面铺设桥板即成进出口(图 5-66)。

(3)还有一些制式器材利用就便材料来构筑进出口(图5-67)

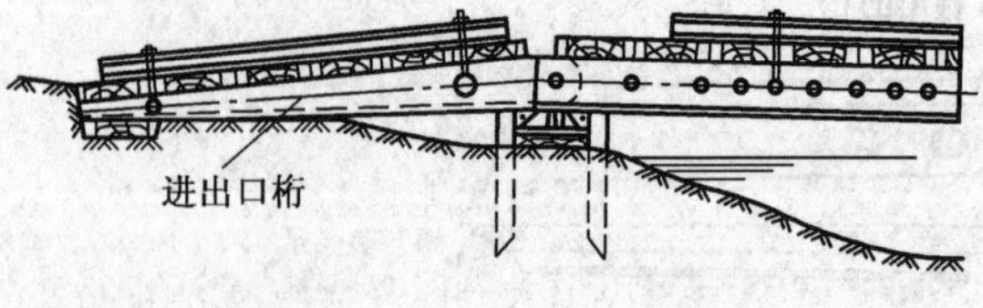

图5-66 用桁构筑的进出口

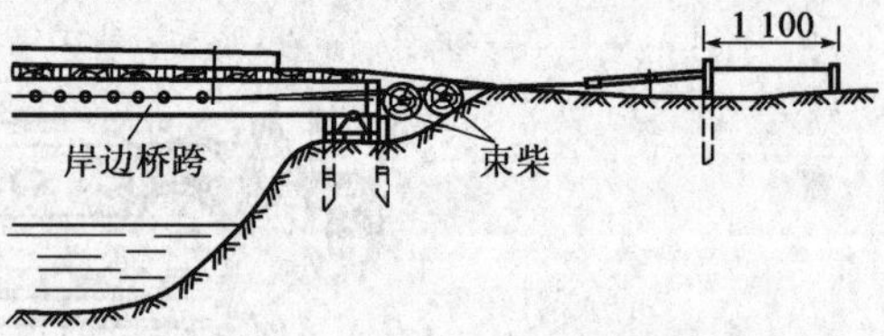

图5-67 简单进出口

在桥础材前铺设几捆束柴并填土,既可成为进出斜面,又可减少车辆上桥时的车轮冲击力。就便器材的进出口也采用上述几种,只是改用木质材料,例如短圆木(方木)做进出口桁。

对于上承式桁架浮桥的进出口由于桥面较高,则进出口段一般较长,再加上载重量大等因素,要求有专门的比较刚强的进出口桁。如特种舟桥的进出口桁(图5-68),长4.58m,它是把两根焊接板梁用纵向联结系(包括系材和横撑)及工字钢端横撑连接起来组成的桁联。板梁两端有与立体桁架相同的单铁耳或双铁耳,相对桁联中心对称,用以将进出口桁连接到桁架的上弦铁耳上,也可以接长进出口桁。在进出口桁上铺设横桁及纵桥板等桥面构件,然后在与岸边道路相接处设置方木和束柴,即成进出口。根据岸边地形情况,进出口可以构筑成单跨和多跨,当构筑多跨时,中间设置桥板垛或固定桥脚(可用木杆层),其上设置桥础材。

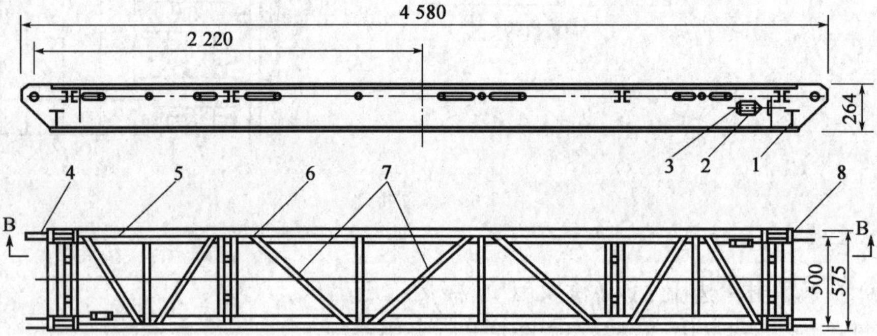

图5-68 特种舟桥进出口桁(尺寸单位:mm)

1-工字钢横撑;2-节点栓钉座;3-节点栓钉;4-单铁耳;5-焊接大梁;6-纵向联结系的横撑;7-纵向联结系的系材;8-双铁耳

二、固定桥脚栈桥结构

1.固定桥脚的分类

根据岸边水深,用固定桥脚构成的栈桥、码头可架成一跨或数跨。固定桥脚通常在如下两种情况设置,即在岸边水浅(一般水深在60cm以内)不足以引入舟时或在架设浮桥时河中部分器材不能架通全桥时。当桥脚舟的数量足够,陡岸坚固稳定,岸边最小水深大于舟高与使用期间水位落差之和,且河中部分和漕渡门桥的桥桁端部足以达到岸坡土壤安全坡度线以内时,可直接将河中部分末端或漕渡门桥末端支撑到桥础上(图5-69),而不需要设置固定桥脚。固定桥脚要求能

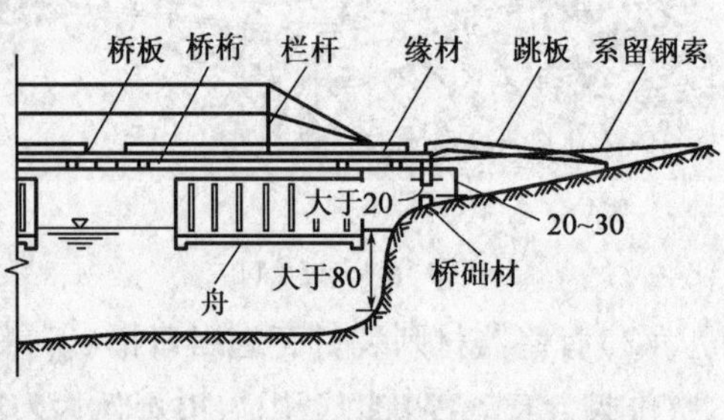

图5-69 河中部分直接支撑在桥础上(尺寸单位:cm)

随着设置的水深不同,其桥脚高度能有相应变化,同时由于架设时间的紧迫,设置处的河底不能充分修整,因而要求桥脚能适应各种不同的地形。目前制式浮桥器材中,当桥跨结构采用桥桁形式时,常用的固定桥脚有三种形式,即架柱桥脚,滚筒桥脚和三角桥脚(图 5-70)。就便材料固定桥脚主要使用在就便器材浮桥或漕渡门桥中作栈桥或码头之用。在制式浮桥器材使用中,当岸边浅滩较长、制式栈桥和码头器材不足时,可用就便材料构筑固定桥脚栈脚、码头或用制式器材的桥跨结构配上就便材料固定桥脚构筑。用就便器材构筑的固定桥脚常用的有三种形式,即木杆层桥脚、架柱桥脚和列柱桥脚,其结构与低水桥的桥脚结构基本相同。

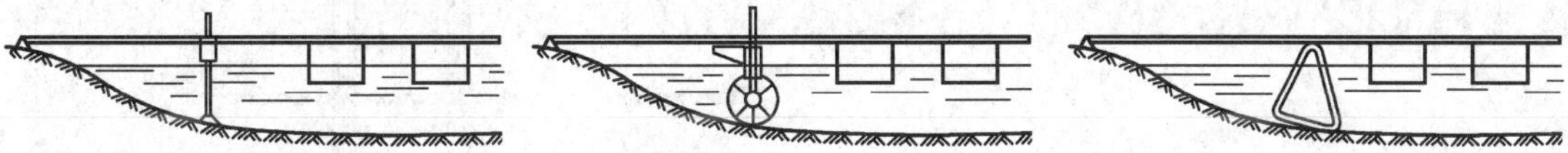

图 5-70　各种形式的固定桥脚

a)架柱桥脚;b)滚筒桥脚;c)三角形桥脚

(1)木杆层桥脚(图 5-71)

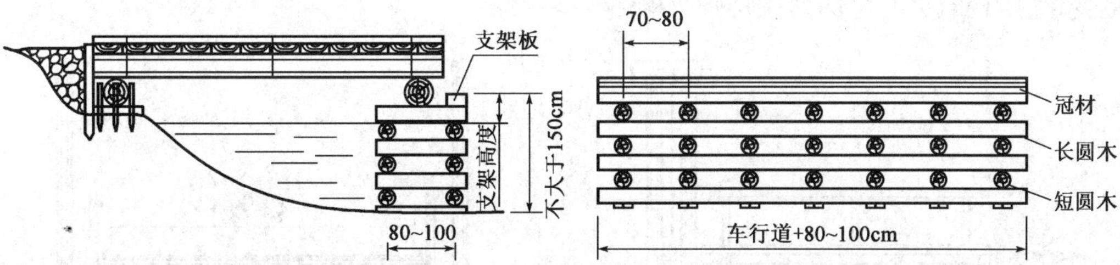

图 5-71　木杆层桥脚(尺寸单位:cm)

木杆层桥脚结构简单,设置较快,承载能力较大。通常用于岸边水浅、河岸平坦、土质坚硬的江河。作码头时,需在冠材的水侧设置 1 ~2 根方木或木板垛构成码头支架。

(2)架柱桥脚(图 5-72)

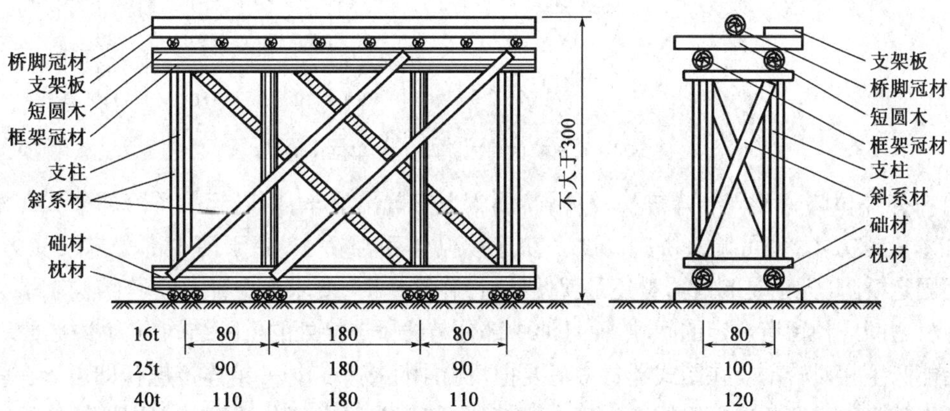

图 5-72　架柱桥脚(尺寸单位:cm)

架柱桥脚适合岸边水深在 3m 以内且河底土质较硬的江河上使用。作码头用时采用复式架柱桥脚,作栈桥时可采用单个架柱桥脚。

(3)列柱桥脚(图 5-73)

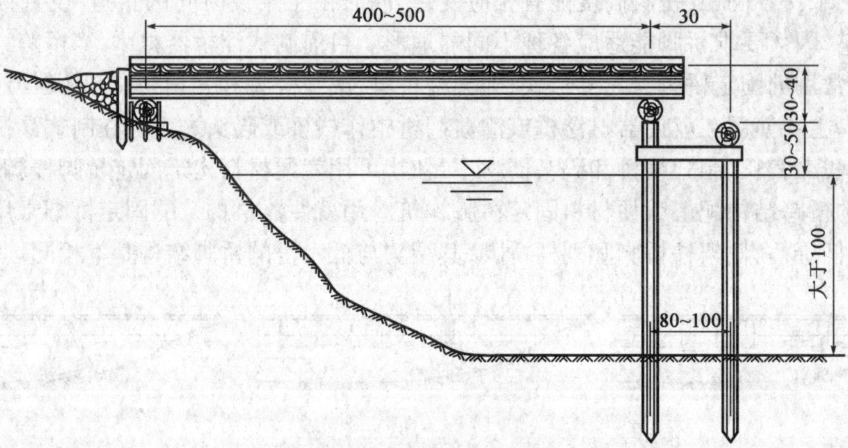

图 5-73　列柱桥脚(尺寸单位:cm)

列柱桥脚结构形式与低水桥列柱桥脚相同。不同的是码头使用时要做成复式列柱,两排桥脚轴线间距0.8~1.0m。为了保证其纵向稳定,在桥脚靠近水面处设置两根横撑。为适应水位变化,应构筑可升降的列柱桥脚(图 5-74)。

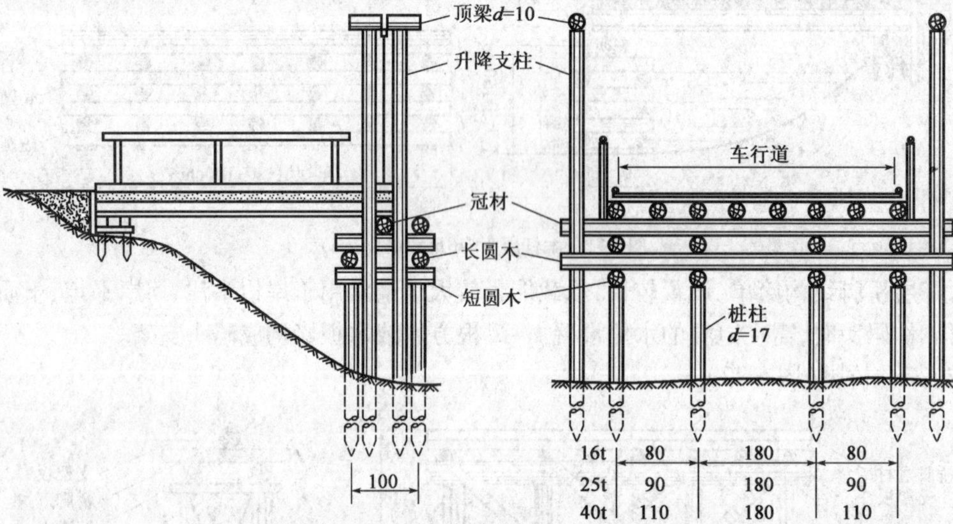

图 5-74　可升降的列柱桥脚(尺寸单位:cm)

可在列柱桥脚旁设立升降桩柱及顶梁,顶梁上安置吊滑车,用以起吊桥跨部分。在桥脚冠材上加木板或方木,就可调节桥脚高度。在连续梁体系浮桥中,由于河中部分末段受力不同,当采用固定桥脚(无论是制式器材还是就便器材)作栈桥时,要求河中部分桥跨结构末端与固定桥脚冠材之间应预留有一定的间隙,而且河中部分与栈桥连接处的桥跨结构应为铰接接头,便于受力后能产生相对转动。在制式器材中只要把桥桁刚性接头卸掉一组连接螺杆即可。在就便器材浮桥中就必须设置相应的结构来实现。构筑栈桥时,在河中部分桥桁末端用螺杆连接一根下连接横桁,固定栈桥桥桁的水侧末端也配置在该连接横桁上面,并用栓钉固定[图 5-75a)]。若桥桁为金属桁,其外侧用铰接连接器连接,并在河中部分末端和固定栈桥水侧桁端用螺杆各固定一根下连接横桁[图 5-75b)]。两种情况下的固定桥脚冠材上表面应与下连接横桁下表面保持设计的垂直预留间隙值。

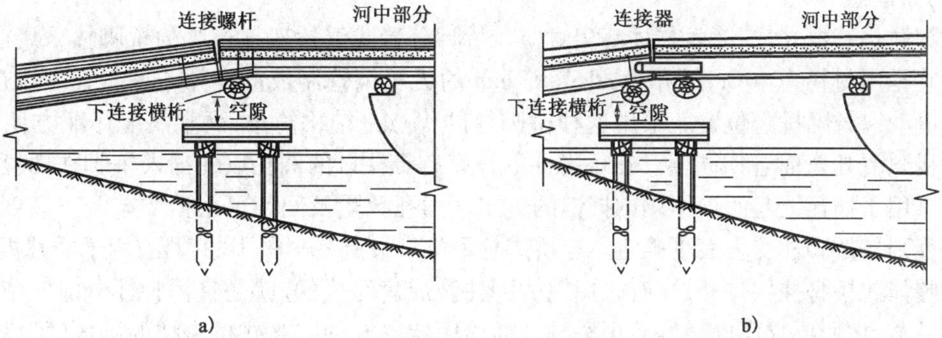

图 5-75 连续体系河中部分与固定栈桥的连接

a)用下连接横桁连接桥桁;b)用铰接连接器连接桥桁

2. 制式架柱桥脚的结构

制式架柱桥脚是制式浮桥器材中采用较多的一种形式。它在使用上最大的优点是桥脚高度调整范围大(一般可调整 1 ~ 2m)。因而能适应水位与河底地形的变化。架柱桥脚主要由冠材、桥脚柱和础板组成(图 5-76)。冠材承受由桥跨部分传来的载荷压力,并将其传给两根桥脚柱,桥脚柱再将压力传给础板,最后由础板将压力分布于河底土壤。

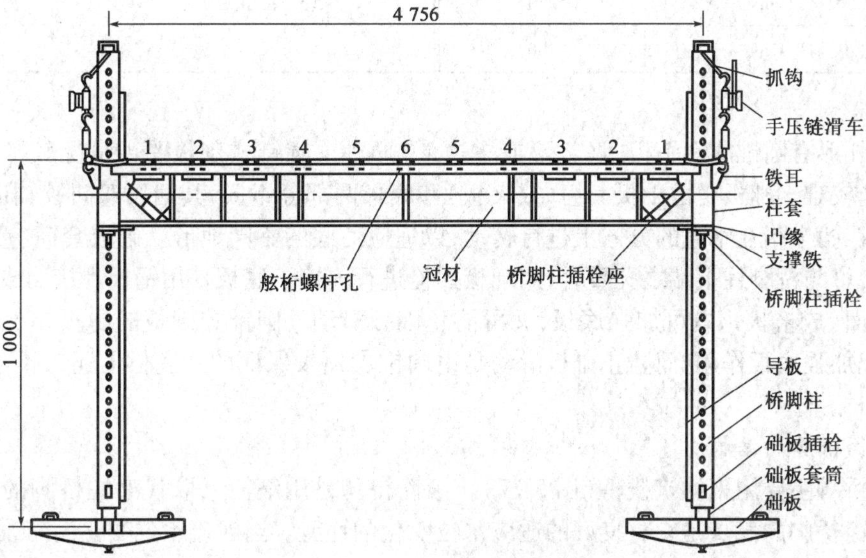

图 5-76 制式架柱桥脚(尺寸单位:mm)

(1)冠材

冠材是由钢板焊接而成,由于它承受较大的弯矩,常采用高强度合金钢材料制作。冠材断面一般为工字形截面。冠材的上弦弯成折线形,以便于桥桁末端在冠材上转动。在上弦顶部有成对的编有序号的圆孔(图 5-76),以便插入舷桁螺杆使桥桁固定到冠材上,腹板每隔一定的距离设置加劲肋,以增强腹板稳定性。冠材的两端焊有带导向槽的柱,保证冠材与带导板的桥脚柱的连接并限制桥脚柱在柱套内转动。柱套剖面形状取决于桥脚柱剖面,一般作成圆形或方形。桥脚分置式浮桥架柱桥脚柱套是圆形无缝钢管制成。在柱套底部焊有较厚的支撑铁,冠材以支撑铁支撑在桥脚柱的插栓上。在柱套上端焊有铁耳,用以在调整桥脚高度时挂手摇链滑车下端钩子。

(2)桥脚柱

桥脚柱是一根立柱，剖面与柱套相对应。桥脚分置式浮桥架柱桥脚的桥脚柱采用圆管形剖面。它是用材料为40Cr、尺寸为$\phi167 \times 7$mm 的无缝钢管制成的整体构件。它可插在冠材柱套中滑动以升降桥跨位置。采用这种桥脚柱的优点是结构简单，调整高度作业方便（不需拆卸桥板），受压弯时各向同性。在桥脚柱上开设有带缺口的圆孔以便插入桥脚柱插栓，孔上方的缺口用于插栓上起闭锁作用的挡销的进出。圆孔数量及间距可根据所需调整高度确定，圆孔直径则按桥脚柱受力大小确定。在桥脚柱下端开设有一个稍小的圆孔，用于插础板插栓。除采用整体式桥脚柱构件外，还有采用把桥脚柱做成套筒式的，就是将桥脚柱分成两节，可以一节套一节，按所要求高度套好后用桥脚柱插栓固定。这种套筒式桥脚柱的剖面通常做成方形的。方形桥脚柱是由两根角钢焊接而成，在每节桥脚柱上开有许多圆孔，以便根据桥脚所需高度进行连接。采用套筒式桥脚柱的优点是桥脚柱可不超出桥面，通行车辆时不受桥脚柱的阻碍。架柱桥脚（桥脚分置式）性能见表5-1。

架柱桥脚（桥脚分置式）性能表 表5-1

性能内容	指标	性能内容	指标
载重量(t)	50	调整间距(cm)	10
最大高度(cm)	270	总质量(kg)	约700
最小高度(cm)	100		

(3)础板

础板外形有圆锥式和平板式（方形或多边形）两种。圆锥式础板受力情况较平板式础板好，但制造较难。础板是由础板套筒（或夹板）和底板两部分组成，其间用双向铰轴进行连接，可使础板在两个相互垂直的方向上进行转动，以适应河底的不同地形。础板套筒（或夹板）的上端有孔，可与桥脚柱下端之孔重合，用础板插栓进行连接。底板是用钢板焊接而成。平板的肋板在下面（成格状），既可加强底板，又可防止础板滑动。圆锥式础板的肋板在上面呈辐射状，主要起加强底板作用，而防止础板滑动是由圆锥尖顶来保证的。底板上还有排水孔，其作用同桥础材。

3. 滚筒桥脚的结构

滚筒桥脚主要用来构筑栈桥（图5-77）。滚筒桥脚是用滚筒来取代架柱桥脚的桥脚柱和础板。滚筒桥脚的优点是它有良好的适应水位变化的性能。当河流水位变化而需改变码头或栈桥的高度时，滚筒桥脚可滚动滚筒来调整码头或栈桥的位置。在实施门桥渡河时，滚筒桥脚适于构筑对岸码头，它可以预先在我岸将滚筒码头结合好，再用门桥将结合好的滚筒码头旁带（利用滚筒的浮力来浮运）至对岸进行构筑。与架柱桥脚相比，滚筒的不足之处是：因滚筒与坚硬土壤的接触面积太小，在受力上并不很好，且调整高度的范围较小。滚筒桥脚是由两个滚筒、两个冠材架和四根支柱组成。冠材架用突出板连接桥桁，用支柱套连接支柱，支柱支撑在滚筒中心轴上。

(1)冠材架

滚筒桥脚的冠材架是由支撑梁、支柱套和突出板焊接而成（图5-78）。支撑梁是由钢板焊接而成的工字形断面，它是滚筒桥脚的冠材，是漕渡门桥端部桥桁的支承平台。支撑梁的侧面焊有三道突出板，其顶面开有圆孔和槽孔，圆孔供舷桁螺杆固定码头桥桁的下翼缘；槽形孔中有可抽出来的活动铁耳，供桥桁螺杆连接桥桁与冠桥架。支撑梁的两端焊有方形断面的柱套，柱套下端前后两面有一圆孔,用冠材插栓和支柱进行连接,以固定冠材的位置。柱套的外侧焊有槽钢连接板,腹板上有桥桁螺杆孔用于两冠材架的拼接,甚至于多个冠材架拼接组成双行道码头。

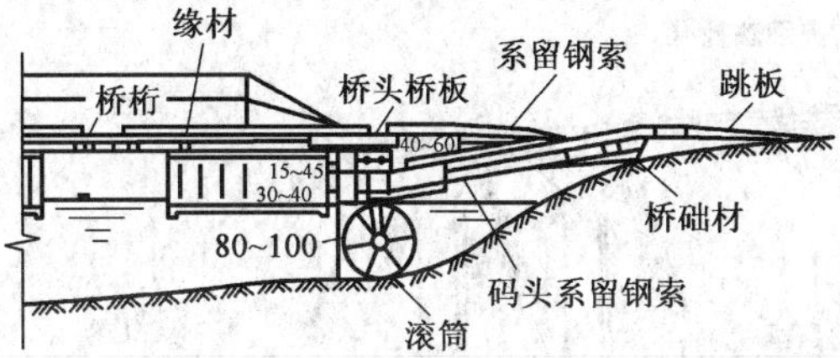

图 5-77　制式浮桥滚筒桥脚(尺寸单位:cm)

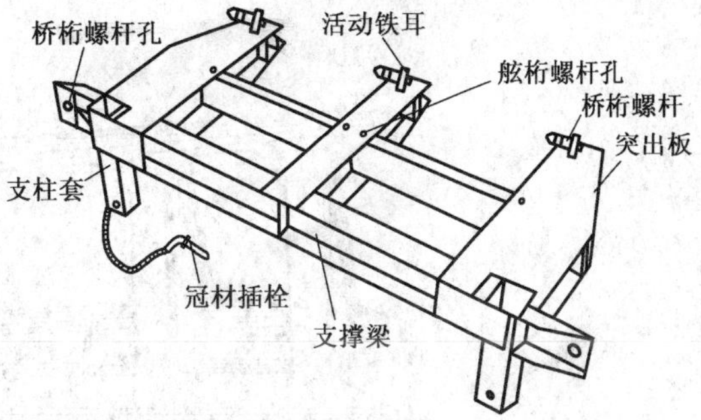

图 5-78　滚筒桥脚的冠材

(2)支柱

支柱就是滚筒桥脚的桥脚柱,用以将冠材承受的压力传给滚筒。支柱剖面一般做成方形,是用两个角钢焊成或用钢板弯制焊成。在支柱前后两面开有一系列与支柱套圆孔直径相同的圆孔,用来与支柱套联结,以变化桥脚高度。支柱下端通过焊接的马蹄形支铁,支撑在滚筒轴上,使冠材架可绕滚筒轴转动。马蹄铁下端有一对插栓孔,支柱插栓从滚筒轴的下方穿过,控制滚筒轴在码头浮运和岸上滚动时不会从马蹄形支铁中脱出。

(3)滚筒

它可作为码头在陆地上移动时的滚轮以及水上浮运时的浮筒;又是码头在水侧河底的支点,它以其随沉陷深度增大而增大的圆柱面适应松软程度不同的河底,将支柱的荷载压力均匀分布于松软河底土壤。滚筒是一个钢质的空心圆筒,它由轴、骨架、壳板组成。中心是一根用圆钢管制成的滚筒轴,其两端突出于滚筒外面,用以支撑支柱的马蹄铁。筒的圆柱形外壳是由薄钢板封闭而成,为加强其刚度,在筒的内壁垂直于滚筒轴方向焊有环形肋骨。筒的两端是较厚的端圆板,并用辐射状加劲肋进行加强。端圆板的直径比滚筒大,构成了滚筒的突出部,称为筒缘。当滚筒在陆地上滚动时,用以防止圆柱形薄壳被磨损,端圆板上设有带塞子的排水孔。重型浮桥和轻型浮桥器材的滚筒桥脚性能如表 5-2 所示。

滚筒桥脚性能表　　表 5-2

性　能	单　位	重型浮桥	轻型浮桥
载重量	t	50	40
最大高度	cm	157	170.8
最小高度	cm	127	126.8
调整间距	cm	7.5	11
总质量	kg	1154	644

4. 三角桥脚的结构

三角桥脚是一个整体结构。它不需要现地拼装,架设作业迅速。但这种桥脚高度调整范围有限(只可变化三种高度),并且桥脚高度较低,在翻转桥脚以另一面支于河底调整高度时需卸掉桥跨部分,作业比较麻烦,因而三角桥脚只适于构筑在河岸较平坦、水较浅的位置。三角桥脚由冠材和脚柱等组成,外形象一个卧倒的三棱柱体(图5-79)。当桥面通过载重时,上部冠材承受桥桁传来的压力,并通过桥脚柱传给另外两根接地的冠材,最后将压力分布于土壤。

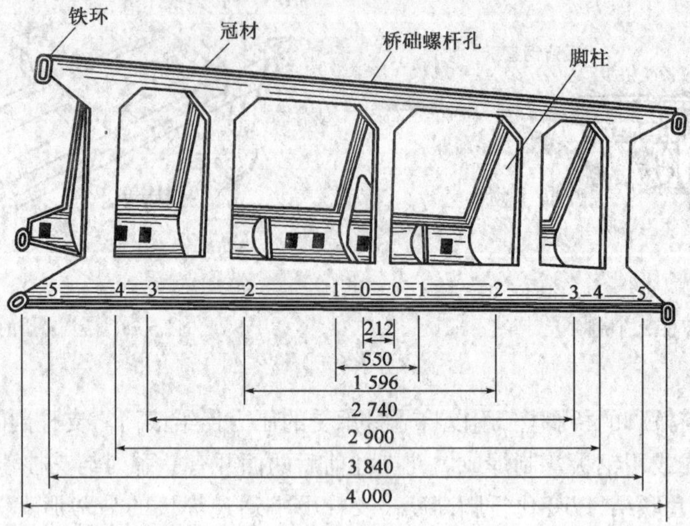

图5-79　制式三角形桥脚(尺寸单位:mm)

5. 固定桥脚栈桥的附属设备

固定桥脚除有上述基本组成部分外,还需一些附属设备,现仅将其主要的几种介绍如下:

(1)调整桥脚高度设备

随着固定桥脚结构类型的不同,其调整方法和设备也不同。由其结构原理来区分,大致有两种:

①升降支柱和调整螺杆

升降支柱为一方筒,用钢板弯折焊成。在其上端有一铁耳,下端焊有两块挡铁。调整螺杆由中间带有转把的套筒和一端有钩子的两根螺杆组成。升降冠材时,将升降支柱插入支柱套筒内,再将调整螺杆的钩子分别钩到升降支柱和滚筒桥脚冠材架支柱套筒的铁耳上,水平旋围转把进行升降。

②手压链滑车

链滑车由带钩的铸铁壳体、传动机构(在体壳内)、手柄、棘轮把手、带钩的链条和带钩的导向夹铁组成。调整桥脚高度时,将链滑车体壳的钩子挂在架柱桥脚桥脚柱顶端已安好的抓钩上(滚筒桥脚升降支柱的铁耳上),导向夹铁的钩子钩到冠材的铁耳上。棘轮把手用于变换升降方向。手柄的上下摆动即可提升和下降冠材,它的操作十分方便,且起重量大。

(2)系留装置

系留装置的作用主要是使栈桥和码头在纵向横向得到固定。系留装置由系留钢索、系留桩和桩间调整螺杆组成。系留钢索由钢索、钩子、带滑轮的调整螺杆、调整盒等组成。钢索钩子挂在栈桥、码头或浮桥河中部分末端的桥桁上。调整盒用以粗调钢索的长度,调整螺杆用以微调张紧钢索,它钩在系留桩的铁耳横杆上。系留桩与固定桩采用相同的样式以减少器材种类,用钢板压制成带翅帽形截面,下部切成尖端便于打入土壤中;桩身两侧各有一排孔,用于拔桩出土;顶部焊有管状钢箍,内填硬木,手用筑头或铁槌撞击它使桩入土;上部前后各焊有带横杆的双铁耳,供固定系留钢索调整螺杆和两根系留桩联合使用的调整螺杆钩子。作固定桩用时,桩背的铁耳是多余的,只用桩槽内的双铁耳下沿压住桥础材底板。

在使用架柱桥脚或三角桥脚时,因为桥桁与桥脚冠材不是刚固连接,为控制桥脚沿河底斜坡滑移,还要设置系留钢索,它一端钩在础板插栓耳环或三角桥脚底部冠材系留环上,另一端钩在桥础材的提把上。这种系留钢索又称控制钢索。

(3)码头支架

码头支架是当由固定桥脚结合成码头时用以支撑漕渡门桥末端桥桁之使用。而在滚筒桥脚冠材上支撑梁已起着这种作用,故码头支架是架柱桥脚和三角桥脚的附属设备。桥脚分置式浮桥的码头支架呈"Z"形,是用钢板焊接而成的。两端均有两个桁桥螺杆孔,每端均可与码头桥桁末端用两个桥桁螺杆相连接。一端连接后,另一端必低于码头桥桁下沿。然后在数个码头支架上铺以桥板,以便于支承漕渡门桥桥桁末端。

对于桥跨结构使用桁联时,码头支架也是采用两片联合的形式。原理相同于桥桁连接器,其中有一端用插栓与桥桁相连。作为漕渡门桥支撑端的下部有支承铁,可将其支撑于三角桥脚的冠材上,用桥础螺杆固定。这种方式主要是考虑三角桥脚高度较低,当用作码头在门桥装卸车辆时可避免发生边舟搁浅。

三、浮游栈桥结构

铰接悬臂体系浮桥、连续梁体系浮桥中,为适应水位的变化,常采用浮游栈桥或浮游码头与河岸相连接。

1. 铰接悬臂梁体系浮桥的浮游栈桥

在铰接悬臂梁体系浮桥的浮游栈桥(图5-80)中,桥脚舟的安全载重量应为相邻桥节门桥中所有桥脚舟安全载重量的一半。当栈桥采用一只桥脚舟安全载重量不够时,可改为两舟并列。浮游栈桥的计算长度大约为桥节门桥总长度的0.8倍,其突出部长度,一般为20cm。

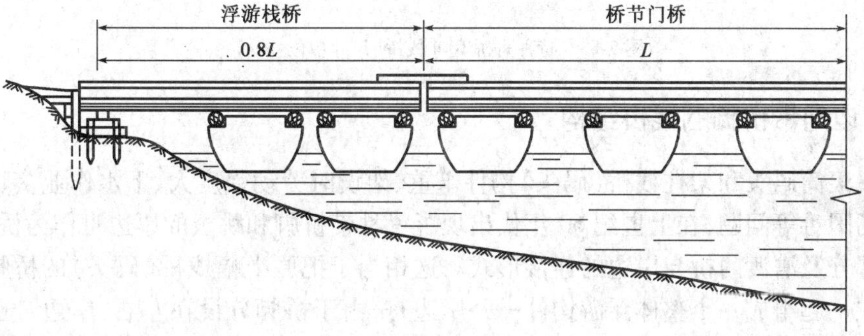

图5-80　铰接体系浮游栈桥

当浮游栈桥与桥础连接时,为防止桥础翘起,一般应构筑活动桥础(图5-81)。否则应采取相应的加固措施。为减少桥础的翘起力,在浮游栈桥中的桥脚舟应尽可能采用单舟。

2. 连续梁体系浮桥的浮游栈桥

连续梁体系浮桥中,只有制式的上承式桁架浮桥才采用浮游栈桥。特种舟桥的浮游栈桥就是一个例子(图5-82、图5-83)。它根据载重吨位的大小由一个或两个全形舟及数列桁架的桥跨结构所组成,与河中部分末端的连接处用结合部构件组成铰接接头。

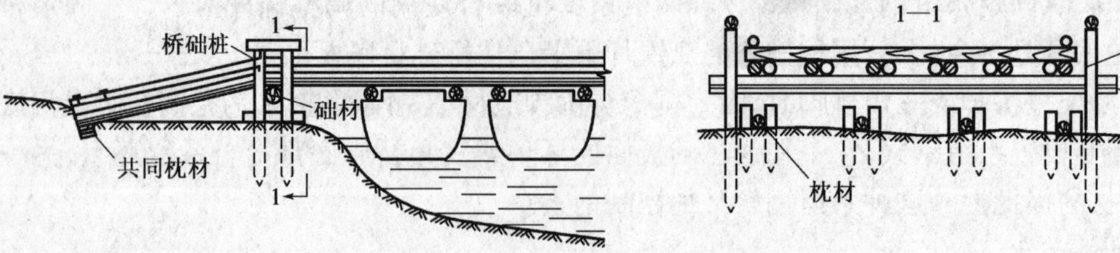

图 5-81　活动桥础

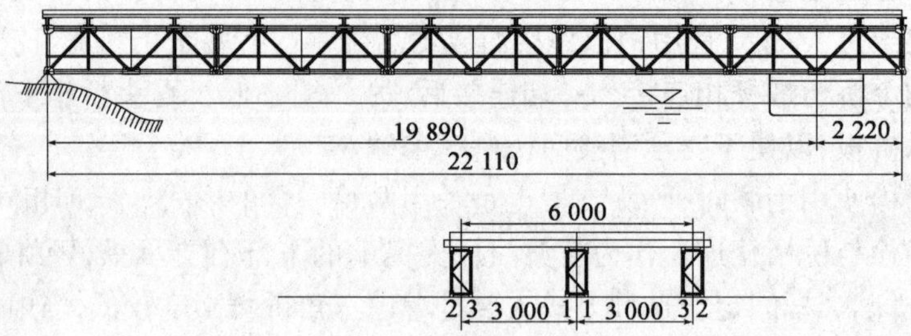

图 5-82　特种舟桥 50t 栈桥(尺寸单位:mm)

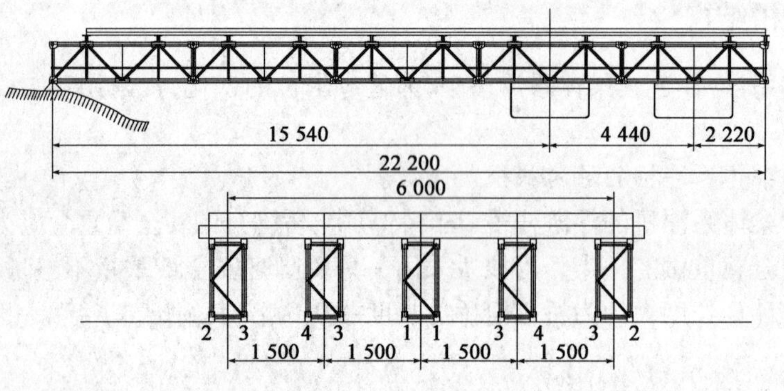

图 5-83　特种舟桥 100t 栈桥(尺寸单位:mm)

四、岸边舟带桥脚的栈桥结构

为解决滚筒码头和架柱栈桥(码头)构件笨重、架设时劳动强度大、下水作业多、对岸设置和转移渡场困难等问题,在上世纪 60 年代出现了一种带桥脚和跳板的岸边舟作为桥脚分置式浮桥河中部分及漕渡门桥与岸边的连接形式。这相当于把原半幅栈桥(码头)的桥脚、冠材与桥跨结合在一起组成一个整体浮游构件——岸边舟,由于桥脚分设在左右,岸边舟也分为左、右两种形式,左右两岸边舟组成一跨单行道栈桥(码头)。我军桥脚分置式浮桥改进型栈桥就是采用这种结构形式,既可结合成栈桥,也可结合成码头。

这种结构形式的优点如下:

①承重结构为箱形结构,承载的整体均匀性和刚度较强;

②岸边舟的泛水、装车、结合、便于实现机械化作业,减少作业人员和强度;

③码头作业简便迅速,一般情况下,作业手可不下水作业;

④岸边舟是浮游的,能适应水位的变化。构筑对岸码头和栈桥或转移渡场可用汽艇牵引,因此方便迅速;

⑤码头与栈桥转换迅速，且跨度增大，对岸坡的适应性较好，在缓坡的情况下，连跨使用时作业简便。

桥脚分置式浮桥改进码头与该器材原码头、栈桥的性能比较见表5-3。

桥脚分置式浮桥改进码头与原有码头、栈桥的性能比较表 表5-3

性能内容	桥脚分置式浮桥改进码头	器材原有性能	
		架柱栈桥	滚筒码头
载重量(t)	50	50	50
架设长度(m)	8.6	6	6
作业人数(人)	9	14	14
架设时间(min)	8～10	20～30	25～35

桥脚分置式浮桥岸边舟作栈桥时，只要将四个浮桥拉杆与桥节门桥的四根桥桁相连即成。桥脚分置式浮桥改进型岸边舟由左、右岸边舟、大跳板、小跳板、桥脚等组成(图5-84)。

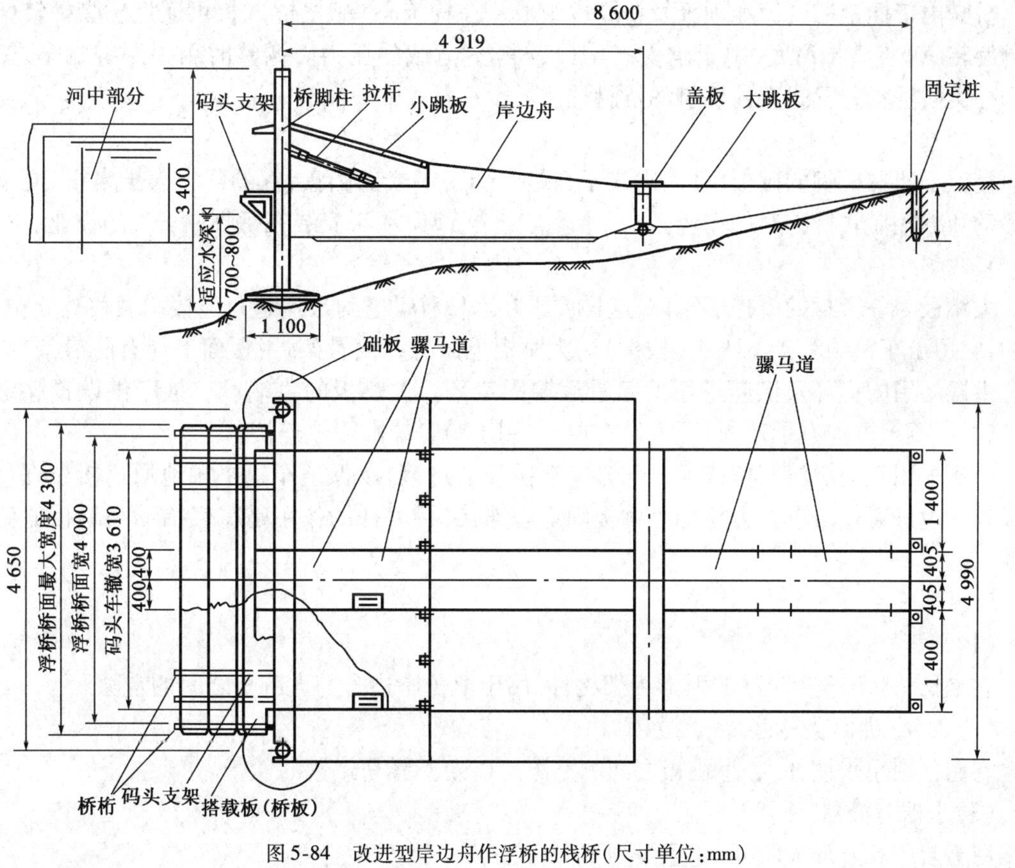

图5-84 改进型岸边舟作浮桥的栈桥(尺寸单位:mm)

1.岸边舟

岸边舟由舟体、甲板上设备、连接设备、装卸固定设备等组成。舟体是甲板上焊有防滑条的钢质密封箱体。每个舟内车行部下有两排纵桁架作为纵向承重构件，甲板下、底板上设有若干横梁与舷肋组成肋骨框架。岸端舟底可以直接与河底接触承受荷载压力。设置桥脚处的端部有台阶，即为冠材。舟的型长为4.9m，连接宽为2.5m，型高最大处为0.76m。岸边舟的冠材是一个密封的焊接箱形梁。作栈桥时用于搁置浮桥河中部分的桥桁构成带预留垂直间隙的梁式过渡。作码头时，用于设置码头支架。活载对岸边舟的压力由冠材传给桥脚柱。岸边舟甲板上有浮桥拉杆固定座，用于固定浮桥拉杆；有小跳板支撑杆，运输状态时用于支撑小跳板；有小跳板固定座，用以固定小跳板；有桥脚柱转架，用以临时固定桥脚柱和在甲板上抬起桥脚柱尾端翻转桥脚柱。

岸边舟水侧端有码头支架固定座及连跨板固定装置，分别用于固定码头支架及连跨板。

岸边舟的岸端上部有盖板固定座，用于固定盖板；盖板下有两个螺杆式承压座，通过调节螺杆式承压座的伸出长度使大跳板适应一定的岸坡要求，并与大跳板的承压板顶紧，使大跳板与舟在承受正向弯曲时成刚性接长；岸端下部靠近舟底有双耳，可与大跳板底部的单耳相吻合；用带拨动装置的插销。

连接岸边舟与大跳板。在岸边舟的一侧，其下部焊有两个凸凹铁装置，上部焊有承压板和设有舟间螺杆连接装置，供左右两岸边舟拼接之用。其结构形式与桥脚分置式全形舟的舟节之间的连接装置类似。

2. 桥脚

桥脚由带插销的套筒和础板及桥脚柱组成。在构筑码头（栈桥）时，可通过桥脚柱转架将桥脚旋转90°直立于河底，用于承受码头（栈桥）上荷载的压力。调整时用手压链滑车进行。桥脚柱类同桥脚分置式架柱桥脚的桥脚柱。

3. 础板

类似于架柱桥脚的础板，其区别在于它是一个密封式的圆盘，它的浮力大于自重，便于水中移动和减轻撤收桥脚时的作业强度，并设有4个提环，便于安装在桥脚柱下端的作业。

4. 跳板

大跳板为一密封的倒梯形箱体，这样便于在水中移动它对准岸边舟连接。大跳板分左、右两种，它用于车辆顺利上下码头（栈桥）。大跳板里面有纵横骨架，甲板面上焊有防滑条，两侧焊有供搬运用的提环及供起吊用的起重运输固定环。大跳板的尖端设有桩座供设置固定桩用，其另一端上方焊有承压板，下方设有单耳，用于与舟体的刚性连接。

小跳板用于向漕渡门桥或河中部分末端桥面的过渡，以保证车辆平顺地通过接合部。小跳板与岸边舟通过带有扭力杆的小跳板固定座连接，扭力杆的作用是减轻抬动小跳板的劳动强度。

5. 附属装置

(1)盖板

它是长1.8m、宽0.4m的弧形板架构件，用于填盖岸边舟与大跳板之间的空隙。

(2)大、小跳板骡马道

它们分别用来填补大、小跳板之间的空隙。以便于骡马车辆的通行。

(3)手摇升降器

用于装卸和升降大跳板，起重量为10kN。

(4)圆桩、系留钢索等系留固定设备。

五、岸边舟式栈桥结构

1. 用带限止器铰连接的岸边舟连岸部分

用带限止器铰连接的岸边舟连岸部分（图5-85），这种岸边舟与河中舟的底部用单销连接，上部采用可调预留间隙的螺杆式承压座，预留一定的间隙，这种结合部是只能容许相对转动一定角度的限制铰,间隙未闭合前,岸边舟相当于浮游栈桥,当预留间隙完全闭合后,河中舟与岸边舟的上弦就紧密承压,整个结合部才变为刚性接头,浮桥端部才出现由活载引起的支承反力。其间隙大小可根据活载大小进行适当调整以满足上述要求。我军和原苏军四折带式浮桥就是采用这种连岸部分的。

2. 带预留垂直间隙的跳板连岸部分

这种形式中,河中部分端部与河底或带刚性桥脚的岸边舟冠材之间,预留一个垂直间隙Δ(图5-86),当活载在末段行驶时,末端自由沉降,不出现支反力,间隙逐渐减小,最后间隙消除,端部直接支承在河底(四折带式浮桥)或通过码头支架支承在岸边浮桥脚冠材上表面(二折带式浮桥)。

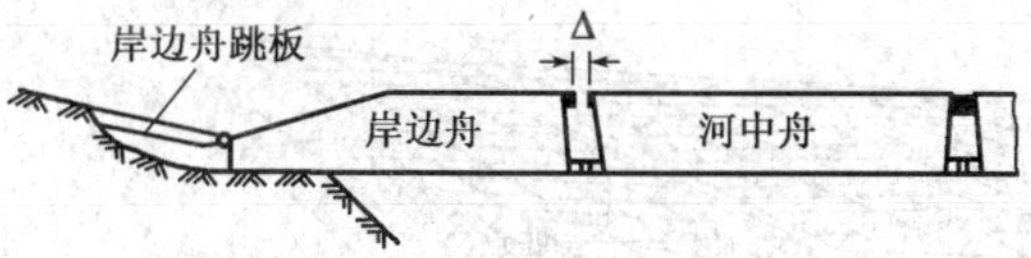

图5-85　限制铰连接岸边舟

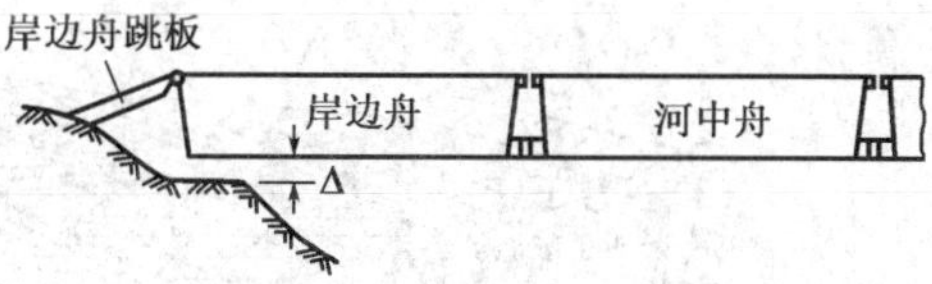

图5-86　预留间隙带跳板的岸边舟

3. 二折带式浮桥的岸边舟

二折带式浮桥器材所架设浮桥的连岸部分是由带架柱桥脚和跳板的岸边舟及附件组成的带预留垂直间隙的固定栈桥(图5-87),它的结构与前述的桥脚分置式浮桥改进型码头基本上类同。下面主要叙述一些不同之点。岸边舟的舟体结构与桥脚分置式浮桥改进型码头大体相同,也有左、右岸边舟之分,主要是舟上的设备有所不同。为了构筑双行道栈桥需要把4只岸边舟联成一体,因而在每个岸边舟的两侧均有较刚强的接头装置,一侧的下部为两个单耳板,另一侧有两个带单销和操纵机构的双耳板与之对应,其结构形式和操纵机构与四折带式浮桥的纵向受拉接头类同。在岸边舟两侧的上方有承压板(与下部接头对应位置)及扣环装置。岸边舟与大跳板的连接接头中其下部接头与舟侧底部接头相同,每只岸边舟有两个带插销和拔销机构的双耳接头与大跳板下部的单耳接头连接;其上部为两个螺杆式承压座(螺纹千斤顶),使用状态时它与大跳板的承压板(顶座)顶紧,不预留间隙,使大跳板成为岸边舟的刚性延伸部分。这里尽管采用四折带式浮桥岸边舟与河中舟相同的连接形式,但目的不同。

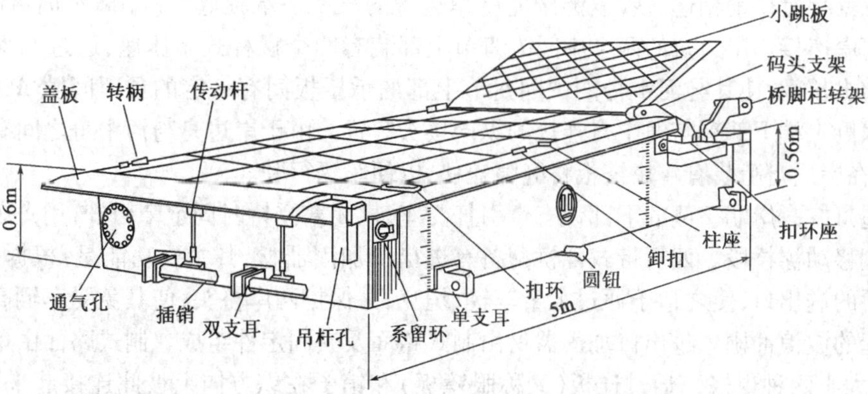

图5-87　二折带式桥的岸边舟

码头支架一端用插销连接在岸边舟的小甲板的固定座上,另一端与河中舟的单(双)支耳连接,因此码头支架有弯头一端为双支耳和单支耳的两种。码头支架弯头朝上与河中舟单双支耳连接时,码头支架躯干部分的下翼板与岸边浮桥脚的冠材上表面形成预留垂直间隙,此时岸边舟是与浮桥河中部分末端相连，作为栈桥使用，形成第二种连岸部分。当码头支架弯头向下与河中舟单双支耳连接时，形成了大于前者的预留垂直间隙，此时岸边舟是与漕渡门桥连接作为码头使用。较大的垂直间隙便于漕渡门桥装载后解脱码头支架，门桥端利于离开码头。桥脚和小跳板的结构与桥脚分置式浮桥改进型码头的相同。大跳板亦是密封的梯形箱体，但结构上是对称的，并且在底部没有滚轮供展开和撤收时大跳板沿岸边舟甲板移动之用。

4. *四折带式浮桥的岸边舟*

钢质四折带式浮桥的岸边舟也是采用四折形式单车整体运输(图5-88)，但其岸边舟舟底不必采用流线型而采用折线状。为了便于车辆上下浮桥，岸边舟的岸端甲板面有一段是倾斜的，并在其端部装四块可以旋转放下的跳板。

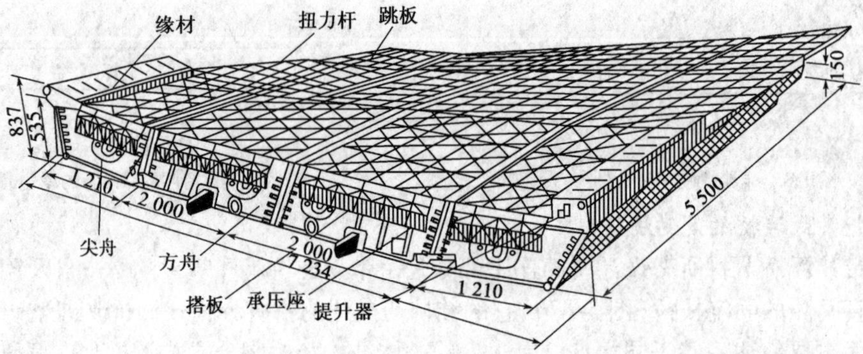

图5-88　四折带式桥岸边舟(尺寸单位:mm)

这种结构样式正如带桥脚的岸边舟栈桥(码头)是固定栈桥(码头)的高级形式一样，它是浮游栈桥的高级形式。岸边舟就其结构来说，要比河中舟坚固一些。其承重结构形式与河中舟类似。区别在于岸边舟的两个中间方舟甲板纵向折角处下面有加强的骨架以承受履带式车辆行驶在此处时部分履带悬空而形成的集中压力；舟的底板和底部骨架均进行了加强(岸端底板加强范围纵向扩大为2.5m)，以保证岸边舟岸端能够以不同长度直接支承在河底；岸边舟的边舟没有薄甲板而有缘材。岸边舟两侧的边舟节上各装一个提升器。提升器的构造和一个卧倒的螺杆千斤顶相似，但提升器所提供的是拉力而不是压力。提升器头部通过链条可与河中舟的拉紧装置横销相连。收紧链条能将岸边舟的靠岸一端提起(岸端离水面可高达1m)，以便与河岸连接。岸边舟的两个中间方舟节上部装有四个螺杆式承压座，通过调整螺杆式承压座的伸出长度，使其与河中舟的中间舟节上部的承压板间有一定的预留间隙Δ(0～3cm)。方舟节水侧一端下部有与河中舟连接的纵向接头装置。由于岸边舟与河中舟之间有较宽的缝隙，因而在岸边舟上装有4块搭板将缝隙盖住，以便车辆行驶。

岸边舟方舟岸端一侧的下部设有牵引杆支座，供闭塞浮桥时固定牵引杆，用舟车牵引岸边舟向岸侧移动浮桥段。四折带式浮桥配备有进出口加固器材，其主要功能是：根据需要，快速加固浮桥的进出口，使之适于通过大量车辆、坦克；并保护两岸桥头，使其免受车辆高速通过浮桥所激起的波浪冲刷。进出口加固器材由制式路面及其固定件组成。制式路面由单块的钢路面板(有大小两种规格)，通过连板(又称眼镜板)和销子在纵方向上彼此连接起来；在横方向上，则通过相邻横列中的板彼此错开半块位置，从而使前、后两邻列的板形成联系(以铰相连)。这种连接形式使制式路面能适应地形，而且便于折叠装车。

现代制式漕渡门桥在岸边的装卸载设施已趋于简化，自行门桥和轻型门桥(例如我军轻型门桥)，采用门桥两端自带可调整倾角跳板或液压折叠式跳板，不需在岸边设置固定的码头,这在很大程度上增强了漕渡门桥的机动性和生存力,减少了作业人员和运输车辆的编制。制式筏式漕渡门桥也在朝这个方向发展,四折带式浮桥每个河中舟装备有两块长 2.46m,宽 0.76m,高 0.2m 的钢制跳板。二舟漕渡门桥即可在两端各安装两块跳板组成装卸车辆、坦克的车辙。跳板的结构类同于轻型浮桥的,不同处一是全封闭,可浮在水面上;二是与河中舟连接一端是带卡铁的两个挂钩,使用时挂在河中舟端板上沿的跳板挂座上,用卡铁锁住。可见,河中舟端板竖向骨架的增强,河中舟端部底板的加厚,也是漕渡门桥采用跳板直接装载的必要条件。四折带式浮桥的岸边舟在门桥渡河时也应得到充分利用。在我军四折带式浮桥和原苏军带式浮桥的 110t 漕渡门桥,以及我军二折带式(改)带式浮桥 80t 漕渡门桥中,一端用跳板,另一端接一个岸边舟作为装卸载设备。此时岸边舟既能提供浮力又能兼作跳板,但离岸时应将螺杆式承压座旋入并用提升器将岸边舟端部抬高离开水面减少航渡阻力,靠岸时应放下岸边舟端部着地并将螺杆式承压座旋出顶紧河中舟承压座。在带式浮桥发展初期出现的带式浮桥器材中,制式筏式漕渡门桥还脱离不开码头,甚至于固定桥脚码头。例如我军二折带式浮桥,在门桥渡河时两岸要用带桥脚和跳板的岸边舟构筑固定桥脚码头,用它来连接漕渡门桥和河岸进行装卸载。在码头和河中舟之间安装码头支架,以便在装卸载时拉住和支承住漕渡门桥的岸端。

第六章 浮桥固定(锚定)部分结构

第一节 浮桥水平固定概述

浮桥水平固定分为承受活载纵向水平力和纵向风力的纵向固定和承受水流压力、横向风力和活载侧向水平力的横向固定。

浮桥的纵向水平固定首先是由浮桥全长上部结构承重构件的连接物保证(图 6-1),即由纵向接头保证,其次是由浮桥两端的岸边固定装置保证。纵向水平固定时应估计到因水位变化和活载作用而引起的浮桥水平投影长度的变化。为此,在较长时间使用的浮桥中央设置一个纵向位移调整器,而在短浮桥上则在任一岸边设置。

在短时间使用的浮桥上通常不设置纵向位移调整器。上部结构的两端固定在桥础上,桥础本身则由固定桩固定,而岸边节间和河中部分的上部结构则藉岸边固定钢索和固定桩固定到河岸上。固定索(图 6-2)上有一可供大范围内改变(粗调整)其长度用的钢索调整器 1 和一个供拉紧用的螺旋紧定具 2,这些固定装置不能承受活载的侧向水平力。类似制式的固定装置在很多情况之下却不能保证浮桥长时间正常地工作。它们在制动力的作用下很快就损坏,浮桥开始产生很大的纵向位移,其进出口就受到损坏。当桥础材设置在荷载通过浮桥而引起波浪的浸水区域内时,这种现象特别容易发生。在这些情况下,常使用应用器材对岸边固定装置进行加固,或以更长的应用固定钢索进行固定,以保证系留桩避开波浪的浸水区域。

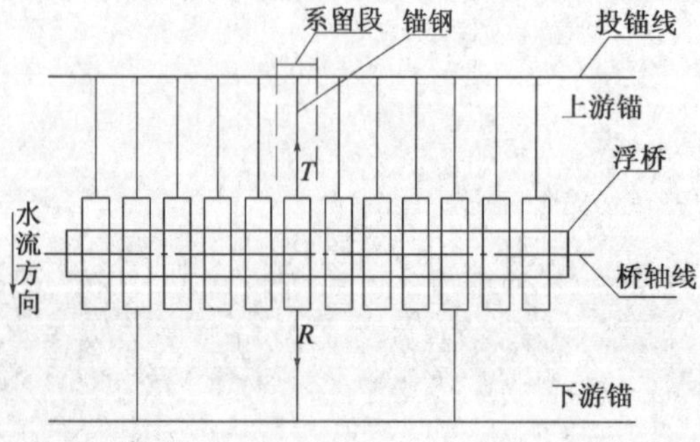

图 6-1 浮桥固定

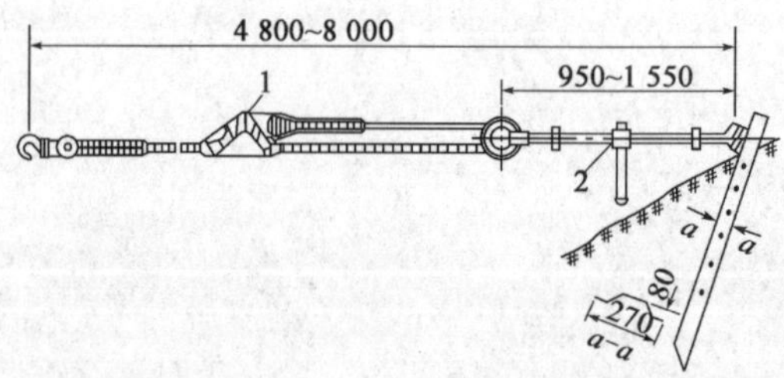

图 6-2 固定索(尺寸单位:mm)

在实际运用中,浮桥纵向水平固定通常是有保证的,只做结构上的考虑(如桥跨接头连接确实、加强岸边固定装置、减缓浮桥进出口坡度等)即可,不必进行计算设计。

浮桥的横向水平固定可采用投锚固定、横张纲固定、斜张纲固定(即系留固定)、锚定门桥固定、动力固定以及混合固定等方法。每种固定方法都有自己的特点。具体运用时,在全面分析江河特点、器材条件、架桥时间、浮桥任务等因素的基础上,选择合适的固定方法。从我国江河情况来看,当水流速度在 2m/s 以下且河底土壤性质良好,一般可以锚固稳定。因此,投锚固定是制式装备架设浮桥时的基本固定方法。

浮桥横向固定可分为能承受水压力(浮桥水阻力)和上游风压力的上游固定和能承受下

游风压力的下游固定。上游固定通常要比下游固定更为牢靠。横向水平固定装置应能保证浮桥在工作中桥轴线始终保持正直状态。当桥轴线发生水平方向弯曲时，水平固定装置应使浮桥水平弯曲强度得到保证。在实际运用中，浮桥横向水平固定按制式浮桥器材使用要求的规定(如有关投锚的具体规定)进行作业时，该固定通常是有保证的。但在特殊情况下(如河底土质不良、流速较大等)浮桥横向水平固定必须地行计算设计。

第二节　投锚固定

一、固定装置及特点

在投锚固定浮桥时，系留桥段是以锚纲通过系留点而固定，锚纲则通过水下锚而固定。诸个锚投置在与桥轴线平行的投锚线上，锚纲方向应与投锚线相垂直，如图 6-1 所示。

投锚线区分为上游投锚线和下游投锚线。投锚线到桥轴线的距离通常为最大水深的 7 ~ 10 倍，但不少于 30m。如果河中有很深的航道部分，则上下游各可标定两条投锚线，每条投锚线到桥轴线的距离根据河中相应地段的平均深度而确定。投锚线是投锚作业的基准。

在用投锚固定的浮桥中可以设置一个或两个引出桥节以通过船只。引出桥节(或引出门桥)的固定特点是采用交叉锚纲(图 6-3)，以便更好地操纵桥门开放作业。两旁的桥段，其端部应加强固定(图 6-2)。

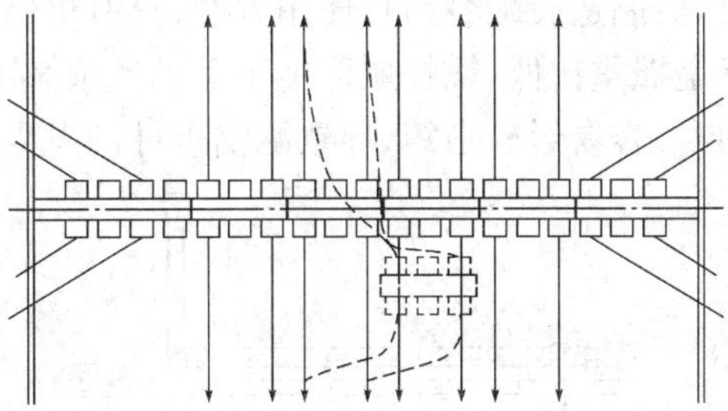

图 6-3　引出桥节的投锚固定

投锚固定的特点是结构简单操作方便；作业准备时间短，完成作业费时少；便于紧急开放桥门和紧急撤收浮桥；安全程度高，锚多且分散工作，一锚松动，其邻近锚可以参加工作，并不立即危及全桥的安全；锚定的质量与江河水深、流速、河底土质关系密切，同时与锚型的选择以及投锚作业的正确与否有关。

二、锚的分类与结构

1. 锚的分类

锚作为船舶、浮桥投锚水平固定的主要设备，针对不同类型的船舶和不同结构的浮桥，在不同的工况和地质条件下，应使用不同的锚。随着技术的发展和研究的深入，锚的种类越来越多。为了更好的使用和研究，对锚应进行分类，常见的分类方法如下。

(1)按锚杆的结构

锚按锚杆分为杆锚和无杆锚等。

(2)按锚爪的数目

锚按锚爪的数目分为独爪锚、二爪锚、三爪锚、四爪锚和多爪锚等。

(3)按锚的用途

锚按其用途则分为停泊锚、固定锚、深水锚、定位锚等。

(4)按锚的机理

锚按其工作的机理分为抓力锚、重力锚、负压力锚、动力锚等。

2. 常见锚的类型

在浮桥装备和船舶上常用的抓力锚有海军锚、霍尔锚、马氏锚、丹福锚、单犁锚、犁锚组等，还有各种各样的重力锚。这些锚根据其抓力的大小，适用于不同的浮桥和船舶、不同的工况和地质条件。

(1)海军锚

海军锚的结构见图6-4，它有两个锚爪与锚冠和锚杆连接，在其靠近锚卸扣处有一锚横杆，因此称其为有杆锚。海军锚一旦抛锚并经过水平拖曳必定会翻转使得一爪朝下，在锚缆的拉力及锚的作用下，一爪逐渐啮入土层，完成抓底过程。海军锚的主要优点是：抓重比高、一般为4~8倍，同时结构简单、使用可靠，对于土质的适应性广，缺点是锚杆固定、收存不便，操作复杂费时，另一个缺点是一爪入土、一爪朝上，可能会缠绕锚纲。

(2)霍尔锚

霍尔锚的结构见图6-5，其锚干与锚头是活动的，用销轴连接在一起，锚爪可以绕销轴左右旋转45°，锚冠两侧设有助抓突角。霍尔锚投锚后两个锚爪平躺河底，锚冠四周有突缘，靠近锚冠的重心位置高出河底，这时的袭角大约为18°左右，在锚缆的拖曳下，支点在爪尖锚冠处逐渐升起，爪尖压力逐渐增加，锚爪逐渐啮入土层，直到锚缆拉力与锚爪力平衡为止。其优点是：制造装配容易且使用方便，具有可转动的锚爪，拖动时两个锚爪很容易同时啮入土层；缺点是抓重比低，锚杆尾部由于受到风浪影响，两爪间土层容易受到破坏，且当两爪入土深度不同时，容易形成力矩，导致翻锚事件的发生。

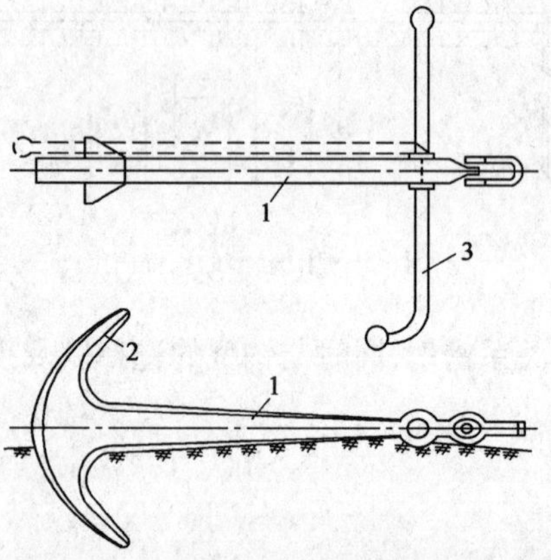

图6-4 海军锚

1-锚杆；2-锚爪；3-锚横杆

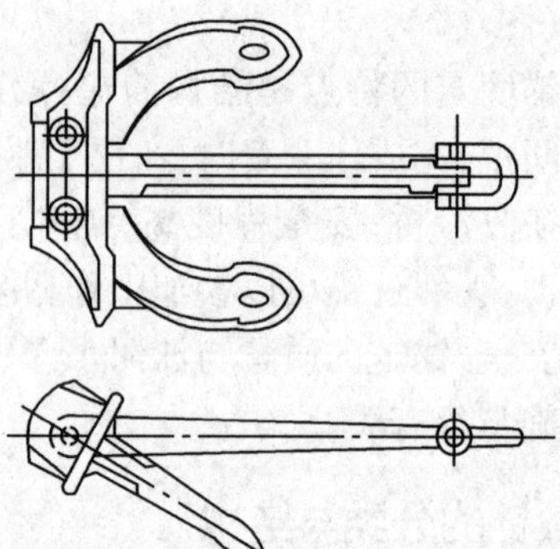

图6-5 霍尔锚

(3)马氏锚

马氏锚的结构见图6-6，其特点是锚爪中有短横杆，锚爪宽大而长，抓力大但结构弱，使用于小艇的投锚固定，为一种大抓力锚。

(4)丹福锚

丹福锚的结构见图6-7，它是有杆转爪锚，也是一种大抓力锚。与其他常用锚相比，为了确保锚的稳定性，减少翻转的可能性，丹福锚减少了锚爪间的距离，同时改进了锚冠的造型，即将锚冠改为带有横杆的锚，使得锚在入土前保持在能够产生最大抓力的“最佳状态”，保持锚头平卧，两爪前倾并能够同时入土；同时改变了锚爪的形状，理想的锚爪线性是容易入土，啮入土层较深，尽量保证全部爪面与土体有效的啮合，保持土层的结构和力学特性；而且增加了锚爪的面积，使其与土体接触面大，增加其的抓力，同时考虑其强度和整体稳定性，使锚爪有足够的入土力。丹福锚整体性能较好，且使用、收存方便，大部分浮桥器材均使用其为制式锚。

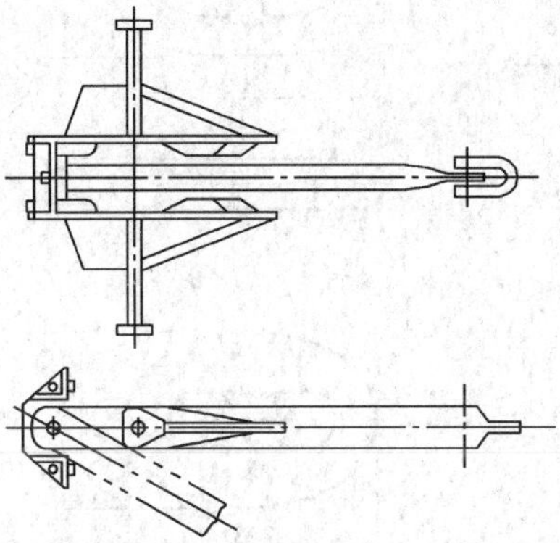

图6-6　马氏锚

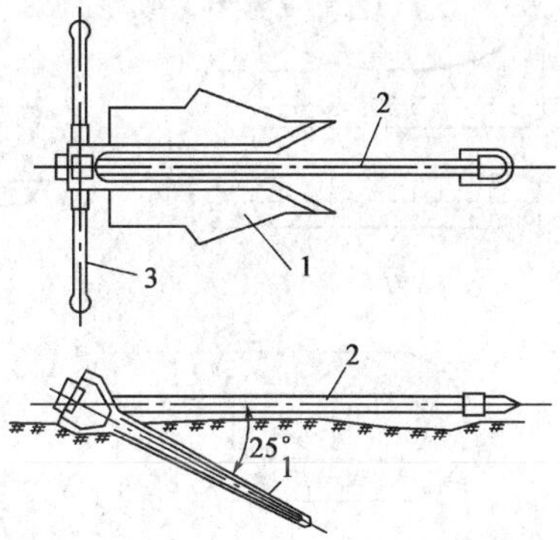

图6-7　丹福锚

1-锚杆;2-锚爪;3-锚横杆

(5)犁锚组

犁锚组的结构见图6-8，其可由单犁锚组合而成。犁锚的基本特征是体重轻、抓力大、成本低、易制造、结构强等，但是体积大、投锚作业不便。

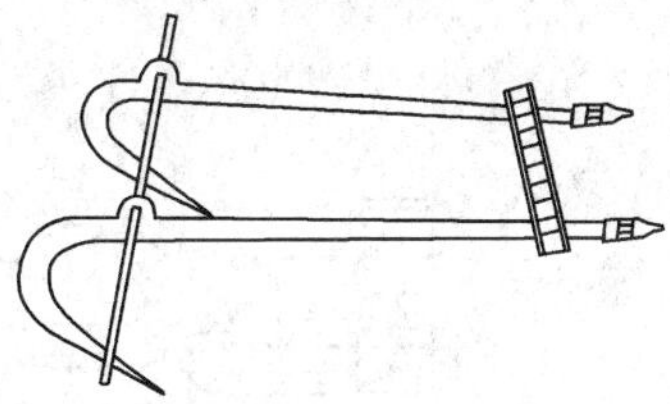

图6-8　犁锚组

三、锚纲的分类及性质

锚定系统的锚链索是一种将浮动结构物连接于锚定点或系泊点的柔性部件，不能承受剪切应力或弯矩。在锚定系统中，锚链索的组成部分一般有：锚链、锚纲、合成纤维绳。锚链和锚纲是组成锚链索的主要部分。

1. 锚链

凡锚爪必须与水底啮合而且要处于稳妥的啮合状态以产生最大的锚抓力，则要求锚杆始终平躺于水底上，不能翘起，即要求使用锚链来保持与水底相切，施于锚链上的拉力为水平方向，否则锚爪与水底的啮合就会遭到破坏，锚爪会从泥土中翻出，抓力降低，就有可能走锚。换言之锚只能产生水平方向的抓力，因此，在抛锚时最好有一段锚链相连躺卧在水底以保证锚体不受提升力，稳妥啮合于水底。

锚链由普通链环及一些特殊链环组成，它由普通链环(C)(普通链环有无档链环和有档链环两种)、特殊链环包括加大链环(E. L)、末端链环(E)、连接卸扣(J. S)、锚卸扣(A. S)、连接链环(K. S)、转环(SW)、锚链转环(A. SW. S)和锚链脱钩等，为保证整根锚链的等强度性和平顺地通过链轮，减少磨损，拆卸方便，确保灵活性，因此在整个锚链中必须配用有关特性的特殊链环。链环如图6-9 ~ 图6-12所示。

在同样的尺寸下，有档链环的强度比无档链环约增加20%，且具有较大的刚度，整根锚链由数节锚链串联而成，每节锚链约长27.5m，为了保证整根锚链的等强度性，有些部位直径加大，如加大链环和末端链环等。为了避免锚链发生交叉扭绞，在锚链两端应加一个转环，它与普通链环相接时，需通过一个加大链环。在锚端链节中，转环通过过渡部件与锚卸扣连接，在末端链节中，转环通过过渡部件与脱钩连接，脱钩是在必要弃链的情况下通过锤击可使锚链迅速脱接的连接钩。

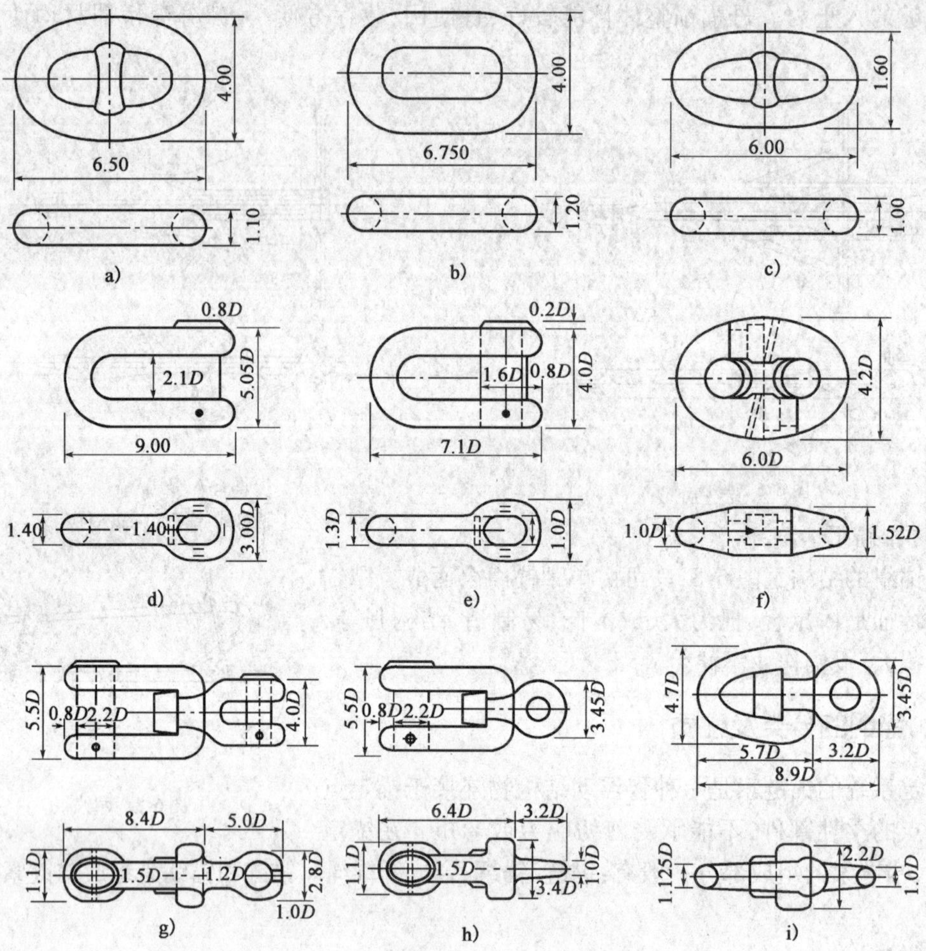

图 6-9　锚链(尺寸单位:cm)

a)加大扣环 EL;b)末端环 E;c)普通环 C;d)锚卸扣(D 型)A. S;e)连接卸扣 J. S;f)肯特式卸扣 K. S;g)旋转扣环(a)A. S. W. S;h)旋转扣环(b)A. S. W. S;i)转环 SW

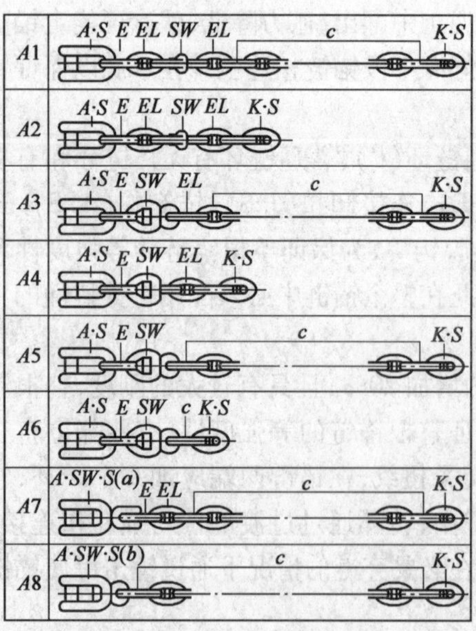

图 6-10　锚链连接形式(A)

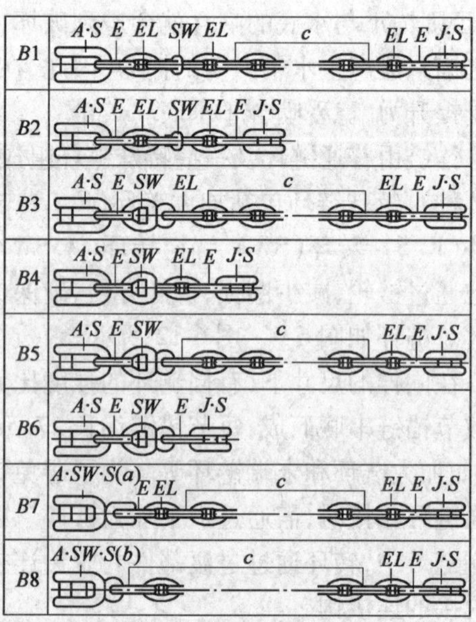

图 6-11　锚链连接形式(B)

锚链由许多链环连接而成的。链环分有档链环与无档链环两种，同样链径的有档链环强度约比无档链环高 20%。在离岸作业锚定系统中，大都采用 64 ~ 102mm 直径的有档锚链。由于使用和运输上的原因，锚链在制造上常要分段，为构成整根锚链索就要使用连接件。锚链连接件的形式有多种，如 Kenter 型连接环、Baldt 型连接环及 D 型卸扣。前两者的结构对称光滑，经过导向装置和链轮的顺滑性比后者好，但由于其结构上的原因其耐疲劳的性能比后者差。永久性锚定系统会长时间遭受周期性载荷的作用，其锚链索的耐疲劳的性能就特别重要，因此在使用中应尽可能少用连接环。

图 6-12　无档链环

2. 金属锚纲

现阶段浮桥的锚定过程中，主要选用锚纲作为锚链索进行投锚固定和移位。锚纲由钢丝组成，它是先由若干根钢丝拧成股，再由若干股拧成索，股与索拧向相同的叫顺绕，拧向相反的叫交叉绕。每股可以由直径相同的钢丝捻成，也可由直径不同的钢丝捻成，因此股的组成有多种（其组成种类如图 6-13 所示）。锚纲的中心构件叫做芯，它可以是一股钢丝芯或一股纤维芯。芯是钢丝绳的基础，当锚纲承受负荷时，芯的作用是支持其他的股，使其保持在原位上且芯中油脂使锚纲在工作时内部得到润滑，从而减小钢丝间的摩擦。芯的另一作用是使索易于弯曲。

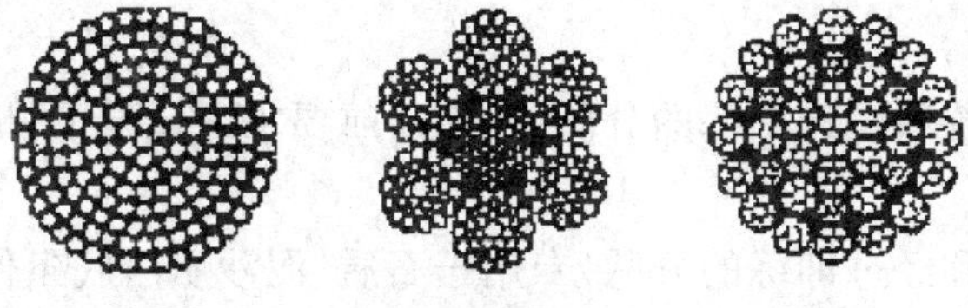

图 6-13　锚纲组成种类

a）螺旋金属；b）6 股；c）多股

锚纲按组成种类可分为裸钢丝绳或蒙皮钢丝绳，蒙皮多为塑性材料，可挤压在已造好的钢丝绳上。这样形成的蒙皮可提高钢丝绳的耐磨性和抗腐蚀性。钢丝多用碳素钢制成，犁钢的破断应力可达 17.58 ~ 19.33MPa，强度特别高的钢其破断应力则超过 19.33MPa。钢丝绳也有用不锈钢和各种合金制造的，其耐腐蚀性比碳素钢好，但其强度与耐久性都不及犁钢高，造价也高。

3. 复合材料锚纲

合成纤维有尼龙、聚酪、维尼龙、聚乙烯、聚丙烯等缆绳，这类缆绳质地软、强度高、质量轻。在相同的破断拉力下，质量约为铜缆的 1/3，约为白棕绳的 1/5 ~ 1/4。

合成纤维缆还有不蛀、不霉、抗腐蚀、寿命长的优点、它对交变负荷、颠跳、振动等工作条件的适应性好，且便于维护保养，在船上的应用日渐广泛；不过合成纤维缆易伸长，浸水后强度降低，会被突然拉断等缺点，在确定安全系数时应加以考虑。

为减轻锚索的自重，合成锚索在锚定中获得广泛应用，同时其性能受到广泛关注。合成锚索（Synthetic Mooring Line）不仅材料与钢制锚链或锚纲不同，更重要的是其构成全然不同。从运动学角度，构成缆绳的各单元可以视为一圆形的螺旋线。于是，螺旋线的半径、缆绳长度和螺距则称为描述缆绳特征的三个运动学参数。特别令人关注的是损伤模型，给出了一个损伤评价指标：

$$D = \alpha_1\left(\frac{\varepsilon_m - \varepsilon_t}{\varepsilon_b}\right)^{\beta_1} \tag{6-1}$$

式中：ε_m——由一个单元定义的最大变形；

ε_t——损伤出现前必须超越的变形基准；

ε_b——在单向作用下一单元达到最大应力时的变形；

α_1、β_1——分别为损伤参数。

由于聚酯缆绳的变形同作用其上的张力已经不存在线性关系，而呈显著的时间特性。因此，直接模拟聚酯缆绳的动力特性是十分困难的。工程中常用的是基于试验获得的聚酯缆绳的杨氏模量 E 与其密度 l 的经验公式：

$$\frac{E}{\rho} = \alpha + \beta L_m - \gamma L_a - \delta \lg(\tau) \tag{6-2}$$

式中：L_m——平均张力；

L_a——张力幅值；

τ——激励周期；

α、β、γ、δ——相应的系数。

第三节　张 纲 固 定

一、张纲固定形式使用分析

根据不同的河流宽度、流速、水文特点以及张纲器材的配置情况，可采取不同的张纲固定形式。

(1)对于预有准备的横张纲固定装置系统和经过训练的分队，在无通航要求的情况下，横张纲固定可用于架设浮桥的所有时机。

(2)对于预有准备的张纲固定装置系统和经过训练的分队，专用于石质、泥沙质河底条件下架设浮桥时的固定，即只在投锚固定无效时，才使用横张纲固定。

(3)对于河底及水情复杂的重要渡河方向和预备渡口，可用应用器材或半制式器材设计横张纲固定装置系统，兼做在必要情况下实施滑纲渡的设备。

二、张纲固定分类

对于能够承受较大的水平弯矩的浮桥可采用斜纲系统固定，由上游斜纲、下游斜纲、锚碇和进出口控制索组成。其主要用于流速较小、河幅较窄的河流；在没有剧烈的漩涡和倒流流速很小的潮汐，也可作为主要的下游固定方式。在最初的固定系统中不解除张力，要求脱离水面。

1. 横纲固定系统

横纲固定系统由横纲、系留钢索、塔架、稳定钢索、稳定钢索锚碇座和横纲锚碇座等组成，位于浮桥的上游，平行于桥轴线跨越江河。在受潮汐影响的河流中，当倒流严重，且器材充足时，也用于浮桥下游作辅助固定系统。其最后的工作状态，由于水流对浮桥的作用力，向下游倾斜。横纲固定一般有下列三种形式：

(1)单纲固定

单纲固定(图6-14)，其架设时间较快，尤其在河幅较小的河流上使用，优势非常明显。对于低流速河流，由于架设设备、钢索尺寸和质量的限制，横纲跨度最大可以达到450m。

(2)多纲固定

多纲固定(图 6-15、图 6-16)。如果缺少单纲系统所需要的大尺寸钢索或所需要的钢索太粗,同系留索和塔架附件配不起来,则需要设置两根或更多的细一些的钢索。正常情况下,双纲或多纲系统采用单塔支承;如在宽大江河和大流速的情况下,则给每根横纲设专用塔架。

(3)带浮游支座的横纲固定

如图 6-17 所示,横纲带浮游支座的目的是降低索内应力。像普通横纲一样,也是一根或几根钢索,两岸由塔架支承跨越江河,并且采用相同的方法锚固,横纲在河流中间由锚定门桥或浮游支座托起,其数量和间距要求使横纲保持在水面以上。锚定门桥或浮游支座必须有足够的浮力,以便承受横纲的向下拉力、横纲的质量和系留钢索的拉力,必须保持足够的干舷,使其露出首部水流兴波之上。

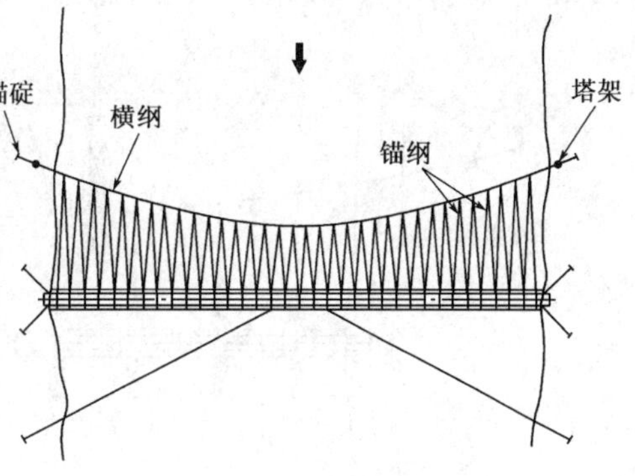

图 6-14 浮桥横张纲固定

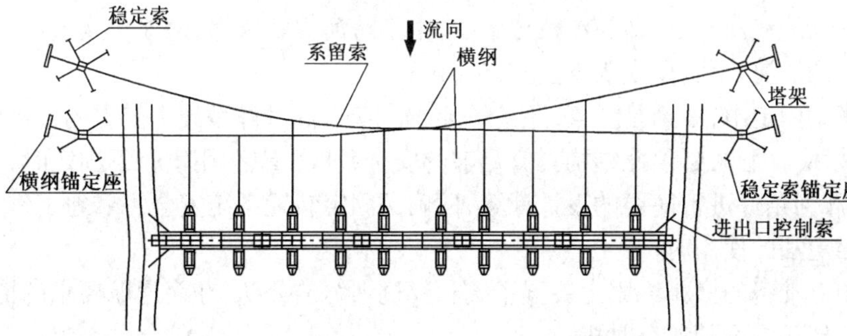

图 6-15 浮桥(交叉)多纲固定

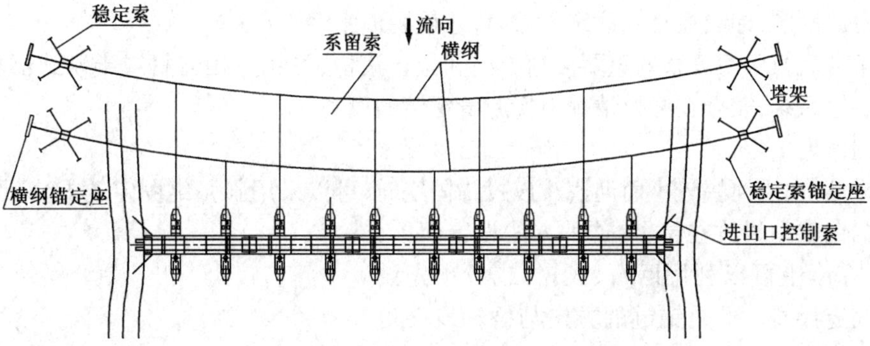

图 6-16 浮桥(平行)多纲固定

横张纲固定浮桥的特点是:

①横张纲固定是依靠张纲固定装置在水面以上对浮桥实施固定,因而它不受河底土质、水深诸因素的影响。在河底情况复杂时,如河底为坚硬的石质或松软的淤泥,投锚固定困难,横张纲固定是非常适宜的。由于张纲作业及设置塔架作业的困难,横张纲固定适于较窄的河幅,河幅最好不超过 300m;

②横张纲固定装置在水面上固定浮桥,因而对提高浮桥的动水稳性有利,那种锚纲上缠绕漂浮物的弊病也完全可以避免。在高流速江河里架设浮桥,最好采用横张纲固定;

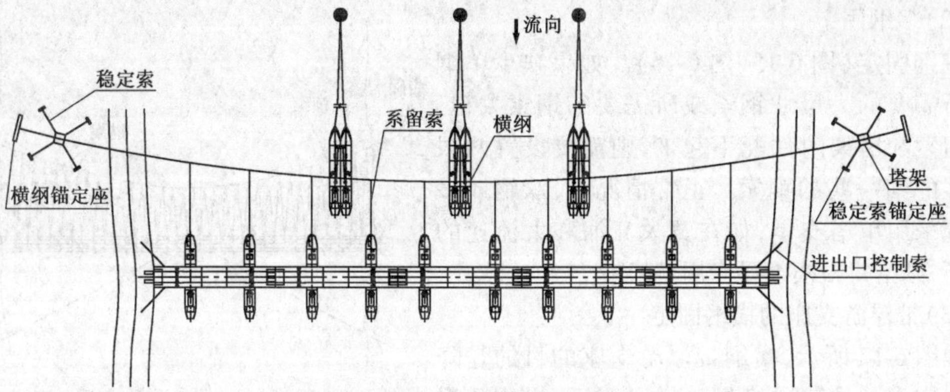

图 6-17　带浮游支座的横纲固定

③横张纲固定比其他固定方法在器材、作业和计算上都要复杂,因而采用这种方法固定浮桥必须是器材准备充分、现场设计计算熟练、作业分队训练有素。在一般情况下,横张纲固定浮桥比投锚固定慢,主要是设置两岸锚定座和塔架,以及张拉主索、调整主索垂度费力费时;

④横张纲断绝江河通航,即使浮桥分解了,由于跨河主索未撤,通航仍属不可。因此,对于通航要求较高的江河,不宜用横张纲法固定浮桥;

⑤在横张纲固定中,不论是主索,还是塔架、锚定座,器材都是集中受力的,一处遭到破坏,则全桥遭到破坏。因此,必须使结构具有足够的安全系数。在采用横张纲固定时,必须事先根据任务情况、江河条件进行简要的设计计算,以确保固定装置系统安全可靠地工作。

横张纲固定法的使用时机:

①对于预有准备的横张纲固定装置系统和经过训练的分队,在无通航要求的情况下,横张纲固定可用于架设浮桥的所有时机;

②对于预有准备的张纲固定装置系统和经过训练的分队,专用于石质、泥沙质河底条件下架设浮桥时的固定,即只在投锚固定无效时,才使用横张纲固定;

③对于河底及水情复杂的重要渡河方向和预备渡口,可用应用器材或半制式器材设计横张纲固定装置系统,兼做在必要情况下实施滑纲渡的设备。

2. 斜纲固定

在预设渡口,当河幅较小而河底难以投锚固定时,可以采用斜张纲固定的方法(图 6-18),将上下游的锚斜向投放在岸上,这种方法设置简单,操作方便,在岸上可以利用巨石、大树,或者预先设置锚定来固定浮桥。但是锚链的方向与桥轴线夹角不宜小于45°,以免影响锚定效果,另外锚纲长度增加,适应的河幅不宜太宽。

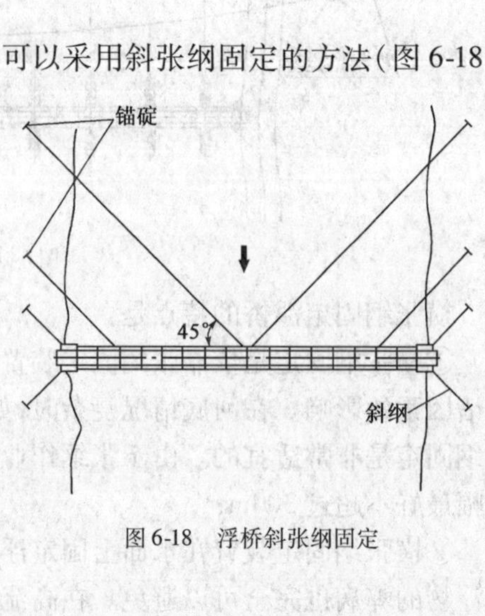

图 6-18　浮桥斜张纲固定

3. 斜纲、横纲混合固定

在河幅宽、流速大且岸边流速急的河流或由于器材数量不够等原因下,由于浮桥较大的阻力,横纲系统难以满足的情况下,可采用两种混合架设。图 6-19 为横张纲法和斜张纲混合架设状态下的张纲系统组成示意图。

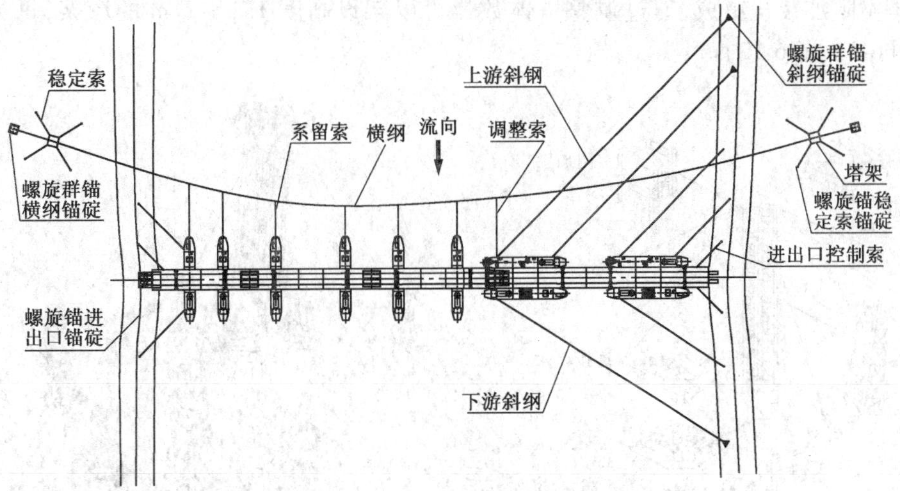

图6-19 浮桥张纲混合固定

三、张纲固定方案组成

1. 横张纲单纲系统

浮桥张纲固定总体方案由横纲、斜纲、组合式塔架、系留索、稳定索和螺旋锚锚碇装置组成(图6-20)。组合式塔架起支撑横纲的作用,由础板、安装架、铰接器、塔体单元、塔帽和吊索器等组成,可以通过调整塔体单元数量,实现塔架高度调整;系留索用于横纲和浮桥的连接,把浮桥的水平阻力传递到横纲上;稳定索用于塔架的固定,克服横纲作用于塔架的弯矩;螺旋锚锚碇装置由单叶螺旋锚、群锚组、双叶螺旋锚主要用于系留索、横纲和斜纲的锚碇。

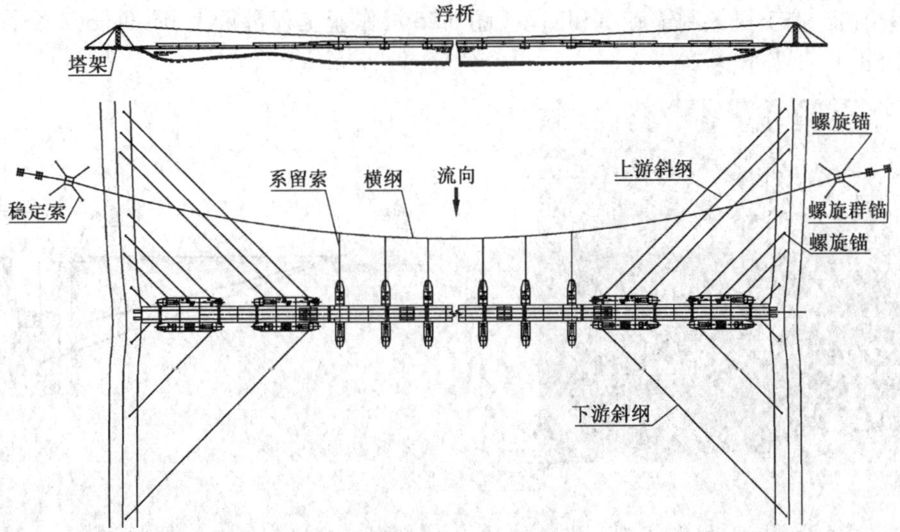

图6-20 浮桥张纲固定总体组成

在低流速下,横张纲单纲系统可以固定380m左右的浮桥,横纲最大跨度450m左右。高流速、宽河幅的河流,可以进行多纲架设或与斜纲混合架设。河幅小于200m、流速1.5m/s以下的河流,可以直接采用斜张纲固定。

2. 横张纲塔架

美军为IRB带式浮桥配套的制式组合式横张纲塔架由础板、铰接装置、一节或几节塔体、塔帽和塔帽附加装置组成，通过调整塔体数量可以架设高度 1.1 ~ 21m 的塔架，每级调整为 3.3m（图 6-21、图 6-22）。

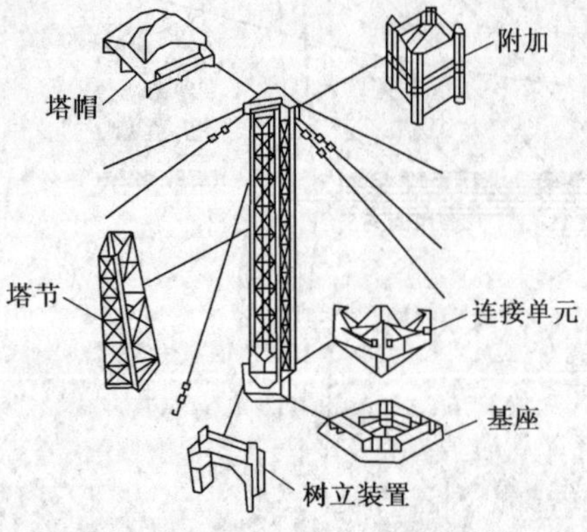

图 6-21　装配式横张纲塔架组成

图 6-22　装配式横张纲塔架设置作业

架设浮桥而设置的横张纲塔架也可以为固定式塔架（图 6-23）或用就便器材拼装的简易塔架，需浇筑混凝土基础作为承载平台。塔架高度和承载能力都受到一定的限制，只能在较窄的江河上使用，且适应流速低、作业时间长、安全性较差。

3. 岸边锚碇装置

岸边锚碇装置根据不同的地质情况可采用卧桩、锚杆及螺旋锚等多种方式。

浮桥张纲固定所采用的传统锚碇形式多为卧桩锚碇，主要靠土体的被动土压力来抵抗斜纲或横纲的拉力。单个锚碇由锚碇坑、锚梁、被覆木（或叫竖木）、锚纲、水平板栅等部分组成，见图 6-24。张纲卧式锚定采用钢制可拼装结构，可提供横纲锚定力 400kN，全部采用人工拼装作业、吊车吊装、挖土机挖制锚碇坑和回填（图 6-25），作业工程量很大、周期长（2 个横纲卧桩锚碇用时 5d，作业人员达 20 人）。

图 6-23　固定式横张纲塔架

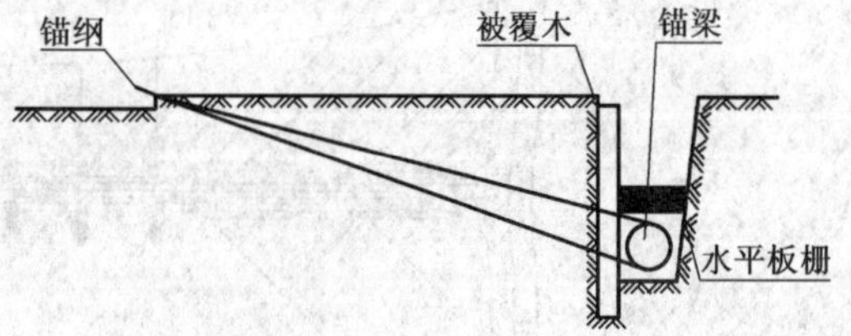

图 6-24　传统卧桩锚碇

锚杆锚碇是通过锚固于岩层中的锚杆，将斜纲或横纲的拉力传给地层。锚杆锚固可以采取机械锚固，或用凝结材料将锚杆与岩土黏固。依靠机械的扩张或拉紧装置（底板和楔块）把锚杆根部固定在孔内称为机械锚固（图 6-26）。这种锚固的优点在于直接快速，锚杆一经插入固定，即可承受荷载。在地层中固定锚杆的第二种方法是用一种适当的凝结材料（通常是用水泥砂浆或合成树脂）把锚杆端头一段与孔壁黏结在一起（图 6-27）。注浆凝固硬化以后，通过与接触表面产生剪力把锚杆杆体的拉力传给地层。锚杆锚碇是成熟的技术，在护坡及桥梁工程中已广泛应用。但是锚杆的设计施工技术性强，工艺要求高，还未在浮桥张纲固定中得到应用。

图 6-25　卧桩锚碇结构及设置

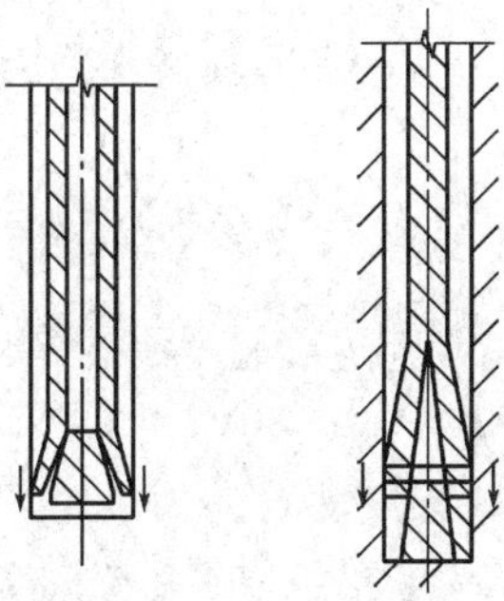

a)　　　b)

图 6-26　用机械方法将锚杆固定在岩层中

a)在劈开的锚杆端部设楔子；b)把一个圆锥体打入锚管内

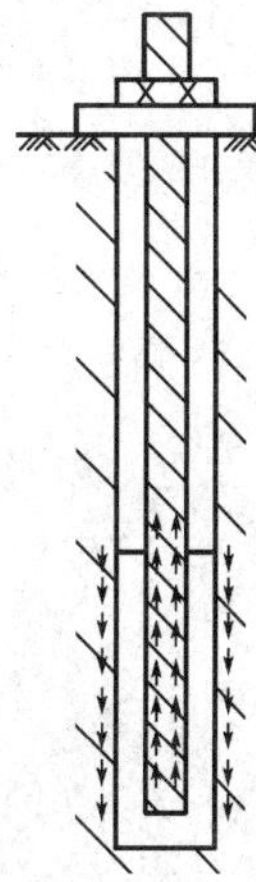

图 6-27　在锚杆孔的底部用凝结材料把锚杆固定在岩层中

螺旋锚是一种新的锚固结构，同其他的锚碇方法相比，螺旋锚具有承载快(安装后可立即承载)；没有土方工程，施工速度快；需要的施工人员和设备少，可全天候安装；成本低，后期可回收等优点。近二三十年，一些发达国家，如加拿大、美国等已经开始将螺旋锚用作抗拔基础，特别是在超高压输电线路的基础中更为多见，既可以承受下压荷载又可以承受上拔力。目前，螺旋锚还被广泛地应用于高陡边坡支护、载荷试验的反力装置以及水池、船坞的抗浮等诸多方面。国内许多工程也将螺旋锚用于边坡和基坑的支护，并取得了很好的效果。

四、张纲固定的特点

①横张纲固定是依靠张纲固定装置在水面以上对浮桥实施固定，因而它不受河底土质、水深诸因素的影响。在河底情况复杂时，如河底为坚硬的石质或松软的淤泥，投锚固定困难，横张纲固定是非常适宜的。由于张纲作业及设置塔架作业的困难，横张纲固定适于较窄的河幅，河幅最好不超过 300m。

②横张纲固定装置在水面上固定浮桥，因而对提高浮桥的动水稳性有利，那种锚纲上缠绕漂浮物的弊病也完全可以避免。在高流速江河里架设浮桥，最好采用横张纲固定。

③横张纲固定比其他固定方法在器材、作业和计算上都要复杂,因而采用这种方法固定浮桥必须是器材准备充分、现场设计计算熟练、作业分队训练有素。在一般情况下,横张纲固定浮桥比投锚固定慢,主要是设置两岸锚定座和塔架,以及张拉主索、调整主索垂度费力费时。

④横张纲固定断绝江河通航,即使浮桥分解了,由于跨河主索未撤,通航仍属不可。因此,对于通航要求较高的江河,不宜用横张纲法固定浮桥。

⑤在横张纲固定中,不论是主索,还是塔架、锚定座,器材都是集中受力的,一处遭到破坏,则全桥遭到破坏。因此,必须使结构具有足够的安全系数。在采用横张纲固定时,必须事先根据任务情况、江河条件进行简要的设计计算,以确保固定装置系统安全可靠地工作。

⑥斜张纲固定的特点为:适应河幅较窄,一般不超过200m,否则斜张纲受力不良,张纲的长度超过一定程度后垂度大,影响使用和锚定效果;比横张纲的可靠性高,因为横张纲的塔架或主索出现问题,则整座浮桥的锚定就会失效,而斜张纲不会出现此类问题;比横张纲的作业量小,因为不需要设置塔架和主索。

第七章　浮游桥脚舟计算

第一节　浮游桥脚舟的形状与主尺度

一、浮游桥脚舟的形状

一般浮游桥脚舟舟体的外表面形状是一个具有双重曲率的复杂曲面。为了准确而清晰地表达舟体外表面的几何形状，通常以作图方法来显示，这种表示舟体几何形状的图形称为“型线图”。

型线图是根据画法几何的基本原理来绘制的。绘制时首先选择三个互相垂直的平面作为基准面，它们是中线面、中站面和基平面，如图7-1所示。

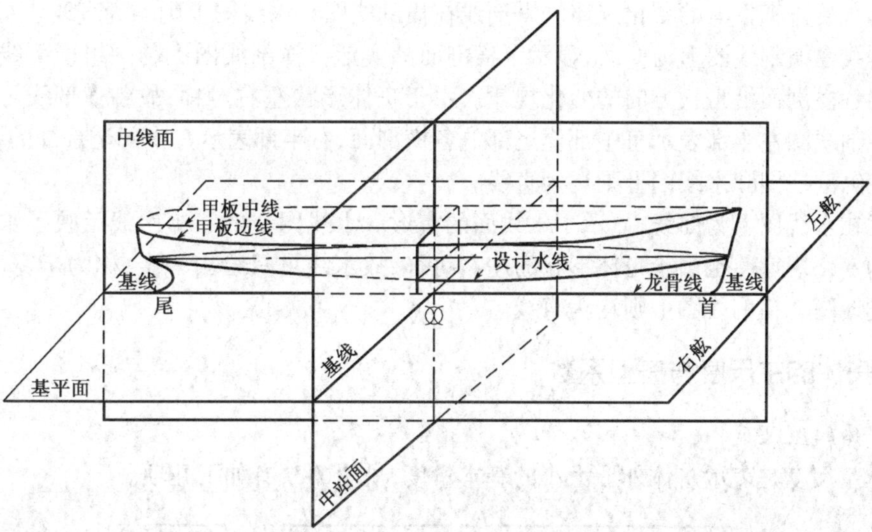

图7-1　三个互相垂直的基准面

中线面是通过舟体宽度中央的纵向垂直平面；中线面将舟体分为左右舷两个对称部分；基平面是通过舟体底部龙骨线的水平面；中站面是在舟体长度中央垂直于中线面和基平面的横向垂直平面；中线面与基平面相交的直线称为基线。

以三个基准面为基本投影面，通过舟体平行于三个基准面并等间距截取若干个剖面，把这些剖面与舟体相交所剖切的曲线投影到相应的基准面上，可得到组成型线图的三组线段。平行于中线面的平面所剖切的曲线投影到中线面上的线段称为纵剖线，中线面与舟体的交线常称为中纵剖线；平行于中站面的剖面所剖切的曲线投影到中站面上的线段称为横剖线，中站面与舟体的交线常称为中横剖线；平行于基面的剖面所剖切的曲线投影到基平面上的线段称为水线，通过设计吃水的水平面与舟体的交线称为设计水线。由诸纵剖线、横剖线和水线组成型线图的纵剖线图、横剖线图和水线图。图 7-2 为某特种浮桥装备桥脚舟的型线图。

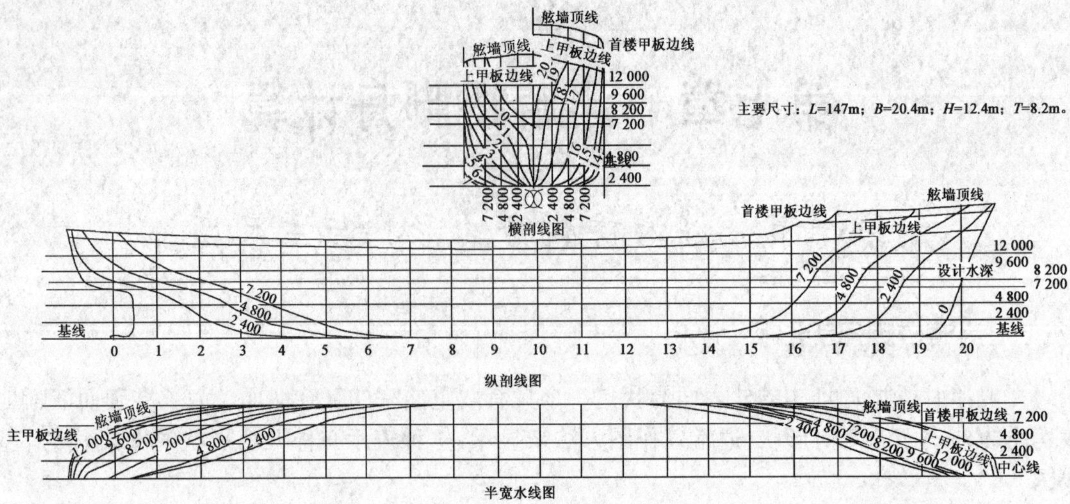

图 7-2　某特种浮桥型线图(尺寸单位:mm)

纵剖线在纵剖线图中为曲线,显示了纵剖面的实形。纵剖线图上的一组纵剖线反映了舟体表面形状沿舟宽方向的变化规律。纵剖线在横剖线图和水线图上则均为直线。

横剖线在横剖线图上为曲线,显示了横剖面的实形。横剖线图上的一组横剖线反映舟体自首至尾各横剖面沿舟长方向的变化规律。由于舟体形状左右对称,故各横剖线可只绘出一半。在横剖线图左半部表示舟中部至尾部的各横剖面,右半部表示舟中部至首部的各横剖面。横剖线在纵剖线图和水线图上则均为直线。

水线在水线图上为曲线,显示了水线面的实形。水线图上的一组水线反映了水线面沿舟高方向的变化规律。也由于舟体形状的左右对称,故水线可只绘出一半,称为半宽水线图,水线在纵剖线图和横剖线图上则均为直线。

二、舟体的主尺度与舟型系数

1. 舟体的主尺度

舟体主尺度是表示舟体外形大小的基本量度,见图 7-3,有如下几项。

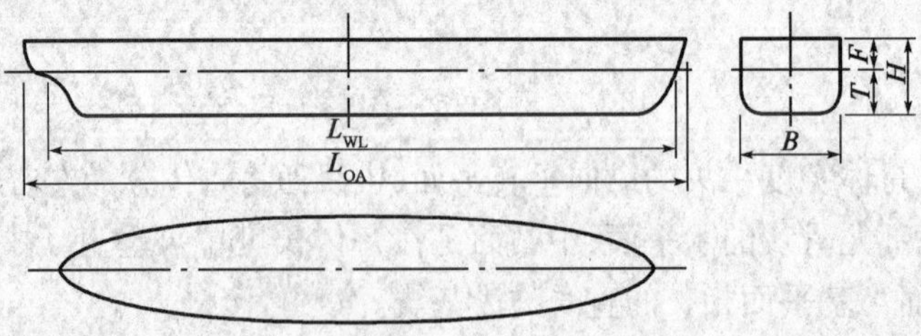

图 7-3　舟体主尺度

(1)舟体长度

①总长

舟体首端和尾端间的最大水平距离,即舟体的最大长度,称为总长,以符号 L_{OA} 表示。

②计算长度

满载水线与纵中剖线首尾焦点的距离。

(2)型宽

沿设计水线在中横剖面处的两舷型表面之间的水平距离,称为型宽,以符号 B 表示。

(3)型深

在舟体的中站面处,由基线至甲板边线的垂直距离,称为型深或称舷高,以符号 H 表示。

(4)吃水

在舟体的中站面处,水线至基线的垂直距离称为吃水,以符号 T 表示。

(5)干舷高度

通常指设计水线至中站面处甲板边线间的最小垂直距离,即型深与设计吃水的差值,称为干舷高度,以符号 F 表示。

2. 舟型系数

舟型系数即舟体型系数,是用以表示舟体水下部分的形状和肥瘦程度的无因次系数。它用无尺度的系数,把舟体的水线面积、中横剖面面积和浸水体积与简单的平面和立体的几何形状相比较,可概略地表征舟体形状及其某些性能。舟体的型系数主要有以下几种:

(1)设计水线面系数 α

设计水线面系数为设计水线面积 A_S 与舟体主尺度之长度 L 与型宽 B 所组成的矩形面积之比值(图 7-4),即:

$$\alpha = \frac{A_S}{L \cdot B} \tag{7-1}$$

水线面系数的大小表达出设计水线面两端的尖瘦程度。它与舟体的稳定性和速航性能有关,如浮游桥脚舟之水线面积两端较丰满,其 α 值越大;舟体之水线面积两端较尖瘦,其 α 值越小。

(2)中横剖面系数 β

中横剖面系数为设计水线下的中横剖面面积与舟体主尺度型宽 B 和吃水 T 所组成的矩形面积之比值(图 7-5),即:

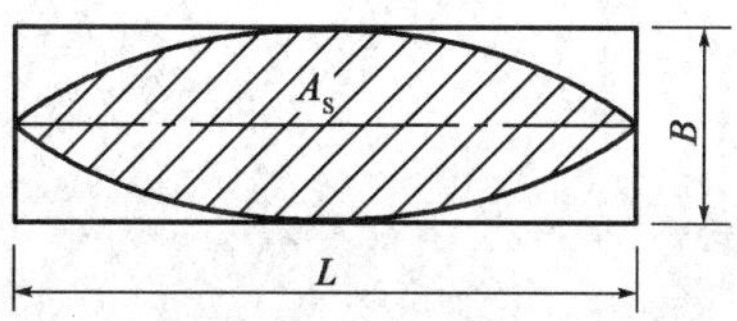

图 7-4　水线面

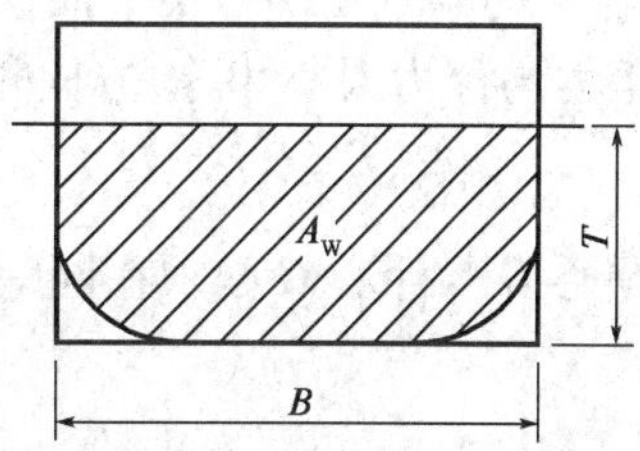

图 7-5　中横剖面

$$\beta = \frac{A_\omega}{B \cdot T} \tag{7-2}$$

中横剖面系数的大小表达出中横剖面的丰满程度。

(3)排水体积系数 δ

排水体积系数亦称方形系数,为设计水线下排水体积 V 与舟体主尺度舟长 L 、型宽 B 及吃水 T 所组成的长方形体积之比值(图 7-6),即:

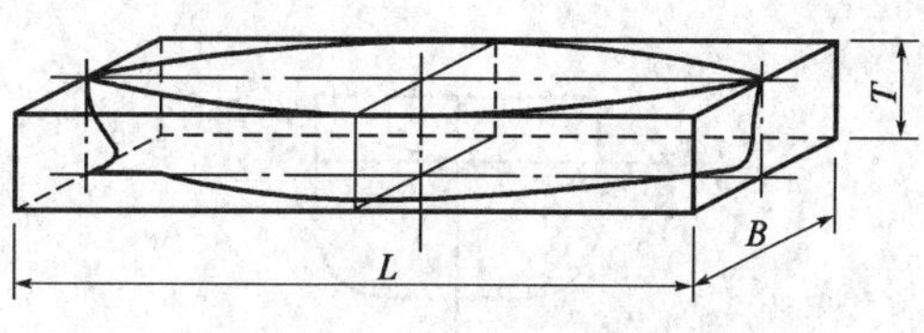

图 7-6　排水体积与长方形体

$$\delta = \frac{V}{L \cdot B \cdot T} \tag{7-3}$$

排水体积系数主要用来表示舟体体积的肥瘦程度，其大小影响到舟体的速航性能。在主要尺度相同时，δ 值可说明舟体排水量的大小。δ 值越大，表示舟体排水体积丰满；δ 值愈小，表示舟体排水体积瘦狭。浮游桥脚舟排水量大，则 δ 值较大；舟体排水量较小，则其 δ 也较小，如某制式浮桥舟体的方形系数，尖形舟 $\delta = 0.8$ ，方形舟 $\delta = 1.0$ ；某特种浮桥的尾舟 $\delta = 0.3 \sim 0.5$ 。

第二节　浮游桥脚舟的浮性

一、舟体的平衡条件

浮游桥脚舟是一种浮体，浮性是其基本性能之一，它表示舟体在水中承受一定载重时的漂浮能力。决定舟体的沉浮有两个作用力，即重力和浮力。浮游桥脚舟的重力是由舟体自重以及桥跨和外部荷载的质量产生的。这些质量都是垂直向下作用的力，并且沿舟体长度方向不均匀分布着。重力用符号 P 表示，其作用点称为重心，用符号 G 表示，位置用 (x_g, y_g, z_g) 表示。浮力是作用于舟体静水压力的合力，用符号 D 表示，其作用点称为浮心，用符号 C 表示，位置用 (x_c, y_c, z_c) 表示，浮心也就是舟体排水体积的几何中心。舟体的平衡示意见图 7-7。

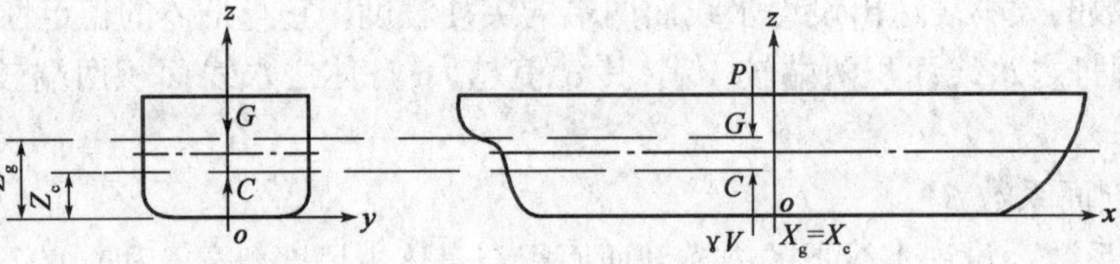

图 7-7　舟体的平衡

舟体在浮力与重力的作用下而保持平衡，故在水中漂浮的舟体其平衡条件如下。

(1)重力与浮力大小相等，方向相反，即：

$$P = D = \gamma V \tag{7-4}$$

(2)重心 G 与浮心 C 必须在同一直线上，即：

$$\left.\begin{aligned} x_g &= x_c \\ y_g &= y_c = 0 \end{aligned}\right\} \tag{7-5}$$

由于舟体左右两舷形状对称，故有 $y_c = 0$ 。如果 $y_g \neq 0$ ，则舟体的正浮状态由于 P 和 D 所组成的力偶作用，使舟体产生横倾，如图 7-8 所示。当 $x_g \neq x_c$ 时，舟体将产生纵倾，如图 7-9 所示。

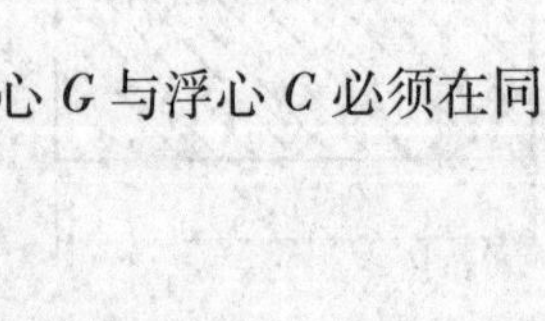

图 7-8　横倾状态

图 7-9　纵倾状态

在浮游桥脚舟上重力和浮力总是同时存在的。当 $P > D$ 时，舟体则下沉，吃水增加；当 $P < D$时，舟体则上浮，吃水减少。

二、浮游桥脚舟计算原理

在讨论舟体的浮性时，将涉及舟体有关面积和体积的计算，如水线面积、横剖面积及其形心，排水体积及浮心等，这些计算都要依据舟体的型线图。由于舟体表面是一个具有双重曲率的复杂曲面，目前还没有精确的数学方程来表达其函数关系，多数还是根据型线图所给出的型值利用近似方法进行计算。舟体近似计算的任务就是求出曲线所围的面积。

1. 坐标系的选择

在计算时首先确定坐标系，坐标系通常采用三轴直角坐标系，其坐标原点取在中线面、中站面和基平面的交点 o，如图 7-10 所示。中线面和基平面的交线为 x 轴，为舟体的纵向轴；中站面和基平面的交线为 y 轴，为舟体的横向轴；中线面和中站面的交线为 z 轴，为舟体的竖向轴。多数计算都是按直角坐标取在舟体中部，有少数计算也有将坐标原点取在舟体尾垂线上的（图 7-11）。

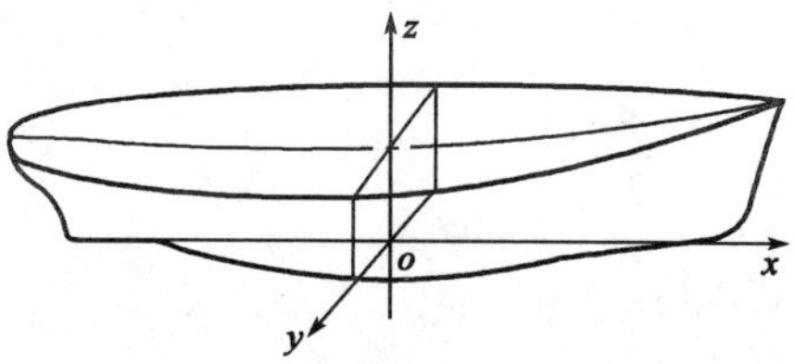

图 7-10　原点取在舟体中部的坐标系

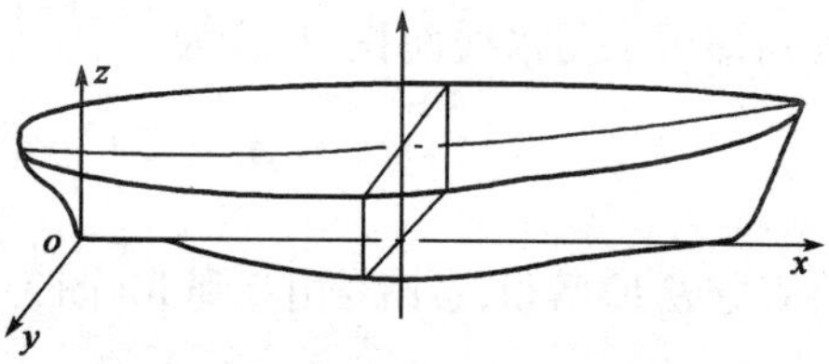

图 7-11　原点取在舟体尾部的坐标系

坐标轴的方向通常 x 轴指向舟首为正；y 轴指向右舷为正；z 轴向上为正。

2. 梯形法则

梯形法则的原理是：将曲线等分成若干线段，并以直线取代各曲线段，则各曲线段所围面积用等高梯形的面积取代。最后计算出各梯形面积的总和即代表所求用曲线所包围的面积。

设有某一曲线 DB（图 7-12），曲线 DB 下所围面积为 A，其积分式为：$A = \int_0^L y\mathrm{d}x$，式中被积函数 $y = f(x)$。

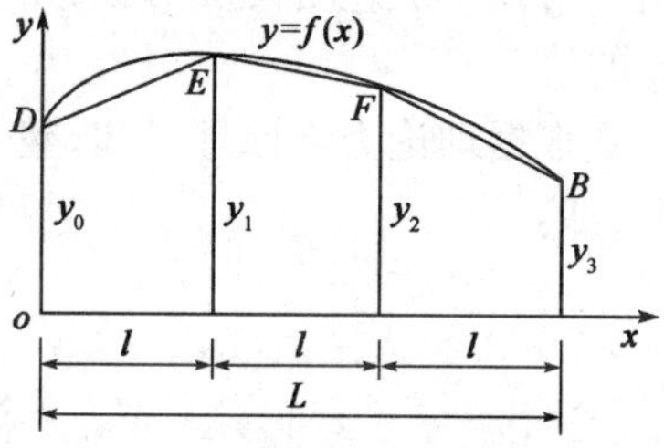

图 7-12　梯形法则

利用梯形法则求曲线 DB 下所围面积：将曲线 DB 分成若干等分，设分成三等分，坐标间距 $l = L/3$，用直线 DE、EF 和 FB 取代曲线 DE、EF 和 FB。折线 $DEFB$ 下所围面积就是曲线 DB 下所围面积的近似值。每一梯形的面积用公式表示如下：$\frac{l}{2}(y_0 + y_1)$、$\frac{l}{2}(y_1 + y_2)$ 和 $\frac{l}{2}(y_2 + y_3)$，故曲线 DB 下所围面积为：

$$A = \int_0^L y\mathrm{d}x \approx \frac{l}{2}(y_0 + y_1) + \frac{l}{2}(y_1 + y_2) + \frac{l}{2}(y_2 + y_3) = l\left(y_0 + y_1 + y_2 + y_3 - \frac{y_0 + y_3}{2}\right)$$

$$= l\left(\sum_{i=0}^{3} y_i - \frac{y_0 + y_3}{2}\right) \tag{7-6}$$

若将曲线分成 n 等分，则有：

$$A \approx l\left(\sum_{i=0}^{n} y_i - \frac{y_0 + y_n}{2} \right) \tag{7-7}$$

式中：$\sum_{i=0}^{n} y_i$——各坐标 y_0、y_1、y_2、…、y_n 的代数和；

$\frac{y_0 + y_n}{2}$——曲线两端坐标和的半数，称为修正值。

式(7-7)为梯形法则的一般公式，该式运算简便。显然，曲线的等分数越多，其精确度越高。

舟体水线面面积、漂心及惯性矩的近似计算。

三、水线面面积计算

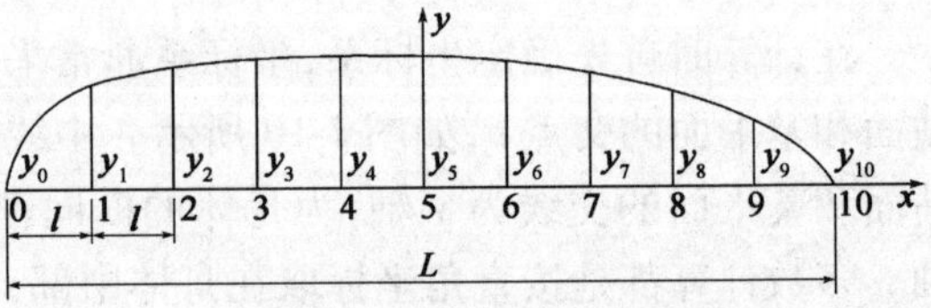

图 7-13 水线面的分站

舟体的水线都绘制在型线图的半宽水线图上，水线的型值在型值表中均可查得。设某水线各站的半宽值为 y_0、y_1、y_2、…、y_n，各站间距相等，为 $l = L/n$，应用梯形法则的一般式(7-7)，即可求得水线面积，其式为：

$$A_s = 2\int_{-\frac{L}{2}}^{\frac{L}{2}} y\mathrm{d}x = 2l\left(\sum_{i=0}^{n} y_i - \frac{y_0 + y_n}{2} \right) \tag{7-8}$$

若将 L 分成 10 等份，各站号由 0 到 10(图 7-13)，可按公式求得。

四、漂心坐标的计算

漂心指水线面积的形心，以符号 F 表示，因漂心在 xoy 平面内，其位置可用 x_f 和 y_f 表示。由于舟体一般左右两舷对称，则漂心位置在中纵剖面上，即 $y_f = 0$，因而对漂心只需计算坐标 x_f 的值。

根据理论力学原理可知，整个图形的总面积的静矩等于组成该面积的各分面积的静矩之和，即：

$$A_s \cdot x_f = M_{oy} \tag{7-9}$$

$$M_{oy} = 2\int_{-\frac{L}{2}}^{\frac{L}{2}} xy\mathrm{d}x \approx 2l\left(\sum_{0}^{n} x_i y_i - \frac{x_0 y_0 + x_n y_n}{2} \right) \tag{7-10}$$

则：

$$x_f = \frac{M_{oy}}{A_s} = \frac{\sum_{i=0}^{n} x_i y_i - \frac{x_0 y_0 + x_n y_n}{2}}{\sum_{i=0}^{n} y_i - \frac{y_0 + y_n}{2}} \tag{7-11}$$

由型线图之型值表可知各站之 x、y，按式(7-8)可计算出坐标 x_f 的值。如将 L 分为 10 等份，其计算可按公式得出结果，分子为：

$$\sum_{i=0}^{10} x_i y_i - \frac{x_0 y_0 + x_{10} y_{10}}{2}$$

$$= l\left[0 \cdot y_5 + 1(y_6 - y_4) + 2(y_7 - y_3) + \cdots + 5(y_{10} - y_0) - \frac{5y_{10} - 5y_0}{2} \right] \tag{7-12}$$

五、惯性矩 J_y、J_x 和 J_f 的计算

在舟体性能计算中，常要用到对水线面积各轴之惯矩值，以下分别求出对 y 轴、x 轴和通过漂心 F 之 f 轴的惯性矩。

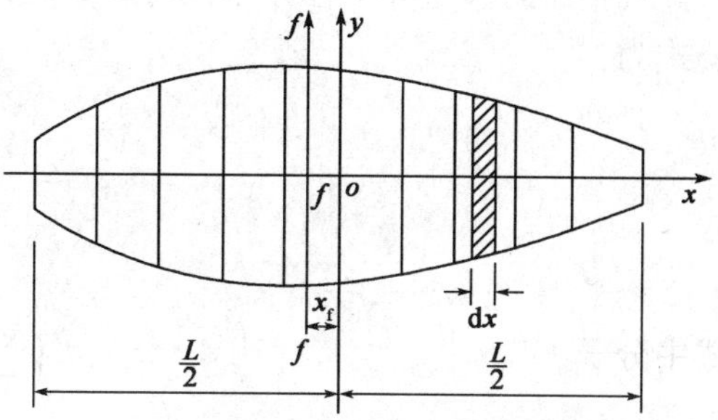

图 7-14　水线面积惯矩计算

1. 水线面积对 y 轴之惯性矩 J_y

根据惯矩定义，水线面积各分面积对 y 轴之惯性矩(图 7-14)可表达为：

$$j_y = x^2(2y\mathrm{d}x) \tag{7-13}$$

则水线面积的总面积对 y 轴的惯性矩为：

$$J_y = 2\int_{-\frac{L}{2}}^{\frac{L}{2}} x^2 y dx \approx 2l\left(\sum_{i=0}^{n} x_i^2 y_i - \frac{x_0^2 y_0 + x_n^2 y_n}{2}\right) \tag{7-14}$$

如将 L 分成 10 等份，则式(7-13)为：

$$J_y = 2l^3\left[0 \cdot y_5 + 1^2(y_6 + y_4) + 2^2(y_7 + y_3) + \cdots + 5^2(y_{10} + y_0) - \frac{5^2(y_0 + y_{10})}{2}\right] \tag{7-15}$$

2. 水线面积对 x 轴的惯性矩 J_x

水线面积某分面积对 x 轴之惯性矩可表达为：

$$j_x = \frac{(2y)^3\mathrm{d}x}{12} = \frac{2}{3}y^3\mathrm{d}x \tag{7-16}$$

则水线面积的总面积对 x 轴之惯性矩为：

$$J_x = \frac{2}{3}\int_{-\frac{L}{2}}^{\frac{L}{2}} y^3\mathrm{d}x \approx \frac{2}{3}l\left(\sum_{i=0}^{n} y_i^3 - \frac{y_0^3 + y_n^3}{2}\right) \tag{7-17}$$

3. 对通过漂心 F 之 f 轴的惯性矩 J_f

因 f 轴与 y 轴平行，应用移动原理可得：

$$J_f = J_y - A_s \cdot x_f^2 \tag{7-18}$$

式中，水线面积 A_s、漂心坐标 x_f 及惯性矩 J_y 均为已知数据。

六、水线面面积曲线

根据型线图上的半宽水线图，按式(7-8)求出各不同吃水处的水线面面积值，分别按 $A_s = f(t)$ 的关系画出曲线，即水线面面积曲线，如图 7-15 所示。故水线面面积曲线是表示舟体的水线面随吃水变化的曲线。图中 t 为总吃水的等分值，即 $t = T/n$。

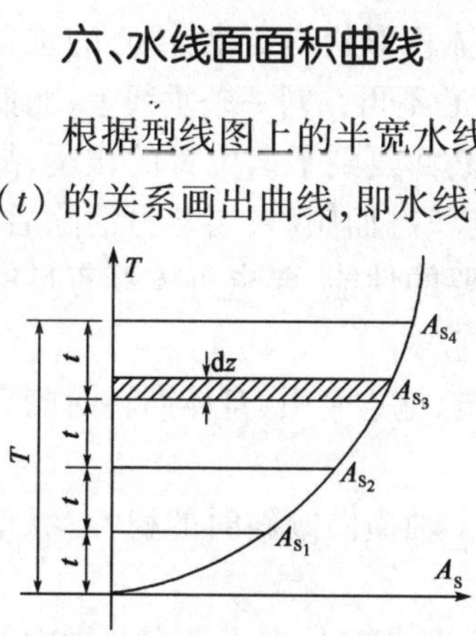

图 7-15　水线面面积曲线

利用水线面面积曲线可计算排水体积和浮心坐标。

由水线面面积曲线可知，该面积曲线所围面积即舟体的排水体积。由图 7-15 中分面积得：$\mathrm{d}V = A_s \cdot \mathrm{d}z$，则：

$$V = \int_0^T A_s\mathrm{d}z \approx t\left(\sum_{i=0}^{n} A_{si} - \frac{A_{s0} + A_{sn}}{2}\right) \tag{7-19}$$

排水体积的浮心坐标 (x_c, y_c, z_c) ($y_c = 0$)仍根据总体积

对坐标平面的静矩等于各分体积的静矩之和计算，可得浮心 C 的纵向坐标 x_c 和竖向坐标 z_c 的公式为：

$$z_c = \frac{M_{xoy}}{V} = \frac{\int_0^T A_s z \mathrm{d}z}{\int_0^T A_s \mathrm{d}z} \tag{7-20}$$

式中分子

$$\int_0^T A_s z \mathrm{d}z \approx t^2\left(\sum{}_0^n k_i A_{si} - \frac{0A_{s0} + nA_{sn}}{2}\right) \tag{7-21}$$

则：

$$z_c = \frac{t\left(\sum_{i=0}^{n} k_i A_{si} - \frac{0A_{s0} + nA_{sn}}{2}\right)}{\left(\sum{}_0^n A_{si} - \frac{A_{s0} + A_{sn}}{2}\right)} \tag{7-22}$$

同理：

$$x_c = \frac{M_{yoz}}{V} = \frac{\int_0^T A_s x_f \mathrm{d}z}{\int_0^T A_s \mathrm{d}z} \tag{7-23}$$

式中，分子

$$\int_0^T A_s x_f \mathrm{d}z \approx t\left(\sum_{i=0}^{n} x_{fi} A_{si} - \frac{x_{f0}A_{s0} + x_{fn}A_{sn}}{2}\right) \tag{7-24}$$

则：

$$x_c = \frac{\sum_{i=0}^{n} x_{fi} A_{si} - \frac{x_{f0}A_{s0} + x_{fn}A_{sn}}{2}}{\sum_{i=0}^{n} A_{si} - \frac{A_{s0} + A_{sn}}{2}} \tag{7-25}$$

第三节　浮游桥脚舟的稳性

一、舟体稳性的基本概念

由舟体的平衡条件知道，舟体在水面上正浮时其重力和浮力大小相等、方向相反，且重心和浮心在同一垂线上，如图 7-16a）所示。当舟体受到外力产生的力矩作用后，这种平衡可能被破坏而使舟体发生倾斜，当舟体倾斜后，由于排水体积形状的变化，浮心的位置将产生移动，如图 7-16b）所示，浮心由 C 移至 C'。这时重心和浮心不再在同一条垂线上，而使重力和浮力间形成一对力偶。这对力偶具有抗拒舟体倾斜而使其回复到平衡位置的作用，故可称为复原力矩。所谓稳性，就是指舟体受到外力作用偏离平衡状态而倾斜，当外力消除后，舟体所具有的能回到平衡位置的能力。稳性是舟体一项非常重要的性能，要求舟体具有足够的稳性。

产生舟体作用力矩的外力因素很多，如风力的作用、波浪冲击、拖索牵引、舟体回转时的离心力、舟体内载重的移动和装卸等。

稳性按其倾斜方向分为横稳性和纵稳性。横稳性指舟体绕 x 轴横向倾斜时的稳性；纵稳性指舟体绕 y 轴纵向倾斜时的稳性。

通常稳性按其倾斜角的大小分为初稳性和大倾角稳性。初稳性指舟体在小角度范围内的稳性，即倾斜角一般不超过 15°；大倾角稳性指舟体的倾角超过 15°时的稳性。大倾角倾斜通

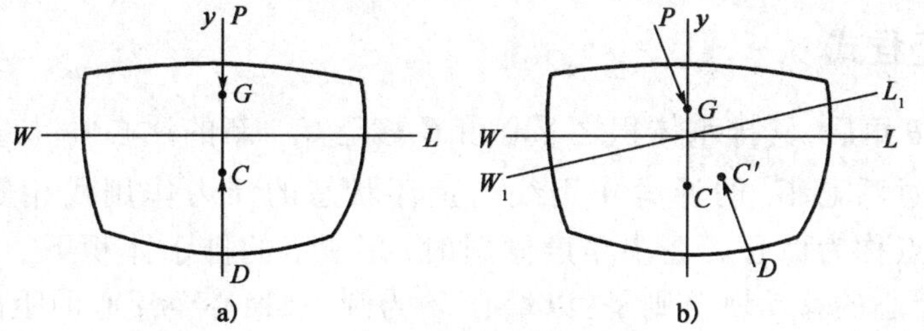

图 7-16　舟体的平衡与倾斜

常只在横倾时产生。对军用渡河舟体稳性的讨论主要为初稳性。

舟体无论如何倾斜，其倾斜水线下的排水体积恒等于正浮水线下的排水体积，即排水体积数值保持不变，仅体积形状发生变化，这种倾斜称为等体积倾斜，相应的作用水线称为等体积水线。

根据重力和浮力平衡的条件：

$$P = \gamma V_1 = \gamma V_2 \tag{7-26}$$

则有：

$$V_1 = V_2 \tag{7-27}$$

式中：V_1——正浮水线 WL 下的排水体积；

V_2——横倾水线下 W_1L_1 下的排水体积。

因此：

$$v_1 = v_2 \tag{7-28}$$

式中：v_1——出水楔形体 WOW_1 的体积；

v_2——入水楔形体 LOL_1 的体积。

在小角度倾斜时，倾斜前后的两个等体积水线面的交线（称为等体积倾斜轴线）必通过初始水线面的漂心，如图 7-17 所示，图 7-17a）为横倾状态，两水线交于 O 点；图中 7-17b）为纵倾状态，两水线交于 f 点。

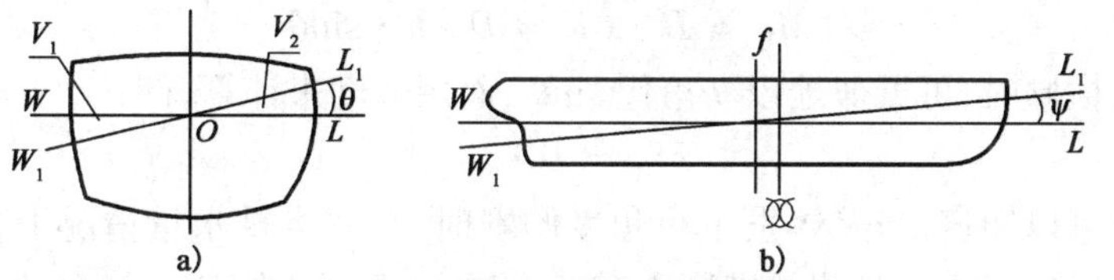

图 7-17　舟体等体积倾斜

该结论很容易得到证明，由图 7-17 可以看出，出水楔形面积 $\Delta WOW_1 = \dfrac{1}{2}y_1^2\theta$，入水楔形面积 $\Delta LOL_1 = \dfrac{1}{2}y_2^2\theta$，则楔形体积分别为：

$$v_1 = \frac{1}{2}\int_{-\frac{L}{2}}^{\frac{L}{2}} y_1^2\theta \mathrm{d}x ; v_2 = \frac{1}{2}\int_{-\frac{L}{2}}^{\frac{L}{2}} y_2^2\theta \mathrm{d}x \tag{7-29}$$

则：

$$\frac{1}{2}\int_{-\frac{L}{2}}^{\frac{L}{2}} y_1^2\theta \mathrm{d}x = \frac{1}{2}\int_{-\frac{L}{2}}^{\frac{L}{2}} y_2^2\theta \mathrm{d}x \tag{7-30}$$

式（7-30）说明水线面在等体积倾斜轴线两边的面积对 x 轴的静矩相等，故倾斜轴线必通过初始水线面的漂心。

二、初稳性方程式

当舟体横倾θ角后，其排水体积之浮心由C移至C_1，新的浮心C_1与重心G不再在同一垂直线上。通过浮心C_1的浮力作用线与正浮状态的浮力作用线相交于点M。如图7-18a)所示。M点称为稳心。在小角度倾斜时，在一定的排水体积下，可以认为稳心的位置是不变的，浮心的移动轨迹则是：以稳心M为圆心，稳心至浮心的距离为半径的一段圆弧。$\overline{MC}$长度称为稳心半径。横倾时的稳心称为横稳心，其稳心半径称为横稳心半径，以符号r表示。

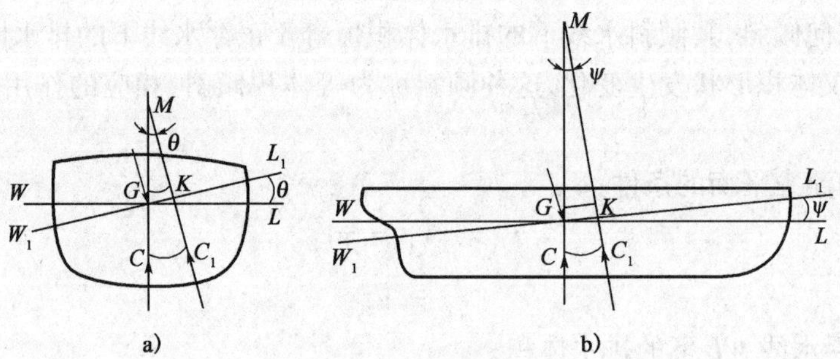

图7-18　舟体的横倾和纵倾

自重心G向新的浮力作用线作垂线$\overline{GK}$，$\overline{GK}$即为重力P与浮力D所形成的复原力矩的力臂。$\overline{GK}$与横倾角的函数关系为：

$$\overline{GK} = \overline{MG} \cdot \sin\theta \tag{7-31}$$

式中：$\overline{MG}$——稳心M至重心G的距离，称为稳心高度。横倾时则称为横稳心高度，通常用符号h表示。

因此，舟体横倾时的复原力矩用M_H可表达为：

$$M_H = D \cdot \overline{GK} = D \cdot h \cdot \sin\theta \tag{7-32}$$

当为小角度横倾时，可近似地以θ角代$\sin\theta$，而用弧度来计算，即：

$$M_H = D \cdot h \cdot \theta \tag{7-33}$$

由式(7-32)可以知道，当舟体发生小角度倾斜时，在一定排水量情况下，复原力矩M_H的大小与横稳心高度成正比。舟体的横稳心高度值越大，复原力矩值也越大，则舟体抗倾斜的能力越强。因此，横稳心高度值是衡量舟体初稳性的一个重要指标，在设计舟体时，应适当选取横稳心高度值。

式(7-32)和式(7-33)称为横倾时的初稳性方程式，该式为舟体稳性计算时的基本公式。

从式(7-32)中可以看到，舟体倾斜后能否回复到原位置及其能力的大小与复原力矩的大小和方向有关，而复原力矩的大小和方向则随重心和浮心的相对位置而定。按重心和浮心的相对位置，有三种平衡状态：

(1)舟体倾斜后，浮心移动后其稳心M高于重心G。这时，重力和浮力所形成的复原力矩方向与倾斜方向相反，具有使舟体回复到原位置的能力。当外力消除后，在此复原力矩作用下舟体可以回复到正浮平衡位置。这种情况，舟体始终处于稳定状态，属稳定平衡，如图7-18a)所示。设计要求舟体能达到此种状况。

(2)舟体倾斜后，稳心M低于重心G。这时复原力矩方向与倾斜方向一致，它不仅不能使舟体回复到原位置，反而会促使舟体继续倾斜，从而使舟体发生倾覆。这种情况，舟体则处于不稳定状况属不稳定平衡，如图7-19a）所示。

（3）舟体倾斜后，稳心 M 与重心 G 重合，这时重力作用线与浮力作用线重合在一条直线上。这时复原力矩等于零，舟体则始终保持在倾斜状态，属于随遇平衡状态，如图7-19b）所示。对于这种情况，我们认为仍属不稳定状态，它不符合稳性的要求。

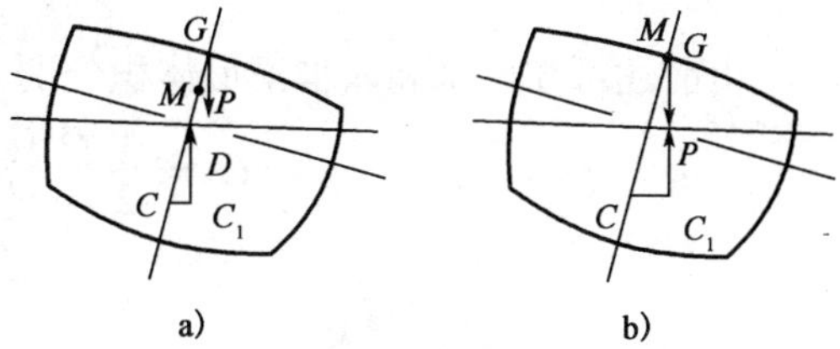

图7-19　舟体的稳定状态

由上述情况可见，根据舟体的稳心和重心的相对位置及其距离大小，可以判别舟体稳定与否以及优劣。

同理，对于舟体的纵向倾斜可得出相同的结论。当舟体纵倾 ψ 角时，浮心 C 也移动至新位置 C_1，通过 C_1 的浮力作用线与正浮状态的浮力作用线也交于一点 M，此点即纵稳心，如图7-18b）所示，纵稳心 M 至浮心 C 的距离称为纵稳心半径，以符号 R 表示。纵稳心 M 至重心 G 的距离称为纵稳心高度，以符号 H 表示。

舟体纵倾时的初稳性方程为：

$$M_Z = DH\sin\psi \tag{7-34}$$

或

$$M_Z = DH\psi \tag{7-35}$$

式中：M_Z ——纵倾时的复原力矩。

为了计算方便，通常以首尾吃水差 ΔT 表示纵倾角 ψ，即：

$$\psi \approx \tan\psi = \frac{\Delta T}{L} \tag{7-36}$$

式中：L——舟体长度。

则式（7-35）可表达为：

$$M_Z = DH\frac{\Delta T}{L} \tag{7-37}$$

三、稳心高度的计算

首先讨论横倾的情况，如图7-20所示，可看出重心、浮心与稳心之间的关系为：

$$\overline{MG} = \overline{MC} + \overline{OC} - \overline{OG}$$

用符号表示即得：

$$h = r + z_c - z_g \tag{7-38}$$

令 $a = z_g - z_c$，则：

$$h = r - a \tag{7-39}$$

式中：h——横稳心高度；

r——横稳心半径；

z_g ——舟体重心竖向坐标值；

z_c ——舟体浮心竖向坐标值。

如求得稳心半径 r，则可知稳心高度。现在我们讨论 r 值的计算。

由图7-21看出，当舟体横倾 θ 后，浮心 C 移至 C_1，楔形体积重心 G_1 将移至 G_2，楔形体积属水下排水体积之分部体积，根据重心移动原理可知：$\overline{CC_1} \parallel \overline{G_1G_2}$，且 $\frac{\overline{CC_1}}{\overline{G_1G_2}} = \frac{v}{V}$，故：

$$\overline{CC_1} = \overline{G_1G_2} \cdot \frac{v}{V} \tag{7-40}$$

由前述可知出水和入水楔形体积分别为：

$$v_1 = \frac{1}{2}\int_{-\frac{L}{2}}^{\frac{L}{2}} y_1^2\theta \mathrm{d}x; v_2 = \frac{1}{2}\int_{-\frac{L}{2}}^{\frac{L}{2}} y_2^2\theta \mathrm{d}x \tag{7-41}$$

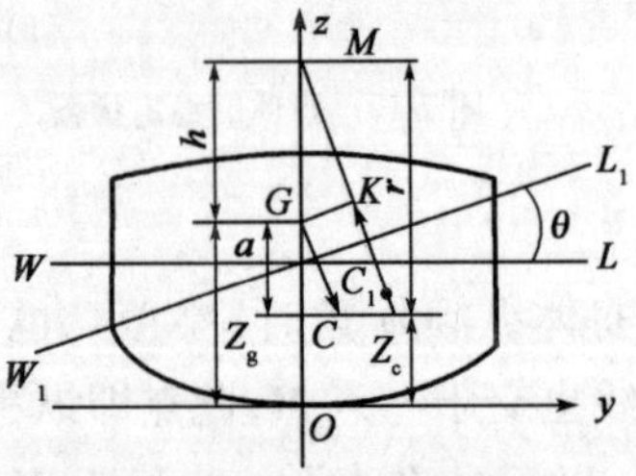

图 7-20　横稳心高度计算图

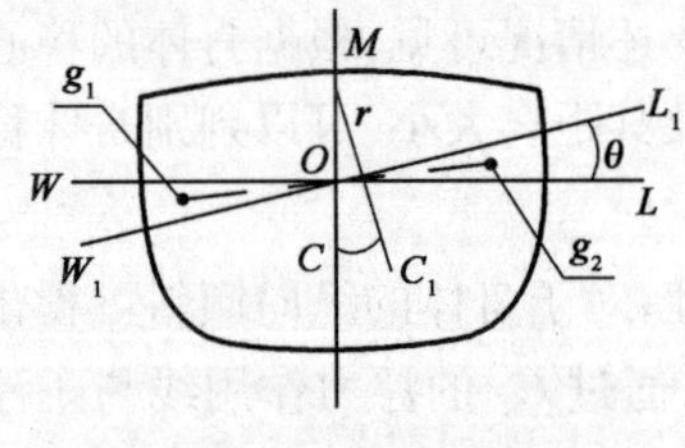

图 7-21　楔形体积重心移动

对小角度倾斜，楔形体积重心距倾斜轴的距离等于 $\frac{2}{3}y_1$ 和 $\frac{2}{3}y_2$，则出水和入水楔形体积对倾斜轴的静矩为：

$$v_1 \cdot \overline{G_1O} = \frac{1}{3}\int_{-\frac{L}{2}}^{\frac{L}{2}} y_1^3\theta \mathrm{d}x; v_2 \cdot \overline{G_2O} = \frac{1}{3}\int_{-\frac{L}{2}}^{\frac{L}{2}} y_2^3\theta \mathrm{d}x \tag{7-42}$$

两式相加得到：

$$v_1 \cdot \overline{G_1O} + v_2 \cdot \overline{G_2O} = \frac{\theta}{3}\int_{-\frac{L}{2}}^{\frac{L}{2}} (y_1^3 + y_2^3)\mathrm{d}x \tag{7-43}$$

由于出水和入水楔形体积以及倾斜水线面半宽均相等，即：

$$v_1 = v_2 = v, y_1 = y_2 = y$$

则有：

$$v \cdot \overline{G_1G_2} = \frac{2}{3}\theta\int_{-\frac{L}{2}}^{\frac{L}{2}} y^3 \mathrm{d}x \tag{7-44}$$

由浮性计算中可知水线面积的总面积对 x 轴的惯性矩为

$$J_x = \frac{2}{3}\int_{-\frac{L}{2}}^{\frac{L}{2}} y^3 \mathrm{d}x$$

则得 $v \cdot \overline{G_1G_2} = J_x \cdot \theta$ 代入式(7-39)可得浮心横向移动的距离为：

$$\overline{CC_1} = \frac{J_x}{V} \cdot \theta \tag{7-45}$$

由图 7-21 可知 $CC_{1弧} = r \cdot \theta$。

因横倾角 θ 很小，可近似地表示为 $\overline{CC_1} =$ CC_1 弧。则(7-44)可表达为：

$$r = \frac{J_x}{V} \tag{7-46}$$

在得知横稳心半径后，则横稳心高度可求得，即：

$$h = \frac{J_x}{V} - a \tag{7-47}$$

同理，对舟体纵倾时，其纵稳心半径 R 和纵稳心高度 H(图 7-22)可求得：

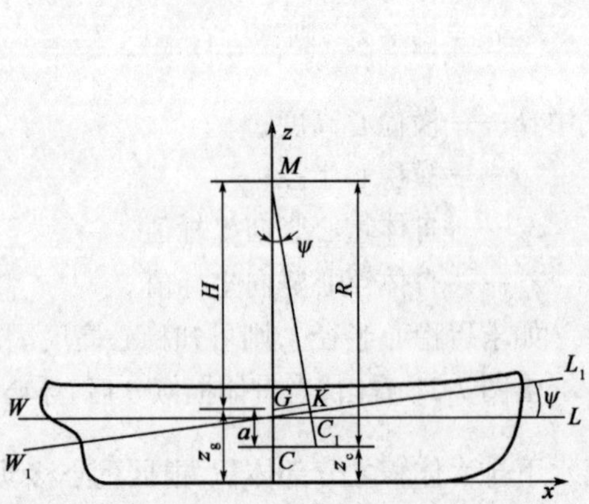

图 7-22　纵稳心高度计算

$$R = \frac{J_f}{V} \tag{7-48}$$

$$H = R - a = \frac{J_f}{V} - a \tag{7-49}$$

式中：J_f ——舟体水线面积对通过漂心横轴的惯性矩。因为 R 比 a 值大得多，纵倾时可认为 $H = R$。

一般纵稳心半径都很大，故舟体纵倾要比横倾稳定得多。

第四节　重物移动对稳性的影响

舟体上的重物向任意方向移动都会引起舟体稳性的变化，也就是会使舟体产生纵倾、横倾以及稳心高度的变化。在讨论重物向任意方向移动对舟体稳性的影响时，我们先用三个平行于坐标轴的重物移动来进行分析。这里应当指出，我们所讨论的是小量载荷的重物移动，舟体的排水量保持不变。

一、重物竖向移动

设某重物 P 自位置 I（坐标 z_1）向 II（坐标 z_2）竖向移动，如图 7-23 所示，根据重心移动原理，重心 G_1 将移至 G_2，而舟体仍正浮于原水线 WL 位置。重心的位移值可由下式确定，即

$$\overline{G_1G_2} = \frac{P(z_2 - z_1)}{D} \tag{7-50}$$

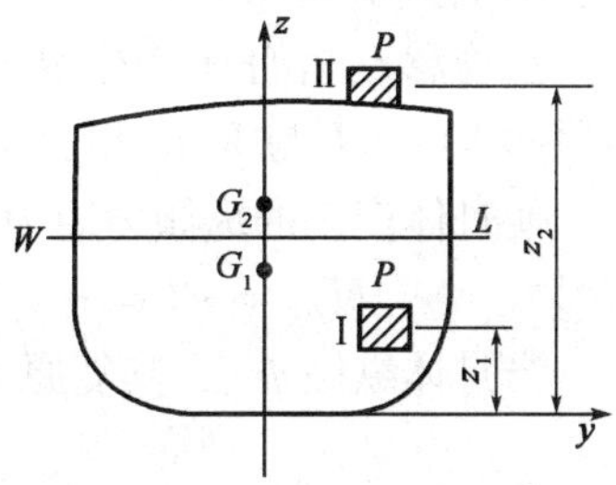

图 7-23　重物竖向移动

式中：D——舟体在 WL 水线下的排水量。

显然，由于重心发生位移，稳心高度会随之改变。新横稳心高度：

$$h_1 = h - \overline{G_1G_2} = h - \frac{P(z_2 - z_1)}{D} \tag{7-51}$$

新纵稳性高度为：

$$H_1 = H - \overline{G_1G_2} = H - \frac{P(z_2 - z_1)}{D} \approx H \tag{7-52}$$

式中，$z_2 - z_1$ 的正负，应视重物移动的方向而定，若重物向上移动，即 $z_2 - z_1 > 0$，则 $h_1 < h$，横稳性降低；若重物向下移动，即 $z_2 - z_1 < 0$，则 $h_1 > h$，横稳性增强。

二、重物横向移动

设某重物 P 自位置 I（坐标 y_1）向 II（坐标 y_2）横向移动，如图 7-24 所示，舟体重心位置由 C_1 移至 C_2，则：$\overline{G_1G_2} = P(y_2 - y_1)/D$。

如在重物原位置 I 处加一对大小相等方向相反的力 P，其中 $+P$ 可看作与原重物位置未移动前的情况一样，而 $-P$ 则与重物在位置 II 的重力 P 形成一对力偶。对舟体来说，可设想为重物 P 没有移动，但要附加一个力矩 $P(y_2 - y_1)\cos\theta$，这个力矩是横倾力矩，使舟体横倾 θ，即：

$$M_{HQ} = P(y_2 - y_1)\cos\theta \tag{7-53}$$

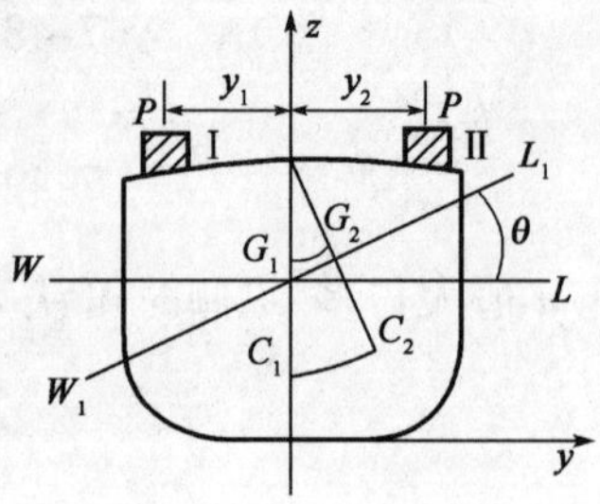

图 7-24　重物横向移动

由前述可知，当舟体横倾 θ 后，其复原力矩为：

$$M_{\mathrm{H}} = D \cdot h \cdot \sin\theta \tag{7-54}$$

因舟体处于平衡状态，即 $M_{\mathrm{H}} = M_{\mathrm{HQ}}$，则有：

$$\tan\theta = \frac{P(y_2 - y_1)}{D \cdot h} \tag{7-55}$$

同理，式中 $y_2 - y_1 > 0$，舟体向左舷倾斜；$y_2 - y_1 < 0$，舟体向右舷倾斜。

由于舟体横倾，浮心 C_1 也相应随之移动至 C_2 点，在小角度倾斜时，稳心 M 位置保持不变，这时稳心 M 与重心 C_2、浮心 C_2 仍处于同一垂直线上，横稳性高度与纵稳性高度保持不变。

三、重物纵向移动

设某重物 P 自位置 I（坐标 x_1）向 II（坐标 x_2）纵向移动，如图 7-25 所示。

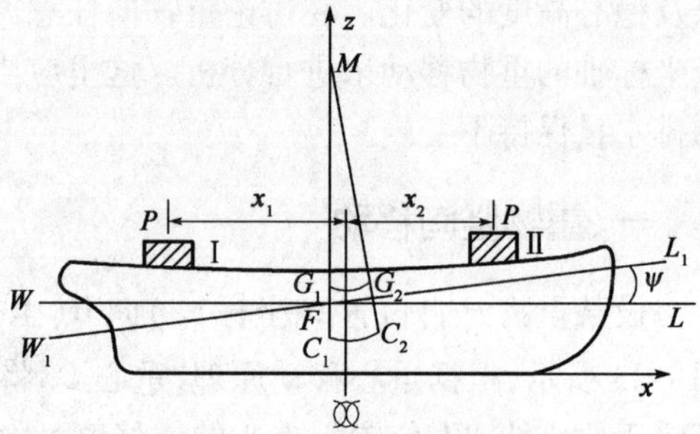

图 7-25　重物纵向移动

重物移动后舟体产生纵倾，纵倾角为 ψ，倾斜后两水线 WL 与 W_1L_1 相交于水线面积漂心 F。

使舟体产生的纵倾力矩为：

$$M_{\mathrm{ZQ}} = P(x_2 - x_1)\cos\psi \tag{7-56}$$

当舟体纵倾 ψ 后，其复原力矩为：

$$M_{\mathrm{Z}} = D \cdot H \cdot \sin\psi \tag{7-57}$$

因舟体处于平衡状态，即 $M_{\mathrm{Z}} = M_{\mathrm{ZQ}}$，则有：

$$\tan\psi = \frac{P(x_2 - x_1)}{D \cdot H} \tag{7-58}$$

同理，式中 $x_2 - x_1 > 0$，舟体首纵倾，首部吃水增加；$x_2 - x_1 < 0$，舟体尾纵倾，尾部吃水增加。

舟体纵倾后，首尾吃水发生变化。由图 7-25 可以看出，其变化值为：

$$\Delta T_{\mathrm{s}} = \left(\frac{L}{2} - x_{\mathrm{f}}\right)\tan\psi \tag{7-59a}$$

$$\Delta T_{\mathrm{w}} = -\left(\frac{L}{2} + x_{\mathrm{f}}\right)\tan\psi \tag{7-59b}$$

式中：ΔT_{s}——首吃水变化量；

ΔT_{w}——尾吃水变化量；

x_{f}——水线面积漂心纵坐标。

于是可得舟体纵倾后的首尾吃水为：

$$T_{\mathrm{s1}} = T_{\mathrm{s}} + \Delta T_{\mathrm{s}} \tag{7-60a}$$

$$T_{\mathrm{w1}} = T_{\mathrm{w}} + \Delta T_{\mathrm{w}} \tag{7-60b}$$

如果重物在舟体上任意方向移动，即自位置 I（坐标为 x_1, y_1, z_1）向位置 II（坐标为 x_2, y_2, z_2），可分别按以上三个移动方向分解计算，所得结果就是沿任意方向移动的情况。

第五节　重物装卸对舟体稳性的影响

在舟体上装卸重物，可能产生几种后果，即引起排水量变化；引起平均吃水的变化；引起横倾和纵倾。由于浮态的变化，会使初稳性发生变化。

设舟体上装载某重物，其重量为 P，放置位置坐标为 x_p, y_p, z_p，如图 7-26 所示。

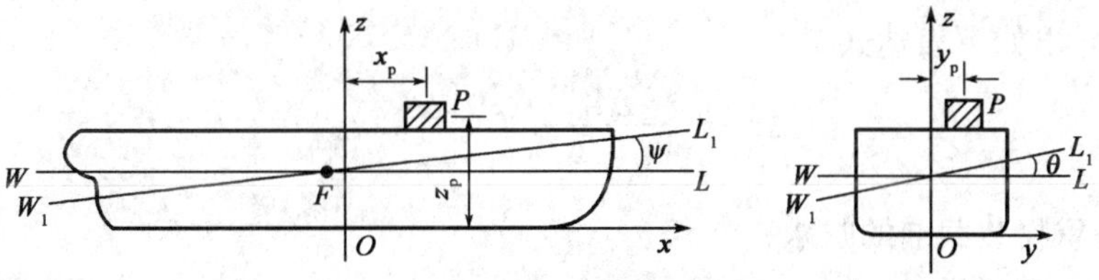

图 7-26　重物在任意位置的装载

对于重物装卸对稳性的影响，我们可以分两步讨论。

第一步：把重物放在使舟体不产生纵、横倾的位置上来讨论浮性和稳性的变化情况。

第二步：再把重物移动到任意指定的位置，讨论重物移动后的横倾和纵倾情况。

现分述如下：

一、舟体不产生倾斜的装载

根据舟体的平衡条件，要使舟体不产生横倾或纵倾，所装载的重物重心必须在通过水线面积漂心的垂直线上，即重物应放在坐标为 $x = x_f$、$y = 0$ 及 Z 的位置上。这时引起平均吃水的变化，即：

$$\Delta T = \frac{P}{\gamma A_S} \tag{7-61}$$

式中：A_S ——水线面积；

γ——水的重度。

同时引起稳心高度的变化。我们已知原横稳心高度为 $h_1 = r_1 + z_{c1} - z_{g1}$，变化后则为 $h_2 = r_2 + z_{c2} - z_{g2}$，其变化量 Δh 可表达为：

$$\Delta h = h_2 - h_1 = (r_2 - r_1) + (z_{c2} - z_{c1}) - (z_{g2} - z_{g1})$$

$$- \Delta r + \Delta z_c - \Delta z_g \tag{7-62}$$

式中：Δr、Δz_c、Δz_g ——分别为横稳心半径、浮心竖坐标及重心竖坐标的变化量。

从式(7-62)看出，要求得横稳心高度变化量，必须先求出 Δr、Δz_c、Δz_g 之值。

求 Δr：

$$\Delta r = r_2 - r_1 = \frac{I_{x2}}{V_1 + \Delta V} - \frac{I_{x1}}{V_1} \tag{7-63}$$

式中：I_{x2}、I_{x1} ——重物装载前后水线面积对 x 轴的惯性矩；

V_1 ——重物装载前的排水体积；

ΔV ——排水体积增量。

由于是小量增载，前后水线面积差值甚小，可以认为 $I_{x2} \approx I_{x1}$，将其代入式(7-63)，并对各部分体积值乘以水的重度 γ。

$$\Delta r = -\frac{P}{D_1 + P} \cdot r_1 \tag{7-64}$$

式中：D_1——装载前的舟艇质量；

r_1——装载前的横稳心半径。

求 Δz_c：按重心移动原理，以装载重物后的排水体积和排水体积增量对通过原浮心的水平面取静矩，可导出如下表达式：

$$\Delta z_c = \frac{\Delta V}{V_1 + \Delta V}\left(T + \frac{\Delta T}{2} - z_{c1}\right) \tag{7-65}$$

式中：T_1——重物装载前的吃水；

ΔT——吃水增量。

把式中各部分体积乘以水的重度 γ，则得：

$$\Delta z_c = \frac{P}{D_1 + P}\left(T + \frac{\Delta T}{2} - z_{c1}\right) \tag{7-66}$$

同理，以装载重物后得排水体积和排水体积增量对通过原重心得水平面取静矩，可导出如下表达式：

$$\Delta z_g = \frac{P}{D_1 + P}(z - z_g) \tag{7-67}$$

将式(7-64)~式(7-67)代入式(7-62)得：

$$\Delta h = \frac{P}{D_1 + P}\left(T_1 + \frac{\Delta T}{2} - h_1 - z_p\right) \tag{7-68}$$

故：

$$h_2 = h_1 + \Delta h = h_1 + \frac{P}{D_1 + P}\left(T_1 + \frac{\Delta T}{2} - h_1 - z_p\right) \tag{7-69}$$

同法，可以导出纵稳心高度的变化量 ΔH，即：

$$\Delta H = \frac{P}{D_1 + P}\left(T_1 + \frac{\Delta T}{2} - H_1 - z_p\right) \tag{7-70}$$

式中：H_1——重物装载前的纵稳心高度。

由于式中 $T_1 + \frac{\Delta T}{2} - z_p$ 与 H_1 相比是很小的，可略去不计，则：

$$\Delta H = -\frac{P}{D_1 + P}H_1$$

故：

$$H_2 = H_1 + \Delta H = \frac{D_1 H_1}{D_1 + P} \tag{7-71}$$

二、重物移到任意位置

当把重物重心从通过漂心下的垂线上移至 x_p, y_p, z_p 位置时，则有以下几种情况。

(1)重物横向移动

设重物由 $y=0$ 移至 y_p 处，则装载重物后的横倾角为：

$$\theta \approx \frac{P y_p}{(D_1 + P) h_2} \tag{7-72}$$

(2)重物纵向移动

设重物由 $x = x_f$ 移至 x_p 处,则装载重物后的纵倾角为:

$$\psi \approx \frac{P(x_p - x_f)}{(D_1 + P) H_2} \tag{7-73}$$

(3)首尾倾斜吃水变化

根据式(7-59)可得:

$$\left.\begin{aligned} \Delta T_s &\approx \left(\frac{L}{2} - x_f\right)\frac{P(x - x_f)}{(D_1 + P)H_2} \\ \Delta T_w &\approx -\left(\frac{L}{2} + x_f\right)\frac{P(x - x_f)}{(D_1 + P)H_2} \end{aligned}\right\} \tag{7-74}$$

故装载重物后首尾新的吃水为:

$$\left.\begin{aligned} T_{s2} &= T_{s1} + \Delta T + \Delta T_s \\ T_{w2} &= T_{w1} + \Delta T + \Delta T_w \end{aligned}\right\} \tag{7-75}$$

对于卸载,可用同样方法计算,只需将质量 P 取为负值代入以上各式即可。

第六节　浮游桥脚舟的强度

一、舟体强度概述

浮游桥脚舟是由外板和内部骨架焊接而成,在使用过程中承受着各种外力作用,如重力、浮力、风浪的冲击力等。为了保证舟体在各种外力作用下不致破坏或者发生不能容许的变形,就要保证其结构应具有足够的强度和刚度。通常,由于军用舟体的尺寸较小,在满足所要求的强度条件下,舟体所产生的变形一般不会超过所容许的标准,因此,对舟体的刚度可以不予以考虑,主要考虑舟体的强度是否满足。

根据舟体结构的特点及其所受的应力,舟体强度有总纵强度和局部强度。

在外力作用下沿舟体长度方向所产生的弯曲称为总纵弯曲,总纵弯曲可能引起舟体结构破坏甚至导致舟体折断。舟体抵抗总纵弯曲的能力称为总纵强度。舟体结构中,承受总纵强度的构件,主要是沿着舟体长度方向的连续构件,如舟体壳板,底板与甲板上的纵桁,舟体舷缘角钢等纵向构件。

局部强度是研究舟体结构中某个构件或部分结构承受相应荷载的能力。承受局部强度的构件如肋骨框架,甲板板架及底板板架等。

当然,舟体的总纵弯曲和局部弯曲是同时存在的,因此,对舟体的总纵强度计算和局部强度的计算是相互联系的。在舟体强度计算中,各构件(如舟体底部板架)在外力作用下,既有总纵弯曲变形,又有局部弯曲变形,对这类构件的强度计算,需要分别求出总纵强度的应力和局部强度的应力,并按照叠加原理进行综合考虑,以校核其合成应力。

由于舟体受力和结构情况的复杂性,目前对舟体的强度是根据舟体航行实际经验作出一定的假设前提,并对结构根据力学原理来进行计算。其基本假设如下:

(1)在考虑舟体外力时，把舟体置于静水上作静力弯曲，舟体处于静力平衡。

(2)在考虑舟体的应力时，把舟体当作一根沿舟长方向变剖面的空心薄壁箱形梁，这样就可以将普通梁的弯曲计算公式应用于具有复杂结构的舟体。

这样，舟体所受外荷载主要是重力和浮力。设重力沿舟长方向按 $p(x)$ 分布、浮力沿舟长方向按 $d(x)$ 分布，所以舟体总纵弯曲的荷载为：

$$q(x) = p(x) - d(x) \tag{7-76}$$

按照梁的弯曲理论，则：

$$Q(x) = \int_0^x q(x)\mathrm{d}x; M(x) = \int_0^x\int_0^x q(x)\mathrm{d}x\mathrm{d}x \tag{7-77}$$

因此，舟体 x 处的横剖面所受应力为：

$$\sigma = \frac{M(x)}{W}; \tau = \frac{Q(x)\cdot S}{J\cdot t} \tag{7-78}$$

式中：$Q(x)$ ——x 处的横剖面所受剪力；

$M(x)$ ——x 处的横剖面所受弯矩；

S ——x 处的横剖面中和轴上部或下部剖面对中和轴的静矩；

W ——x 处的横剖面抵抗矩；

J ——x 处的横剖面的惯性矩；

t ——x 处的横剖面承受剪应力构件的总厚度。

二、舟体的弯矩和剪力计算

对于浮游桥脚舟，其总纵强度计算原理及方法与一般类型的舟体完全一致，但是根据其结构特点和载荷的特点，计算时将其看成是一根置于水中的空心薄壁梁，在计算时，它的特点表现在以下方面。

①浮游桥脚舟线形简单，多呈长方形箱体结构；舟体结构的布置与形状都是对称的，而且多是等剖面的梁，各理论站距处的横剖面均相同，因而自重分布均匀，其浮力也是均匀分布的；

②浮游桥脚舟上的桥跨结构对称地布置在舟体中央，所以外荷载的分布也是均匀的，有规律的。由于以上的特点，给浮游桥脚舟的计算带来了很多方便之处，可以采用经典的公式分析计算的方法进行。

(1)浮游桥脚舟的自重

因舟体结构与形状均为对称，可以认为自重沿舟体长度方向均匀分布，即：

$$g = \frac{G_0}{L} \tag{7-79}$$

式中：G_0 ——浮游桥脚舟的总质量；

L——浮游桥脚舟的总长度。

由于舟体自重沿其长度均匀分布，则它产生的水压力大小分布也是均匀的，它们在各个剖面处的大小与浮力相等，而方向相反，相互抵消，因而在计算舟体切力和弯矩时可以不考虑自重的影响。

(2)桥跨自重及荷载重

设 R_1 为桥跨结构自重分配到一个舟上的质量，R_2 为活载荷分配到一个舟上的质量。而 R_1 和 R_2 对于舟体的作用，根据桥跨结构的数量来定。

当桥桁数量较少时（ $n \leqslant 4$ ），取 n 个集中载，$p = \dfrac{(R_1 + R_2)}{n}$ ，按位置放置；当桥桁数量较多时（ $n > 4$ ），取均匀载集度，$p = \dfrac{(R_1 + R_2)}{b_0}$ ，在 b_0 内分布；当带式浮桥无桥跨时，取两段均布载，$p = R_2/2b_1$ ，分两处均布。

（3）浮力（除自重引起的浮力以外）

因为浮力大小是根据浮游桥脚舟的浸水面积而定，对于浮游桥脚舟某一小段长度上受到的浮力为，$d = \gamma A_w \Delta x$ ，当 $\Delta x = 1$ 时，d 表示为单位长度上所受到的浮力。当浮游桥脚舟为长方形箱体时，各理论站距处的浸水面积 A_ω 均相等，其大小可以表示为：

$$A_\omega = BT \tag{7-80}$$

式中：B——舟体宽度（m）；

T——活载荷和桥桁结构质量引起的舟体吃水（没有考虑舟体自重产生的吃水）。

当浮游桥脚舟两端呈雪橇形，可将舟体长度 L 换算为计算长度 L_1 的长方体进行计算，即：

$$L_1 = \frac{R_1 + R_2}{d} = \frac{R_1 + R_2}{\gamma A_w} \tag{7-81}$$

对于舟舷为直壁的舟体，则计算长度为：

$$L_1 = \frac{R_1 + R_2}{\gamma BT} = \delta L \tag{7-82}$$

已知作用于舟体的重力和浮力沿其长度的分布情况后，即可求得作用于舟体载重的分布情况，然后应用公式很容易求得舟体的剪力和弯矩。对于各种不同布载情况的剪力和弯矩计算及其结果如表 7-1 所示。

桥 脚 舟 受 力 表 7-1

载重类型	舟体中央一段对称的均布载
简图	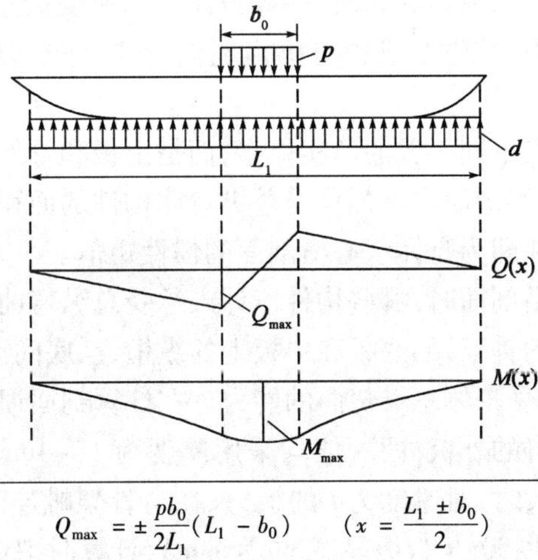
最大剪力	$Q_{max} = \pm \dfrac{pb_0}{2L_1}(L_1 - b_0) \quad (x = \dfrac{L_1 \pm b_0}{2})$
最大弯矩	$M_{max} = \dfrac{pb_0}{8}(L_1 - b_0) \quad (x = \dfrac{L_1}{2})$
备注	$p = \dfrac{R_1 + R_2}{b_0}$；$d = \dfrac{pb_0}{L_1}$；$L_1 = m_2\delta L_2 + m_3 L_3$； m_2 为尖舟数量；m_3 为方舟数量；L_2 为尖舟长度；L_3 为方舟长度
载重类型	舟体中央受两个对称均布载荷

续上表

<table>
<tr><td>载重类型</td><td>舟体中央一段对称的均布载</td></tr>
<tr><td>简图</td><td>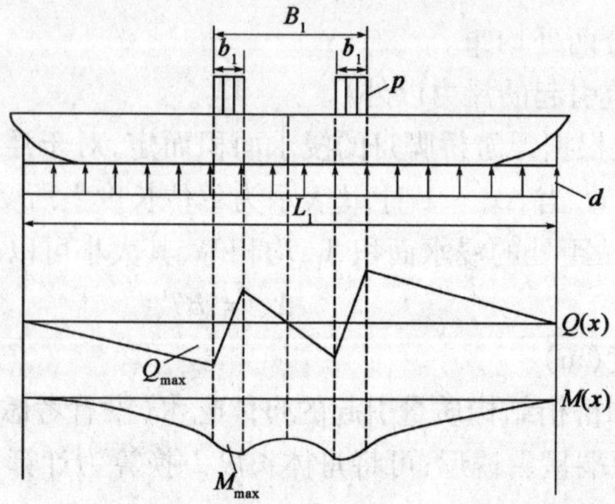
</td></tr>
<tr><td>最大剪力</td><td>$Q_{\max} = pb_1\left(1-\frac{B_1}{L_1}\right), \left(x=\frac{L_1+B_1}{2}\right)$</td></tr>
<tr><td>最大弯矩</td><td>当 $x=\frac{L_1(L_1-B_1)}{2(L_1-2b_1)}, M_{\max}=\frac{p(L_1-B_1)^2}{32(L_1-2b_1)^2}[(L_1+2b_1)^2-16b_1]$；
或者：当 $x=\frac{L_1}{2}$，$M_{\max}=\frac{-pb_1L_1}{4}+\frac{pb_1}{2}(B_1-b_1)$</td></tr>
</table>

三、对中和轴的惯性矩计算

在求得舟体的弯矩和剪力后，即可计算舟体剖面所受的正应力和剪应力，以验算其强度。要计算舟体剖面的应力，首先要求得舟体横剖面的惯性矩，以下我们讨论舟体的惯性矩计算问题。

舟体横剖面的特点不同于普通的实体梁，而是由板和骨架组合起来的空心梁，在计算空心梁剖面的惯性矩时，只要剖面中参加承受总纵弯曲构件的面积及其高度不变，它们对舟体横剖面中性轴的惯性矩总和即为舟体空心横剖面的惯性矩值。

在计算舟体空心横剖面时，哪些构件应计入承受总纵弯曲呢？可以认为：

①舟体纵向连续的骨架，如底板和甲板上的纵桁，舷底间滑铁、甲板边板、舷缘角钢等刚度较大的构件，都具有承受舟体总纵弯曲的能力。在计算剖面惯性矩时，应把这些构件都计入。

②对于浮游桥脚舟的外板，因一般均采用厚度为 1 ~ 4mm 的薄板，承受总纵弯曲能力较低。在纵骨架间距较大时，对厚度为 t 的板，只在与骨架毗连的部分对抗弯是有效的，其范围为每边的约 $25t$（两边共 $50t$，t 为板厚，单位为 mm），计算时把该部分板作为骨架的附连翼板。

在确定了参加抵抗总纵弯曲的构件以后，就可以计算舟体横剖面对中和轴的惯性矩，其确定方法如下：

（1）选取比较轴

在舟体横剖面中可选取任意一条水平轴线为比较轴，但是一般取基线，定义为 O'-O'轴。

（2）确定中和轴位置

计算等值梁中各构件对比较轴的静矩，然后根据各构件对比较轴静矩总和及各构件面积总和，按照下列公式确定等值梁剖面中和轴的具体位置 O-O，即中和轴至比较轴的距离 z_0。

$$z_0 = \frac{\sum A_i z_i}{\sum A_i} \tag{7-83}$$

式中：A_1、A_2、…、A_n ——等值梁中各构件的面积；

z_1、z_2、…、z_n ——等值梁中各构件面积重心至比较轴的距离；

$\sum A_i Z_i$ ——等值梁中各构件对比较轴之静矩总和；

$\sum A_i$——等值梁中各构件面积总和。

(3)求等值梁之惯性矩

设舟体等值梁各构件对比较轴 O'-O' 的惯性矩分别为 $j_i + A_i z_i^2$，则等值梁剖面对比较轴的惯性矩为：$\sum j_i + \sum A_i z_i^2$。

则对中和轴的惯性矩：

$$J = \sum j_i + \sum A_i z_i^2 - z_0^2 \sum A_i \tag{7-84}$$

由于 $\sum j_i$ 较小，可以忽略不计。

在求得舟体剖面对其中和轴的惯性矩后，则可验算舟体总纵弯曲时的应力。

四、舟体底板局部弯曲计算

浮游桥脚舟的底板除承受总纵弯曲外，因它浸在水中直接受到静水压强的作用，而产生局部弯曲。

浮游桥脚舟的结构形式多为横骨架式，即横骨架构件数量多，且配置较密，而纵骨架构件数量较少。如桥脚分置式浮游桥脚舟的底板上，只设置有一根纵桁，而肋骨以间距 50cm 配置，且数量较多。故在以纵向骨架构件与横向骨架构件为四周支座的底板，其边长比一般都较大。舟体底板多为薄板，所直接承受的水压强度为垂直均布荷载，当其边长比 $a/b>2$ 时，这些条件均与呈筒形弯曲的板相符合，因此可以把舟体底板近似地看作呈筒形弯曲的大挠度板。

所谓呈筒形弯曲的板，指边长比较大，且受均布的垂直荷载作用，其弯曲为单向弯曲（沿短边有曲率，且呈筒形状；沿长边无曲率）的板。对于呈筒形弯曲的板，只需从板中取出一个单位宽度的狭条——板条梁来研究即可。板条梁与普通梁的变形条件基本相同。舟体底板除有弯曲外，由于横向骨架构件有阻碍板两边趋近的作用，故在两端还有轴向力作用。因此舟体底板的板条梁可当作一根呈复杂弯曲的梁来计算。

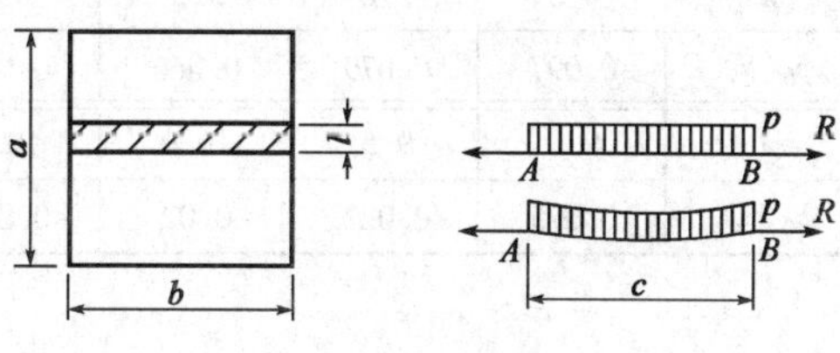

图 7-27　板条梁的复杂弯曲

图 7-27 所示为一块以纵向骨架构件和横向骨架构件为四周支座的底板。其边长为 a、b，板厚为 t，$a/b>2$；板承受水压强度为 γT（T 为舟体吃水值）。在板中取一单位宽度的板条梁，板条梁单位长度的荷载为 p（在数值上等于 γT），板条梁呈复杂弯曲状态，受轴向力为 R，跨度为 c。

对于这种呈复杂弯曲的板条梁的计算，可以应用铁摩辛柯所著材料力学理论导出之结果，即按方程式(7-85)求解：

$$x^3 - x^2 = \frac{3f_0^2}{t^2} \tag{7-85}$$

其中：

$$f_0 = \frac{5pc^4}{384D} \tag{7-86}$$

$$D = \frac{Et^3}{12(1-\mu^2)} \tag{7-87}$$

式中：f_0 ——挠度；

D ——筒形刚度；

μ ——泊松比；

E ——弹性模量。

解方程式可求得 x，并令 $u = \frac{\pi}{2}\sqrt{x-1}$，由此可求得板条梁的轴向力，即：

$$R = \frac{4u^2D}{c^2} \tag{7-88}$$

轴向力产生的应力称链应力，即：

$$\sigma_R = \frac{R}{t} = \frac{4u^2D}{c^2t} \tag{7-89}$$

板条梁的最大弯矩为：

$$M_{max} = \frac{pc^2}{8}\varphi_0(u) \tag{7-90}$$

式中：$\varphi_0(u)$ ——u 的函数，它反映了轴向力对板条梁弯曲的影响，其值列于表 7-2 中。板条梁的弯曲应力为：

$$\sigma_M = \frac{6M_{max}}{t^2} = \frac{3pc^2}{4t^2}\varphi_0(u) \tag{7-91}$$

因此板条梁的局部弯曲应力为 $\sigma_R + \sigma_M$。

u 的函数 $\varphi_0(u)$ 值 表 7-2

u	0	0.5	1.0	1.5	2.0	2.5	3.0	3.5	4.0
$\varphi_0(u)$	1	0.905	0.704	0.511	0.367	0.268	0.2	0.153	0.12
u	4.5	5.0	5.5	6.0	6.5	7.0	7.5	8.0	8.5
$\varphi_0(u)$	0.097	0.079	0.066	0.055	0.047	0.041	0.036	0.031	0.028
u	9.0	9.5	10.0	10.5	11.0	11.5	12.0		
$\varphi_0(u)$	0.025	0.022	0.02	0.018	0.017	0.015	0.014		

第七节　计 算 示 例

例题：已知浮游桥脚舟的结构与尺寸如图 7-28 所示，求舟体底板所受弯曲应力。

一、基本数据

(1)浮游桥脚舟为三节舟组成。每节舟尺寸为：$LBH = 6.5\text{m} \times 2.4\text{m} \times 1.0\text{m}$（尖形舟），

$LBH=5.6\text{m}\times2.4\text{m}\times1.0\text{m}$（尖形舟）。舟舷均为直壁，尖形舟方形系数 $\delta_0=0.86$。

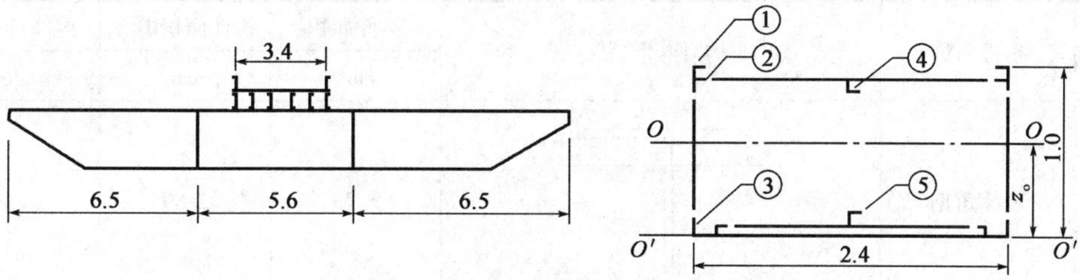

图7-28　舟体各构件与尺寸（尺寸单位：m）

（2）舟体中横剖面各构件尺寸为：①舷缘角钢：型号9/5.6，厚度6mm；②甲板边板：由钢板制成8×8角钢，厚度4mm；③舷底滑铁：由钢板弯制成槽型尺寸为10cm×12cm×5cm×5cm，厚度4mm；④甲板下纵桁：由钢板折边制成，尺寸为10cm×6cm，厚度4mm；⑤底板纵桁：采用同甲板纵桁构件；⑥外板：底板厚3mm，甲板、舷板厚度2mm。

（3）荷载

静载：桥跨结构重量 $R_1=22\text{kN}$。

舟体自重 $P_0=14\text{kN}$（尖形舟）；$P_0=12\text{kN}$（方形舟）。

活载：$R_2=300\text{kN}$。

（4）桥面宽度：$b_0=3.4\text{m}$（两外桁间距离）。

二、计算过程

（1）总纵弯曲正应力计算

①确定重力与浮力

桥跨结构与活载在舟上的分布值为：

$$p_0=\frac{R_1+R_2}{b_0}=\frac{22+300}{3.4}=94.7\text{kN/m}$$

舟体计算长度为：

$$L_0=2\delta_0L_1+L_2=2\times0.86\times6.5+5.6=16.78\text{m}$$

浮力分布值为：

$$d=\frac{R_1+R_2}{L_0}=\frac{22+300}{16.78}=19.2\text{kN/m}$$

②求最大弯矩

应用表中公式得：

$$M_{\max}=\frac{p_0b_0}{8}(L_0-b_0)=\frac{94.7\times3.4}{8}(16.78-3.4)=538.5\text{kN}\cdot\text{m}$$

③求舟体横剖面对中和轴之惯性矩

选择横剖面的计算剖面如图7-28所示，剖面中各组合构件的面积中心 z_0 及其自身惯性矩计算结果列于表7-3中，并由表7-4可求得舟体横剖面中和轴位置（至基线距离），即：

$$z_0=\frac{\sum A_iz_i}{\sum A_i}=\frac{4\,126.76}{85.72}=48.14\text{cm}$$

由此，舟体横剖面中各构件中心至中和轴之距离 z_{0i} 可求得。

舟体横剖面中各组合构件几何要素计算 表 7-3

序号	构件名称	构 件 形 状	构件面积	构件面积中心	构件自身惯性矩
			cm^2	cm	cm^4
1	舷缘角钢	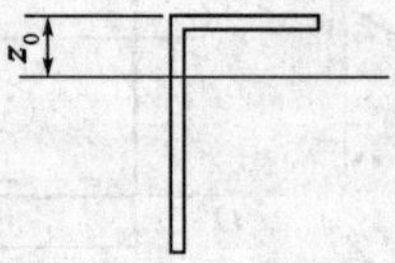	8.76	2.89	118.53
2	甲板边板	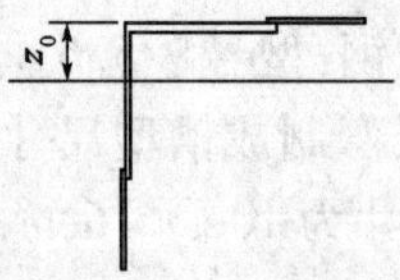	8.40	2.84	111.13
3	舟底滑铁	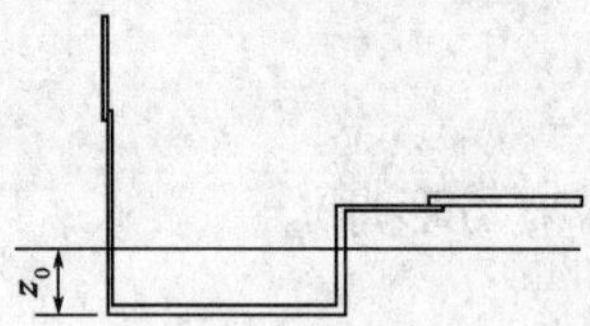	16.05	3.74	191.20
4	甲板纵桁	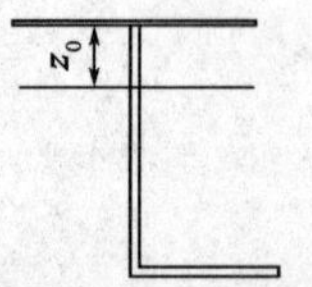	8.40	5.47	150.00
5	底板纵桁	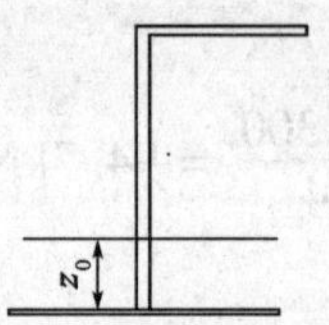	10.9	4.32	206.90

舟体横剖面对中和轴的惯性矩计算表 表 7-4

序号	等值梁构件名称	构件尺寸(cm)	面积(cm^2)	构件重心至比较轴距离(cm)	静矩(cm^3)	惯性矩(cm^4)	
						移轴惯性矩	自身惯性矩
I	II	III	IV	V	VI	VII = VI × V	VIII
1	舷缘角钢		2×8.76	97.11	1 701.36	165 219	118.53×2
2	甲板边板		2×8.40	88.16	1 481.00	130 545	111.13×2
3	舟底滑铁	表 7-3	2×16.05	3.74	120.00	448.8	191.20×2
4	甲板纵桁		8.40	85.53	718.45	61 449	150.00
5	底板纵桁		9.72	9.72	103.95	1 010.4	206.90
6	总和		85.72		4 126.76	359 870.82	

依据表 7-3 中数据,则:$J = 359\ 870.82 - 85.72 \times 48.14^2 = 161\ 218.18\text{cm}^4$

舟体底板所受总纵弯曲应力(在底板厚度中心,即离中和轴距离处)为:

$$W=\frac{J}{z_0}=\frac{161\ 218.18}{48.14}=3\ 348.9\text{cm}^3$$

$$\sigma=\frac{M_{\max}}{W}=\frac{538.5\times10^6}{3\ 348.9\times10^3}=160.8\text{MPa}$$

(2)局部弯曲应力计算

底板边长比：

$$a/b=1.2/0.4=3$$

舟体满载吃水：

$$T=\frac{R_1+R_2+\sum P_0}{\gamma L_0 B}=\frac{22+300+40}{10\times16.78\times2.4}=0.9\text{m}$$

板条梁单位长度的荷载为：

$$p=\gamma T=9\text{kN/m}^2$$

板条梁呈复杂弯曲状态,受轴向力为 R ,跨度为 c。

解方程式：

$$x^3-x^2=\frac{3f_0^2}{t^2}$$

其中：

$$f_0=\frac{5pc^4}{384D}=\frac{5}{384}\cdot\frac{pc^4\cdot12(1-\mu^2)}{Et^3}=\frac{5}{384}\times\frac{9\ 000\times0.4^4\times12(1-0.3^2)}{2.1\times10^5\times10^6\times3^3\times10^{-9}}=0.005\ 8\text{m}$$

解方程式可求得 $x=2.63$,于是 $u=\frac{\pi}{2}\sqrt{x-1}=2.0$, $\varphi_0(u)=0.367$ 。由此可求得板条梁的链应力,即：

$$\sigma_R=\frac{R}{t}=\frac{4u^2D}{c^2t}=\frac{Eu^2t^2}{3c^2(1-\mu^2)}=\frac{2.1\times10^5\times2^2\times0.003^2}{3\times0.4^2\times(1-0.3^2)}=17.3\text{MPa}$$

板条梁的弯曲应力为：

$$\sigma_M=\frac{6M_{\max}}{t^2}=\frac{3pc^2}{4t^2}\varphi_0(u)=\frac{3\times9\ 000\times0.4^2}{4\times0.003^2}\times0.367=44\text{MPa}$$

因此板条梁的局部弯曲应力为：

$$\sigma_R+\sigma_M=17.3+44=61.3\text{MPa}$$

(3)舟体底板所受到的总应力

舟体底板所受到的总应力为：

$$\sigma+\sigma_R+\sigma_M=160.8+17.3+44=222.1\text{MPa}$$

第八章　简支体系浮桥计算

第一节　河中部分的计算

简支梁体系浮桥是静定结构，是支撑在浮游桥脚上的多跨简支梁。这种体系的浮桥有各种不同形式（图 8-1），其中应用最广泛的是桥跨末端中央支撑在浮游桥脚上，浮游桥脚中央一般设置负桁材，桥跨结构的质量和活载通过负桁材传到桥脚上，使桥脚在沿桥梁轴线方向产生中心吃水，因此桥跨结构强度计算与刚性桥脚上的多跨桥类似（如低水桥），桥脚则必须计算吃水和强度，两相邻桥脚由于吃水不同产生桥面纵坡度。此外，活载在桥面上的横向偏心，产生了桥跨结构各承重构件的不均匀分配，还会引起桥脚舟的纵倾。

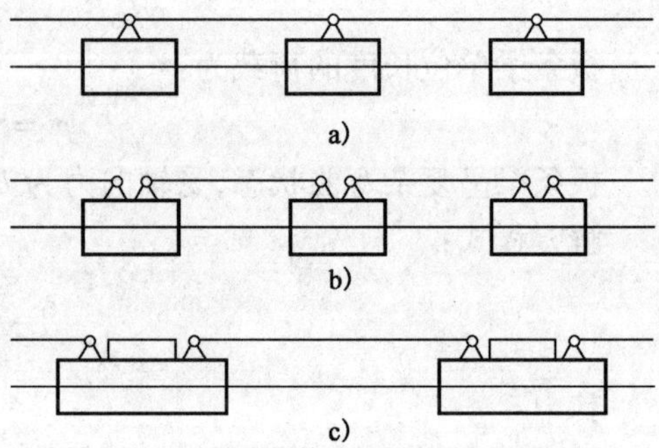

图 8-1　简支梁体系浮桥各种形式图

一、桥脚吃水的计算

当桥跨中央支撑在桥脚舟上时，桥脚舟的反力影响线见图 8-2。桥脚 n 的反力影响线作法与刚性桥脚桥梁类似，其纵坐标如图 8-2a）所示。

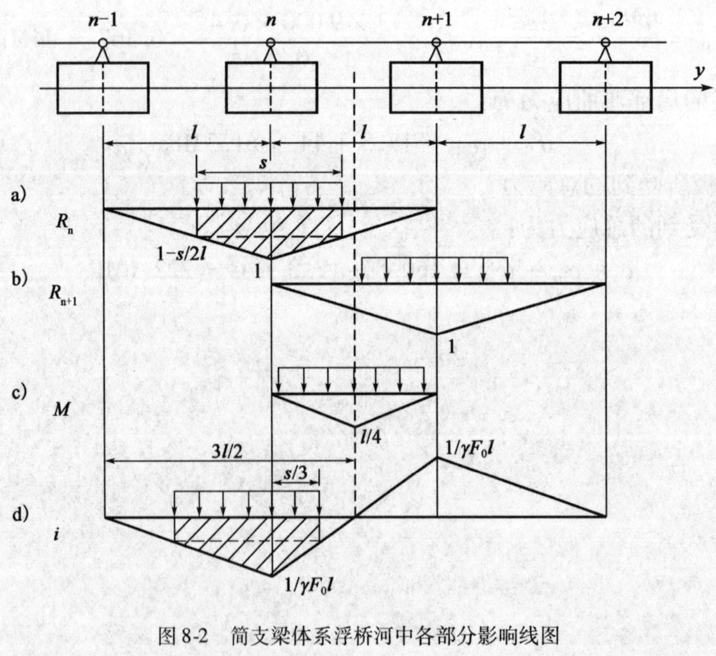

图 8-2　简支梁体系浮桥河中各部分影响线图

$$R_{nn} = 1$$

$$R_{nn-1} = R_{nn+1} = 0$$

将活载布置在反力影响线最不利位置,即得(当 $s \leqslant 2l$ 时):

$$R_2 = Q\left(1 - \frac{s}{4l}\right) \tag{8-1}$$

式中:Q ——活载总重;

s ——履带长度;

l ——桥梁跨度。

由桥跨自重产生的桥脚舟反力:

$$R_1 = gl \tag{8-2}$$

式中:g ——桥跨每纵长米重量。

桥脚舟总反力为:

$$R = R_1 + R_2 + G \tag{8-3}$$

式中:G ——桥脚舟自重。

桥脚舟的中心吃水:

$$T = \frac{R}{\gamma F_0} \leqslant [T] \tag{8-4}$$

式中:F_0 ——桥脚舟的水线面面积;

γ ——水的重度;

$[T]$ ——桥脚舟中心受载时的容许吃水。

当活载在桥面上行驶有横向偏心 e_x 时,则作用在桥脚舟上的反力与偏心距产生了一个倾覆力矩 $M_y = R_2 e_x$,对桥轴线旋转引起舟的附加吃水为:

$$\Delta T_y = \frac{R_2 e_x Z_x}{\gamma J_y \psi_y} \tag{8-5}$$

式中:J_y ——桥脚舟计算水线面面积对桥轴线的惯性矩;

ψ_y ——舟在活载作用时稳心高度与稳性半径的比值,一般可取 $\psi_y = 0.9$;

Z_x ——计算水线面边缘在桥脚轴线方向上的坐标。

桥脚最大吃水为:$T' = T + \Delta T_y$,然后验算舟的干舷是否超过容许值。

以上计算是按桥跨结构中央支撑在桥脚上时的情况进行,如果在桥脚轴线上设置两根负桁材时,两相邻桥跨结构的末端分别支撑在两根负桁材上,桥脚的吃水除了必须按活载作用在桥脚上最不利位置进行上述的验算外,还要验算活载作用在一跨的端部时(图 8-3)桥脚引起的附加吃水。

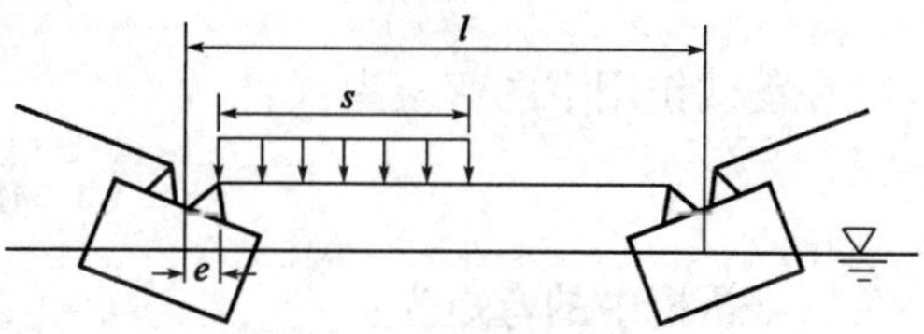

图 8-3　浮游桥脚上有两根负桁材时桥脚反力计算的活载位置

桥脚在图 8-3 所示的活载位置时的吃水为:

$$R'_2 = Q\left(1 - \frac{s}{2l}\right) \tag{8-6}$$

桥脚产生横倾时的附加吃水为:

$$\Delta T'_x = \frac{R'_2 e'_y Z_y}{\gamma J_x \psi_x} \tag{8-7}$$

式中：e'_y——负桁材轴线到桥脚舟轴线的距离；

Z_y——计算水线面边缘在桥轴线方向上的坐标；

ψ_x——取 0.85。

$$\Delta T'_y = \frac{R'_2 e'_x Z_x}{\gamma J_y \psi_y} \quad (8\text{-}8)$$

则桥脚在图 8-3 所示情况的最大吃水为：

$$\Delta T''_x = \frac{R'_2}{\gamma F_0} + \Delta T'_x + \Delta T'_y \quad (8\text{-}9)$$

此 T'' 应和 T' 比较出最不利的情况。

二、纵向坡度的计算

简支梁体系浮桥桥面纵向坡度的形成是由两相邻桥脚吃水不均匀引起的，设桥脚 n 的吃水为 T_n，桥脚 $n+1$ 的吃水为 T_{n+1}，则 $n \sim n+1$ 桥跨的纵向坡度为 $i = (T_n - T_{n+1})/l$，即：

$$i = \frac{R_n - R_{n+1}}{\gamma F_0 l} \quad (8\text{-}10)$$

式中：R_n、R_{n+1}——荷载在桥脚 n、$n+1$ 上产生的反力。

如果 $P=1$ 作用在桥脚 n 上，那么纵坡度等于 $i = 1/(\gamma F_0 l)$；如果 $P=1$ 作用在桥脚舟 $n+1$ 上，那么纵坡度等于 $i = -1/(\gamma F_0 l)$；如果 $P=1$ 作用在桥脚舟 $n-1$ 和 $n+2$ 上，或作用在 $n-1$ 以左或 $n+2$ 以右，桥脚舟 i 保持水平，即 $i=0$。

根据以上各 i 值，可作出 $n \sim n+1$ 跨的坡度影响线，该影响线的同号段等于 $1.5l$［图 8-2d)］，将履带载布置在影响线上，即得最大纵坡度值：

$$i_{max} = \frac{Q}{\gamma F_0 l}\left(1 - \frac{s}{3l}\right) \leqslant [i]$$

$$[i] = 6\% \quad (8\text{-}11)$$

三、桥桁强度的计算

桥跨中部的弯矩影响线和一般刚性桥脚上简支桥跨的影响线相同，最大坐标为 $l/4$［图 8-2c)］。

将活载设置在影响线最不利位置，可得桥跨中部的最大弯矩为：

$$M_2 = \frac{Q}{8}(2l - s) \quad (8\text{-}12)$$

在静载作用下的弯矩为：

$$M_1 = \frac{gl^2}{8} \quad (8\text{-}13)$$

一根桥桁中的弯矩为：

$$M = \frac{M_1}{n} + k_1 M_2 (1+\mu) \quad (8\text{-}14)$$

式中：$1+\mu$ 对于金属桥跨结构的浮桥，冲击系数 $1+\mu = 1.15$，k_1 为横向分配系数。式(8-12)～式(8-14)中其余符号意义同式(8-1)～式(8-8)。

第二节　简支梁体系浮桥过渡部分的计算

简支梁体浮桥与岸边固定栈桥或桥础的连接是用梁式桥跨，其一端支撑在浮游桥脚负桁

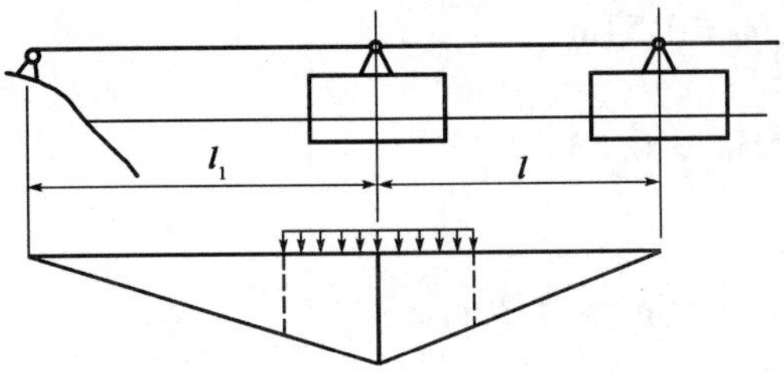

图 8-4　过渡部分浮游桥脚反力影响线图

材上，另一端支撑在栈桥的刚性桥脚上，因此边舟在活载作用下的最大反力（图 8-4）如下。

$$R_2 = Q\left(1 - \frac{s}{2l_1 + 2l}\right) \qquad (8\text{-}15)$$

由活载引起的岸边桥跨的最大纵坡度为（当 $s \leqslant l_1 + l$ 时）：

$$i = \frac{Q}{\gamma F_0 l_1 l}\left(1 - \frac{s}{2l_1 + 2l}\right) \leqslant 8\% \qquad (8\text{-}16)$$

式中：l_1——岸边桥跨的跨度；

l——河中桥跨的跨度。

过渡部分桥桁计算方法与河中部分相同。

第三节　计 算 示 例

一、已知数据

(1)活载：履带式活载全重 120kN，宽 B_c =2.3m，履带接地长 s =2.4m。

(2)静载：桥跨自重 2.62kN/m，一个桥脚舟自重 G=30kN。

(3)上部结构：桥桁数目 8 根，18a[，惯性矩 I=12 727 × 10^3mm^4，断面系数 W = 1 414 × 10^2mm^3，等间距排列，边桁间距 b_1=3m，容许应力 [σ] = 340MPa，桥板长 4 050mm，宽 400mm，高 60mm。

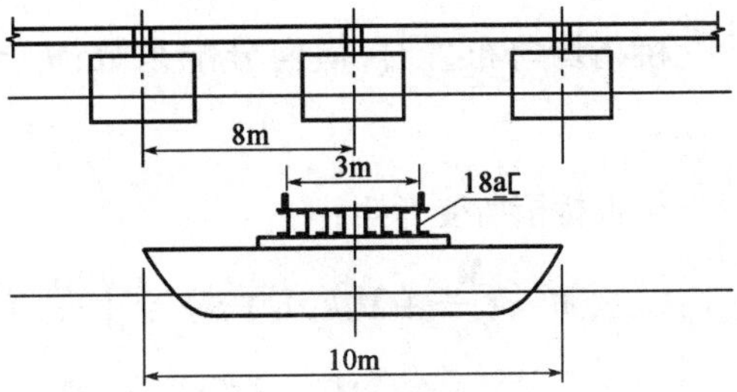

图 8-5　例题示意图

(4)桥脚舟：开口式舟，L=10m，宽 B=3.4m，舷高 H=1.1m，水线面面积 F_0=30m^2。

(5)浮桥跨度 l=8m，车行部宽 3.0m，桥桁在桥脚舟上采取中心支撑方式（图 8-5）。

二、计算内容

简支梁体系浮桥河中部分

(1)桥脚舟吃水计算。

(2)桥桁强度计算。

(3)纵向坡度计算。

三、计算过程

(1)桥脚舟吃水计算

由静载引起的桥脚反力：$R_1 = gl = 2.62 \times 8\text{kN} = 20.96\text{kN}$

由活载引起的桥脚反力：$R_2 = Q\left(1 - \frac{s}{4l}\right) = 120 \times \left(1 - \frac{2.4}{4 \times 8}\right)\text{kN} = 111\text{kN}$

桥脚总反力：$R = R_1 + R_2 + G = (20.96 + 111 + 30)\text{kN} = 161.96\text{kN}$

总吃水深度：$$T=\frac{R}{\gamma F_0}=\frac{161.96}{10\times 30}m=0.54m$$

$$[T]=\frac{2}{3}H=\frac{2}{3}\times 1.1m=0.73m$$

$$T<[T]$$

$$H-T=(1.1-0.54)m=0.56m>0.30m$$

活载偏心值：$$e_x=\frac{b_0-B_c}{2}=\frac{3.0-2.3}{2}m=0.35m$$

纵倾引起的附加吃水：$$\Delta T=\frac{R_2e_xz_x}{\gamma J_y\psi_y}=\frac{111\times 0.35\times 5}{10\times 250\times 0.9}m=0.086m$$

$$J_y=\frac{F_0L^2}{12}=\frac{30\times 10^2}{12}m^4=250m^4$$

$$T'=T+\Delta T=(0.54+0.086)m=0.63m$$

干舷高度：$h_0=H-T'=(1.1-0.63)m=0.47m>0.1m$，安全。

(2)桥桁强度计算

由静载引起的弯矩：$$M_1=\frac{gl^2}{8}=\frac{2.62\times 8^2}{8}kN\cdot m=20.96kN\cdot m$$

由活载引起的最大弯矩：$$M_2=\frac{Q}{8}(2l-s)=\frac{120}{8}(2\times 8-2.4)kN\cdot m=204kN\cdot m$$

桥桁均匀布置时，横向分配系数：$k=\frac{1}{n}\left(1+\frac{6e}{b_1}\cdot\frac{n-1}{n+1}\right)=\frac{1}{8}\left(1+\frac{6\times 0.35}{3.0}\times\frac{7}{9}\right)=0.193$

单根桥桁所受弯矩：

$$M=\frac{M_1}{n}+M_2k(1+\mu)=\left(\frac{20.96}{8}+204\times 0.193\times 1.15\right)kN\cdot m=47.89kN\cdot m$$

$$\sigma=\frac{M}{W}=\frac{47.89\times 10^6}{14.14\times 10^4}=338.68<[\sigma]=340MPa$$，安全。

(3)纵坡度计算

$$i_{max}=\frac{Q}{\gamma F_0 l}\left(1-\frac{s}{3l}\right)=\frac{120}{10\times 30\times 8}\left(1-\frac{2.4}{3\times 8}\right)=0.045=4.5\%<[i]$$，符合要求。

第九章　铰接体系浮桥计算

第一节　铰接体系浮桥的河中部分计算

铰接体系浮桥河中部分的结构是由各相邻门桥间用铰连接组成的，铰能自由转动，它能使门桥间迅速分解和结合。由于铰接结构比刚性连接简单，故便于就便器材浮桥使用。从受力情况看，铰结构只传递剪力，不传递弯矩，该剪力称作铰力。如在某一门桥上作用有活载 P，该门桥就产生桥脚吃水，桥跨弯矩和门桥桥面倾斜（图 9-1），并通过铰力 X_n 和 X_{n-1}（图 9-1 中铰力方向假定是正号）传递到相邻门桥上，使那些门桥也产生吃水、弯矩和倾斜现象。门桥上的静载作为均匀分布，则不产生铰力。如果以门桥作为基本体系来考虑，铰接浮桥的河中部分是超静定体系，其超静定次数即河中部分铰的总数减去二，根据各门桥端部变位协调条件可以计算铰力，铰力求出后，其余问题根据门桥计算的方法就迎刃而解了，即考虑在铰力的作用下求出门桥的桥脚吃水、桥跨弯矩和桥面倾斜的纵坡度。但这样计算铰力过于复杂，如果浮桥的河中部分不少于 3～4 个门桥组成时，假定浮桥的河中部分为无限长，可使计算简化，实际上可获得相当精确的结果，用于浮桥河中部分无限长时的计算方法称为焦点法。

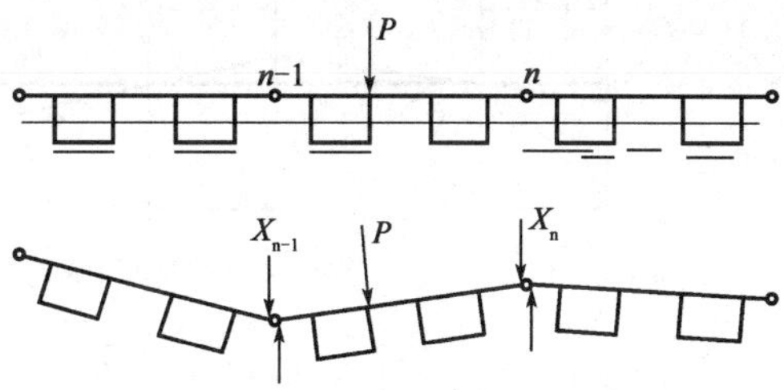

图 9-1　铰接体系浮桥河中部分门桥受力图

除假定河中部分为无限长外，在计算中与门桥计算一样，还假定桥跨结构刚度为无限大，门桥中所有桥脚舟的水线面面积相等，并近似地认为门桥的重心与浮心重合。

一、焦点比公式

先研究单个门桥变位情况，如在门桥端部 A 有 $P=1$ 力作用时，门桥端部 A 和 B 的变位为 δ_{AA} 和 δ_{AB}（图 9-2），采用公式(7-8)的结果，也可以算 δ_{AA} 和 δ_{AB} 之值。如 $P=1$ 作用 B 点时同样可以计算 δ_{BB} 和 δ_{AB} 之值。

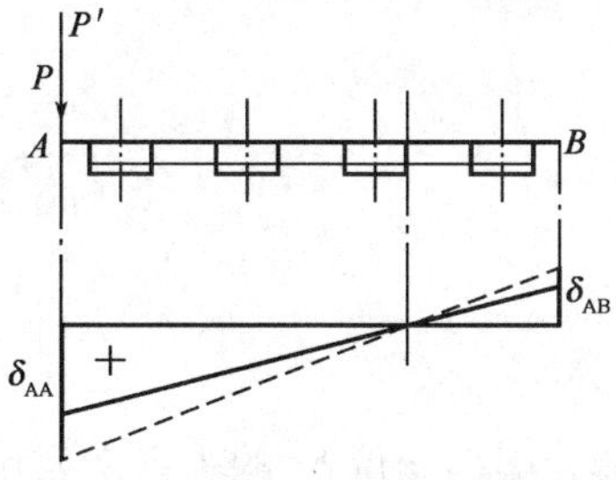

图 9-2　门桥 A 端有力作用时焦点位置图

$$\left.\begin{aligned}\delta_{AA} &= \delta_{BB} = \frac{1}{\gamma F_M}\left(1+\frac{L_0^2}{4r^2}\right)\\ \delta_{BA} &= \delta_{AB} = \frac{1}{\gamma F_M}\left(1-\frac{L_0^2}{4r^2}\right)\end{aligned}\right\} \tag{9-1}$$

式中：r——门桥转动半径(m)，见表 9-1；

L_0——门桥的计算长度(m)；

F_m——门桥的水线面积之和(m^2)。

如 P 值变为 P' 时，门桥变位线如图 9-2 中虚线所示。不论 P 值如何变化，门桥两端变位的比值是不变的，即变位线与水平线相交点的位置是不变的，是一个定点，该点类似光学中的焦点，用f表示，$\frac{\delta_{AB}}{\delta_{AA}}$或$\frac{\delta_{BA}}{\delta_{BB}}$称为焦点比。

在浮桥河中部分情况就较复杂了，如$P=1$作用在最右侧的自由端n上，河中部分的变位图如图9-3所示，此变位线与桥跨的原始线（水平线）有一系列交点。如果$P=1$作用在最左侧自由端上，此变位线与桥跨的原始线也有一系列交点[图9-13a)]。

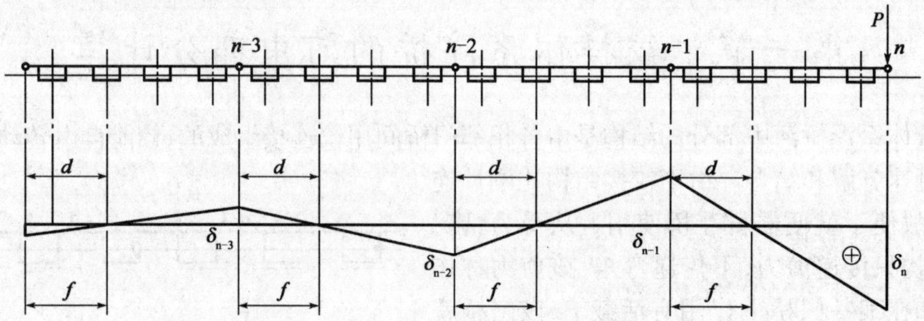

图9-3　浮桥河中部分末端n有$P=1$力作用时的变位图

在图9-3中，位于P左侧门桥的$\frac{\delta_{n-2}}{\delta_{n-1}}$、$\frac{\delta_{n-1}}{\delta_{n}}$的值不一定相等，如果河中部分为无限长时，舍去门桥$n-1\sim n$，河中部分仍是无限长，这时$n-1$点的受力情况与原来$n$点相似，不同的只是力的大小，因此$\frac{\delta_{n-2}}{\delta_{n-1}}$、$\frac{\delta_{n-1}}{\delta_{n}}$可认为是相等的，以此类推，如果再不断地舍去右端的门桥$n-2\sim n-1$，门桥$n-3\sim n-2\cdots$，通过类似的推理即可证明无限长的浮桥河中部分所有门桥的焦点位置都是相同的，因此在无限长的浮桥河中部分中，各门桥中的焦点比k值是相等的。

即左焦点比：

$$k=\frac{\delta_{n-2}}{\delta_{n-1}}=\frac{\delta_{n-1}}{\delta_{n}}=\frac{\delta_{n-3}}{\delta_{n-2}}=\cdots \tag{9-2}$$

同理，右焦点比：

$$k=\frac{\delta_{n+2}}{\delta_{n+1}}=\frac{\delta_{n+1}}{\delta_{n}}=\frac{\delta_{n+3}}{\delta_{n+2}}=\cdots \tag{9-3}$$

$n+1$，$n+2\cdots$为$P=1$作用在河中部分最左侧的自由端n上时，各铰自左向右的相应的编号。

由于相邻铰的变位总是有不同的符号，所以焦点比总是负的。其绝对值小于1，即$|k|<1$。焦点比同样可用由焦点分成的门桥长度内的两个线段来表示，因为在门桥范围内的变位图是有两个相似三角形组成的，但要加一负号。

$$k=-\frac{\frac{L_0}{2}-d}{\frac{L_0}{2}+d}=-\frac{L_0-2d}{L_0+2d} \tag{9-4}$$

d的长度见图9-3。

浮桥的每个铰的变位就可以用焦点比和单位力引起河中部分端部变位δ_n的关系来表示，δ_n称为河中部分末端n点的柔度。

$$\delta_{n-1} = \delta_n k;\delta_{n-2} = \delta_{n-1}k = \delta_n k^2;\delta_{n-3} = \delta_{n-2}k = \delta_n k^3$$

如 $P=1$ 作用在河中部分最左侧的自由端 n 上，同理：

$$\delta_{n+1} = \delta_n k;\delta_{n+2} = \delta_{n+1}k = \delta_n k^2;\delta_{n+3} = \delta_{n+2}k = \delta_n k^3$$

根据变位互等定理，这些变位值就是浮桥末端 n 点变位影响线的纵坐标，图 9-3 也是 n 点的变位影响线图。

由于假定河中部分为无限长，舍去门桥 $n-1 \sim n$ 后，$n-1$ 为自由端，其上有 X_{n-1} 作用，$n-1$点的变位为 δ_{n-1}，见图 9-4，此时 $n-1$ 点与图 9-3 中 n 点处在相似的受力情况下，即末端都是一集中力作用，左端为无限长，焦点的位置也相同，所以 n 与 $n-1$ 点的力和变位成以下的比例关系：

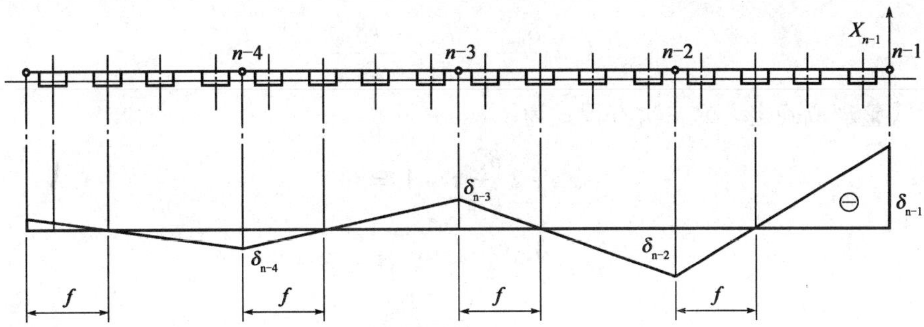

图 9-4　河中部分末端 $n-1$ 有 X_{n-1} 作用时的变位图

$$\frac{P}{\delta_n} = \frac{X_{n-1}}{\delta_{n-1}} \tag{9-5}$$

铰力的计算是假定铰力使门桥顺时针方向旋转为正号，反之为负号，以上的 X_{n-1} 是负号，而 $P = 1$ 是正号；δ_{n-1} 是负号，δ_n 是正号。

则：

$$X_{n-1} = \frac{\delta_{n-1}}{\delta_n} = k \tag{9-6}$$

又：

$$\frac{X_{n-2}}{\delta_{n-2}} = \frac{X_{n-1}}{\delta_{n-1}} \tag{9-7}$$

则：

$$X_{n-2} = \frac{\delta_{n-2}}{\delta_{n-1}}X_{n-1} = k^2 \tag{9-8}$$

同理：

$$X_{n-3} = k^3 \tag{9-9}$$

这样，可以用焦点比值表示末端作用有 $P=1$ 时无限长浮桥河中部分的铰力。铰力的计算就在很大程度上简化了。

如果 $P = 1$ 作用在一系列铰接门桥的最左侧的自由端上，同样方法可以求出右焦点比：

$$k = \frac{\delta_{n+1}}{\delta_n} = \frac{\delta_{n+2}}{\delta_{n+1}} = \frac{\delta_{n+3}}{\delta_{n+2}} = \cdots \tag{9-10}$$

铰力与铰的变位成正比，根据规定的铰力符号规则，$P = 1$ 为负号，X_{n+1} 为正号；δ_n 是正号，δ_{n+1} 是负号。

$$
\left.\begin{aligned}
X_{n+1} &= -k \\
X_{n+2} &= -k^2 \\
X_{n+3} &= -k^3
\end{aligned}\right\} \tag{9-11}
$$

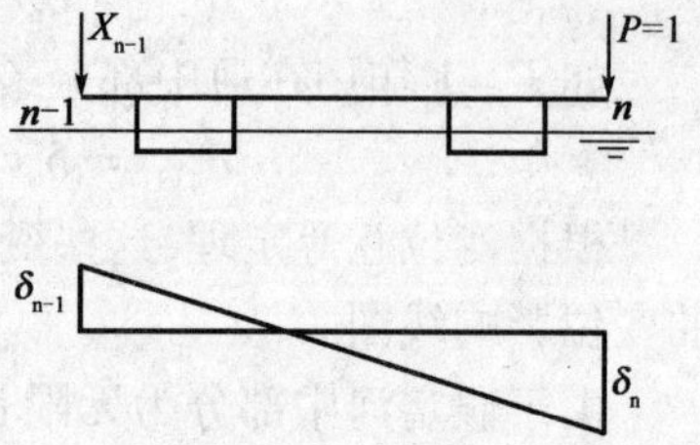

图9-5　门桥中变位叠加图

如在图9-5中 n 处作用 $P = 1$，在 $n-1$ 处就有铰力 $X_{n-1} = k$，右端门桥在单位力 $P = 1$ 和铰力 X_{n-1} 的作用下，铰 $n-1$ 和 n 的变位可看作由两部分叠加而成。

$$
\left.\begin{aligned}
\delta_n &= P \cdot \delta_{AA} - X_{n-1} \cdot \delta_{AB} = \delta_{AA} - k\delta_{AB} \\
\delta_{n-1} &= -X_{n-1} \cdot \delta_{BB} + P \cdot \delta_{BA} = \delta_{BA} - k\delta_{AA}
\end{aligned}\right\} \tag{9-12}
$$

k 值等于：

$$
k = \frac{\delta_{n-1}}{\delta_n} = \frac{\delta_{AB} - k\delta_{AA}}{\delta_{AA} - k\delta_{AB}} \tag{9-13}
$$

由上式整理成确定 k 的二次方程式为：

$$
k^2 - 2\frac{\delta_{AA}}{\delta_{AB}}k + 1 = 0 \tag{9-14}
$$

$$
k = \frac{\delta_{AA}}{\delta_{AB}} \pm \sqrt{\left(\frac{\delta_{AA}}{\delta_{AB}}\right)^2 - 1} \tag{9-15}
$$

由式(9-1)：

$$
\frac{\delta_{AA}}{\delta_{AB}} = \frac{L_0^2 + 4r^2}{L_0^2 - 4r^2}
$$

得：

$$
k = -\frac{L_0 - 2r}{L_0 + 2r} \tag{9-16}
$$

$$
\left(\text{舍去}\,|k| > 1\,\text{的根}\; k = -\frac{L_0 + 2r}{L_0 - 2r}\right)
$$

将此式与式(9-4)比较，得：

$$
d = r \tag{9-17}
$$

利用门桥水线面面积的惯性半径计算焦点比值就更容易了。

现将各种门桥的 r 值列出，以便计算时应用，假定 l 表示门桥跨度，L_0 为带式门桥长度。将 r 值代入式(9-16)，焦点比之值见表9-1。

各种门桥的惯性半径和焦点比　　表9-1

桥节门桥类型	惯 性 半 径	焦 点 比	备　注
带式门桥	$r = \sqrt{L_0/12}$	$k = -0.268$	$u = \frac{l}{L_0}$
二舟门桥	$r = \sqrt{\frac{F_0 l^2}{4F_0}} = \frac{l}{2}$	$k = -\frac{1-u}{1+u}$	
三舟门桥	$r = \sqrt{\frac{2F_0 l^2}{3F_0}} = 0.8165l$	$k = -\frac{1-1.633u}{1+1.633u}$	
四舟门桥	$r = \sqrt{\frac{5F_0 l^2}{4F_0}} = 1.118l$	$k = -\frac{1-2.236u}{1+2.236u}$	
五舟门桥	$r = \sqrt{\frac{10F_0 l^2}{5F_0}} = 1.414l$	$k = -\frac{1-2.828u}{1+2.828u}$	

二、铰力的计算

根据上述焦点法计算原理,即可计算浮桥中的铰力。首先要作铰力的影响线,最简单是采用力学中机动法。只要在所计算的铰处切开,并给相邻截面加一单位错动,方向与铰力的正方向相反即可。由于铰的两侧都是无限长铰力影响线的左右肢,而且都通过焦点,铰的左右肢是对称的,所以在铰处的最大坐标各为 -0.5 和 +0.5。图 9-6 是铰 n 和铰 $n+1$ 的铰力影响线图。

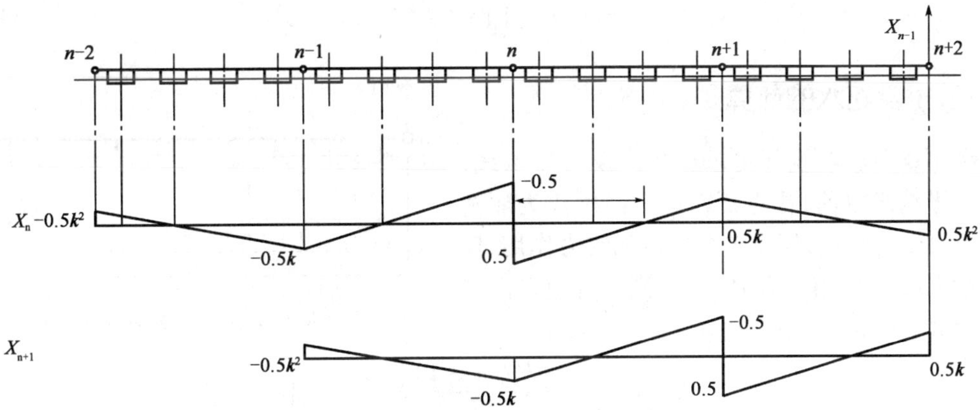

图 9-6　铰力影响线图

对于铰 n 铰力影响线,各点的坐标如下。

左肢:$X_{nn} = -0.5$, $X_{n,n-1} = -0.5k$, $X_{n,n-2} = -0.5k^2$,⋯

右肢:$X_{nn} = 0.5$, $X_{n,n+1} = 0.5k$, $X_{n,n+2} = 0.5k^2$,⋯

对于铰 $n+1$ 的铰力影响线只是将铰 n 的铰力影响线的坐标向右错动一个门桥的长度。

影响线的中间坐标可按直线内插法得出,铰力影响是反对称的,所以其总面积等于零。这就证明了在均布静载作用下的铰力等于零。具有最大坐标铰力影响线的正段或负段长度等于:

$$\lambda = \frac{L_0}{2} + r \tag{9-18}$$

铰力影响线求出后,即可利用该影响线的坐标求出桥脚反力和桥跨弯矩影响线,同时也可用来计算铰本身的受力。

如活载全重为 Q,则铰力为:

$$X_2 = \frac{Q}{2}\left(1 - \frac{s}{L_0 + 2r}\right) \tag{9-19}$$

式中:s——履带式荷载的履带接地长度(m)。

对于由二舟门桥组成的铰接体系:

$$X_2 = \frac{Q}{2}\left(1 - \frac{s}{L_0 + l}\right) \tag{9-20}$$

由其他各种门桥组成的浮桥的铰力 X_2 计算公式见表 9-1。

当活载在浮桥的横向有偏心值 e 时,铰有不均匀受力,作用在一个铰上的铰力的计算值为:

$$X_p = \frac{k_2 X_2}{n}(1+\mu) \tag{9-21}$$

式中：k_2——铰力的不均匀系数；

n——在浮桥横断面内的铰数；

$1+\mu$——冲击系数，取 1.3。

在浮桥横断面中一般只布置两个铰，如铰之间的距离用 b 表示，此时可用式(9-22)计算铰力。

$$X_P = X_2 \cdot \frac{1}{2}\left(1+\frac{2e}{b}\right)(1+\mu) \tag{9-22}$$

三、桥脚吃水的计算

利用铰力影响线即可求出桥脚反力影响线，在作此影响线以前，首先研究单个门桥作为隔离体的桥脚受力情况，假定单个门桥无铰力作用，仅在门桥末端 A 作用一力 $P=1$，则门桥边舟内产生反力 R_{1A} 和 R_{mA}（图 9-7）。

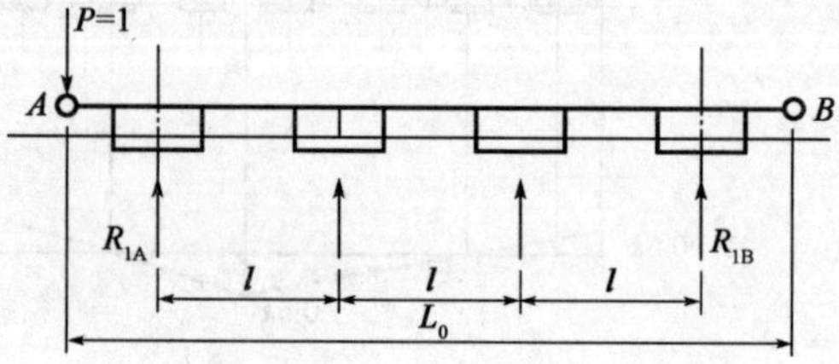

图 9-7　单位力作用在门桥端部时各桥脚的反力

$$\left.\begin{aligned} R_{1A} &= \frac{1}{m} + \frac{uL_0^2(m-1)}{4J_x}F_0 \\ R_{mA} = R_{1B} &= \frac{1}{m} - \frac{uL_0^2(m-1)}{4J_x}F_0 \end{aligned}\right\} \tag{9-23}$$

式中：L_0——门桥长度；

m——门桥中桥脚数；

F_0——单个桥脚的水线面面积；

J_x——门桥水线面面积的惯性矩；

u——门桥桥脚轴线间的距离和门桥长度之比，$u = l/L_0$。

利用公式(9-23)，可求得各种门桥的 R_{1A} 和 R_{1B}，其结果如下。

二舟门桥：

$$R_{1A} = \frac{u+1}{2u}, R_{1B} = \frac{u-1}{2u} \tag{9-24}$$

三舟门桥：

$$R_{1A} = \frac{4u+3}{12u}, R_{1B} = \frac{4u-3}{12u} \tag{9-25}$$

四舟门桥：

$$R_{1A} = \frac{5u+3}{20u}, R_{1B} = \frac{5u-3}{20u} \tag{9-26}$$

五舟门桥：

$$R_{1A} = \frac{2u+1}{10u}, R_{1B} = \frac{2u-1}{10u} \tag{9-27}$$

如在门桥两端铰上有 X_n 和 X_{n+1} 作用，活载作用在该门桥之外时，则边舟的反力为：

$$\left.\begin{aligned} R_1 &= -R_{1A}X_n + R_{1B}X_{n+1} \\ R_m &= -R_{1B}X_n + R_{1A}X_{n+1} \end{aligned}\right\} \tag{9-28}$$

边舟反力影响线即为 X_n 和 X_{n+1} 的影响线各乘一常数(R_{1A} 或 R_{1B}),加上正负号叠加而成,图9-8 是假定 X_n 和 X_{n+1} 都是正号时,得出 R_1 和 R_m 值。

门桥中间舟反力影响线必要时也可用相同的方法求出。亦即反力的大小决定于铰力,所以铰力求出后,反力即可很容易地计算出来了。

由于铰力影响线通过焦点,通过焦点的图形乘上各 R 值仍通过焦点,所以在作桥脚 1 的反力影响线时,只要作出铰 n 和 $n+1$ 下的坐标,n 以左和 $n+1$ 以右通过焦点即可绘出。由于假定桥跨是绝对刚性的,故在该门桥内的影响线不必再用 $P=1$ 作用在该门桥上去求,只需将 $R_{1,n}$ 和 $R_{1,n+1}$ 的坐标用直线连接即可[图 9-9a)]。

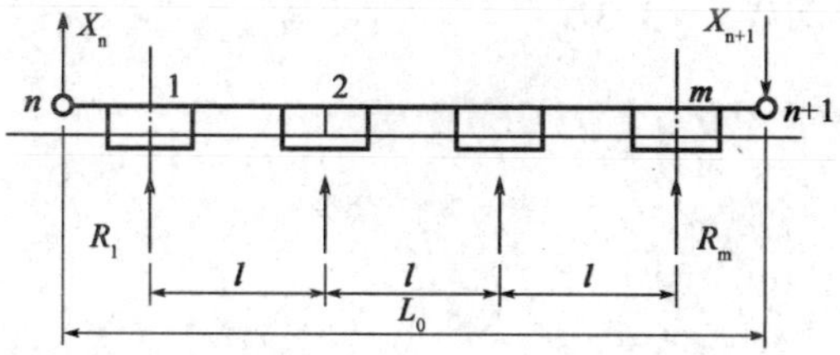

图 9-8 门桥在铰 X_n 和 X_{n-1} 作用时的桥脚反力

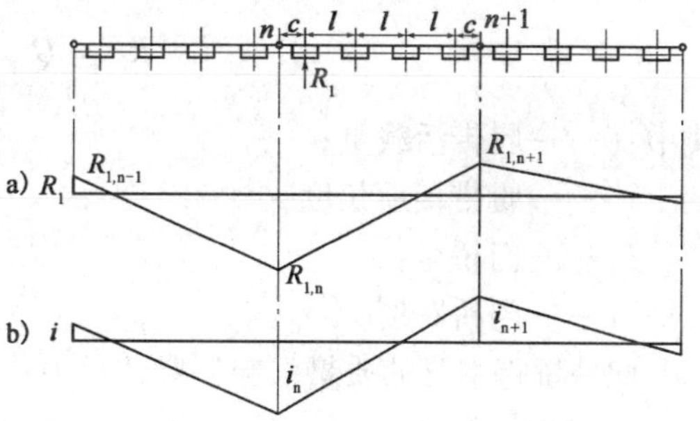

图 9-9 浮桥桥脚反力和纵坡度影响线图

如 $P=1$ 作用在铰 n 上(门桥 $n \sim n+1$ 之外):

$$X_{nn}=-0.5\ ,\ X_{n+1,n}=-0.5k$$

如 $P=1$ 作用在铰 $n+1$ 上(门桥 $n \sim n+1$ 之外):

$$X_{n,n+1}=0.5k\ ,\ X_{n+1,n+1}=0.5$$

利用式(9-28),将以上 X 值代入,得边舟 1 的反力影响线的主要坐标:

$$\left.\begin{aligned} R_{1,n}&=-R_{1A}X_{n,n}+R_{1B}X_{n+1,n}=\frac{R_{1A}-R_{1B}k}{2}\\ R_{1,n+1}&=-R_{1A}X_{n,n+1}+R_{1B}X_{n+1,n+1}=\frac{R_{1B}-R_{1A}k}{2}\end{aligned}\right\} \tag{9-29}$$

将式(9-27)的 R_{1A} , R_{1B} 以及各种门桥的 k 值代入上式,可得出各种门桥边舟反力影响线的主要坐标 R_{1n} 和 $R_{1,n+1}$ 的值。

二舟门桥:

$$R_{1n}=\frac{1}{1+n},R_{1,n+1}=0 \tag{9-30}$$

三舟门桥:

$$R_{1n}=\frac{0.742}{1+1.633n},R_{1,n+1}=-\frac{0.075}{1+1.633n} \tag{9-31}$$

四舟门桥:

$$R_{1n}=\frac{0.585}{1+2.236n},R_{1,n+1}=-\frac{0.085}{1+2.236n} \tag{9-32}$$

根据以上最大坐标值可作出反力影响线,其余各坐标可利用焦点比方法作出。

将履带活载放在影响线最不利位置,桥脚由活载产生的最大反力 R_2 即可求出。

二舟门桥：

$$R_2 = Q\frac{L_0}{L_0 + l}\left(1 - \frac{s}{3L_0 + l}\right) \tag{9-33}$$

三舟门桥：

$$R_2 = Q\frac{0.742L_0}{L_0 + 1.63l}\left(1 - \frac{s}{3.4L_0}\right) \tag{9-34}$$

四舟门桥：

$$R_2 = Q\frac{0.585L_0}{L_0 + 2.24l}\left(1 - \frac{s}{3.3L_0}\right) \tag{9-35}$$

式中：Q——履带活载重；

s——履带接地长度；

L_0——门桥全长；

l——门桥跨度。

此外桥跨本身的质量引起桥脚的反力：

$$R_1 = g_0\frac{L_0}{m} \tag{9-36}$$

式中：g_0——纵长米桥跨本身的质量；

L_0——门桥全长；

m——门桥内桥脚舟的数量。

因此桥脚总反力：

$$R = R_1 + R_2 + G \tag{9-37}$$

式中：G——桥脚自重。

桥脚吃水深度：

$$T = \frac{R}{\gamma F_0} \leqslant [T] \tag{9-38}$$

由荷载在桥梁横方向偏心所产生的附加吃水计算与简支梁体系浮桥相同。而在纵方向，将活载布在最不利位置实际上已考虑到偏心问题，只是舟舷处的附加吃水要比舟轴线处的大些，但相差极小，计算时可不计及。

五舟以上的门桥在求得相应的 R_{1A}、R_{1B} 和 k 值后，同样方法可求出边舟反力影响线的最大坐标和在活载作用下的最大反力 R_2。

在带式门桥中，单个门桥在端部有 $P=1$ 力作用时，门桥两端的变位可用在门桥中央加一对等值的反力的方法求出（图 9-10）。

$$\delta_{AX} = \frac{1}{\gamma F_m}\left(1 + \frac{6x}{L_0}\right) \tag{9-39}$$

当 $x = \frac{L_0}{2}$ 时，$\delta_{AA} = \frac{4}{\gamma F_m}$；

当 $x = -\frac{L_0}{2}$ 时，$\delta_{AB} = \delta_{BA} = -\frac{2}{\gamma F_m}$。

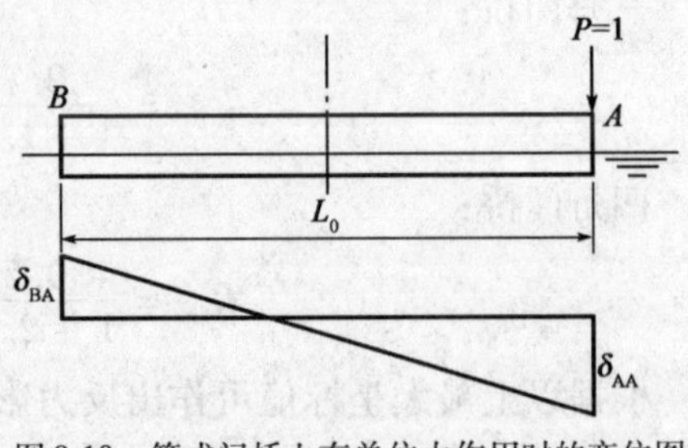

图 9-10 筏式门桥上有单位力作用时的变位图

在门桥两端（n 和 $n+1$）各有铰力 X_n 和 X_{n+1} 作用

时，n 端和 $n+1$ 端的变位式各有两部分叠加：

$$\left.\begin{aligned}\delta_n &= -\delta_{AA}X_n + \delta_{AB}X_{n+1}\\ \delta_{n+1} &= -\delta_{AB}X_n + \delta_{AA}X_{n+1}\end{aligned}\right\} \tag{9-40}$$

利用上式可求出铰 n 的变位影响线。

如 $P=1$ 作用在 n 上(左侧)，从门桥 $n,n+1$ 中得到：

$$X_{nn} = -0.5, X_{n+1,n} = -0.5k, k = -0.268$$

$$\delta_{nn} = \frac{4}{\gamma F_m}\times 0.5 - \frac{2}{\gamma F_m}\times 0.5\times 0.268$$

整理后得：

$$\delta_{nn} = \frac{1.73}{\gamma F_m} \tag{9-41}$$

如 $P=1$ 作用在 n+1 上，同样可求出：

$$\delta_{n,n+1} = -\frac{0.46}{\gamma F_m} \tag{9-42}$$

$$\delta_{n,n-1} = \delta_{n,n+1}$$

此影响线在 $n-1$ 以左和 $n+1$ 以右部分通过焦点，在 $n-1$，n 和 $n+1$ 之间直线连接，见图9-11。

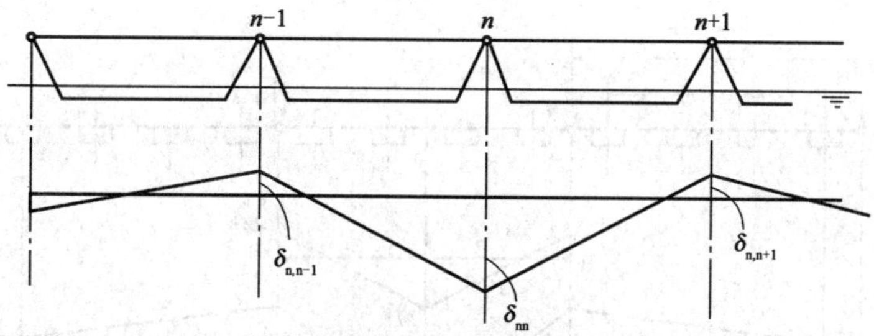

图9-11　带式浮桥铰 n 的变位影响线图

影响线作出后，把活载放在最不利位置，由活载作用的 n 点最大吃水为：

$$\delta_2 = \frac{1.73Q}{\gamma F_m}\left(1 - \frac{s}{3.16L_0}\right) \tag{9-43}$$

铰接悬臂梁体系浮桥中的反力和吃水计算公式列于表9-1。

四、纵向坡度

纵向坡度等于两边舟吃水之差与其间距之比，用式(9-44)计算：

$$i = \frac{R_1 - R_m}{\gamma F_0 l_0} \tag{9-44}$$

式中：R_1、R_m ——桥节门桥内边舟反力；

l_0 ——门桥边舟轴线间距离；

F_0 ——桥脚水线面面积。

根据计算结果，将各种门桥的纵向坡度影响线的主要坐标列在下面。

二舟门桥：
$$i_n = \frac{1+k}{2u}\cdot\frac{1}{\gamma F_0 l_0}, i_{n+1} = -\frac{1+k}{2u}\cdot\frac{1}{\gamma F_0 l_0} \tag{9-45}$$

三舟门桥：
$$i_n = \frac{1+k}{2u}\cdot\frac{0.816}{\gamma F_0 l_0}, i_{n+1} = -\frac{1+k}{2u}\cdot\frac{0.816}{\gamma F_0 l_0} \tag{9-46}$$

四舟门桥：
$$i_n = \frac{1+k}{2u} \cdot \frac{0.671}{\gamma F_0 l_0}, i_{n+1} = -\frac{1+k}{2u} \cdot \frac{0.671}{\gamma F_0 l_0} \tag{9-47}$$

根据影响线的主坐标可作出影响线，在 n 点以左和 $n+1$ 点以右通过焦点，在 n 和 $n+1$ 之间用直线连接，见图 9-9b）。

纵坡度的影响线作出后，把活载 Q 布置在最不利位置，可求出在活载作用下的纵坡度，对于二舟门桥组成的浮桥：

$$i_{max} = \frac{Q}{\gamma F_0} \cdot \frac{L_0}{l(L_0+l)} \cdot \left(1 - \frac{s}{2L_0+l}\right) \tag{9-48}$$

由其他各种门桥组成的浮桥的 i_{max} 计算公式见表 9-1。

由静载引起的纵坡度显然等于零。

五、桥跨弯矩

最大弯矩产生在门桥中央截面内，该截面的弯矩影响线方程可看作单个门桥受力和两端铰力影响三部分组成：

$$M_{0x} = M_{0x}^0 - M_{0n}^0 X_{n,x} + M_{0,n+1}^0 X_{n+1,x} \tag{9-49}$$

由图 9-1 和图 9-12 可知，不论带式门桥或分置式桥脚门桥，均是：

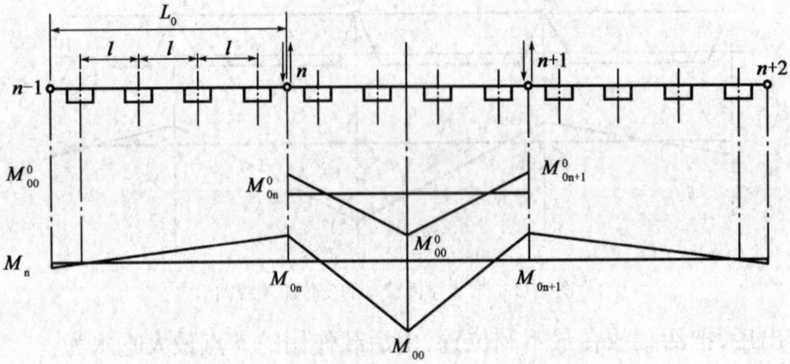

图 9-12　铰接悬臂梁体系浮桥的弯矩影响线

$$M_{00}^0 = \frac{c_0}{2} \tag{9-50}$$

$$M_{0n}^0 = M_{0,n+1}^0 = -\frac{L_0 - 2c_0}{4} \tag{9-51}$$

如 $P=1$ 作用在铰 n（左侧）上：

$$\begin{aligned} M_{0n} &= M_{0n}^0 - M_{0n}^0 X_{n,n} + M_{0,n+1}^0 X_{n+1,n} \\ &= -\frac{L_0 - 2c_0}{4} \cdot \frac{1}{2} + \frac{L_0 - 2c_0}{4} \cdot \frac{k}{2} \\ &= -\frac{L_0 - 2c_0}{8}(1-k) \end{aligned}$$

因 $1 - k = \frac{2L_0}{L_0 + 2r}$，所以 $M_{on} = -\frac{L_0}{L_0+2r} \cdot \frac{L_0 - 2c_0}{4}$。

如 $P=1$ 作用在铰 $n+1$（右侧）上，$M_{0,n+1} = M_{0,n}$。

如 $P=1$ 作用在门桥中央点 O 上，

$$X_{n0}=\frac{X_{nn}+X_{nn+1}}{2}=\frac{\frac{1}{2}+\frac{k}{2}}{2}=\frac{1+k}{4},X_{n+1,0}=\frac{X_{n+1,n+1}+X_{n+1,n}}{2}=\frac{-\frac{1}{2}-\frac{k}{2}}{2}$$

$$=-\frac{1+k}{4},M_{00}=M_{00}^{0}-M_{0n}^{0}X_{n,0}+M_{0,n+1}^{0}X_{n+1,0}$$

$$=\frac{c_0}{2}+\frac{L_0-2c_0}{4}\cdot\frac{1+k}{4}+\frac{L_0-2c_0}{4}\cdot\frac{1+k}{4}$$

$$=\frac{c_0}{2}+\frac{L_0-2c_0}{8}(1+k)。$$

因$1+k=\frac{4r}{L_0+2r}$，所以$M_{oo}=\frac{L_0}{L_0+2r}\cdot\frac{c_0+r}{2}$。

将各种门桥相应的r和c_0代入上述公式中，得以下结果。

二舟门桥：
$$\left.\begin{aligned}M_{0n}&=-\frac{1-u}{1+u}\cdot\frac{L_0}{4}\\M_{00}&=\frac{2u}{1+u}\cdot\frac{L_0}{4}\end{aligned}\right\}\tag{9-52}$$

三舟门桥：
$$\left.\begin{aligned}M_{0n}&=-\frac{L_0}{1+1.633u}\left(0.25-0.33u-\frac{\eta u}{12}\right)\\M_{00}&=\frac{uL_0}{1+1.633u}\left(0.7416+\frac{\eta}{12}\right)\end{aligned}\right\}\tag{9-53}$$

四舟门桥：
$$\left.\begin{aligned}M_{0n}&=-\frac{1-2u}{1+2.236u}\cdot\frac{L_0}{4}\\M_{00}&=\frac{4.236u}{1+2.236u}\cdot\frac{L_0}{4}\end{aligned}\right\}\tag{9-54}$$

带式门桥：
$$\left.\begin{aligned}M_{0n}&=-\frac{0.634}{8}L_0\\M_{00}&=\frac{1.366}{8}L\end{aligned}\right\}\tag{9-55}$$

利用M_{0n}和M_{00}可作出门桥中央点弯矩影响线。n点以左和$n+1$点以右的弯矩影响线通过焦点。

弯矩影响线的正段长度等于$\lambda_M=4M_{00}$，因此在门桥中央由活载引起的最大弯矩为：

$$M_2=QM_{00}\left(1-\frac{s}{8M_{00}}\right)=\frac{Q}{8}(8M_{00}-s)\tag{9-56}$$

各种门桥的M_2算式列于表9-2。

因为在静载作用下铰力等于零，所在静载作用下的弯矩与单个门桥的弯矩一样。

一根桥桁内最大弯矩为：

$$M=\frac{M_1}{N}+k_1(1+\mu)M_2\tag{9-57}$$

式中：k_1——横向分配系数；

$1+\mu$——冲击系数。

表 9-2

铰接悬臂梁体系浮桥河中部分主要参数计算公式表

参　数	带式门桥	分置式桥脚浮桥中门桥舟数		
		2	3	4
铰力 X_2	$\frac{Q}{2}\left(1-\frac{s}{1.58L_0}\right)$	$\frac{Q}{2}\left(1-\frac{s}{L_0+l}\right)$	$\frac{Q}{2}\left(1-\frac{s}{L_0+1.6l}\right)$	$\frac{Q}{2}\left(1-\frac{s}{L_0+2.2l}\right)$
门桥边舟反力 R_2 或带式门桥铰的变位 σ_2	$\frac{1.73Q}{\gamma F_m}\left(1-\frac{s}{3.16L_0}\right)$	$Q\cdot\frac{L_0}{L_0+l}\left(1-\frac{s}{3L_0+l}\right)$	$Q\cdot\frac{0.742L_0}{L_0+1.63l}\left(1-\frac{s}{3.4L_0}\right)$	$Q\cdot\frac{0.585L_0}{L_0+2.24l}\left(1-\frac{s}{3.3L_0}\right)$
门桥纵坡度 i_{max}	$\frac{2.2Q}{\gamma F_m L_0}\left(1-\frac{s}{2.58L_0}\right)$	$\frac{Q}{\gamma F_0}\cdot\frac{L_0}{l(L_0+l)}\left(1-\frac{s}{2L_0+l}\right)$	$\frac{Q}{\gamma F_0}\cdot\frac{0.408L_0}{l(L_0+1.63l)}\left(1-\frac{s}{2.5L_0}\right)$	$\frac{Q}{\gamma F_0}\cdot\frac{0.224L_0}{l(L_0+2.24l)}\left(1-\frac{s}{2.6L_0}\right)$
门桥中央弯矩 M_2	$\frac{Q}{s}(1.37L_0-s)$	$\frac{Q}{8}\left(\frac{4L_0l}{L_0+l}-s\right)$	$\frac{Q}{8}\left(2L_0-\frac{2.97l+0.333B}{L_0+1.63l}-s\right)$	$\frac{Q}{8}\left(\frac{8.47L_0l}{L_0+2.24l}-s\right)$

注：L_0 为门桥长度；l 为跨度；B 为桥脚舟宽度；Q 为活载全重；s 为履带接地长度；F_0 为一个桥脚舟的计算水线面面积；F_m 为带式门桥的计算水线面面积。

第二节　浮桥过渡部分的计算

铰接悬臂梁体系浮桥的过渡部分是做成浮游栈桥的形式，它的一端用铰与河中部分相连，另一端支撑在岸边或固定桥脚上。在计算时应先算出铰力，然后再计算过渡部分的浮游桥脚反力、固定桥脚反力，纵坡度和桥桁弯矩，计算时一般作为绝对刚体考虑，即不计桥跨的柔度。

一、铰力影响线

铰力影响线的做法和河中部分相似，将铰切开后用一单位错动即作出铰力影响线。如以 δ_{nn} 表示河中部分末端在单位力作用下的变位，以 δ'_{nn} 表示过渡部分末端在单位力作用下的变位，则影响线的最大坐标可用下式表示。

当 $P=1$ 时作用在铰上（河中部分一侧）时：

$$X=\frac{\delta_{nn}}{\delta_{nn}+\delta'_{nn}} \tag{9-58}$$

当 $P=1$ 作用在铰上（过渡部分一侧）时：

$$X'=\frac{\delta'_{nn}}{\delta_{nn}+\delta'_{nn}} \tag{9-59}$$

以上的主要坐标求出后，河中部分其他点的铰力影响线坐标可通过焦点法求出，过渡部分只要和岸边支点（或固定桥脚点）相连即可，见图 9-13a）。

现在先求 δ_{nn}，在河中部分末端作用力 $P=1$［图 9-13a）］，根据河中部分铰力计算原理，在铰 $n+1$ 处有铰力 X_{n+1}，且 $X_{n+1}=-k$。

因此在左侧末端门桥上，作用着 $P=1$ 和 $X_{n+1}=-k$ 两个力，n 点的变位为这两个力引起的变位的叠加［图 9-13b）］：

$$\delta_{nn}=\delta_{AA}-k\delta_{AB} \tag{9-60}$$

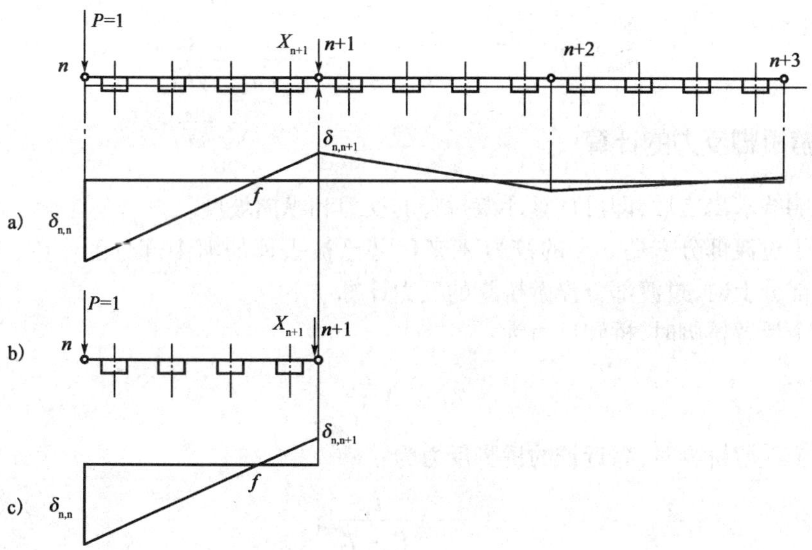

图 9-13　河中部分末端在 $P=1$ 作用下的变位

δ_{AA} 和 δ_{AB} 的意义同前，将 $\delta_{AA}=\dfrac{1}{\gamma F_m}\left(\dfrac{L_0^2}{4r^2}+1\right)$，$\delta_{AB}=-\dfrac{1}{\gamma F_m}\left(\dfrac{L_0^2}{4r^2}-1\right)$，$k=\dfrac{L_0-2r}{L_0+2r}$

代入式(9-60)，得：

$$\delta_{nn}=\frac{1}{\gamma F_m}\frac{L_0}{r} \tag{9-61}$$

δ'_{nn} 的求法如图 9-14 所示。

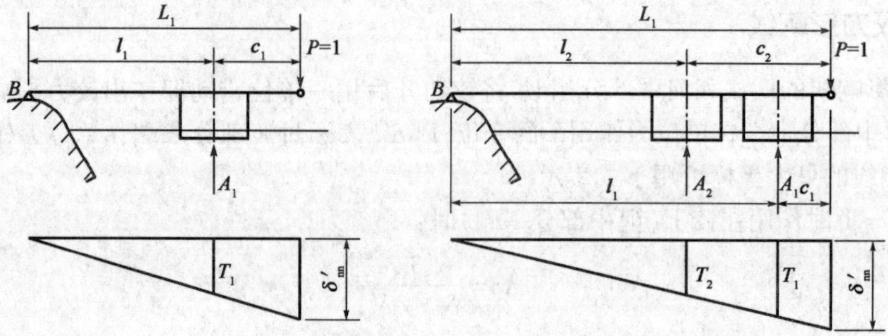

图 9-14　过渡部分末端在 $P=1$ 作用下的变位

$\delta'_{nn}=\dfrac{L_1}{l_1}\cdot T_1$；而 $T_1=\dfrac{A_1}{\gamma F_1}$，$A_1=\dfrac{l_1+c_1}{l_1}$。则：

$$\delta'_{nn}=\frac{L_1}{l_1}\cdot T_1=\left(\frac{L_1}{l_1}\right)^2\cdot\frac{1}{\gamma F_1} \tag{9-62}$$

对于有两个浮桥脚的过渡部分，因 $T_2=T_1\cdot\dfrac{l_2}{l_1}$ 即，$A_2=A_1\dfrac{l_2}{l_1}$。

对岸端取力矩：

$L_1-A_1\cdot l_1-A_2\cdot l_2=0$，即：$L_1-A_1\cdot l_1-A_1\cdot\dfrac{l_2^2}{l_1}=0$，则：$A_1=\dfrac{l_1}{l_1^2+l_2^2}L_1$。

$$\delta'_{nn}=T_1\cdot\frac{L_1}{l_1}=\frac{A_1}{\gamma F_1}\cdot\frac{L_1}{l_1}=\frac{L_1^2}{l_1^2+l_2^2}\cdot\frac{1}{\gamma F_1} \tag{9-63}$$

二、浮游桥脚反力的计算

铰力影响线求出之后，即可计算浮游桥脚的反力和纵向坡度。

以作用于过渡部分末端 n 点的铰力 X 来代替已被去掉的河中部分的作用，于是当 $P=1$ 作用在河中部分上时，过渡部分浮游桥脚的反力计算如下。

当有一个浮游桥脚时，桥脚反力为：

$$A_1=X\frac{L_1}{l_1} \tag{9-64}$$

当有两个浮游桥脚时，靠近铰的桥脚反力为：

$$A_1=X\frac{l_1}{l_1^2+l_2^2}L_1 \tag{9-65}$$

因此反力影响线即铰力影响线乘一常数[图 9-15b)]，因此，这部分影响线也通过焦点。

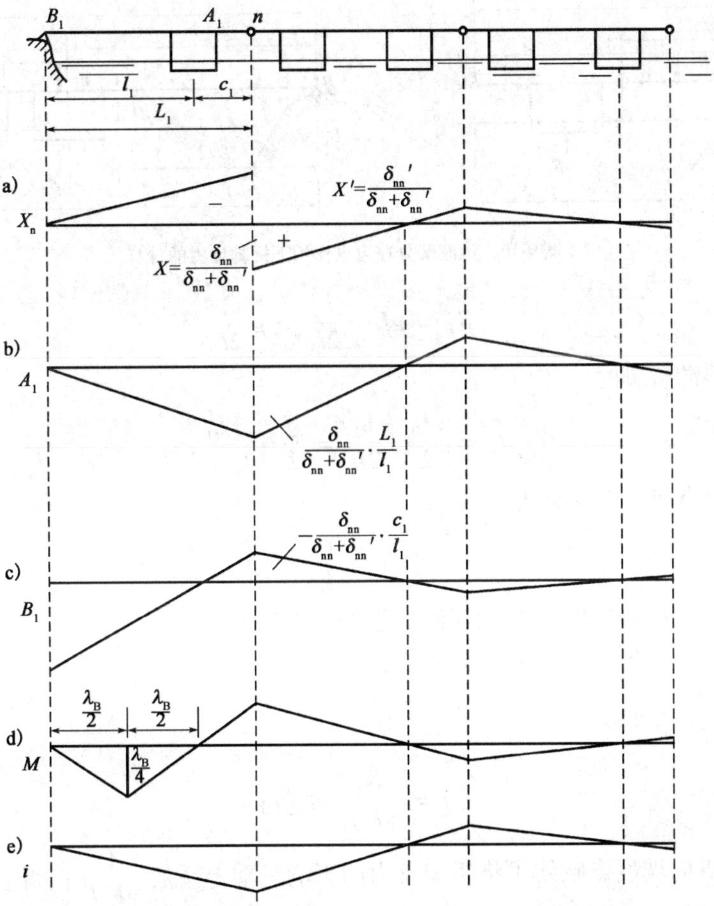

图 9-15　过渡部分各影响线图

当 $P=1$ 作用在过渡部分上时，这部分的影响线只要把端部和铰处的坐标连成即可。将活载设置在影响线最不利位置可得最大反力 R_2。

反力影响线的最大正坐标为 $A_{1n}=\dfrac{\delta_{nn}}{\delta_{nn}+\delta'_{nn}}\cdot\dfrac{L_1}{l_1}$，正段长度 $\lambda_R=L_1+\dfrac{L_0}{2}+r$。由履带式荷载 Q 引起的浮游桥脚的最大反力为：

$$R_2=QA_{1n}\left(1-\frac{s}{2L_1+L_0+2r}\right)\tag{9-66}$$

当浮游栈桥由两个浮游桥脚组成时，靠近铰的桥脚 1 的反力影响线 A_{1x} 的形状与单式浮游桥脚的相同，只是主坐标 A_{1n} 不同，为：

$$A_{1n}=\frac{\delta_{nn}}{\delta_{nn}+\delta_{nn}^{1}}\cdot\frac{l_1L_1}{l_1^2+l_2^2}\tag{9-67}$$

活载引起的反力也按公式(9-66)计算通常在结合浮桥时，使要连接的过渡部分和河中部分末端位于同一水平面上，使浮桥河中部分的桥跨自重对过渡部分不引起任何压力。这样，过渡部分内由浮桥自重所引起的浮游桥脚反力计算如下(图 9-16)。

当有一个浮游桥脚时：

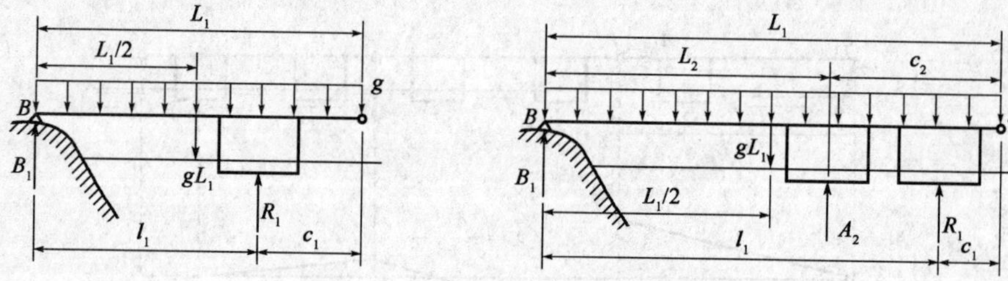

图 9-16　过渡部分在自重作用下桥脚反力的计算

$$R_1 = gL_1 \cdot \frac{L_1}{2l_1} = g\frac{L_1^2}{2l} \tag{9-68}$$

当有两个浮游桥脚时：

$$R_1 = \frac{gL_1}{2} \cdot \frac{L_1}{2l_0} = \frac{g}{2} \cdot \frac{L_1^2}{l_1 + l_2} \tag{9-69}$$

浮游栈桥的纵向坡度计算为：

$$i = \frac{T_2}{l_1} \tag{9-70}$$

式中：T_2 ——离岸边桥脚 B_1 最远的浮游桥脚的吃水深度；

l_1 ——该浮游桥脚至岸边桥脚的距离。

但因 $T_2 = \dfrac{R_2}{\gamma F_1}$，所以：

$$i = \frac{R_2}{\gamma F_1 l_1} \leqslant [i] \tag{9-71}$$

由此可见，纵向坡度影响线可将桥脚反力的影响线乘上系数 $\dfrac{1}{\gamma F_1 l_1}$ 而得。

以上是按过渡部分原为水平状态即初坡度为零时的情况计算的。

履带式活载 Q 引起的最大纵向坡度 i 按式(9-72)计算：

$$i = \frac{QA_{1n}}{\gamma F_1 l_1}\left(1 - \frac{s}{2L_1 + L_0 + 2r}\right) \leqslant [i] \tag{9-72}$$

式中：$[i]$ ——容许纵坡度，为 8%。

三、固定桥脚的计算

固定桥脚（岸边桥脚）反力根据上述方法也可求得，当 $P = 1$ 作用在河中部分上时，固定桥脚 B 的反力计算如下：

当浮游栈桥为一个浮游桥脚时：

$$B = -X\frac{c_1}{l_1} \tag{9-73}$$

最大坐标为：

$$B_{\mathrm{Bn}} = -\frac{\delta_{\mathrm{nn}}}{\delta_{\mathrm{nn}} + \delta'_{\mathrm{nn}}} \cdot \frac{c_1}{l_1} \tag{9-74}$$

当浮游栈桥为两个浮游桥脚时：

$$B = -X\frac{c_1 l_1 + c_2 l_2}{l_1^2 + l_2^2} \tag{9-75}$$

最大坐标为：

$$B_{\mathrm{Bn}} = -\frac{\delta_{\mathrm{nn}}}{\delta_{\mathrm{nn}} + \delta'_{\mathrm{nn}}} \cdot \frac{c_1 l_1 + c_2 l_2}{l_1^2 + l_2^2} \tag{9-76}$$

桥脚 B 在河中部分上的反力影响线其他坐标可通过焦点法求出。

当 $P=1$ 作用在过渡部分上时，$B_{\mathrm{BB}} = 1$，用 B_{BB} 和 B_{Bn} 连接，就绘出过渡部分范围内的桥脚 B 的反力影响线计算如下。

影响线正段长度为：

$$\lambda_{\mathrm{B}} = \frac{1}{1 - B_{\mathrm{Bn}}} \cdot L_1 \tag{9-77}$$

由履带式活载 Q 引起的桥脚最大反力为：

$$B_2 = Q\left(1 - \frac{s}{\lambda_{\mathrm{B}}}\right) \tag{9-78}$$

由履带式活载 Q 引起的桥脚最大反负力为：

$$B'_2 = QB_{\mathrm{Bn}}\left(1 - \frac{s}{2\lambda_{\mathrm{B}}}\right) \tag{9-79}$$

影响线的负段长度为：

$$\lambda'_{\mathrm{B}} = L_1 - \lambda_{\mathrm{B}} + \frac{L_0}{2} + r \tag{9-80}$$

由于桥脚负反力的作用，必须验算稳定，要使稳定系数 $K = \frac{B_1}{B'_2} \geqslant 1.2$，其中 B_1 为由桥跨自重引起的反力：为一个浮游桥脚时 $B_1 = \frac{gL_1}{2l_1}(l_1 - c_1)$；为两个浮游桥脚时 $B_1 = \frac{gL_1}{l_1 + l_2}(l_2 - c_1)$。

四、桥跨弯矩的计算

首先要确定产生最大弯矩截面的位置。

如 $P=1$ 作用于离固定桥脚 x 远点处，则该点的弯矩等于：$M_{\mathrm{x}} = B_{\mathrm{Bx}} \cdot x$，此时根据桥脚 B 的影响线：

$$B_{\mathrm{Bx}} = \frac{1}{\lambda_{\mathrm{B}}}(\lambda_{\mathrm{B}} - x) \tag{9-81}$$

得：

$$M_{\mathrm{x}} = \frac{x}{\lambda_{\mathrm{B}}}(\lambda_{\mathrm{B}} - x) \tag{9-82}$$

求出最大弯矩处的位置：

$\frac{\mathrm{d}M}{\mathrm{d}x} = 0$，得 $x = \lambda_{\mathrm{B}}/2$，则 $M_{\max} = \frac{\lambda_{\mathrm{B}}}{4}$。

这样，M 的影响线就可画出[图 9-15d)]，即能求过渡部分的桥桁弯矩。

当 $P = 1$ 作用在河中部分上时，影响线同样通过焦点。在离固定桥脚 $\lambda_{\mathrm{B}}/2$ 处的截面的最大活载弯矩为：

$$M_2 = \frac{Q}{2}(2\lambda_{\mathrm{B}} - s) \tag{9-83}$$

由自重产生的弯矩按图 9-16 计算：

$$M_1 = \frac{B_1 \cdot \lambda_B}{2} - \frac{g}{8}\lambda_B^2 \tag{9-84}$$

第三节 计 算 示 例

一、河中部分示例

【例题9-1】 用焦点法计算铰接悬臂梁体系浮桥河中部分的浮性、稳性、纵坡度和桥桁强度。

已知数据：

(1)计算载重：履带式活载全重 $Q = 120\text{kN}$，活载全宽 $B_C = 2.3\text{m}$，履带接地长 $s = 2.4\text{m}$。

(2)静载：桥跨自重 $g = 3.5\text{kN/m}$，桥脚舟自重 $G = 15\text{kN}$。

(3)桥跨组成：桥跨由6根工字钢等间距排列而成，桥面宽度 $b_0 = 3.2\text{m}$，边桁间距 $b_1 = 3.2\text{m}$，工字钢型号为I22，每根桥桁的截面惯性矩 $J = 3\,400\text{cm}^4$，断面系数 $W = 309\text{cm}^3$，容许应力 $[\sigma] = 300\text{MPa}$。

(4)门桥组成：四舟门桥，$L_0 = 12\text{m}$，跨度 $l = 3.2\text{m}$，悬臂 $c = 1.2\text{m}$。

(5)浮游桥脚为开口式木舟。有效舷高 $H = 0.75\text{m}$，桥跨宽度 $B = 2.0\text{m}$，桥脚长 $L = 10\text{m}$，计算水线面面积 $F_0 = 17.60\text{m}^2$。

计算过程：

(1)浮性计算

计算门桥 $(n, n+1)$ 内桥脚 A 的吃水值，由桥跨结构自重引起的反力：

$$R_1 = \frac{gL_0}{n} = 3.5 \times \frac{12}{4}\text{kN} = 10.5\text{kN}$$

由活载引起的反力，根据表9-1中公式：

$$R_2 = Q\frac{0.585L_0}{L_0 + 2.24l}\left(1 - \frac{s}{3.3L_0}\right) = 120 \times \frac{0.585 \times 12}{12 + 2.24 \times 3.2}\left(1 - \frac{2.4}{3.3 \times 12}\right)\text{kN} = 41.3\text{kN}$$

舟的总反力：$R = R_1 + R_2 + G = (10.5 + 41.3 + 15)\text{kN} = 66.8\text{ kN}$

吃水：
$$T = \frac{R}{\gamma F_0} = \frac{66.8}{10 \times 17.60}\text{m} = 0.38\text{m}$$

$[T] = \frac{2}{3}H = \frac{2}{3} \times 0.75\text{m} = 0.5\text{m}$；$T < [T]$。

(2)稳性计算

由活载在桥梁横方向偏心所产生的附加吃水：

$$\Delta T = \frac{R_2 e}{\gamma J_0} \cdot \frac{L}{2};\ e = \frac{b_0 - B_c}{2} = \frac{3.2 - 2.3}{2}\text{m} = 0.45\text{m};\ J_0 = \frac{FL^2}{12} = \frac{17.6 \times 10^2}{12}\text{m}^4 = 146.67\text{m}^4$$

$$\Delta T = \frac{4.13 \times 0.45}{1 \times 146.7} \times \frac{10}{2}\text{m} = 0.063\text{m};\ T' = T + \Delta T = (0.38 + 0.063)\text{m} = 0.44\text{m}$$

干舷高度 $h_0 = H - T' = 0.75\text{m} - 0.44\text{m} = 0.31\text{m} > 0.20\text{ m}$，安全。

(3)桥桁强度计算

由静载引起的桥桁弯矩：

$$\lambda_0 = 2l = 2 \times 3.2\text{m} = 6.4\text{m}$$

$$M_1 = \frac{gL_0}{8}(2\lambda_0 - L_0) = \frac{3.5 \times 12}{8} \times (2 \times 6.4 - 12)\text{kN}\cdot\text{m} = 4.2\text{kN}\cdot\text{m}$$

由活载引起的桥跨弯矩：

$$M_2 = \frac{Q}{8}\left(\frac{8.47L_0 l}{L_0 + 2.24l} - s\right) = \frac{120}{8}\left(\frac{8.47 \times 12 \times 3.2}{12 + 2.24 \times 3.2} - 2.4\right)\text{kN}\cdot\text{m} = 218.5\text{kN}\cdot\text{m}$$

横向分配系数：

$$k_1 = \frac{1}{n}\left(1 + \frac{be}{b_0}\cdot\frac{n-1}{n+1}\right) = \frac{1}{6}\left(1 + \frac{6 \times 0.45}{3.2}\cdot\frac{6-1}{6+1}\right) = 0.267$$

单根桥桁的弯矩：

$$M' = \frac{M_1}{n} + k_1(1+\mu)M_2 = \frac{4.2}{6} + 0.267 \times 1.15 \times 218.5\text{kN}\cdot\text{m} = 67.79\text{kN}\cdot\text{m}$$

弯曲应力：

$$\sigma = \frac{M'}{W} = \frac{67.79 \times 10^6}{309 \times 10^3}\text{MPa} = 219.4\text{MPa} < [\sigma] = 300\text{MPa}，安全。$$

(4)桥面纵坡度计算

根据表 9-1 中公式，

最大纵坡度：

$$i_{\max} = \frac{Q}{\gamma F_0}\cdot\frac{0.224L_0}{l(L_0 + 2.24l)}\left(1 - \frac{s}{2.6L_0}\right) = \frac{120}{10 \times 17.6} \times \frac{0.224 \times 12}{3.2 \times (12 + 2.24 \times 3.2)} \times \left(1 - \frac{2.4}{2.6 \times 12}\right) = 2.76\% < 6\%，安全。$$

二、岸边部分计算示例

【例题 9-2】 计算铰接悬臂梁体系过渡部分的桥脚反力和桥桁强度。

已知数据：过渡部分全长 $L_1 = 9\text{m}$，设置两个浮游桥脚，跨度各为 $l_1 = 7.8\text{m}$，$l_2 = 5.5\text{m}$，悬臂梁 $c_1 = 1.2\text{m}$，$c_2 = 3.5\text{m}$，桥脚舟的水线面面积 $F_0 = 17.6\text{m}^2$，布置见图 9-17，河中部分数据见例题 9-1。

(1)铰力影响线

$$u = \frac{3.2}{12} = 0.267$$

焦点比：$k = -\frac{1 - 2.236u}{1 + 2.236u} = -\frac{1 - 2.236 \times 0.267}{1 + 2.236 \times 0.267} = -0.252$；$r = 1.118l = 1.118 \times 3.2\text{m} = 3.578\text{m}$

单位力作用在河中部分末端(自由端)时，末端的变位：

$$\delta_{nn} = \frac{1}{\gamma F_m}\cdot\frac{L_0}{r} = \frac{1}{10 \times 17.6 \times 4} \times \frac{12}{3.578} = 0.00476$$

单位力作用在过渡部分末端(无铰力作用)上时该末端的变位为：

$$\delta'_{nn} = \frac{L_1^2}{l_1^2 + l_2^2}\cdot\frac{1}{\gamma F_0} = \frac{9^2}{7.8^2 + 5.5^2} \times \frac{1}{10 \times 17.6} = 0.00505$$

过渡部分铰力影响线主要坐标，在 n 上为：

$$X_{nn} = \frac{-\delta'_{nn}}{\delta_{nn} + \delta'_{nn}} = \frac{-0.00505}{0.00476 + 0.00505} = -0.515 \quad (左侧)$$

$$X_{nn} = \frac{\delta_{nn}}{\delta_{nn} + \delta'_{nn}} = \frac{0.00476}{0.00476 + 0.00505} = 0.485 \qquad (右侧)$$

在 $n+1$ 上为：

$$X_{n,n+1} = -kX_{nn} = 0.252 \times 0.485 = 0.1222$$

根据主要坐标值作出铰 n 的铰力影响线，见图 9-17a)。

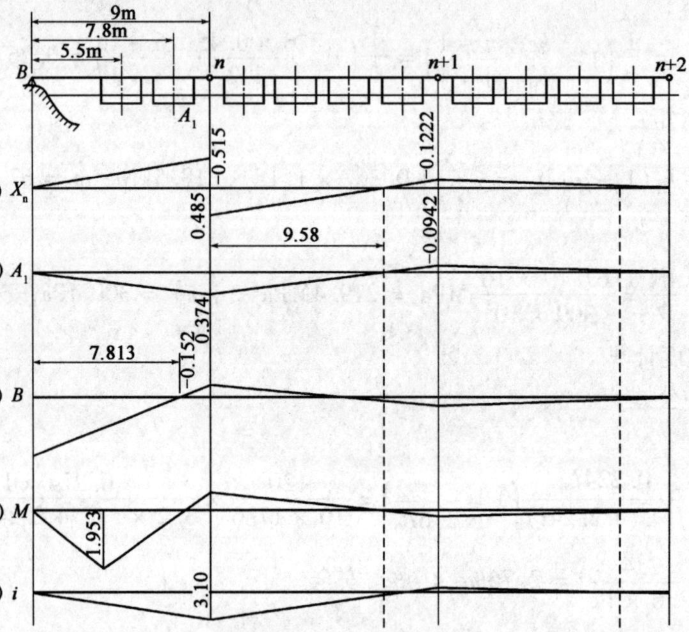

图 9-17 过渡部分铰力、桥脚反力和弯矩影响线图

(2)浮游桥脚反力的计算

$P=1$ 作用在铰 n 处，桥脚 1 的反力为：

$$A_{1n} = \frac{\delta_{nn}}{\delta_{nn} + \delta'_{nn}} \cdot \frac{l_1}{l_1^2 + l_2^2} \cdot L_1 = 0.485 \times \frac{7.8}{7.8^2 + 5.5^2} \times 9 = 0.374$$

$P=1$ 作用在铰 $n+1$ 处，桥脚 1 的反力为：

$$A_{1,n+1} = 0.374k = -0.374 \times 0.252 = -0.0942$$

根据以上桥脚反力影响线主要坐标，可作出反力影响线如图 9-17b)所示。

影响线在 $n+1$ 以左的正段长度 λ_R 为：

$$\lambda_R = L_1 + \frac{L_0}{2} + r = 9\text{m} + \frac{12}{2}\text{m} + 3.578\text{m} = 18.58\text{m}$$

在活载作用下的最大桥脚反力：

$$R_2 = QA_{1n}\left(1 - \frac{s}{2\lambda_R}\right) = 120 \times 0.374 \times \left(1 - \frac{2.4}{2 \times 18.58}\right)\text{kN} = 42.0\text{kN}$$

在静载作用下桥脚反力为：

$$R_1 = \frac{g}{2} \cdot \frac{L_1^2}{l_1 + l_2} = \frac{3.5}{2} \times \frac{9^2}{7.8 + 5.5}\text{kN} = 10.66\text{kN}$$

桥脚舟总反力为：

$$A = R_1 + R_2 + G_1 = 10.66\text{kN} + 42.0\text{kN} + 15.00\text{kN} = 67.66\text{kN}$$

舟的吃水：

$$T = \frac{A}{\gamma F_0} = \frac{67.66}{10 \times 17.6}\text{m} = 0.384\text{m}$$

由荷载在桥梁横方向偏心所产生的附加吃水为：

$$\Delta T = \frac{R_2 e}{\gamma J_0} \cdot \frac{L}{2} = \frac{42.0 \times 0.45}{10 \times 146.7} \times \frac{10}{2}\text{m} = 0.064\text{m}$$

$$T' = T + \Delta T = 0.384\text{m} + 0.064\text{m} = 0.448\text{m}$$

干舷高：

$$h_0 = H - T' = 0.75\text{m} - 0.448\text{m} = 0.302\text{m} > 0.20\text{m}\text{，安全。}$$

(3)固定桥脚反力计算

固定桥脚影响线的主要坐标值：$B_{\text{BB}} = 1$

$$B_{\text{Bn}} = -\frac{\delta_{\text{nn}}}{\delta_{\text{nn}} + \delta'_{\text{nn}}} \cdot \frac{c_1 l_1 + c_2 l_2}{l_1^2 + l_2^2} = -0.485 \times \frac{1.2 \times 7.8 + 3.5 \times 5.5}{7.8^2 + 5.5^2} = -0.152$$

正段长度：

$$\lambda_{\text{B}} = \frac{L_1}{1 - B_{\text{Bn}}} = \frac{9}{1 + 0.152} = 7.813\text{m}$$

在活载作用下固定桥脚的最大反力为：

$$B_2 = Q\left(1 - \frac{s}{2\lambda_{\text{B}}}\right) = 120 \times \left(1 - \frac{2.4}{2 \times 7.813}\right)\text{kN} = 101.6\ \text{kN}$$

在静载和活载共同作用下，固定桥脚反力：

$$B = B_1 + B_2 = 10.18\text{kN} + 101.6\text{kN} = 111.78\text{kN}$$

以此反力计算固定桥脚各部分构件。

在活载作用下的最大负反力：

$$B'_2 = QB_{1\text{n}}\left(1 - \frac{s}{2\lambda'_{\text{B}}}\right)$$

负段长度：

$$\lambda'_{\text{B}} = L_1 - \lambda_{\text{B}} + \frac{L_0}{2} + r = 9\text{m} - 7.813\text{m} + 6\text{m} + 3.58\text{m} = 10.767\text{m}$$

$$B'_2 = 120 \times 0.152 \times \left(1 - \frac{2.4}{2 \times 10.767}\right)\text{kN} = 16.2\text{kN}$$

稳定系数：

$$K = \frac{B_1}{B'_2} = \frac{1.018}{1.62} = 0.628 < 1.2$$

不满足稳定要求，需用人工方法固定。

(4)桥面纵坡度的计算

过渡部分的纵坡度见图9-17e)：

$$i = \frac{R_2}{\gamma F_1 l_1} = \frac{42.0}{10 \times 17.6 \times 7.8} = 0.031 = 3.1\% < 6\%\text{，安全。}$$

(5)桥桁强度计算

桥跨弯矩最大点在离固定桥脚 $\frac{\lambda_{\text{B}}}{2} = \frac{7.813}{2}\text{m} = 3.907\text{m}$ 处，作其弯矩影响线见图9-17d)，

其最大坐标值为：

$$M = \frac{\lambda_B}{4} = \frac{7.813}{4} = 1.953$$

在活载作用下的最大弯矩：

$$M_2 = \frac{Q}{8}(2\lambda_B - s) = \frac{120}{8} \times (2 \times 7.813 - 2.4)\text{kN} \cdot \text{m} = 198.39\text{kN} \cdot \text{m}$$

在静载作用下的弯矩：

$$M_1 = B_1 \frac{\lambda_B}{2} - g\frac{\lambda_B^2}{8} = 10.17 \times \frac{7.813}{2}\text{kN} \cdot \text{m} - 3.5 \times \frac{7.813^2}{8}\text{kN} \cdot \text{m} = 13.02\text{kN} \cdot \text{m}$$

其中，B_1 是静载作用下固定桥脚反力。

单根桥桁的弯矩：

$$M' = \frac{M_1}{n} + k_1(1+\mu)M_2 = \left(\frac{13.02}{6} + 0.267 \times 1.15 \times 198.39\right)\text{kN} \cdot \text{m} = 63.09\text{kN} \cdot \text{m}$$

弯曲应力：

$$\sigma = \frac{M'}{W} = \frac{63.09 \times 10^6}{309 \times 10^3}\text{MPa} = 204\text{MPa} < [\sigma] = 300\text{ MPa}，安全。$$

第十章 连续体系浮桥计算

第一节 连续梁体系浮桥河中部分中部的计算

一、无限长梁在荷载作用下的基本微分方程式

对于连续梁体系浮桥的河中部分，就桥脚和桥桁的连接而言，其组成形式有两种情况：一种是桥脚分置式浮桥，它是由一系列舟作浮游桥脚，在舟上的结构是由刚度较大、在桥梁纵方向相互用刚性连接成的桥桁组成；另一种是带式桥，是由舟体在桥梁纵方向直接连接，舟体内有刚度很大的桁架，舟体上下连接部即组成桁架的刚性接头。

从受力计算情况看，以上两种情况均可作为无限长弹性基础梁（简称弹基梁）法计算。对于分置式桥脚的浮桥，桥脚舟实际上是弹性支座，由于浮游桥脚舟一般等间距配置，间距很小（一般4～6m），且桥脚数目较多（一般在5～6个以上）时，可近似以无限长梁计算，因此可以简化成无限长弹性基础梁法计算，其计算误差在5%～10%。如为带式桥，由于桥脚舟密集配置，河中部分则更能作为弹性基础梁计算了。

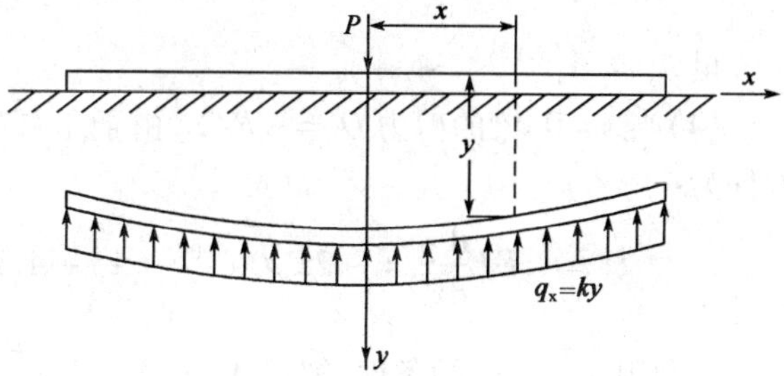

图 10-1 弹性基础梁图

由于弹性基础梁法的计算在一般力学书籍中都有详细的推导，这里只对其结果作必要的说明，并阐述如何应用在浮桥计算中。

如图10-1所示，在弹性基础无限长梁的中部，有一集中力 P 作用。根据弹基梁的挠曲轴微分方程：

$$\frac{d^4y}{dx^4}+4\beta^4y=0 \tag{10-1}$$

其通解为：

$$y=e^{\beta x}(A_1\cos\beta x+A_2\sin\beta x)+e^{-\beta x}(A_3\cos\beta x+A_4\sin\beta x) \tag{10-2}$$

式中：β——弯曲特征系数，计算时可作为常数。

$$\beta=\sqrt[4]{k_3/(4EJ)} \tag{10-3}$$

式中：EJ——梁的刚度；

k_3——弹基梁的基础刚度系数，即桥脚舟吃水 t 为1时桥脚舟的浮力，再将桥脚舟的浮力在桥脚舟的间距范围内均匀分布，则 $k_3=(\gamma Ft)/l$，在 $t=1$ 时，$k_3=(\gamma F)/l$。

则：

$$\beta=\sqrt[4]{\gamma F/(4EJl)} \tag{10-4}$$

式中：F——一个桥脚舟的水线面面积；

l——桥脚舟的间距，即浮桥跨度；

γ——水的重度。

这样，当桥脚舟为直舷时（k_3 可作为常数），河中部分的 F 相等，梁的各跨 EJ 相等，且刚度很大，各桥脚舟的间距相同（l 相等），数目很多，将浮桥的河中部分作为弹性基础无限长梁计算则合乎实际情况了。

式(10-2)中，A_1、A_2、A_3 和 A_4 是四个积分常数，需根据边界条件确定。对无限长浮桥河中部分中段，其边界条件如下。

(1)当 $x \to \infty$ 时，即在右端无穷远处，梁的变位为零，带入式(10-3)，可得：

$$A_1\cos\beta x + A_2\sin\beta x = 0 \tag{10-5}$$

(2)当 $x \to \infty$ 时，梁的弯矩为零，根据(10-2)式，可得梁的弯矩方程为：

$$M = -EJ\frac{d^2y}{dx^2} = 2EJ\beta^2[e^{\beta x}(A_1\sin\beta x - A_2\cos\beta x) + e^{-\beta x}(-A_3\sin\beta x + A_4\cos\beta x)] \tag{10-6}$$

以 $x \to \infty$，$M = 0$ 的条件带入条件(2)的弯矩方程，得：

$$A_1\sin\beta x - A_2\cos\beta x = 0 \tag{10-7}$$

则由条件(1)和条件(2)，很容易得到 $A_1 = A_2 = 0$。

因此式(10-2)变为：

$$y = e^{-\beta x}(A_3\cos\beta x + A_4\sin\beta x) \tag{10-8}$$

(3)当 $x=0$，梁的倾角 $\theta = 0$，由于左右对称，故无倾角，倾角方程为：

$$\theta = \frac{dy}{dx} = -\beta e^{-\beta x}[(A_3 - A_4)\cos\beta x + (A_3 + A_4)\sin\beta x)] = 0 \tag{10-9}$$

得 $A_3 = A_4$。

(4)当 $x=0$，梁的剪力 $Q = -P/2$，由于左右对称，故在 P 力左右各负担 $P/2$ 的剪力，剪力方程为：

$$Q = -EJ\frac{d^3y}{dx^3} = -2EJ\beta^3e^{-\beta x}[(A_3 + A_4)\cos\beta x - (A_3 - A_4)\sin\beta x] = -\frac{P}{2} \tag{10-10}$$

再利用 $A_3 = A_4$ 的条件，解得 $A_3 = A_4 = \frac{P}{8EJ\beta^3}$。

因此，式(10-2)变为：

$$y = \frac{P}{8EJ\beta^3}e^{-\beta x}(\cos\beta x + \sin\beta x) \tag{10-11}$$

从而可得到转角、弯矩、剪力等其他公式。综合可得，在梁的右半部的挠度，转角、弯矩和剪力的公式为：

挠度公式：
$$y = \frac{P}{8EJ\beta^3}e^{-\beta x}(\cos\beta x + \sin\beta x) \tag{10-12a}$$

转角公式：
$$\theta = -\frac{P}{4EJ\beta^2}e^{-\beta x}\sin\beta x \tag{10-12b}$$

弯矩公式：
$$M = \frac{P}{4\beta}e^{-\beta x}(\cos\beta x - \sin\beta x) \tag{10-12c}$$

剪力公式：
$$Q = -\frac{P}{2}e^{-\beta x}\cos\beta x \tag{10-12d}$$

对于左半部梁，M 和 y 是和右半部梁对称的，θ 和 Q 是和右半部梁反对称的，浮桥的挠度、转角、弯矩、剪力见图 10-2。

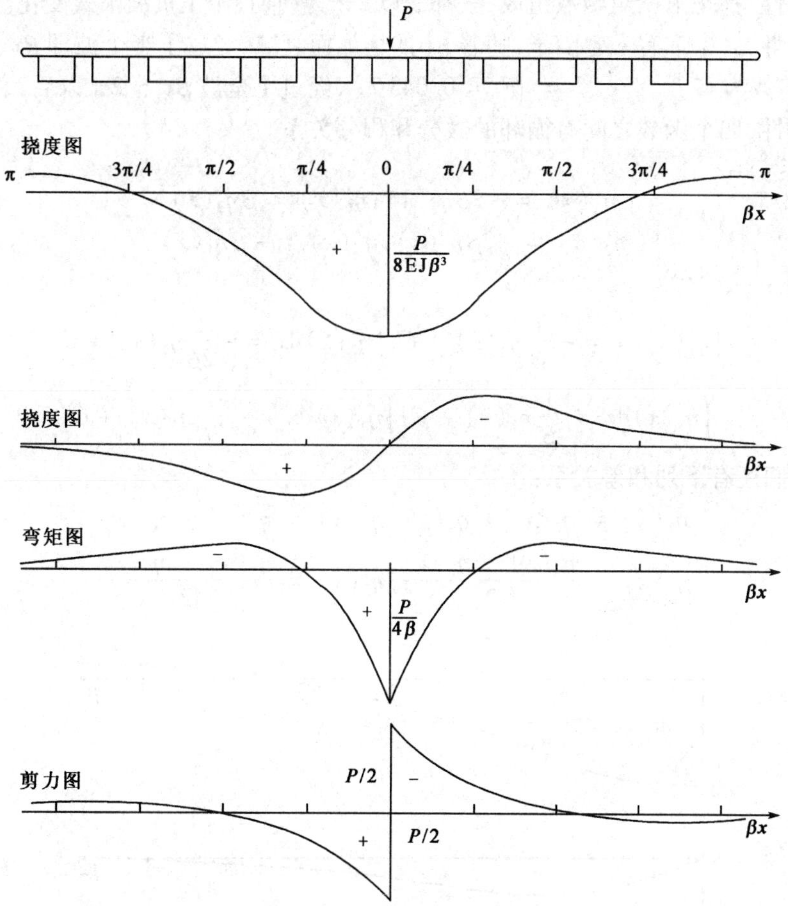

图 10-2　长桥中段在集中荷载作用下的变位及内力图

引入四个函数符号，η_1、η_2、η_3 和 η_4：

$$\left.\begin{aligned}\eta_1 &= e^{-\beta x}(\cos\beta x + \sin\beta x)\\ \eta_2 &= e^{-\beta x}\sin\beta x\\ \eta_3 &= e^{-\beta x}(\cos\beta x - \sin\beta x)\\ \eta_4 &= e^{-\beta x}\cos\beta x\end{aligned}\right\} \tag{10-13}$$

代入式(10-12)得：

$$\left.\begin{aligned}y &= \frac{P}{8EJ\beta^3}\eta_1\\ \theta &= -\frac{P}{4EJ\beta^2}\eta_2\\ M &= \frac{P}{4\beta}\eta_3\\ Q &= -\frac{P}{2}\eta_4\end{aligned}\right\} \tag{10-14}$$

式中各函数 η_1，η_2，η_3 和 η_4 可根据 βx 值计算后，得出各数值，其图形如图 10-3 所示，η_1，η_2，η_3 和 η_4 亦可写成 $\eta_1(x)$，$\eta_2(x)$，$\eta_3(x)$ 和 $\eta_4(x)$。

这四个函数具有以下性质：

(1)周期性，都是由三角函数组成，故都是以 2π 为周期，作正负波浪式变化。

(2)收敛性，式中都有 $e^{-\beta x}$ 因子，随着 βx 的增加而衰减，经过了半个波即 $\beta x = \pi$ 以后，其数值衰减的倍数为 $e^{-(\beta x+\pi)}/e^{-\beta x} = e^{-\pi} = 0.043\,21$，经过了全波 $\beta x = 2\pi$ 以后，衰减到 0.002。

(3)循环性，四个函数之间有循环的微分和积分关系。

微分关系：

$$\eta_1'(x) = -2\beta\eta_2(x);\eta_2'(x) = \beta\eta_3(x)$$

$$\eta_3'(x) = -2\beta\eta_4(x);\eta_4'(x) = -\beta\eta_1(x)$$

积分关系：

$$\int\eta_1(x)\mathrm{d}x = -\frac{1}{\beta}\eta_4(x) + C;\int\eta_2(x)\mathrm{d}x = -\frac{1}{2\beta}\eta_1(x) + C$$

$$\int\eta_3(x)\mathrm{d}x = \frac{1}{\beta}\eta_2(x) + C;\int\eta_4(x)\mathrm{d}x = -\frac{1}{2\beta}\eta_3(x) + C$$

此外，它们还有下列和差关系：

$$\eta_1(x) = \eta_2(x) + \eta_4(x);\eta_3(x) = \eta_4(x) - \eta_2(x)$$

$$\eta_4(x) = \frac{\eta_1(x) + \eta_3(x)}{2};\eta_2(x) = \frac{\eta_1(x) - \eta_3(x)}{2}$$

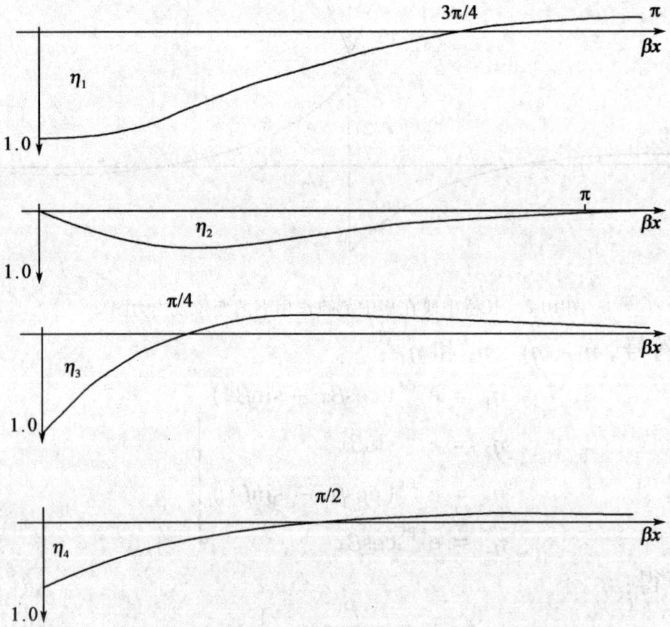

图 10-3　函数 $\eta_1(x)$，$\eta_2(x)$，$\eta_3(x)$ 和 $\eta_4(x)$ 图形

二、河中部分中段的弯矩和吃水的影响线

以无限长弹基梁计算浮桥河中部分中段，虽然其计算理论合乎实际情况，但终究是有误差的。如何使误差小些，可在划分区段上作些规定，在该区段内其误差可以忽略不计，则作无限长梁计算。从以上四个函数 η_1，η_2，η_3 和 η_4 来看，在 $x=\pi/\beta$(即 $\beta x=\pi$)时，各函数的影响值已是中间最大值的 4.3%，如连续梁体系浮桥河中部分的长度 L 超过 $2\pi/\beta$ 时，则离两端距离各大于 π/β 时，该部分都可以按无限长桥计算，两端支承条件和支承反力对这一区段的影响

可以忽略不计，这一段称为中段，见图 10-4；而离端点在 π/β 以内的部分，称为末段。在末段的计算中当然要计及岸边支承的影响，这一部分将在本章第二节中讨论。

图 10-4　长桥的中段部分

由于桥梁是承受移动荷载的作用，故必须先求内力和变位的影响线。在浮桥中一般先要作出舟的吃水和桥跨弯矩的影响线。单位垂直荷载作用在浮桥中段上时，根据变位互等定理，其下沉水图即吃水影响线图。其弯矩图当梁为无限长时亦即弯矩影响线图，现作简单证明如下：

由于从图 10-5 中看出，当 O 和 X 都处于浮桥河中部分中段上时，在 X 和 O 点的弯矩图中，$M_{xo} = M_{ox}$，在这种特殊情况下，其弯矩也互等了。因此在图 10-5 中，图 10-5b）原为 O 的弯矩图，根据互等的性质，图 10-5b）也是 O 的弯矩影响线图。但在转角图和剪力图变为相应的影响线时需反号，因为其形状有反对称的性质。

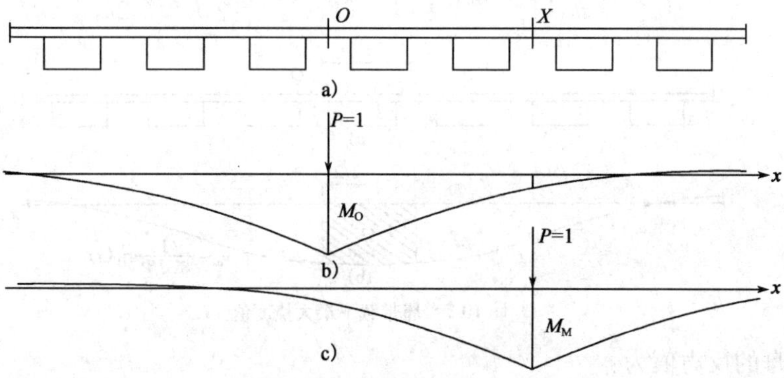

图 10-5　O 点和 X 点的弯矩图

把荷载放在影响线最不利的计算位置，最大挠度（吃水）即可求出。如在浮桥上有若干个集中荷载以一定队形通过，则在 O 点的最大挠度（图 10-6）为：

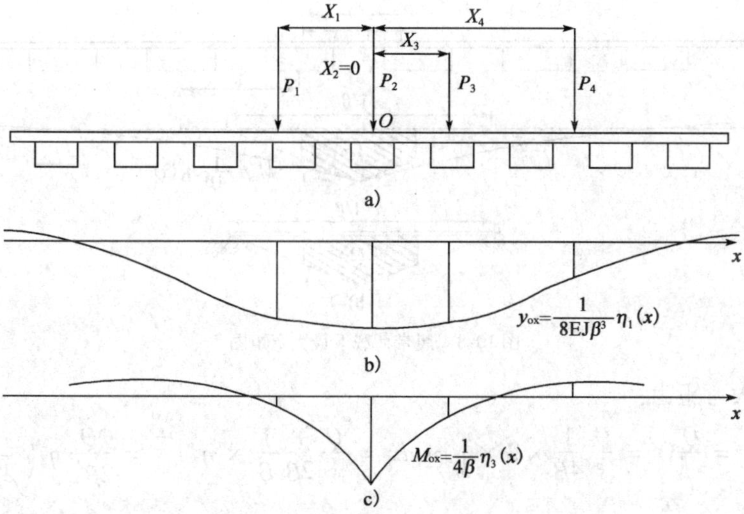

图 10-6　移动集中荷载的影响值

$$y_0 = \frac{1}{8EJ\beta^3}\sum_{i=1}^{n} P_i \eta_1 \tag{10-15}$$

在 O 点的最大弯矩为：

$$M_O = \frac{1}{4\beta}\sum_{i=1}^{n} P_i \eta_3 \tag{10-16}$$

如在浮桥上有一履带式荷载通过时，在 O 点的最大挠度（图 10-7）为：

$$y_0 = \frac{Q}{s}\Omega = \frac{Q}{s}\frac{1}{8EJ\beta^3} \times 2 \times \int_0^{\frac{s}{2}} \eta_1 \mathrm{d}x$$

$$= \frac{Q}{s}\frac{1}{4EJ\beta^3}\left(-\frac{1}{\beta}\right) \times \eta_4 \Big|_0^{\frac{s}{2}}$$

$$= \frac{Q}{sk_3}\left[1 - \eta_4\left(\frac{s}{2}\right)\right] \tag{10-17}$$

如再作进一步简化计算，略去影响线曲率的影响：

$$y = \frac{Q}{sk_3}\left[1 - \eta_4\left(\frac{s}{2}\right)\right] = \frac{Q\beta}{2k_3}\left(1 - \frac{\beta^2 s^2}{12}\right) = Q\frac{\beta}{2k_3} \tag{10-18}$$

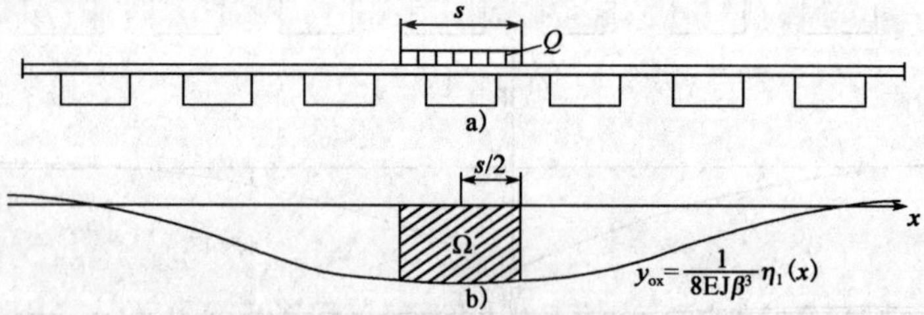

图 10-7　履带载下最大挠度值

相应的桥脚舟的反力值为：

$$R = \gamma F y = \frac{Q\beta}{2k_3}\gamma F = \frac{Q\beta l}{2} \tag{10-19}$$

履带荷载下最大弯矩见图 10-8。

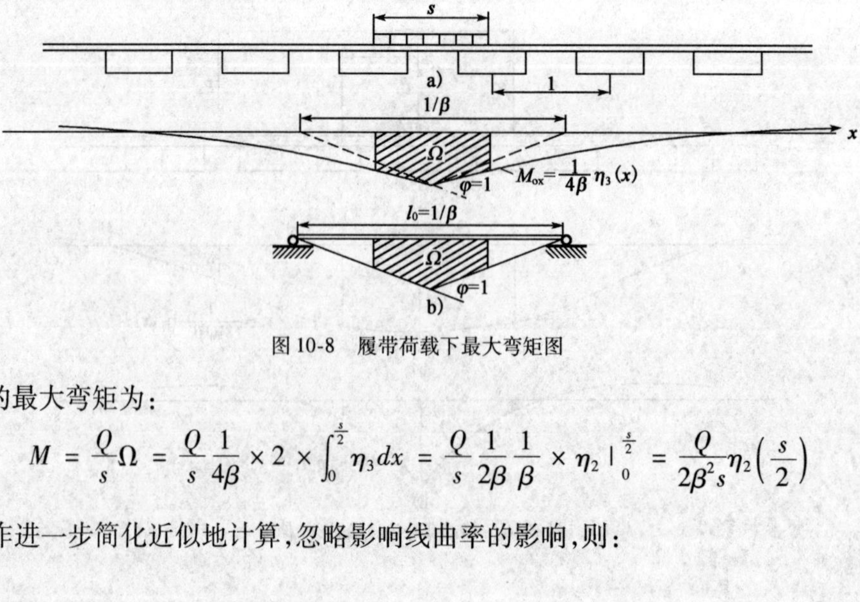

图 10-8　履带荷载下最大弯矩图

O 点的最大弯矩为：

$$M = \frac{Q}{s}\Omega = \frac{Q}{s}\frac{1}{4\beta} \times 2 \times \int_0^{\frac{s}{2}} \eta_3 dx = \frac{Q}{s}\frac{1}{2\beta}\frac{1}{\beta} \times \eta_2 \Big|_0^{\frac{s}{2}} = \frac{Q}{2\beta^2 s}\eta_2\left(\frac{s}{2}\right) \tag{10-20}$$

如再作进一步简化近似地计算，忽略影响线曲率的影响，则：

$$M = \frac{Q}{2\beta^2 s}\eta_2\left(\frac{s}{2}\right) = \frac{Q}{4\beta}\left(1 - \frac{\beta s}{2} + \frac{\beta^2 s^2}{12}\right) \tag{10-21}$$

$$M = \frac{Q}{4\beta}\left(1 - \frac{\beta s}{2}\right) \tag{10-22}$$

式(10-22)可改写成:

$$M = \frac{Q}{8}\left(\frac{2}{\beta} - s\right) \tag{10-23}$$

此式在形式上与简支梁的弯矩公式 $M = \frac{Q}{8}(2l_0 - s)$ 相似,其中 l_0 为简支梁的跨度,因此近似地可把 $1/\beta$ 作为无限长弹基梁的折算跨度,因此 β 值是连续梁体系浮桥的一个极为重要的参数,弯矩 M 值与 β 成反比,从公式 $\beta = \sqrt[4]{\frac{\gamma F}{4EJl}}$ 看,β 代表舟的抗沉刚度与上部结构抗弯刚度之比。β 值大相对地意味着舟强桁弱,荷载只能分配到少数舟上,故弯矩值较小;反之,β 值小,相对地舟弱桁强,此时荷载被分配到较多的舟上,故弯矩值较大。

第二节　用弹性基础梁法计算浮桥的末段

一、末段在荷载作用下的基本方程式

如前所述,连续梁体系浮桥的末段,是指浮桥河中部分离支承末段距离小于 π/β 的桥段(图 10-4)。在荷载作用下,其受力情况要受到一端的支承的影响,较河中部分中段要复杂,而且端部的支承形式很多,如刚支座,刚支座上预留间隙,带限制铰,带浮游栈桥等,这是根据器材和地形情况确定的。在研究这些问题时都要用到半无限长弹基梁的末端计算公式。如有集中荷载 P 和弯矩 M 分别作用于半无限长弹基梁的末端上,如图 10-9 所示。

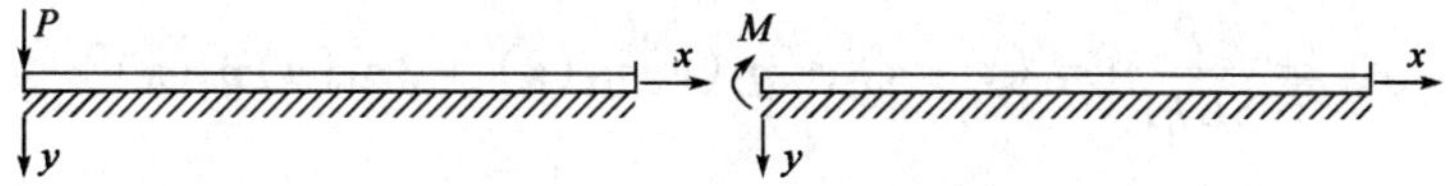

图 10-9　半无限长弹基梁末端

在 P 力作用下

挠度: $$y_x = \frac{P}{2EJ\beta^3}\eta_4 \tag{10-24a}$$

转角: $$\theta_x = -\frac{P}{2EJ\beta^2}\eta_1 \tag{10-24b}$$

弯矩: $$M_x = -\frac{P}{\beta}\eta_2 \tag{10-24c}$$

剪力: $$Q_x = -P\eta_3 \tag{10-24d}$$

在 M 的作用下

挠度: $$y_x = -\frac{M}{2EJ\beta^2}\eta_3 \tag{10-25a}$$

转角: $$\theta_x = \frac{M}{\beta EJ}\eta_4 \tag{10-25b}$$

弯矩：　　　　　　　　　　$M_x = M\eta_1$　　(10-25c)

剪力：　　　　　　　　　　$Q_x = -2M\beta\eta_2$　　(10-25d)

二、自由端的浮桥末段

利用式(10-24)和式(10-25)可计算半无限长梁自由端末段上有一集中荷载 P 作用在某一点 A 上的受力情况，如图 10-10 所示。

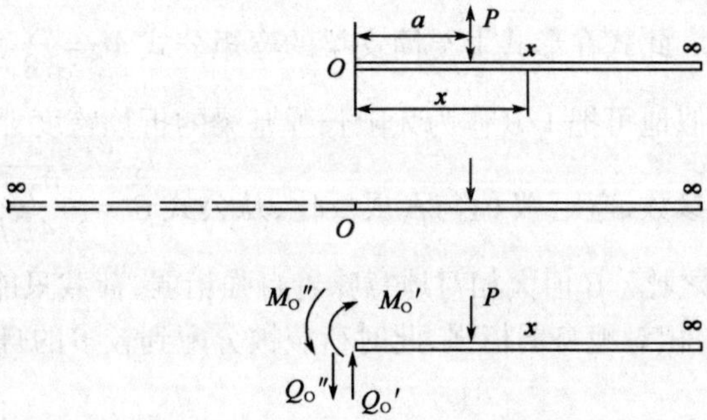

图 10-10　卸载法解自由端

现求任一点 x 的弯矩和变位，可用卸载法先将自由端向左延长为无限长梁，这延长部分对 O 以左的影响可以认为是 M_0'，Q_0'的作用，再在 O 点作用 M_0''和 Q_0''以抵消 O 以左的半无限梁的影响。在任一点 x 处的弯矩应由以下三部分组成：

(1)由于 P 作用在无限长梁上所产生的弯矩，见图 10-9，其值为 $\frac{P}{4\beta}\eta_3(x-a)$ 。

(2)由于 M_0''作用在半无限长梁末端所产生的弯矩，其值为 $-\frac{P}{4\beta}\eta_3(a)\eta_1(x)$ 。

(3)由于 Q_0''作用在半无限长梁上所产生的弯矩，其值为 $-\frac{P}{2\beta}\eta_4(a)\eta_2(x)$ 。

三部分相加得：

$$M_{xa}^{p} = \frac{P}{4\beta}[\eta_3(x-a) - \eta_3(a)\eta_1(x) - 2\eta_4(a)\eta_2(x)] \tag{10-26}$$

任一点 x 的变位也应由以下三部分组成：

$$y_{xa}^{p} = \frac{P}{8EJ\beta^3}[\eta_1(x-a) + \eta_3(a)\eta_3(x) + 2\eta_4(a)\eta_4(x)] \tag{10-27}$$

三、刚支端的浮桥末段

浮桥末端直接支撑在固定桥脚上，这种支承形式最简单，只有当岸边有足够水深和水位变化不大、且末段的桥跨结构有足够的抗弯强度时，可以使用这种形式，因为末段的弯矩比河中部分的弯矩大得多。在集中载作用下，该末段的弯矩和变位仍可用卸载法来分析。当荷载 P 作用于任一点 A，如图 10-11 所示，假定将支座取消，并向左延长为无限长，则 O 以左部分的影响在 O 点为：

$$M'_0 = \frac{P}{4\beta}\eta_3(a)\text{；}Q'_0 = \frac{P}{2}\eta_4(a) \tag{10-28}$$

但在实际上 O 点的弯矩是 $M_0=0$，变位 $y_0=0$，故必须在自由端上另加弯矩 M''_0 和垂直力 Q''_0，M''_0 与 M'_0 等值反向，而确定 Q''_0 的大小，其条件是要使 O 点的最后变位为零。O 点的变位由三部分组成：

(1)由于 P 在无限长梁上所产生，其值为 $\frac{P}{8EJ\beta^3}\eta_1(a)$ 。

(2)由于 M''_0 在半无限长梁末端所产生的，其值为 $-\frac{P}{4\beta}\eta_3(a)(-\frac{1}{2\beta^2EJ})\eta_3(o)$ 。

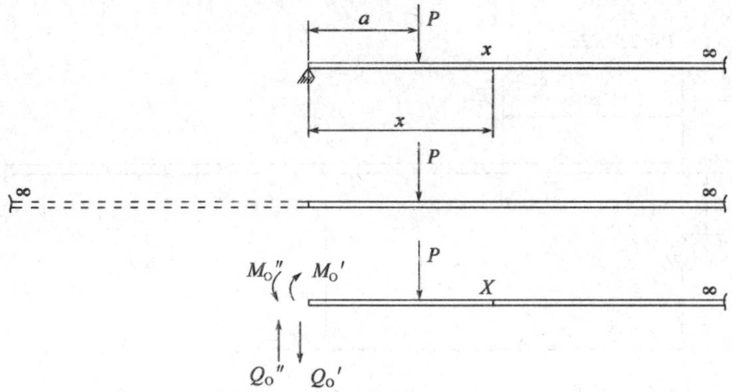

图 10-11 卸载法解刚支座末端

(3)由于 Q''_o 在半无限长梁末端所产生的,其值为 $-\frac{Q''_o}{2EJ\beta^3}\eta_4(o)$ 。

由于 O 点最后变位为零:

$$y_O = \frac{P}{8EJ\beta^3}\eta_1(a) + \frac{P}{8EJ\beta^3}\eta_3(a) - \frac{Q''_O}{8EJ\beta^3}\eta_1(a) = 0 \tag{10-29}$$

由此求出:

$$Q'' = \frac{P}{4}\eta_1(a) + \frac{P}{4}\eta_3(a) = \frac{P}{2}\eta_4(a) \tag{10-30}$$

在任一点 x 的弯矩由三部分组成:

(1)由于 P 在无限长梁上所产生的,其值为 $\frac{P}{4\beta}\eta_3(x-a)$;

(2)由于 M''_o 在半无限长梁端所产生的,其值为 $-\frac{P}{4\beta}\eta_3(a)\eta_1(x)$;

(3)由于 Q''_o 在半无限长梁端所产生的,其值为 $\frac{P}{2\beta}\eta_4(a)\eta_2(x)$ 。

三部分叠加后,得:

$$M^{p}_{xa} = \frac{P}{4\beta}[\eta_3(x-a) - \eta_3(a)\eta_1(x) + 2\eta_4(a)\eta_2(x)] \tag{10-31}$$

同理,可得:

$$y^{p}_{xa} = \frac{P}{8EJ\beta^3}[\eta_1(x-a) + \eta_3(a)\eta_3(x) - 2\eta_4(a)\eta_4(x)] \tag{10-32}$$

刚支座的反力值为:

$$R_O = Q'_O + Q''_O = \frac{P}{2}\eta_4(a) + \frac{P}{2}\eta_4(a) = P\eta_4(a) \tag{10-33}$$

在实际情况下很少采用末端为刚支座的,为了减少末段的弯矩,一般常用以下几种方法,即在刚支座预留一定的垂直间隙或在末段上设置限制铰,或改用浮游栈桥。

四、刚支座上预留垂直间隙的末段

如图 10-12 所示为一浮桥末段,在末端刚支座上有一间隙,间隙值为 z_0 ,其中荷载作用于 A,以求末段任一点 x 的弯矩和变位。这类问题在实际计算时,往往根据浮桥器材本身的容许承载的桥跨弯矩和吃水条件,求得较合理的 z 值范围。现先求在有 z 时的桥跨弯矩和桥脚

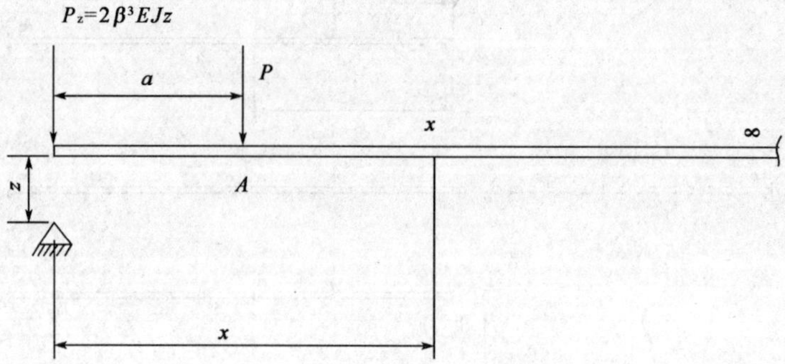

图 10-12　刚支座上预留垂直间隙

吃水。

如果先在端点施加一力 $P_Z = 2\beta^3 EJz$，根据公式(10-24)，则末端正好产生变位 z 值，然后再在末段加上荷载 P，P 力就已经作用在刚支座的末端上了。因此这种形式的末端计算可以看作刚支座末端和 P_Z 作用于自由端末段两部分组成，根据公式(10-24)和式(10-24)可得任一点 x 的弯矩和变位为：

$$M_{xa}^{p+z} = \frac{P}{4\beta}[\eta_3(x-a) - \eta_3(a)\eta_1(x) + 2\eta_4(a)\eta_2(x)] - 2\beta^2 EJz\eta_2(x) \tag{10-34}$$

$$y_{xa}^{p+z} = \frac{P}{8EJ\beta^3}[\eta_1(x-a) + \eta_3(a)\eta_3(x) - 2\eta_4(a)\eta_4(x)] + z\eta_4(x) \tag{10-35}$$

根据式(10-34)、式(10-35)在不同的 a 值位置可作出末段任一点 x 的 M 和 y 影响线坐标。

再把荷载放在影响线的最不利位置，可得出 a 点的 M 和 y 值，而 a 可取 $\frac{l}{2}$、l、$\frac{3}{2}l$、$2l$、$\frac{5}{2}l$ 等值逐一计算，取其最大值，一般浮桥中 a 值在末端的第二、三跨的范围中。

如要确定间隙的范围，先取某一 a 值在无间隙情况下 M、y 的最大值 M^0 和 y^0，再根据浮桥器材本身容许抗弯强度和吃水条件，求出 z 值的最大值与最小值。

即：

$$M^0 - 2\beta^2 EJz\eta_2(x) < [M_2] \tag{10-36}$$

$$y^0 + z\eta_4(x) < [T_2] \tag{10-37}$$

式中：$[M_2]$——$[M_2] = \frac{n[\sigma]W - M_1}{(1+\mu)k_1 \cdot n}$；

M_1——静载引起的弯矩；

n——桥梁横断面的桥桁根数；

$[T_2]$——对于活载的容许吃水。

$$Z_{min} = \frac{[M] - M^0}{-2\beta^2 EJ\eta_2(x)} \tag{10-38}$$

$$Z_{max} = \frac{[T_2] - y^0}{\eta_4(x)} \tag{10-39}$$

再取另外的 a 值，以同样的方法求出 Z_{min} 和 Z_{max}，在诸多的 Z_{min} 和 Z_{max} 值中取其最不利的值。在极少数情况下，如出现 $Z_{min} > Z_{max}$，说明末段结构不合理，则必须修改末段结构的有关尺寸。

五、浮游栈桥的浮桥末段

这种末段的形式是用铰将浮游栈桥与河中末段连接起来[图 10-13a)],结构简单,在水位变化不大时能正常使用。从受力情况看,河中部分末段支承在弹性支座上。

如图 10-13b)所示,因为浮桥末段的变位和浮栈的支承反力成正比,即:

$$R = C \cdot y_0 \tag{10-40}$$

式中:C——浮栈的支承刚度系数,为使浮栈端点作单位下沉时所需的力。

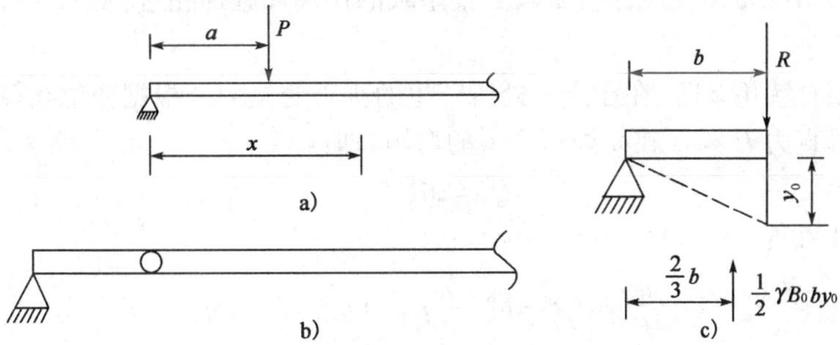

图 10-13 带浮栈的浮桥末段

如图 10-13c)所示,当 P 力作用浮游栈桥端点 B 时,栈桥舟反力 $R_1 = P\dfrac{L_1}{l_1}$,栈桥舟吃水 $T_1 = \dfrac{R_1}{\gamma F_1} = \dfrac{L_1 P}{\gamma \cdot l_1 \cdot F_1}$,$B$ 点的变位为 $\delta_B = \dfrac{P}{\gamma F_1} \cdot \dfrac{L_1^2}{l_1^2}$,故浮栈的支承刚度系数为 $C = \dfrac{P}{\delta_B} = \gamma F_1 \dfrac{l_1^2}{L_1^2}$。决定 C 值大小的,主要是浮栈舟水线面面积 F_1。

浮桥河中部分末段的受力情况可看作两部分组成,一部分是由荷载 P 作用于自由端浮桥末段的影响,其值为 $\dfrac{P}{2EJ\beta^3}\eta_4(a)$;另一部分是由弹性反力 $R = C \cdot y_0$ 作用于自由端时的影响,其值为 $-\dfrac{R}{2EJ\beta^3}$。故得:

$$y_0 = \frac{P}{2EJ\beta^3}\eta_4(a) - \frac{Cy_0}{2EJ\beta^3} \tag{10-41}$$

解得:

$$y_0 = \frac{P}{2EJ\beta^3 + C}\eta_4(a) \tag{10-42}$$

支座弹性反力:

$$R = Cy_0 = \frac{C \cdot P}{2EJ\beta^3 + C}\eta_4(a) \tag{10-43}$$

浮桥末段上任一点 x 处的弯矩和变位都是由 P 和 R 二力作用在半无限长梁上的影响叠加而成,即:

$$M_{xa}^{P} = \frac{P}{4\beta}[\eta_3(x-a) - \eta_3(a)\eta_1(x) - 2\eta_2(a)\eta_2(x)] + \frac{R}{\beta}\eta_2(x) \tag{10-44}$$

$$y_{xa}^{P} = \frac{P}{8EJ\beta^3}[\eta_1(x-a) + \eta_3(a)\eta_3(x) + 2\eta_4(a)\eta_4(x)] - \frac{R}{2\beta^3 EJ}\eta_4(x) \tag{10-45}$$

六、带限制铰的浮桥末段

为了减少刚支座浮桥末段的弯矩,也可以在距刚支座为 b 的地方,设置一个预留的角间隙,如图10-14所示,这个预留角间隙称为限制铰。现在求有限制铰(铰的角间隙为φ)的条件下,在集中载作用下的弯矩和变位。

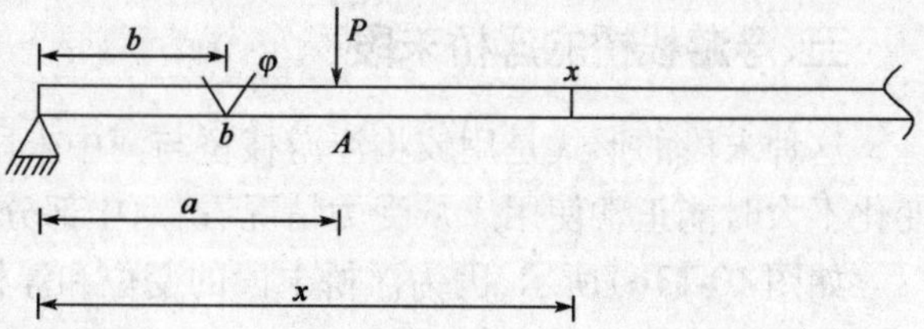

图10-14　带限制铰的浮桥末段

如在浮桥末段b处施加一个相对转角φ,使限制铰闭合,末段即成为刚支座的浮桥末段了,因此带限制铰的浮桥末段在集中载作用下的受力情况是刚支座浮桥末段受集中载的作用和施加相对转角φ的作用两部分的叠加。

在b处施加相对转角φ时,在任意一处所产生的垂直变位y_{xb}^{φ},根据变位互等定理,它应等于在x处施加一垂直力$P=\varphi$在b处所产生的弯矩,即:

$$y_{xb}^{\varphi} = M_{bx}^{P=\varphi} \tag{10-46}$$

根据式(10-31)得:

$$y_{xb}^{\varphi} = M_{bx}^{P=\varphi} = \frac{\varphi}{4\beta}[\eta_3(x-b) - \eta_3(x)\eta_1(b) + 2\eta_4(x)\eta_2(b)] \tag{10-47}$$

在b处施加一相对转角φ在任一处x所产生的弯矩为:

$$M_{xb}^{\varphi} = -EJ(y_{xb}^{\varphi})''x \tag{10-48}$$

将式(10-47)带入整理后可得:

$$M_{xb}^{\varphi} = -\frac{\beta EJ\varphi}{2}[\eta_1(x-b) - \eta_1(x)\eta_1(b) + 2\eta_2(x)\eta_2(b)] \tag{10-49}$$

在b处有限制铰φ的条件下,A处集中荷载P所产生的x处的弯矩为集中载P在刚支座浮桥末段上的作用再加上在b处施加相对转角φ的影响,即

$$M_{xa}^{\varphi+P} = \frac{P}{4\beta}[\eta_3(x-a) - \eta_3(a)\eta_1(x) + 2\eta_4(a)\eta_2(x)] -$$

$$\frac{\beta EJ\varphi}{2}[\eta_1(x-b) - \eta_1(x)\eta_1(b) + 2\eta_2(x)\eta_2(b)] \tag{10-50}$$

$$y_{xa}^{\varphi+P} = \frac{P}{8EJ\beta^3}[\eta_1(x-a) + \eta_3(a)\eta_3(x) - 2\eta_4(a)\eta_4(x)] +$$

$$\frac{\varphi}{4\beta}[\eta_3(x-b) - \eta_3(x)\eta_1(b) + 2\eta_4(x)\eta_2(b)] \tag{10-51}$$

使$x=a$,得集中载作用处的弯矩和变位公式为:

$$M_{aa}^{\varphi+P} = \frac{P}{4\beta}[1-\eta_3(2a)] - \frac{\beta EJ\varphi}{2}[\eta_1(a-b) -$$

$$\eta_1(a)\eta_1(b) + 2\eta_2(a)\eta_2(b)] \tag{10-52}$$

$$y_{aa}^{\varphi+P} = \frac{P}{8EJ\beta^3}[1-\eta_1(2a)] + \frac{\varphi}{4\beta}[\eta_3(a-b) -$$

$$\eta_3(a)\eta_1(b) + 2\eta_4(a)\eta_2(b)] \tag{10-53}$$

第三节　浮桥特殊工况计算

一、短浮桥及临界长度的计算

1. 用弹基梁的初参数计算短浮桥

在一般情况下，浮桥均属于长浮桥，按弹性地基上无限长梁计算已足够准确。但当浮桥长小于 $2\pi/\beta$ 时，这时桥在荷载作用下的变位和内力，将会受到两岸支承条件的影响，浮桥必须按有限长弹基梁的方法计算。这种情况应用力学中的弹基梁的初参数解比较方便，梁的挠曲线微分方程式仍为：

$$\frac{\mathrm{d}^4 y}{\mathrm{d}x^4} + 4\beta^4 y = 0 \tag{10-54}$$

得其通解表达形式的另一写法：

$$y = C_1 \mathrm{ch}\beta x\cos\beta x + C_2 \mathrm{ch}\beta x\sin\beta x + C_3 \mathrm{sh}\beta x\cos\beta x + C_4 \mathrm{sh}\beta x\sin\beta x) \tag{10-55}$$

式中，四个积分常数 C_1、C_2、C_3 和 C_4 根据边界条件求出，即用四个初参数确定，四个初参数是初挠度、初转角、初弯矩、初剪力。

初挠度为 $x = 0$ 时梁的挠度值：　$y_0 = y$

初转角为 $x = 0$ 时梁的转角：　$\theta_0 = \dfrac{\mathrm{d}y}{\mathrm{d}x}$

初弯矩为 $x = 0$ 时梁的弯矩：　$M_0 = -EJ\dfrac{\mathrm{d}^2 y}{\mathrm{d}x^2}$

初剪力为 $x = 0$ 时梁的剪力：　$Q_0 = -EJ\dfrac{\mathrm{d}^3 y}{\mathrm{d}x^3}$

用四个初参数 A、B、C、D 代替四个积分常数 C_1、C_2、C_3 和 C_4 后，挠曲轴的方程为：

$$y = y_0 A + \frac{\theta_0}{\beta}B - \frac{M_0}{\beta^2 EJ}C - \frac{Q_0}{\beta^3 EJ}D \tag{10-56}$$

式中，$A(x)$、$B(x)$、$C(x)$、$D(x)$ 称为弹基梁的发散型循环函数：

$$\left.\begin{aligned} A &= \mathrm{ch}\beta x\cos\beta x \\ B &= \frac{1}{2}(\mathrm{ch}\beta x\sin\beta x + \mathrm{sh}\beta x\cos\beta x) \\ C &= \frac{1}{2}\mathrm{sh}\beta x\sin\beta x \\ B &= \frac{1}{4}(\mathrm{ch}\beta x\sin\beta x - \mathrm{sh}\beta x\cos\beta x) \end{aligned}\right\} \tag{10-57}$$

其相应的转角、弯矩、剪力的方程式为：

$$\left.\begin{aligned} y &= y_0 A + \frac{\theta_0}{\beta}B - \frac{M_0}{\beta^2 EJ}C - \frac{Q_0}{\beta^3 EJ}D \\ \theta &= -4\beta y_0 D + \theta_0 A - \frac{M_0}{\beta EJ}B - \frac{Q_0}{\beta^2 EJ}C \\ M &= 4\beta^2 EJ y_0 C + 4EJ\beta\theta_0 D + M_0 A + \frac{Q_0}{\beta}B \\ Q &= 4\beta^3 EJ y_0 B + 4EJ\beta\theta_0 C - 4\beta M_0 D + Q_0 A \end{aligned}\right\} \tag{10-58}$$

初参数 y_0，θ_0，M_0 和 Q_0 的数值，实际上是根据浮桥末端支座情况确定的，以上齐次方程式，即式(10-58)的特解部分，是当梁在计算区段中梁上没有荷载的情况下使用。当梁上有荷载时，还须增加非齐次方程的特解部分，所以计算相当复杂，还要计算梁上较多点的变位和弯矩，得出最大的变位值和弯矩值。

式(10-58)的运用范围，在理论上并不限于有限长梁，但由于它用的函数 A、B、C 和 D 是发散型的函数，浮桥较长时，函数值太大，计算误差太大，故只适用于有限长梁。

2. 浮桥在临界长度吃水和弯矩的计算

在大多数情况下，浮桥是作为无限长桥计算的。但是在某一长度时，其吃水和弯矩都可能超过无限长桥时所计算的值，但在更短的浮桥时，其吃水和弯矩却又减小。因为在桥梁很短时，挠度线比较平坦，浮桥的所有桥脚舟吃水较为均匀，显然这时中点弯矩也会减少，因为舟反力引起的弯矩由于对中点断面力臂减小而减小。

当短浮桥逐渐增长时，中点断面的弯矩先是增加，当长度增到一定限度时，弯矩达最大值，超过此限度，弯矩又开始减少，最后趋近于无限长梁的弯矩 $P/4\beta$。因此在已知集中荷载 P 作用下，浮桥中点可能出现最大弯矩是对应于这样一个长度，它的两端挠度刚好为零，这时弯矩最大，对弯矩最不利的长度，称为临界长度。如图 10-15 所示是临界长度浮桥在集中载作用下的挠度曲线(实线)和长桥的挠度曲线(虚线)的比较，下面将用初参数的公式来求该临界长度 L_k 和相应的弯矩和挠度值。

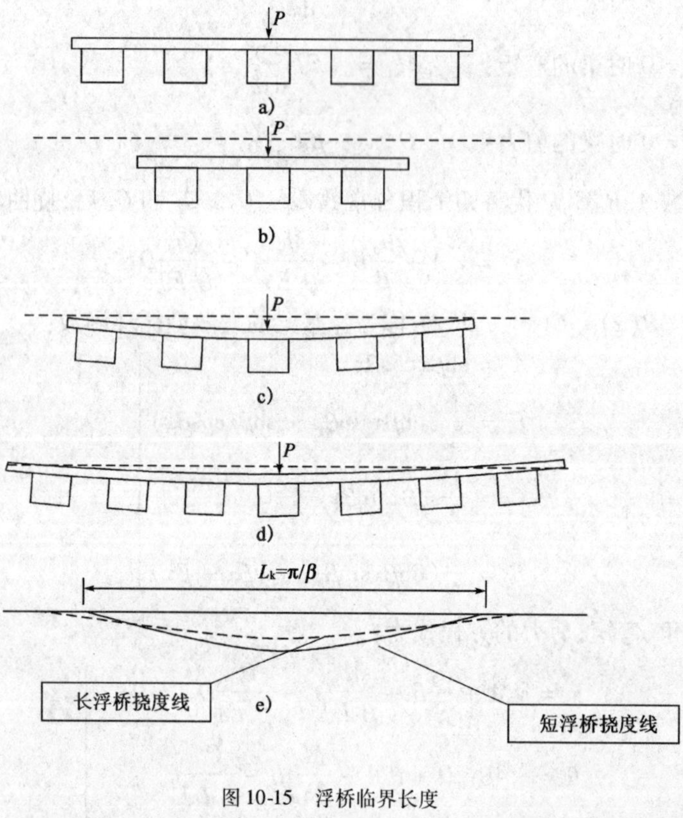

图 10-15 浮桥临界长度

如图 10-16 所示为一临界长桥，荷载 P 作用于中点，以左端为原点。桥的左半部的边界条件为：

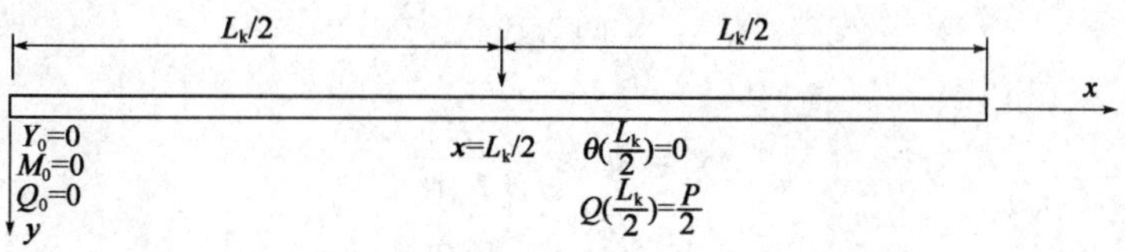

图 10-16　用初参数法计算临界长度图

当 $x = 0$ 时，$y_0 = 0$，$M_0 = 0$，$Q_0 = 0$。

当 $x = \dfrac{L_k}{2}$ 时，$\theta\left(\dfrac{L_k}{2}\right) = 0$，$Q\left(\dfrac{L_k}{2}\right) = \dfrac{P}{2}$。

四个参数中，只有 $\theta_0 \neq 0$，代入式(10-58)的转角公式中，并使 $x = L_k/2$ 则：

$$\theta\left(\frac{L_k}{2}\right) = \theta_0 A\left(\frac{L_k}{2}\right) = 0 \tag{10-59}$$

即：

$$\theta_0 \mathrm{ch}\left(\beta\frac{L_k}{2}\right)\cos\left(\beta\frac{L_k}{2}\right) = 0 \tag{10-60}$$

只能是 $\cos\left(\beta\dfrac{L_k}{2}\right) = 0$ 或 $\dfrac{\beta L_k}{2} = \dfrac{\pi}{2}$，故 $L_k = \pi/\beta$。

再代入 $Q\left(\dfrac{L_k}{2}\right) = \dfrac{P}{2}$ 条件中，由式(10-58)求出未知初参数 θ_0。

$$Q\left(\frac{L_k}{2}\right) = Q\left(\frac{\pi}{2\beta}\right) = 4EJ\beta^2 C\left(\frac{\pi}{2\beta}\right) = \frac{P}{2} \tag{10-61}$$

即：

$$2EJ\beta^2\theta_0 \mathrm{sh}\frac{\pi}{2}\sin\frac{\pi}{2} = \frac{P}{2} \tag{10-62}$$

得：

$$\theta_0 = \frac{P}{4EJ\beta^2 \mathrm{sh}\dfrac{\pi}{2}} \tag{10-63}$$

中点弯矩为：

$$M\left(\frac{L_k}{2}\right) = 4EJ\beta\theta_0 D\left(\frac{\pi}{2\beta}\right)$$

$$= \frac{P}{\beta} \times \frac{1}{4}\left(\mathrm{ch}\frac{\pi}{2}\sin\frac{\pi}{2} - \mathrm{sh}\frac{\pi}{2}\cos\frac{\pi}{2}\right)/\mathrm{sh}\frac{\pi}{2}$$

$$= \frac{P}{4\beta}\mathrm{cth}\frac{\pi}{2} = 1.090\frac{P}{4\beta} \tag{10-64}$$

它是无限长梁在集中载作用下弯矩的 1.090 倍。

中点挠度为：

$$y\left(\frac{L_k}{2}\right) = \frac{\theta_0}{\beta}B\left(\frac{\pi}{2\beta}\right)$$

$$= \frac{P}{4EJ\beta^3} \times \frac{1}{2}\left(\mathrm{ch}\frac{\pi}{2}\sin\frac{\pi}{2} + \mathrm{sh}\frac{\pi}{2}\cos\frac{\pi}{2}\right)/\mathrm{sh}\frac{\pi}{2}$$

$$= \frac{P}{8EJ\beta^3}\mathrm{cth}\frac{\pi}{2} = 1.090\frac{P}{8EJ\beta^3} \tag{10-65}$$

它也是无限长梁在集荷载作用下挠度的 1.090 倍，在履带式荷载作用下，可近似地得出：

$$M = \frac{Q}{4\beta}\left(1.090 - \frac{\beta s}{2}\right) \tag{10-66}$$

$$y = 1.090\,\frac{Q}{8EJ\beta^3} \tag{10-67}$$

$$R = 1.090\,\frac{Q\beta l}{2} \tag{10-68}$$

因此在设计浮桥器材时,由于要考虑器材需要适用各种不同宽度的河流,有时要考虑到临界长度时的受力情况。

二、浮桥扭转计算

1. 浮桥在偏心荷载下的扭转

在本章前几节中,都是认为活载作用在桥轴线上,浮桥在 xy 平面内弯曲,浮桥各横断面只有垂直方向的平移,没有横向倾斜或转动,各个桥脚舟只有均匀沉降吃水,首尾吃水相同,舟没有纵倾,浮桥处于"纯弯曲状态",这时多个桥桁具有相同的弯曲变形,浮桥截面内的总弯矩均匀分配给每根桥桁。但在活载偏离桥轴线行驶时,如偏心值为 e [图 10-17a)],浮桥除了弯曲变形以外,还要产生扭转变形,这时桥脚舟会产生纵倾,舟首尾吃水不等,桥梁横断面上各桥桁的弯曲程度也不相同,各桥桁所负担的弯矩也不均匀[图 10-17b)]。荷载为 P ,偏心距为 e ,可把荷载分解为两部分,一部分是中心荷载 P ,另一部分是偏心矩 P_e ,在前一部分作用下,浮桥只产生弯曲变形,桥桁承受弯矩,桥脚舟首尾均匀下沉;在后一部分作用下,浮桥将产生扭转变形,桥桁各断面承受扭矩,桥脚舟首尾不均匀下沉。在以下的计算中,假定桥面的各断面的刚度是无限大的,由于浮游桥脚舟间距较密,舟的刚度很大,在结构上保证了浮桥横断面的横向刚度,该断面在扭矩 M 的作用下产生扭矩 L,在 L 作用下,整个横断面产生扭角 φ,每根桥桁产生剪力 Q_i [图 10-17c)]。

$$L = \sum Q_i z_i \tag{10-69}$$

式中: z_i ——各桥桁到桥轴线的水平距离。

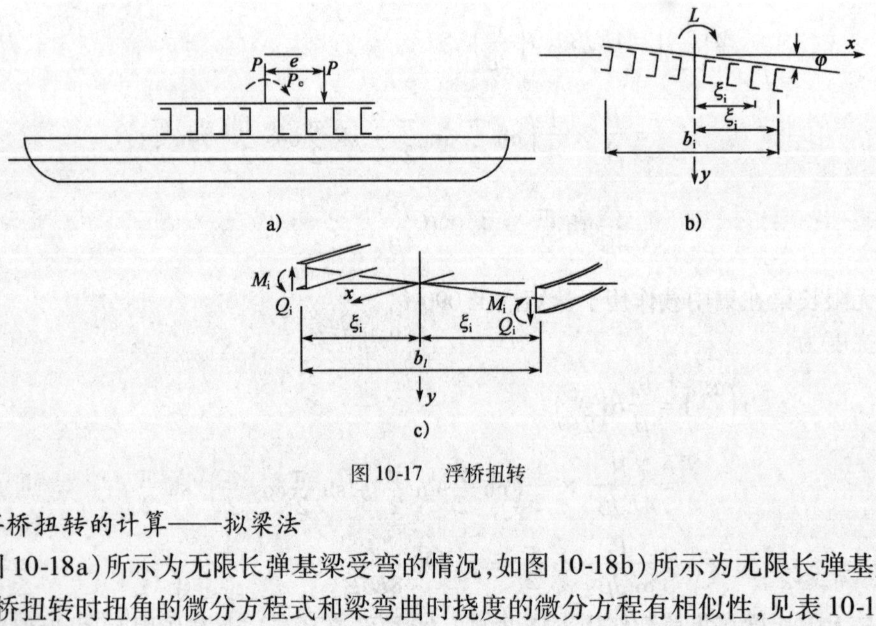

图 10-17　浮桥扭转

2. 浮桥扭转的计算——拟梁法

如图 10-18a) 所示为无限长弹基梁受弯的情况,如图 10-18b) 所示为无限长弹基梁受扭的情况,浮桥扭转时扭角的微分方程式和梁弯曲时挠度的微分方程有相似性,见表 10-1。

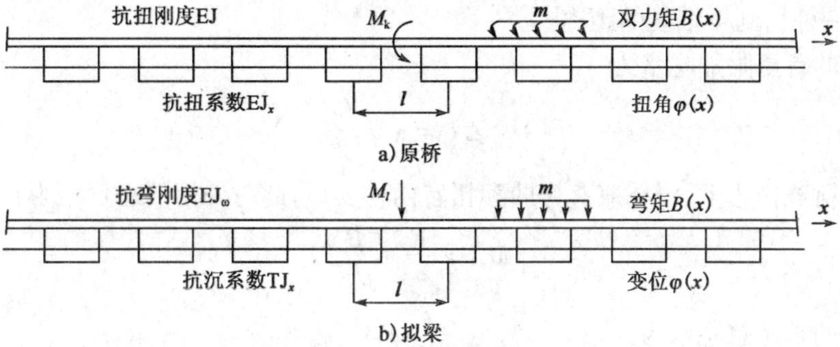

图 10-18　受扭浮桥及其拟梁

弯曲扭转各元素相互关系表　　表 10-1

序号	浮桥扭转元素	主桁弯曲元素	相互关系
1	扭角 φ	挠度 y_i	$y_i = \varphi z_i$
2	纵向扭率 φ'	纵向倾角 y'_i	$y_i = \varphi' z_i$
3	内扭矩 L	剪力 Q_i	$L = \sum Q_i z_i$
4	双力矩 B	弯矩 M_i	$B = \sum M_i z_i$
5	扇性惯性矩 J_w	轴惯性矩 J_i	$J_w = \sum J_i z_i^2$

表 10-1 中引进了两个新的概念：

(1)双力矩 B，它是与主桁弯矩 M_i 相对应的整桥中的元素：

$$B = \sum M_i z_i \tag{10-70}$$

(2)扇性惯性矩 J_w，它是与主桁惯性矩 J_i 相对应的整桥中的元素。

$$J_w = \sum J_i z_i^2 \tag{10-71}$$

扭转时的抗扭刚度系数 k_ω，抗扭特微系数 β_ω、α_ω 则为：

$$k_\omega = \frac{\gamma J_x}{l} \tag{10-72}$$

$$\beta_\omega = \sqrt[4]{\frac{\gamma J_x}{4EJ_w l}} \tag{10-73}$$

$$\alpha_\omega = \frac{\gamma J_x l^3}{6EJ_w} \tag{10-74}$$

双力矩：

$$B = \frac{Qe}{4\beta_\omega}\left(1 - \frac{\beta_\omega s}{2} + \frac{\beta_\omega^2 s^2}{12}\right) \tag{10-75}$$

最大扭角：

$$\varphi = \frac{Qe\beta_\omega}{2k_\omega} \tag{10-76}$$

式中：J_x ——舟的水线面面积对浮桥轴线的惯性矩，其余符号同前。

由于外桁的附加弯矩：

$$\Delta M_i = \pm \frac{B}{J_w} J_i z_i \tag{10-77}$$

式中：J_i ——外桁的惯性矩；

z_i ——外桁到桥轴线的距离。

桥脚舟的首尾附加吃水为：

$$\Delta T = \pm \varphi \frac{L_1}{2} \tag{10-78}$$

在偏心荷载作用下，浮桥兼有弯曲和扭转两种变形，此时外桁的总弯矩为：

$$M_i = \frac{M}{n} + \frac{B}{J_w} J_i z_i \tag{10-79}$$

桥脚舟的首尾总吃水为：

$$T + \Delta T = \frac{R}{\gamma F} + \varphi \frac{L_1}{2} \tag{10-80}$$

简易近似公式，式(10-79)可写成：

$$M_i = \frac{M}{n}\left[1 + \frac{nB}{MJ_w} J_i z_i\right] = \frac{M}{n} \cdot k_m \tag{10-81}$$

式中：k_m ——外桁弯矩横向分配不均匀系数，按下式计算。

$$k_m = 1 + \frac{nB}{MJ_w} J_i z_i \tag{10-82}$$

由于 $M = \frac{Q}{4\beta}\left(1 - \frac{\beta s}{2}\right)$；$B = \frac{Qe}{4\beta_\omega}\left(1 - \frac{\beta_\omega s}{2}\right)$；$J_w = \sum_{i=1}^{n} J_i z_i^2 = \frac{1}{2} J_i \sum_{i=1}^{n/2} b_i^2$。

其中，b_i 为对桥轴线对称的一对主桁间距离，如外桁间距为 $b_i = 2z_i$。将 M,B 和 J_w 代入式(10-82)得：

$$k_m = 1 + \frac{neb_1}{\sum b_i^2} \frac{\beta\left(1 - \frac{\beta s}{2}\right)}{\beta_\omega\left(1 - \frac{\beta_\omega s}{2}\right)} \tag{10-83}$$

近似地可写成：

$$k_m = 1 + \frac{neb_1}{\sum b_i^2} \frac{\beta}{\beta_\omega} \tag{10-84}$$

对于桥脚舟的首尾吃水：

$$T + \Delta T = \frac{P\beta}{2k} + \frac{Pe\beta_\omega}{2k_\omega} \frac{L_1}{2} \tag{10-85}$$

三、刚性连接的间隙对弯矩和吃水的影响

1. 计算原理

浮桥器材的主桁纵向连接中，其刚性接头往往有一定的间隙，因为连接螺栓的直径一般要比孔径小 1 ~ 2mm，目的是为了连接方便，架设迅速。此外连接件加工时，也会有一定的尺寸公差，孔壁受力后，逐渐会产生塑性变形。当浮桥受力产生弯曲变形时，在荷载作用的一定范围内，连接间隙将自行闭合，所连接的两构件产生了相对转动，如图 10-19 所示，在连接处产生了相对转角 α，称为间隙角。从图 10-19 中可以看出，如孔径比螺栓直径大 t，则：

$$\alpha = \frac{2t}{c} \tag{10-86}$$

式中：c——接头处一对螺栓孔的距离。

如桥桁是通过短桁连接的，相当于两次连接，故其间隙应加倍。

因此浮桥在每个连接处如有一个转角限制器，如图 10-19 所示，这些转角限制器可在正反两方向上作 α 角度的转动，如受正弯矩时，则上闭下张，称为正闭合；受负弯矩时，则上张下闭，称负闭合（图 10-20）。各连接处间隙的闭合的正负情况要根据该处所受的弯矩正负而定。

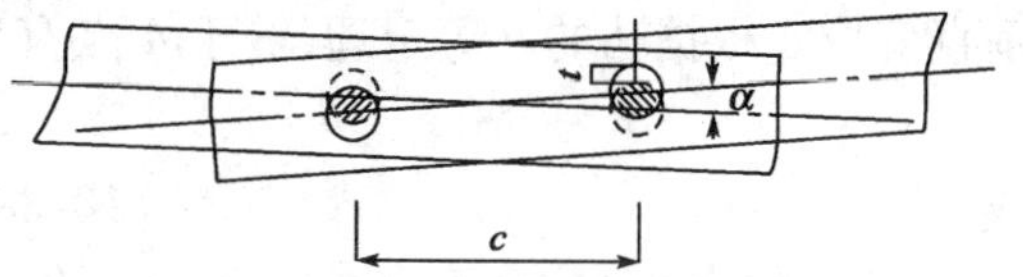

图 10-19　间隙角

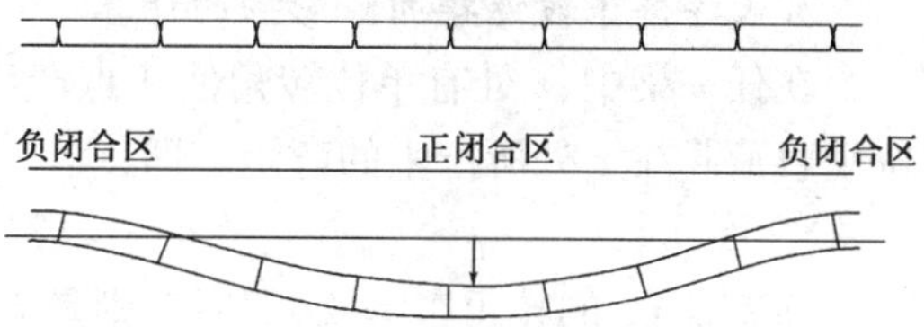

图 10-20　连接间隙的闭合

连接间隙对桥桁的影响是使浮桥的吃水增加，桥跨弯矩减少，在一般情况下，可使吃水增加 10%，使弯矩减少 20%。在本节计算中，采取一个简化假定：只考虑在荷载作用处正弯矩范围内的角间隙正闭合，忽略了离荷载较远处负弯矩区域间隙作负闭合的影响，其计算误差约占 1% ~2%。

间隙对弯矩和吃水的影响见图 10-21a）、图 10-21d），如要计算浮桥 A 处的影响，可先将一个单位集中荷载置于该处，作出其弯矩图 $M_{xa}^{p=1}$，定出其正弯矩范围 λ，以 λ 作为连接间隙正闭合的范围，然后再作出 A 点变位"转角影响线" $y_{ax}^{\alpha=1}$，如图 10-21c）所示，此时，它是 x 处单位转角时 A 点变位影响值。根据功的互等定理，可知 $M_{xa}^{p=1}=y_{ax}^{\alpha=1}$，因此图 10-21b）和图 10-21c）的图形是相同的，故转角影响线的正号范围 λ_1 也和 λ 相等，在这范围内的间隙都作正闭合，而且都会使吃水增加。由于 $\lambda_2>\lambda$，间隙正闭合时使 A 点的弯矩减少，为了计算简便且偏于安全，在图 10-21d）中仍取 λ 为有效范围。

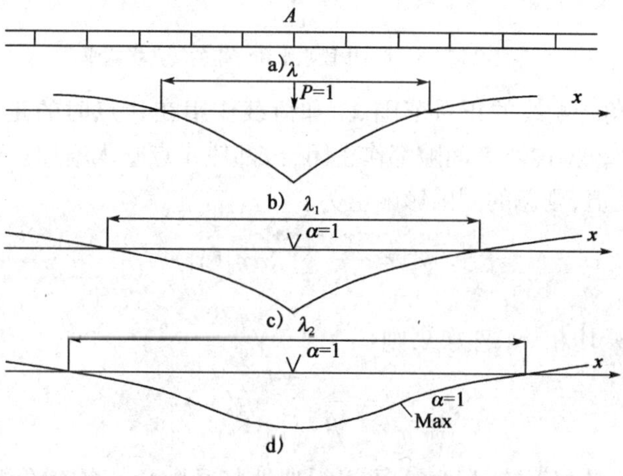

图 10-21　连接间隙的闭合范围

求间隙影响主要是作某点吃水和弯矩的转角影响线，有了该影响线，再将各处转角 α_i 与相应的影响线坐标一一相乘，将各项叠加起来即可。

$$\left.\begin{aligned} y_A^{\alpha} &= \sum^{\lambda}\alpha_i y_{ax}^{\alpha=1}(x_i) \\ M_A^{\alpha} &= \sum^{\lambda}\alpha_i M_{ax}^{\alpha=1} \end{aligned}\right\} \tag{10-87}$$

式中：α_i ——各连接间隙处的转角值；

$y_{ax}^{\alpha=1}(x_i)$——A 点变位的转角影响线在某间隙处的坐标；

$M_{xa}^{p=1}(x_i)$——A 点弯矩的转角影响线在某间隙处的坐标；

λ——考虑的间隙闭合范围。

2. 长浮桥中段连接间隙影响的计算

在任一梁中，x 处有单位转角使 A 点产生的垂直变位。根据功的互等定理，等于 A 点有单位垂直荷载在 x 处所产生的弯矩。即：

$$y_{ax}^{\alpha=1} = M_{xa}^{p=1} \tag{10-88}$$

前者是 y_A 的转角影响线，而后者则是 $P_A = 1$ 所产生的弯矩图，这两个图形是一样的，对于无限长弹基梁，它们的图形均如图 10-22b）所示，其数学表达式为：

$$y_{\alpha x}^{\alpha=1} = M_{x\alpha}^{p=1} = \frac{1}{4\beta}\eta_3(x) \tag{10-89}$$

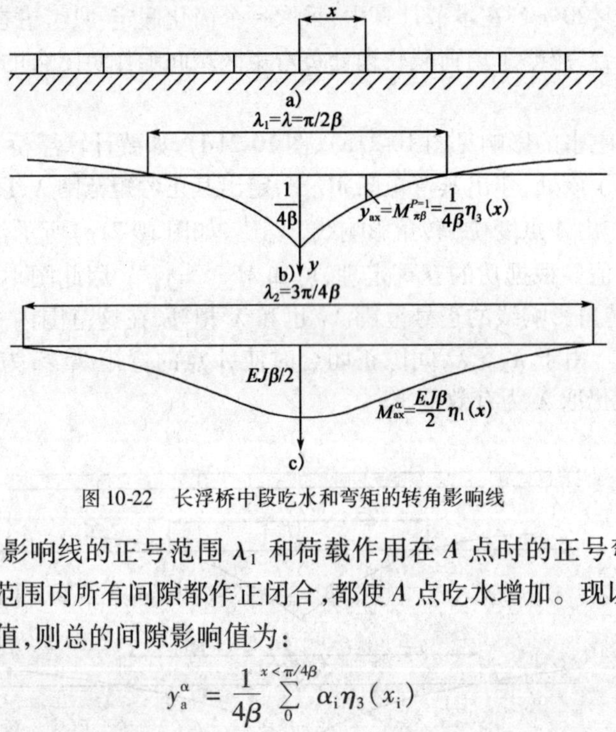

图 10-22　长浮桥中段吃水和弯矩的转角影响线

可见，A 点吃水的转角影响线的正号范围 λ_1 和荷载作用在 A 点时的正号弯矩范围 λ 是一致的。均为 $\pi/2\beta$，在此范围内所有间隙都作正闭合，都使 A 点吃水增加。现以 A 为原点，左右间隙的坐标 x 均取为正值，则总的间隙影响值为：

$$y_a^{\alpha} = \frac{1}{4\beta}\sum_{0}^{x<\pi/4\beta} \alpha_i\eta_3(x_i) \tag{10-90}$$

如各个间隙角 α_i 均相等，记为 α，则：

$$y_a^{\alpha} = \frac{\alpha}{4\beta}\sum_{0}^{x<\pi/4\beta} \eta_3(x_i) \tag{10-91}$$

如间隙角距离也是相等的，记为 d，可以近似地将间隙角 α 均匀分配在 d 的长度上，相当于有间隙角集度 α/d，则总影响可以用积分求得近似公式。

$$y_b^{\alpha} = \frac{2}{4\beta}\frac{\alpha}{d}\int_0^{\pi/4\beta}\eta_3(x)\,\mathrm{d}x = \frac{1}{2\beta^2}\frac{\alpha}{d}\eta_2\Big|_0^{\frac{\pi}{4\beta}} = 0.161\,2\,\frac{\alpha}{\beta^2 d} \tag{10-92}$$

下面求弯矩的转角影响线 $M_{ax}^{p=1}$ [图 10-22c）]，由于无限长梁上两点具有对称性，故 A 点有转角 $\alpha_A = 1$ 在 x 点所产生的弯矩，应等于 x 点有转角 $\alpha_x = 1$ 在 A 点所产生的弯矩。即：

$M_{x\alpha}^{\alpha=1}=M_{\alpha x}^{\alpha=1}$同理 $y_{x\alpha}^{\alpha=1}=y_{\alpha x}^{\alpha=1}$。

而弯矩图与变位图有二次微分关系，$M_{x\alpha}=-EJy''_{x\alpha}$。

故弯矩的转角影响线可由下述关系求出：

$$M_{x\alpha}^{\alpha=1}=-EJ(y_{x\alpha}^{\alpha=1})x''=-EJ(y_{\alpha x}^{\alpha=1})x'' \tag{10-93}$$

将式(10-89)代入得：

$$M_{\alpha x}^{\alpha}=-\frac{EJ}{4\beta}\eta_3''(x)=-\frac{EJ\beta}{2}\eta_1(x) \tag{10-94}$$

其负号区域$\left(\lambda_2=\frac{3}{2}\frac{\pi}{\beta}\right)>\left(\lambda=\frac{\pi}{2\beta}\right)$，故仍取$\frac{\pi}{2\beta}$为有效范围，因此，如将 A 点左右的间隙坐标 x 均取为正值，则：

$$M_{\alpha}^{\alpha}=-\frac{EJ\beta}{2}\sum_{0}^{X<\pi/4\beta}\alpha_i\eta_1(x_i) \tag{10-95}$$

如各个间隙角均为 α，则：

$$M_{\alpha}^{\alpha}=-\frac{EJ\beta\alpha}{2}\sum_{0}^{X<\pi/4\beta}\eta_1(x_i) \tag{10-96}$$

如间隙角间距内为 d，则得近似公式：

$$M_{\alpha}^{\alpha}=-EJ\beta\frac{\alpha}{d}\int_0^{\pi/4\beta}\eta_1(x)\mathrm{d}x=EJ\frac{\alpha}{d}\eta_4(x)\Bigg|_0^{\frac{\pi}{4\beta}}=-0.6776EJ\frac{\alpha}{d} \tag{10-97}$$

第四节 计 算 示 例

一、已知数据

(1)如图 10-23 所示，荷载：履带式荷载 500kN，履带接地长 $s=4.5$m，车体宽 $B=3.3$m，荷载在桥面上的最大偏心距 $e=0.4$m。

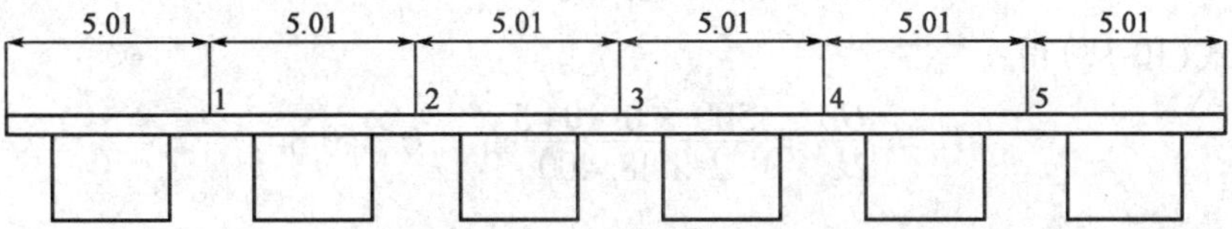

图 10-23 计算例题图(尺寸单位:m)

(2)桥脚舟：由一节方舟和一节尖舟组成，计算水线面面积 $F=24.45\ \mathrm{m}^2$，全舟平均长度 $L=10.10$m，舷高 0.964m，自重 24.3kN，舟宽 2.4m，舟的间距 5.01m。

(3)上部结构：桥桁为 8 根[30a，每根断面的惯性矩 $J_1=6048\ \mathrm{cm}^4$，断面系数 $W=403.2\ \mathrm{cm}^3$，容许应力[σ]=400MPa，各桥桁距中心线的距离为 2.06m，1.65m，1.24m，0.41m，上部结构每纵长米自重 6.14kN/m。

(4)连接接头为刚性接头，间隙 2.25mm，间隙角为 0.005 85rad，每隔 5.01m 有一接头，计算例题图见图 10-23。

二、计算内容

(1)按无限长梁计算河中部分在活载作用下的桥跨弯矩和桥脚吃水。

(2)按临界长梁计算河中部分在活载作用下的桥跨弯矩和桥脚吃水。

(3)按临界长梁考虑浮桥扭转时外桁最大弯矩和桥脚舟首尾总吃水。

(4)近似计算连接间隙对桥跨弯矩和桥脚吃水的影响。

三、计算过程

1. 按无限长梁计算

(1) $\beta = \sqrt[4]{\dfrac{\gamma F}{4EJl}} = \sqrt[4]{\dfrac{10 \times 24.25}{4 \times 2.1 \times 10^2 \times 8 \times 6\,048 \times 10^{-8} \times 5.01}}\text{m}^{-1} = 0.104\,5\ \text{m}^{-1}$

$k_3 = \dfrac{\gamma F}{l} = \dfrac{10 \times 24.25}{5.01}\text{kN/m}^2 = 48.400\ \text{kN/m}^2$

$\beta s = 0.104\,5 \times 4.5 = 0.470$

(2)弯矩

根据式(10-20)得:

$$M_2 = \frac{Q}{2\beta^2 s}\eta_2\left(\frac{s}{2}\right) = \frac{500}{2 \times 0.104\,5^2 \times 4.5} \times 0.184\,1\text{kN} \cdot \text{m} = 936.66\ \text{kN} \cdot \text{m}$$

根据式(10-21)得:

$$M_2 = \frac{Q}{4\beta}\left(1 - \frac{\beta s}{2} + \frac{\beta^2 s^2}{12}\right) = \frac{500}{4 \times 0.104\,5} \times \left(1 - \frac{0.47}{2} + \frac{0.47^2}{12}\right)\text{kN} \cdot \text{m} = 937.091\ \text{kN} \cdot \text{m}$$

根据式(10-22)得:

$$M_2 = \frac{Q}{4\beta}\left(1 - \frac{\beta s}{2}\right) = \frac{500}{4 \times 0.104\,5} \times \left(1 - \frac{0.47}{2}\right)\text{kN} \cdot \text{m} = 915.072\ \text{kN} \cdot \text{m}$$

(3)桥脚吃水

根据式(10-17)得:

$$T_2 = \frac{Q}{sk_3}\left[1 - \eta_4\left(\frac{s}{2}\right)\right] = \frac{500}{4.5 \times 48.400} \times (1 - 0.768\,9)\,\text{m} = 0.531\ \text{m}$$

根据公式(10-18)得:

$$T_2 = \frac{Q\beta}{2k_3} = \frac{500 \times 0.104\,5}{2 \times 48.400}\text{m} = 0.540\ \text{m}$$

2. 按临界长梁计算

(1)临界长度

$$L = \pi/\beta = 3.14/0.104\,5\text{m} = 30.063\text{m}$$

(2)中点弯矩

根据式(10-66)得:

$$M_2 = \frac{Q}{4\beta}\left(1.090 - \frac{\beta s}{2}\right) = \frac{500}{4 \times 0.104\,5} \times \left(1.090 - \frac{0.47}{2}\right)\text{kN} \cdot \text{m} = 1\,022.727\ \text{kN} \cdot \text{m}$$

(3)活载吃水

根据式(10-67)得:

$$T_2 = 1.090\frac{Q}{8EJ\beta^3} = 1.090 \times \frac{500}{8 \times 2.1 \times 10^8 \times 8 \times 6\,048 \times 10^{-8} \times 0.104\,5^3}\text{m} = 0.588\text{ m}$$

考虑浮桥扭转的计算

(1)静载弯矩

$$M_1 = \frac{ga^2}{10} = \frac{1}{10} \times 6.14 \times (5.01 - 2.4)^2\text{kN} \cdot \text{m} = 4.18\text{ kN} \cdot \text{m}$$

(2)活载弯矩按式(10-67)计算。

(3)考虑扭转时的外桁最大弯矩

$$J_w = \sum J_i z_i^2 = 6\,048 \times 10^{-8} \times (2.06^2 + 1.65^2 + 1.24^2 + 0.41^2) \times 2\text{m}^4 = 1.049 \times 10^{-3}\text{m}^4$$

$$J_x = \frac{FL^2}{12} = \frac{24.25 \times 10.10^2}{12}\text{m}^4 = 206.145\text{m}^4$$

$$\beta_\omega = \sqrt[4]{\frac{\gamma J_x}{4EJ_w l}} = \sqrt[4]{\frac{10 \times 206.145}{4 \times 2.1 \times 10^8 \times 1.049 \times 10^{-3} \times 5.01}} = 0.147$$

根据式(10-84)横向分配不均匀系数:

$$k_M = 1 + \frac{neb_1}{\sum b_i^2}\frac{\beta}{\beta_\omega} = 1 + \frac{8 \times 0.4 \times 4.12}{4.12^2 + 3.3^2 + 2.48^2 + 0.82^2} \times \frac{0.104\,5}{0.147} = 1.270$$

外桁总弯矩:

$$M = \frac{M_1}{n} + k_M\frac{M_2}{n} = \frac{4.18}{8} + \frac{1.27 \times 915.072}{8} = 145.79\text{ kN} \cdot \text{m}$$

(4)考虑浮桥扭转时的桥脚吃水

静载吃水:

$$T_1 = \frac{gl + G}{\gamma F} = \frac{6.14 \times 5.01 + 24.3}{10 \times 24.25}\text{m} = 0.227\text{ m}$$

活载吃水按弯曲时的计算值,考虑扭转时的桥脚吃水计算:

$$k_\omega = \frac{\gamma J_x}{l} = \frac{10 \times 206.145}{5.01} = 411.467$$

纵倾角:

$$\varphi = \frac{Qe\beta_\omega}{2k_\omega} = \frac{500 \times 0.4 \times 0.147}{2 \times 411.467}\text{rad} = 3.573 \times 10^{-2}\text{ rad}$$

$$\Delta T = \frac{L}{2}\varphi = \frac{10.10}{2} \times 3.573 \times 10^{-2}\text{m} = 0.180\text{ m}$$

总吃水:

$$T = T_1 + T_2 + \Delta T = 0.54\text{m} + 0.227\text{m} + 0.18\text{m} = 0.947\text{ m}$$

3.连接间隙影响的近似计算

(1)附加弯矩

$$M_a^\alpha = -0.677\,6EJ\frac{\alpha}{d} = -0.677\,6 \times 2.1 \times 10^8 \times 8 \times 6\,048 \times 10^{-8} \times \frac{0.005\,85}{5.01}\text{kN} \cdot \text{m}$$

$$= -80.392\text{ kN} \cdot \text{m}$$

(2)附加吃水

$$\Delta T_a^\alpha = 0.161\,2 \times \frac{\alpha}{\beta^2 d} = 0.161\,2 \times \frac{0.005\,85}{0.104\,5^2 \times 5.01}\text{m} = 0.017\text{ m}$$

第十一章　浮桥阻力计算

第一节　桥脚舟水阻力计算

一、桥脚舟水阻力的形成

架设在江河上的浮桥和运动着的门桥，其桥脚舟均处于动水中。桥脚舟在静水中时，舟体浸水表面各点上均受到静水压力的作用。舟体表面静水压力的合力在水平方向的分力为零。桥脚舟在动水中时，舟体浸水表面各点上均受到水动力的作用，它包括黏性摩擦作用力和水动压力两部分。舟体表面水动力的合力在水平方向的分力称为桥脚舟的水阻力。

水阻力就物理现象分析，可认为是由三部分组成的，即摩擦阻力、涡流阻力和兴波阻力。

摩擦阻力是由水的黏度与舟体表面形成摩擦制动作用所产生的，它与水的黏度、流速、舟体浸水面积、舟体曲度及表面粗糙度等因素有关。

水阻力中除去摩擦阻力，剩余部分即为水动压力引起的阻力，谓之剩余阻力。由于舟体干扰具有黏性的水流，从而导致舟体周围水流能量的损耗及压能、势能和动能的重新组合，此时舟体周围水流的压能引起了剩余阻力，剩余阻力包括两部分，即涡流阻力和兴波阻力。

涡流阻力是由于水流在舟尾产生旋涡，使舟尾压力降低，从而引起舟体首尾之间存在压力差额而形成的压力阻力。当具有黏性的水流绕流舟体时，紧贴舟体有一层相当厚度的水流（即边界层）都受到黏滞力的作用，在流动中不断消耗着水质点的动能。这些水质点到达舟尾时，其中有些水质点动能不足不能继续前进而停下来，它们在舟尾区外层水流较高的压力作用下，在舟尾形成一些作反向运动的水流，形成了涡流，涡流运动引起舟尾压力下降。涡流阻力与流速、舟型（尤其是尾型）以及水的黏度、舟体浸水部分尺寸（尤其是长宽比）等有关。舟尾呈流线型可以大为减小旋涡的形成，从而可以大为减小舟体的涡流阻力。

兴波阻力是由于舟体的正面阻水兴波作用，造成舟首压力的增强而形成的压力阻力。由于舟体浸水部分正面阻碍水的流动，改变了舟体周围水流的速度和压力的分布情况，引起恒等于大气压的自由水面发生起伏，继而由于重力作用和惯性作用，水面发生周期性的振荡，此即波浪形成的原因。水面的起伏包括舟首隆起的壅水和舟首、舟尾两个波群，每个波群均包括两组波浪——散波和横波。凡压力大处，水面升高，凡压力小处，水面跌落。因此壅水和波浪造成了舟首压力的增强、舟首尾压力的差额。兴波阻力与流速、舟型（尤其是首型）及舟体浸水部分尺寸等有关。舟首呈 V 形的尖形倾斜舟首，可以大为减小舟首正面阻水兴波的作用，从而大为减小兴波阻力。舟首若做成与水流运动方向相垂直的封头，则会引起最严重的阻水兴波作用，从而使兴波阻力大增。

水流绕流桥脚舟时涡流和波浪的状况，如图 11-1 所示。

以上所述是裸舟体的水阻力。桥脚舟裸舟体之外还有一些突出部件，动水对它们的作用同样有上述三种物理现象，突出部引起的水阻力即是舟体突出部阻力。对于一般民用船只，突出部主要是舭龙骨、舵、推进器等，突出部阻力在总阻力中仅占很小一部分，约占5%～6%。在制式舟中，舟体突出部件主要是舟间连接设备及为满足陆上装车运输要求而设置的装卸车设备、固定设备等，它们体积小、尺寸小，引起的水阻力值极为有限，加以制式舟总水阻力较大(舟体线形差)，因而突出部阻力在总阻力中所占比重就比民用船只更小。一般情况下，在计算舟体水阻力时不考虑突出部的影响。但是，在执行任务时如果另外装备了一些构件(如动水板等，构件尺寸较大)突出部阻力就可能是相当可观的了，此时应充分考虑突出部阻力。

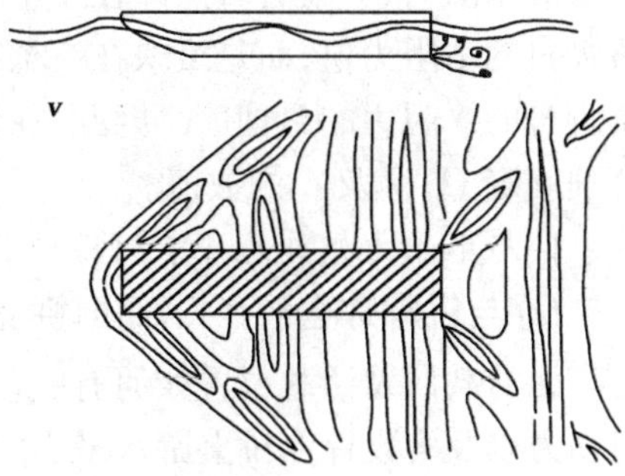

图11-1　水流绕流桥脚舟产生涡流和波浪

当用民舟做桥脚舟时，由于舟体具有良好的流线型，总阻力较小，且在总阻力中摩擦阻力占有较大的比重，其值可达总阻力的70%～80%。当用制式舟做桥脚舟时，由于舟体线形较差，总阻力较大，且在总阻力中摩擦阻力只占较小的比重，其值往往只占总阻力的5%～10%。因而，涡流阻力、兴波阻力是制式桥脚舟水阻力的基本组成部分。

桥脚舟的水阻力，实质上只取决于水流因素(以流速为主要特征)和舟体自身因素(以舟体浸水部分尺寸及首尾线形为主特征)，由于水流因素受到诸如河幅宽窄、河水深浅以及桥脚舟组合配置状况等条件的影响，因此，水阻力和大小还与水的相对深度 T/h(T 为舟体吃水，h 为水深)以及跨度 l 与舟宽 B 的比值 l/B 等因素有关，它们反映了浅水因素和波浪干扰因素的影响。

熟悉水阻力成因及有关因素具有重要意义，它不仅可以指导我们正确地合理地计算浮桥、门桥中的桥脚舟水阻力，而且可以指导我们在必要时采取一系列技术措施(如合理处理首型、尾型，调整舟体长宽比，调整浮桥、门桥的跨宽比等)有效地减小水阻力。

二、桥脚舟水阻力计算

我们能够定性的认识桥脚舟水阻力的成因及有关因素，但是要从理论上定量地计算水阻力却是困难的，因为水阻力与一系列水力因素和结构因素有着复杂的函数关系。在实践中，通常只要求确定桥脚舟的总水阻力，因此只运用经验公式进行近似计算。桥脚舟总水阻力计算的经验公式很多，它们都是通过试验得出的，因为试验中都有一定的条件，所以在运用公式时也必须注意满足其使用条件。否则，计算结果与实际情况相差较多。下面推荐一个常用的经验公式：

$$R = C\frac{\rho}{2}v^2\Omega_{\mathrm{H}} \tag{11-1}$$

式中：R——桥脚舟的总水阻力(N)；

ρ——水的密度，淡水取1 020($\mathrm{N\cdot s^2/m^4}$)；

Ω_{H}——桥脚舟浸水部分垂直于水流方向的最大横剖面面积($\mathrm{m^2}$)；

v——计算流速(m/s)；

C——总阻力系数。

在运用此公式计算桥脚舟水阻力时必须注意该公式的特点。该公式用于具体计算单个桥脚舟的水阻力，但其着眼点却在于整个门桥、整个浮桥结构物。计算结果不是反映一个孤立的桥脚舟的水阻力值，而是反映在一个特定的门桥、一座特定的浮桥内呈船队性质工作的一系列桥脚舟的水阻力的合理值。因此，在计算桥脚舟水阻力时，必须着眼于门桥、浮桥整体结构物，合理确定 Ω_H、v 及 C 的数值。

1. 与水阻力相关的舟中剖面水下部分面积

Ω_H 与桥脚舟吃水有关，而门桥、浮桥中各桥脚舟吃水不同，同一桥脚舟其吃水也与结构物上有无活载以及活载位置如何有关。因此，必须注意合理确定吃水值。在计算漕渡门桥的牵引动力以及为设计浮桥上游水平固定系统而计算桥脚舟水阻力时，均按照由静载和活载综合引起的吃水深度计算舟中剖面水下部分面积 Ω_H，其中活载吃水可以取最大活载吃水，也可以取平均活载吃水，按当时具体情况确定，在计算桥节门桥的牵引动力以及为设计浮桥下游水平固定系统而计算桥脚舟水阻力时，通常均按照仅由静载引起的吃水深度计算舟中剖面水下部分面积 Ω_H。

2. 与水阻力相关的流速

v 值的确定与结构物类型及其具体运用条件有关。计算浮桥中的桥脚舟水阻力时，首先遇到的问题是各舟处于不同的水流速度中，不能每个舟都各取一个计算流速值。在实际计算时，全桥各舟都取一个共同的计算流速，这就是架桥前江河的平均流速，其值可按下述规律确定：

设江河主流上的最大表面流速实测得 v_M，则河幅较窄（小于 60m）时，v 值取 $0.75v_M$；河幅较宽时，v 值取 $0.65v_M$。

对于河幅较为宽阔，河中与岸边部分流速差异较大的江河，可将河幅分成三段（河中及两岸），分别测出各段最大表面流速，从而按上述规律得出各段的计算流速。

计算漕渡门桥和桥节门桥中的桥脚舟水阻力时，v 值取门桥的静水航速。因此，门桥逆水航行时，其值为门桥在航道相对岸边的运动速度加上航道上的流速，顺水航行时，其值为门桥相对岸边的运动速度减去航道上的流速。航道上的流速取表面流速。

3. 与水阻力相关的三个系数

C 是浮桥和门桥桥脚舟的总水阻力系数，通常用三个分系数的乘积表示，其中每一个分系数反映一定的因素对水阻力的影响，这些影响通过深入的理论分析和系统的实验已经得到明确。

$$C = C_0 C_1 C_h \tag{11-2}$$

（1）舟型影响系数

第一个分系数 C_0 是水流无限深时孤立的单个桥脚舟的阻力系数，它主要与桥脚舟的线型及其基本尺寸之比值有关。在表 11-1 中列出了几种不同桥脚舟的系数 C_0 值。从表中可看出，影响水阻力的基本因素是舟体的首型和尾型，另外，桥脚舟越是瘦长，水阻力也越小，即长宽比值增大，阻力系数也有所减小。对于制式的带式浮桥（带式门桥）来说，当宽度为 4～5m 时 $C_0 = 0.6$；当宽度为 8～10m 时的 $C_0 = 0.5$。平底船横水流方向放置，$C_0 = 0.9$。

（2）门桥影响系数

第二分系数 C_1 是水流无深时桥脚舟因横向组合编成船队而相互干扰的阻力系数，它主要与浮桥（门桥）的跨度 l 和桥脚舟宽度 B 的比值（即跨宽比）有关，阻力系数 C_1 反映出跨度与舟宽比值的变化对桥脚舟总水阻力的影响，主要反映舟间波浪干扰对总阻力的影响。当跨宽比

系 数 C_0 值 表 11-1

外形特征		长宽比 L/B	简 图	系数 C_0
舟首	舟尾			
垂直封头		小于3.0	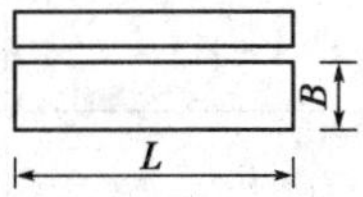	1.25
		大于4.5		1.00
雪橇形 $\alpha=40°\sim45°$		大于4.5	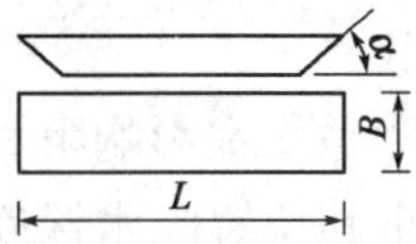	0.50
雪橇形 $\alpha=20°\sim45°$	垂直封头	小于3.0	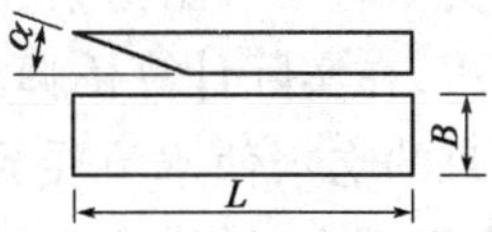	0.60
		大于4.5		0.42
雪橇形 $\alpha=20°\sim25°$		大于4.5	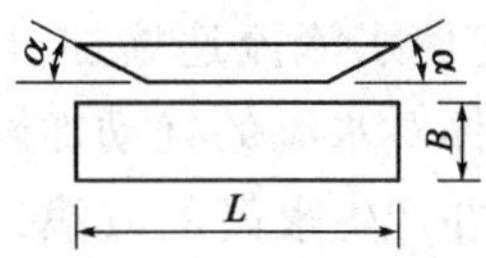	0.38
滑雪板形		大于4.5	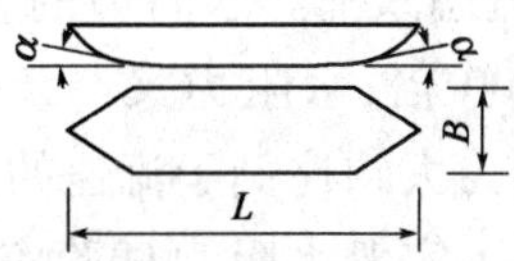	0.32
熨斗形		大于4.5	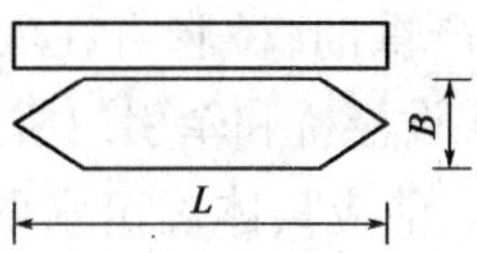	0.29
匙形		大于4.5	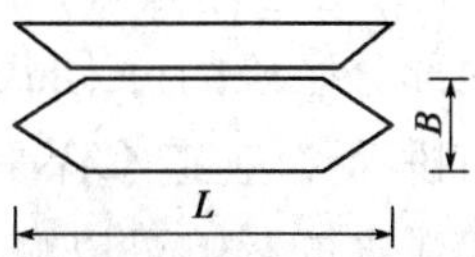	0.26
V形	匙形	大于4.5	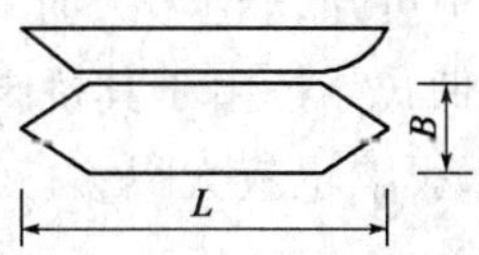	0.23
以舟舷迎向水流时				0.90

不当时，舟侧、舟后的波浪会由于相互干扰而得到增强，因而加大了兴波阻力；当跨宽比恰当时，波浪会由于相互干扰而减弱，因而减小了兴波阻力。在表11-2中列出了随 l/B 值而变化的 C_1 值，从中可知：l/B 在2.5～3.0范围内时，波浪干扰产生最为不利的影响；当 $l/B=1$ 时，

亦即桥脚舟密集配量时,就构成了带式浮桥,桥脚舟侧向的散波系统消失了,只产生舟后的横波系统,因而减小了兴波阻力。对于带式门桥也有类似的情况。

系数 C_l 值　　表 11-2

跨宽比(l/B)	1~1.1	1.5~2	2.5~3	>4
C_l	0.8	1	1.2	1

(3)水深影响系数

第三个分系数 C_h 是浅水影响阻力系数,它主要与水的相对深度 h/H(其中,h 为水的平均深度,H 为桥脚舟重心位置吃水深度)、门桥的静水航速或浮桥渡口架桥前的平均流速 V 以及浮游结构物的类型有关。阻力系数 C_h 反映出桥脚舟由于相对水深的减小总阻力急剧增加的浅水影响作用,在实际计算桥脚舟水阻力时具有重大意义。在深水的江河中,门桥、浮桥的一系列桥脚舟的吃水使水流受到的限制和挤压几乎可以忽略不计。但在浅水江河中,尤其是急流浅水江河中,过水断面很小,门桥、浮桥对水流的限制和挤压就是十分严重的问题了。首先,它使水流流速增加,以确保在被大大压缩了的过水断面上原流量不变。同时,在浅水中,舟体对水流的扰动加剧了。围绕舟体的水流作用使桥脚舟产生进一步的下沉和严重的尾倾并产生很高的波浪,从而进一步加大了阻拦水流的面积,进一步加大舟下流速,进一步使流态紊乱。水阻力的大小与流态有关,紊流中的摩擦阻力要比层流中的摩擦阻力大 50~100 倍;水阻力又与流速的高次方成比例,摩擦阻力大约比例于流速的 1.855次方,涡流阻力大约比例于流速的 2 次方,兴波阻力则大约比例于流速的 4~6 次方。轻型浮桥深水条件下实船水阻力试验资料表明,桥脚舟总水阻力比例于流速的 2.6~3.2 次方。浅水影响是严重的,桥脚舟在浅水中的总水阻力可以比在深水中大几倍甚至几十倍。因此,在实际架设浮桥和牵引门桥中,注意浅水影响是非常重要的。阻力系数 C_h 值可依表 11-3 查出,查表前应具体确定水的相对深度 h/H(其中,H 为桥脚舟吃水深度,其取值与计算 Ω_H 时一致,不考虑舟体倾斜,取重心位置处的吃水值;h 为水深,对于浮桥,h 为平均水深,即以浮桥河中部分区段的过水断面面积除以河中部分长度获得。若计算 v 分段时,h 为平均水深;对于门桥,h 为航道水深平均值)。当水的相对深度 $h/H \geqslant 10 \sim 12$ 时,对于实际遇到的流速来说,浅水的影响可以略去不计,而取 $C_h = 1$,即认为该处河流具有无限的深度。查表前还从表中可知,v 值增大时,系数 C_h 值也增大。浮游结构物的类型对 C_h 值影响很大。带式门桥和带式浮桥由于其桥脚舟密集配置,因而比桥脚分置式门桥和浮桥对水流的挤压大得多,浅水影响也就大得多。从表 11-3 中可以看出,浮桥的浅水影响系数远大于门桥,这是因为:

(1)浮桥在江河全宽内限制水流断面,它对水流的限制大大超过门桥。

(2)水深和流速沿江河全宽分布实际是不均匀的,对于浮桥很可能产生大的流速和浅的水深的不利组合影响,其中有些是由于主流线的往返摆动形成的。

所以,在其他条件都是相同的情况下,浮桥的 C_h 值要比门桥的 C_h 值大得多。

式(11-1)较全面地细致地反映了门桥、浮桥的结构特点、舟体线形尺度特点以及门桥、浮桥具体运用条件对桥脚舟水阻力的影响,因而用该公式计算门桥、浮桥的桥脚舟水阻力,计算结果较为接近实际情况。

系数 C_h 值（分子指门桥，分母指浮桥） 表 11-3

结构物的类型	相对水深 h/H	门桥航速或断面平均流速 V(m/s)					
		0.5	1	1.5	2	2.5	3
桥脚分开配置的门桥和浮桥	2		1.60	1.65	2.25	3.80	4.50
		1.35	3.50	5.00	8.00	11.00	12.80
	3		1.23	1.27	1.69	2.57	3.58
		1.23	1.95	2.23	3.14	3.88	5.00
	4		1.05	1.07	1.30	1.75	2.70
		1.15	1.35	1.50	2.00	2.70	3.30
	5		1.00	1.02	1.13	1.32	1.77
		1.12	1.20	1.40	1.80	2.28	2.65
	6		1.00	1.02	1.05	1.12	1.25
		1.10	1.20	1.40	1.70	2.00	2.20
	8		1.00	1.00	1.00	1.01	1.05
		1.10	1.15	1.20	1.30	1.35	1.45
带式门桥和带式浮桥	3		1.90	2.90	4.60	7.00	10.00
			10.00	27.00	43.00	50.00	65.00
	4		1.50	2.00	2.65	3.34	4.16
			6.10	9.35	14.25	25.50	40.40
	5		1.24	1.36	1.62	1.88	2.11
			3.45	4.30	5.20	13.75	28.00
	6		1.10	1.10	1.15	1.25	1.35
			1.75	2.00	2.50	9.00	20.00
	9		1.01	1.03	1.05	1.08	1.10
			1.35	1.80	2.20	5.00	
	10		1.00	1.00	1.00	1.00	1.00
			1.15	1.30	1.45	1.50	

第二节　浮桥和门桥上空气阻力计算

架设在江河上的浮桥和运动着的门桥，其水面以上部分（结构部分及活载部分）均受到风压力的作用。在设计浮桥的水平固定装置、设计门桥漕渡设备及计算门桥牵引动力时，必须充分考虑到风压力的作用。

一、风压强度的确定

在计算浮桥和门桥的风压力之前，首先必须合理地确定风压强度。风压强度是风在某个最大风速时对垂直于风向的平面上所造成的压强，单位是 Pa。我们只考虑稳定风压，即在给定的时间间隔内，把风对浮桥、门桥的作用力看成不随时间而改变的，亦即风的速度、方向以及其他物理量都看成不随时间而改变的量。将风压强度定得过高，会使渡河设备及动力过于浪费,同时也不必要地加大了作业量;将风压强度定得偏低,会使渡河设备过弱、动力不足,使渡河变得不安全并难以完成任务。因此,按照具体的器材条件及渡河条件,进行具体地分析,合理地确定风压强度,是计算浮桥、门桥风压力的基础。

由风速变换为风压的计算,可由空气动力学上的伯诺里方程来完成。设风速为 v,则基本风压 ω_0 可按下列标准风压公式求得:

$$\omega_0 = \frac{5}{8}v^2 \tag{11-3}$$

作用于浮桥、门桥上的风压强度 ω 为:

$$\omega = KK_Z\omega_0 \tag{11-4}$$

式中:ω_0——基本风压(Pa);

K——风载体型系数,即风吹到浮桥、门桥表面引起的压力或吸力反应与原始风速计算得的理论风压的比值,它与浮桥、门桥的体型、尺度等有关;

K_Z——风压高度变化系数。

对于一般浮桥、门桥,风压强度可用下式计算:

$$\omega = 0.8v^2 \tag{11-5}$$

式中:v——风速(m/s)。

根据我国的风力等级表,按上式计算的风速与风压对应关系如表 11-4 所示。

风力等级和相当风压值 表 11-4

风力等级	相当风速(m/s)		相当风压(Pa)	
	范围	平均值	范围	平均值
3	3.4~5.4	4.4	9~23	16
4	5.5~7.9	6.7	24~50	36
5	8.0~10.7	9.4	51~92	71
6	10.8~13.8	12.3	93~152	121
7	13.9~17.1	15.5	153~234	192
8	17.2~20.7	19.0	235~343	288
9	20.8~24.4	22.6	344~476	408
10	24.5~28.4	26.5	480~645	562

由于浮桥、门桥及其附属水上摩托器材抗风浪能力较小,同时它们建筑高度小,使用期短,因而考虑风荷载时,风压标准一般定得不高。在具体确定风压强度时,通常有两个途径:一是直接按给定的风压标准取值;二是按给定或实测的风级、风速间接换算风压。

(1)为设计制式浮桥器材而考虑风荷载时,风压强度取 $\omega = 500$Pa,约相当于 10 级风下的风压值。

(2)现场建筑高度较低的一般浮桥的水平固定装置及一般门桥的系留设备时,风压强度取 $\omega = 300$Pa,相当于 8 级风下的风压值。

(3)现场设计建筑高度较大的浮桥(如桁架式浮桥、铁道浮桥等)的水平固定系统及建筑高度较大的门桥(如铁道门桥、高架作业门桥等)的系留设备、牵引动力时,风压强度应考虑风压高度变化的影响,按下式计算取值:

$$\omega = 240 + 27\gamma_w \tag{11-6}$$

式中：y_w——迎风面重心高出水面的距离(m)，计算得出的 ω 值不应小于 350Pa。对于门桥，上式结果应乘以系数 1.1，从而确保门桥在相当于九级大风的恶劣条件下仍能安全工作。

(4)临时执行任务或遇其他特殊情况(如时间紧迫、动力短缺、器材不足等)，对浮桥架桥点及门桥渡口在使用期间出现的最大风速确有把握时，可运用预计最大风速换算风压强度，即按式(11-3)换算之。由于此时风级通常在 6 ~ 7 级范围内，因此 ω 值一般不超过 200Pa。

(5)当执行试验任务，要求较为准确地反映出浮桥、门桥上的风压力值时，应通过浮桥、门桥上的风速计，实测出实际风速值，再按风压强度计算式(11-5)算出风压值。

二、阻风面积的计算

计算阻风面积时，设风向与浮桥桥轴线和门桥车行部中心线相垂直。桥脚分置式浮桥阻风面积通常是以一个半门桥为计算单位，带式浮桥阻风面积通常是以一只桥脚舟为计算单位，门桥的阻风面积则是以整个门桥为计算单位。阻风面积与各计算单位的诸元有关，与有无活荷载及吃水值大小有关，在计算时，应根据设计要求进行具体地分析。

(1)当设计浮桥上游横向水平固定装置时，考虑浮桥承受来自上游方向的风压，阻风面积按桥上有密布活载计算，活载为设计荷载，活载间距为浮桥通行要求规定的最小间距。此时浮桥桥脚舟吃水深度按静载吃水和活载吃水之和计算。对桥脚分置式浮桥(图 11-2)，一个半门桥阻风面积 Ω 可看成由 Ω_1、Ω_2 和 Ω_3 三部分组成。

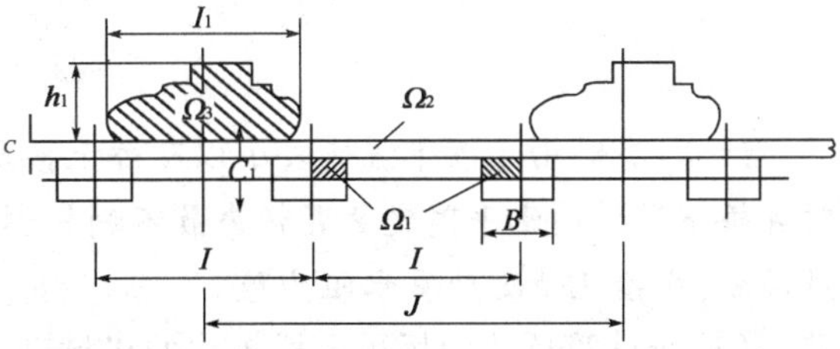

图 11-2　在桥脚分置式浮桥中一个半门桥阻风面积计算图

$$\Omega_1 = C_1 B \tag{11-7}$$

式中：Ω_1——一只桥脚舟的阻风面积(m^2)；

C_1——舟干舷高(m)，$C_1 = H - (T_1 + T_2)$，其中 H 为舟高，T_1 为静载吃水，T_2 为活载活水；

B——舟宽(m)。

$$\Omega_2 = KC_2 l \tag{11-8}$$

式中：Ω_2——单节间桥跨部分的阻风面积(m^2)；

l——浮桥跨度(m)；

C_2——桥跨结构物(含缘材、桥板等)高度(m)；

K——桥跨结构密实系数，梁式桥跨：$K = 1$，桁架式桥跨：桥跨断面内有 2 片桁架时 $K = 0.4$，桥跨断面内有 3 片或 3 片以上桁架时 $K = 0.5$。

$$\Omega_3 = 0.7 l_1 h_1 \frac{l}{d} \tag{11-9}$$

式中：Ω_3——活载阻风面积(m^2)；

l_1——活载车体外廓长度(m)；

h_1——活载车体外廓高度(m)；

l——浮桥跨度(m)；

d——活载间距(m)；

0.7——活载结构密实系数。

故桥脚分置式浮桥一个半门桥计算单位的阻风面积 Ω 为：

$$\Omega = \Omega_1 + \Omega_2 + \Omega_3 = C_1 B + K C_2 l + 0.7 l_1 h_1 \times \frac{l}{d} \tag{11-10}$$

对于带式浮桥，一个桥脚舟计算单位的阻风面积 Ω 为：

$$\Omega = \Omega_1 + \Omega_3 = C_1 B + 0.7 l_1 h_1 \times \frac{B}{d} \tag{11-11}$$

式中各符号意义同前，其值为带式浮桥中相应的值。

(2) 当设计浮桥下游横向水平固定装置时，考虑浮桥承受来自下游方向的风压，阻风面积通常按桥上无活荷载情况计算，即桥脚舟吃水按静载吃水 T_1 计算。

此时 $\Omega_3 = 0, C_1 = H - T_1$。

对于桥脚分置式浮桥：

$$\Omega = C_1 B + K C_2 l \tag{11-12}$$

对于带式浮桥：

$$\Omega = C_1 B \tag{11-13}$$

注意：有时由于桥下流速较小以及桥上按最小允许间距布满轻载车辆时，下游方向的风会对浮桥下游横向水平固定装置带来最不利的影响。此时应按桥上密布轻型荷载的情况计算阻风面积，亦按此情况计算水阻力值。

(3) 当计算桥节门桥进入桥轴线的机械动力而考虑风压力时，应以整个门桥为计算单位，按空载情况计算来自上游风的阻风面积：

$$\Omega = n(\Omega_1 + \Omega_2) \tag{11-14}$$

式中：Ω——桥节门桥阻风面积（m^2）；

n——桥节门桥中半门桥个数；

其余符号同前。

(4) 当计算漕渡门桥的牵引机械动力或设计漕渡系留设备（滑纲渡及系留渡等）而考虑风压力时，应以整个门桥为计算单位，按满载情况计算来自上游风的阻风面积。以桥脚分置式门桥为例：

$$\Omega = n\Omega_1 + \Omega_2' + \Omega_3' \tag{11-15}$$

式中：Ω——漕渡门桥阻风面积（m^2）；

Ω_1——单个桥脚舟阻风面积（m^2）；

n——门桥内桥脚舟数；

Ω_2'——门桥桥跨结构阻风面积（m^2），$\Omega_2' = K C_2 L$，其中 L 为门桥长度（m）；

Ω_3'——活载阻风面积（m^2），$\Omega_3' = 0.7 l_1 h_1$。

三、浮桥、门桥计算单位上的横向风压力

即风压力为阻风面积与风压强度之积。

$$W_1 = \Omega\omega \ (\mathrm{N}) \tag{11-16}$$

四、浮桥纵向风压力

浮桥横向压力与水阻力一起，引起浮桥的横向定位及水平弯曲问题，对浮桥工作的影响是严重的。浮桥纵向风压力，主要引起浮桥纵向定位问题。由于浮桥顺沿桥轴线方向（纵向）桥脚舟密集排列，投影重叠，桥跨结构连贯一线，因而阻风面积较小。加以纵向风来自陆岸，不同于横向风来自沿河水面，受地面粗糙系数条件的影响，同样风级条件下，风压较小（按横向最大风压强度的40%计算），因而纵向计算风压力是不大的。纵向风压力以及活载纵向制动力等均由浮桥岸边系留设备承受。但在计算时，纵向风压力不与活载纵向制动力叠加，它们分别单独进行计算，同时，前者又小于后者。因此，在设计计算浮桥岸边系留设备时，可以不去计算浮桥纵向风压力。

第十二章　浮桥锚定计算

第一节　浮桥的投锚固定计算

一、浮桥横向水平固定布置

浮桥横向水平固定的方法很多。不论是哪种方法，浮桥在横向上都是通过一系列点的固定达成全桥固定的。这些点或者是投锚固定中的锚纲固定点，或是斜张纲固定中的斜纲固定点，或是横张纲固定及定位门桥固定中的系留纲的固定点，或是动力固定中的动力艇的顶推点。当桥轴线正直时，各个系留点都对应一个相应的系留桥段。

1. 系留点的布置

浮桥横向水平固定系留点的布置，应依据下列条件考虑：

(1)与系留点相对应的系留桥段上的计算横向水平力的大小

该计算横向水平力 H 包括水压力 R 和风压力 W：

$$H = R + W = n(R_1 + W_1)\ (\mathrm{N}) \tag{12-1}$$

式中：　n——系留桥段中所包括的浮桥计算单位的个数（桥脚分置式浮桥为半门桥个数，带式浮桥为桥脚舟数；

R_1、W_1——分别为一个浮桥计算单位上的水阻力和风压力。

当 H 值较大时，系留点布置较密；H 值较小时，系留点布置较稀。由此可知：上游固定的系留点、主流部分的系留点、流速较大情况下的系留点布置较密；相反，下游固定的系留点、岸边部分的系留点以及流速较缓情况下的系留点应布置较稀。一般情况下，用制式浮桥器材作业时，系留点布置可参照有关器材作业教材的规定确定之。

(2)浮桥横向水平固定装置的强度条件及锚定力条件

固定装置的强度较高、锚定力较大时，可以允许系留点稀疏布置，使之与较大的 H 值相对应。

(3)浮桥上系留点的局部结构强度条件

制式浮桥器材，系留点即为各桥脚舟的锚纲固定铁；应用器材浮桥中，系留点即为各舟的系留柱。布置浮桥系留点时，系留桥段上的 H 值应不超过系留点局部结构强度所能提供的安全系留力。

(4)相邻系留点间浮桥的横向水平弯曲强度条件

当允许系留点稀疏地布置时，必须考虑由此而此起的浮桥横向水平弯曲强度。对于桥跨为型钢梁、木桁的桥脚分置式浮桥，由于横向水平弯曲刚度很小，允许有较大的弯曲变形，因此横向水平弯曲强度问题不突出。对于桥跨为桁架的桥脚分置式浮桥，尤其是带式浮桥，由于横向水平弯曲刚度很大，不允许有较大的弯曲变形，因此控制系留点的布置，保证浮桥横向水平弯曲强度就是一个极为重要的问题。可以把浮桥看成是支承在一系列系留点上的有限刚度

(水平刚度)连续梁,当浮桥在水平荷载作用下,会产生水平弯矩,以及产生水平弯曲应力。当浮桥上有活载通行时,浮桥会产生垂直方向的弯矩,并产生竖向弯曲应力。水平弯曲应力和竖向弯曲应力的叠加构成了浮桥空间弯曲的强度问题。因此,浮桥容许水平弯矩值与桥上载重因素有关。例如,在四折带式桥中明确规定(表12-1)。

带式浮桥水平容许弯矩 表12-1

垂直荷载(kN)	容许水平弯矩(kN·m)	垂直荷载(kN)	容许水平弯矩(kN·m)
450	550	空载	2 400
350	700		

在布置系留点时,必须使浮桥横向水平荷载集度引起的两系留点间的水平弯矩值小于表12-1的规定值。

(5)浮桥架设作业及撤收作业要求

为了减小作业量、减少作业时间,应尽可能增大浮桥系留点的间距,尽量减少系留点的数量。

2. 系留桥段长度的划分

当桥轴线正直时,可以认为浮桥上各系留点共同均衡工作,与系留点相应的系留桥段由左右相邻的系留点间距中线来划分。

当桥轴线总体偏曲或产生局部弯曲时,必为一些系留点发生松动所致。此时各系留点不能共同均衡工作,与系留点相应的系留桥段则发生变化,最不利的系留点(未发生松动或松动较少的系留点)其系留桥段长度大为增长。因此,在浮桥使用过程中,通过经常地观察和调整,保持桥轴线的正直,是十分重要的。

二、浮桥投锚固定计算

1. 锚和锚纲的工作状态

受水平力 H 作用的系留桥段,用单位长(在水中)重 P_0 的锚纲固定,如图12-1所示。

锚和锚纲的正常的状态应当是:锚爪确实抓住河底,邻近着锚的锚纲有一段长度(C'-C)是平卧河度的(称为卧链长度),然后是悬于水中的锚纲(C-B)段,B 为系留桥段的系留点。这种工作状态依靠合理地控制投锚线到桥轴线的距离及正确地进行投锚作业来保证。锚纲的 C-B 段即为一段悬索,一段斜抛物线。

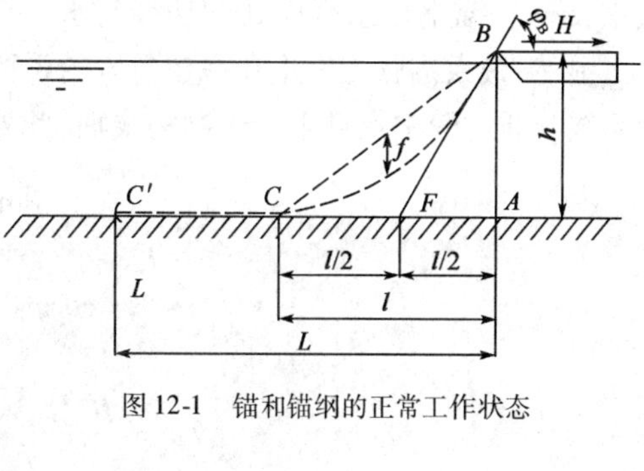

图12-1 锚和锚纲的正常工作状态

根据悬索基本原理可知,悬索的抗力 H、跨度 l、单位长度重 P_0 和中矢 f 间的关系为:

$$H = \frac{p_0 l^2}{8f} \tag{12-2}$$

由于锚纲悬索 C 点切线水平,悬索斜挂两端点高差为 h,则悬索垂向中矢 f 为:$f = \dfrac{h}{4}$,

由此可得:

$$H = \frac{p_0 l^2}{2h} \tag{12-3}$$

则得投锚线至浮桥系留点水平距离计算式如下：

$$l = \sqrt{\frac{2Hh}{p_0}} \tag{12-4}$$

设锚位距离系留点的水平距离为 L，则：

(1)若 $L > \sqrt{\frac{2Hh}{p_0}}$，则锚与河底之间不发生竖向脱离，卧链长度为：$L - \sqrt{\frac{2Hh}{p_0}}$。

(2)若 $L = \sqrt{\frac{2Hh}{p_0}}$，则锚位处于 C' 点，锚位处锚纲之切线呈水平，锚纲恰好全部悬在水中，无卧链。

(3)若 $L < \sqrt{\frac{2Hh}{p_0}}$，则锚位处锚纲切线不水平（当锚足够重时），若锚质量较轻，锚与河底之间会发生竖向脱离。

在前两种情况下，锚仅承受水平力，不承受上拔力。

在第三种情况下，锚除承受水平拉力 H 还承受竖向上拔力 V 作用，如图 12-2 所示，这是锚和锚纲的不正常工作状态。

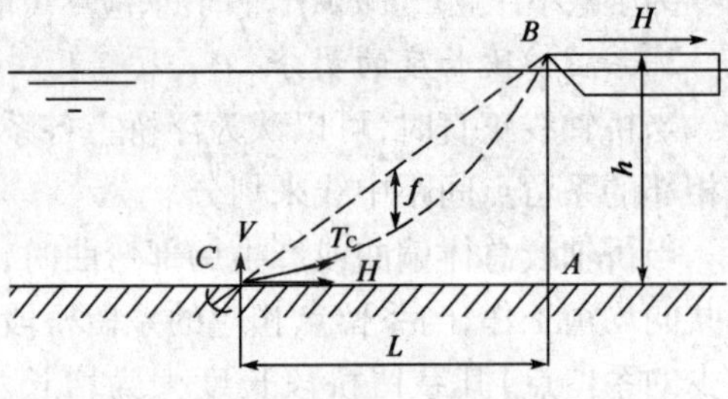

图 12-2 锚承受竖向上拔力

2. 锚纲的张力计算及锚纲的选择

由锚纲工作状态图可知，锚纲内张力的水平分力，恒等于系留桥段的水平力 H。此处忽略了水流对锚纲的作用力，忽略了上下游两面锚定的相互影响。

锚纲任意截面中的内力为：

$$T = \frac{H}{\cos\varphi} \tag{12-5}$$

式中：φ——锚纲任意截面处的切线与水平线的夹角。

显然，最大内张力发生在系留桥段的系留点 B（如锚纲固定铁等）处。由于抛物线的两端点处切线与通过弦中点且平行于抛物线轴（此处为竖轴）的直线交于一点，因此，如图 12-2 所示。

$$\tan\varphi_B = \frac{2h}{l} \tag{12-6}$$

$$\cos\varphi_B = \frac{l}{\sqrt{l^2 + 4h^2}} \tag{12-7}$$

$$T_B = \frac{H\sqrt{l^2 + 4h^2}}{l} \approx H\left(1 + \frac{2h^2}{l^2}\right) \tag{12-8}$$

式中：T_B——锚纲 B 点内张力（N）；

H——系留桥段的水平力（N）；

h——系留桥段处水深（m）；

l——锚纲从系留点到卧链端头 C 的水平距离（m），$l = \sqrt{\frac{2Hh}{p_0}}$。

当锚纲材料为钢索时，用式（12-8）计算锚纲内力较合适；当锚纲用麻绳、尤其是用自重很轻的聚乙烯塑料绳时，由于锚纲在水中每纵长米重 p_0 值很小，锚纲工作状态不同于悬索，可认

为锚纲沿直线 $C'B$ 受拉，各点内张力均相同，即：

$$T_B = \frac{H}{\cos\alpha} = \frac{H\sqrt{L^2 + h^2}}{L} \approx H(1 + \frac{h^2}{2L^2}) \tag{12-9}$$

式中：T——锚纲内张力（N）；

H——系留桥段的水平力（N）；

h——系留桥段处水深（m）；

L——锚位至系留点间的水平距离（m）；

α——锚位和系留点间的连线与水平线的夹角。

由式（12-8）、式（12-9）可知，不论锚纲材料如何，只要在投锚时保证投锚线至桥轴线距离不小于桥下水深的 7 ~ 10 倍，锚纲张力（T_B 或 T）可近似认为：

$$T = H \tag{12-10}$$

式中：T——锚纲内张力（N）；

H——系留桥段的水平力（N）。

依据计算所得锚纲内张力 T 选择锚纲，T 应不大于锚纲的安全拉力［T］：

$$T \leqslant [T] = \frac{S}{K_1} \tag{12-11}$$

式中：S——锚纲破断拉力（N）；

K_1——安全系数：钢索 $K_1 = 2$，麻绳和聚乙烯塑料绳 $K_1 = 3$。

3. 锚定力的计算及锚的选择

投锚固定浮桥时，锚和锚纲可能处于正常工作状态，也可能处于非正常工作状态。在正常工作状态下，锚仅受到水平力的作用，没有竖向上拔力，因为卧链部分的张力的方向是水平的，其值等于系留桥段上水平力 H。在非正常工作状态下，锚既受到水平力的作用，又受到竖向上拔力的作用，可以近似把 $C'B$ 看成一条直线，锚纲张力 T 已求出：

$$T = \frac{H}{\cos\alpha} \approx H(1 + \frac{h^2}{2L^2}) \tag{12-12}$$

张力 T 在水平方向上的分力 N 即为锚所受到的水平拉力：

$$N = T \cdot \cos\alpha = H \tag{12-13}$$

张力 T 在垂直方向上的分力 V 即为锚所受到的竖向上拔力：

$$V = T \cdot \sin\alpha \approx T \cdot \tan\alpha \approx H(1 + \frac{h^2}{2L^2}) \cdot \frac{h}{L} \tag{12-14}$$

不论采用何种材料的锚纲，锚的受力均按非正常工作状态计算。

按照锚的受力选择锚以及校核现有锚的锚定力时，必须满足以下两个条件。

（1）锚所受的水平力 N 应不大于锚的安全抓持力［N］：

$$N \leqslant [N] = \frac{K_2}{1.5}G \tag{12-15}$$

式中：G——锚重（N）；

K_2——锚的抓力系数，与锚型及河底土壤性质有关；

1.5——安全系数。

锚的类型有许多种，如图 6-4 ~ 图 6-8 所示。按抓力产生的方式区分，有抓力锚（依靠锚爪入土产生抓力，如海军锚、丹福锚、二爪锚—霍尔锚、四抓及犁锚等）和重力锚（依靠锚自重而产生抓力,如石笼锚和混凝土箱形锚);按锚爪结构区分,有转爪锚(锚爪可以转动,如丹福锚等)和固爪锚(锚爪固定,如海军锚等);按加工制作方法区分,有铸造和焊接锚;按装备情况区分,有制式锚(随渡河器材装备到部队的锚)和应用锚(临时收集到的地方锚及现地加工制作的"锚",如四爪锚、石笼锚等)。

重力锚的抓力主要依靠其巨大的重量对河底产生正压力,从而在锚有滑动趋势时产生很大的摩擦阻力,构成锚的抓持力。若河底松软,锚的沉陷会引起土壤的变形,从而还会引起的土壤的阻力,进一步加大了锚的抓力,其抓力与锚型、锚重及土壤性质有关。

抓力锚在受力时,入土的锚爪推动爪前土壤作缓慢的运动,使土壤变形锚受到阻力,因而提供了抓力。此抓力与锚爪因素有关,即与锚爪入土角度、锚爪入土深度、锚爪形式、面积等有关,与锚爪长和锚杆长之比值有关,与土壤性质有关。抓力锚的自重影响锚爪入土深度也会引起在河底移动中的摩擦作用,因此,其抓力与锚重也密切相关。

锚的抓持力通常由试验确定。

在使用制式锚时,应熟悉它们的特点。海军锚锚爪易于抓住河底,在水平力超载时,锚爪划开河底土壤发生蠕动漂移,不会立即丧失承载力。丹福锚锚爪如同犁板,在流速较大及河底坚硬条件下较难抓住河底,但是,一旦抓住河底则可提供较大的抓持力。在水平力超载时,犁板会撕开支持它的棱形土块,突然丧失承载力。因此,丹福锚在使用时其安全可靠程度不及海军锚。霍尔锚介于它们两者之间。各种制式锚以及应用犁锚的抓力系数 K_2 如表 12-2 所示。

钢质锚的水平抓力系数(K_2)　　表 12-2

河底土壤	铸造锚		带轻抓的焊接锚			单犁锚	犁锚组
	海军锚	霍尔锚	重量大于 1kN 海军锚	汽艇锚	重量在 0.5kN 以下的丹福锚		
砂土	2.7~3.3	2.0~2.7	4~8	5.2~9.5	44	23~25	23~25
砾石、卵石	2.0~5.3	2.0~2.7	2.7~4.7	3.3~4.7	30~40	—	6~8
淤泥	1.3~2.7	1.3~2.0	7.3~11.5	3.3~16	20~24	19~20	19~22
石砾土	2.0~5.3	2~4	6~12	9.5~18.5	30~40	—	6~8
黏土	7~10	6~9	3.3~6.0	5~9	40~63	14~19	14~19
腐殖土	4~6	3~5	4~8	5~8	44	—	—
各种土壤平均值	2~4	2.0~2.7	4.0~7.3	4.7~12.0	44	14~16	14~16

注:较大数值适于大粒砂砾(圆滑卵石除外)和密实的河底土壤。

当河底土壤是岩石或淤泥时,可采用下列形式的非钢质应用锚:钢筋混凝土块、混凝土块、石笼锚、用碎石压沉的船或已沉没的船只。当这些锚的总重量在 150kN 以下时,其水平抓力取其在空气中的重量。重量较大的锚或用碎石压沉的船,水平抓力等于它们在水中的重量。带抓板的专用的混凝土锚,其水平抓力同样以锚重的倍数(即抓力系数)来表示,抓力系数可查表 12-3。

重力锚的实际抓力,有条件时,可通过锚在具体的设置位置进行松弛实验来校核。

(2)锚所受的竖向上拔力 V 应不大于锚的安全抗拔力 $[V]$:

$$V \leqslant \frac{K_3}{1.5}G \tag{12-16}$$

式中:G——锚重(N);

K_3——锚的抗拔阻力系数:对海军锚取 1.5,对丹福锚取 3.0,对重力锚取 1.0;1.5 为安全系数。

带爪板的专用混凝土锚抓力系数(K_2)　　表 12-3

河底土壤	锚重(kN)				
	20 以下	40	60	80 ~ 100	150 以上
砂土、砂壤土、砂质黏土	2.5	2.0	1.7	1.5	1.2
黏土、砾石、卵石	1.6	1.3	1.1	1.0	0.8

4. 投锚固定的几个问题

(1)投锚固定装置的强度条件通常按下列不等式表达。

$$T \leqslant [T],N \leqslant [F],V \leqslant [V] \tag{12-17}$$

当固定装置和系留桥段均已确定时,即按上述不等式校核固定装置,强度不满足时可调整系留桥段长度;当系留桥段已确定,固定装置未确定时,按上述不等式设计或选择固定装置。

(2)正确地投锚,适时地调整桥轴线,适度地张紧上下游的锚纲,是投锚固定计算设计的基础。因为不正确投锚,会使锚在河底不能正常工作,使锚位至系留桥段的距离大小不能得到保证,甚至会使锚位交错、锚纲交织;适时调整桥轴线,以保证各系留桥段的固定装置均衡一致地工作,避免出现有些松弛、有些超载的情况。浮桥的锚固是上下游同时进行的双面锚固。因此,当系留桥段上尚未作用有最不利的水平力 H 时,两面的锚纲和锚均处于预应力状态中。因此在调整桥轴线已达正直之后,不可过度地张紧锚纲,以免过分地加大锚纲的内张力。一般的张紧锚纲作业所带来的影响在计算锚固装置时可以忽略不计。因为当一面的锚因固定装置上出现最不利荷载时(例如,出现了大风),由于锚固装置的弹性变形,必使一系列系留桥段发生微小的移位,此种移位会减弱甚至消除另一面锚固装置所产生的预抗作用。

(3)锚纲在系留点的竖向分力,以及水平分力与系留桥段水平力形成的力偶构成系留桥段上的倾覆力矩,加大了舟首(或舟尾)的吃水,使浮桥车行部发生横倾,影响了活载通行性能,改变了系留桥段上水平力(水阻力部分)的大小、降低了浮桥的动水稳定性。为了平衡此倾覆力矩,可视情况采用向桥脚舟下游移动车行部的措施,以便在通载时形成扶正力矩。在计算锚固装置时,不再考虑系留桥段倾斜带来的水平力对 H 值的影响。

(4)在河水较浅及流速较缓的情况下,锚纲上水压力的作用完全可以忽略不计。但是,当河水较深,尤其是流速湍急时,锚纲上水压力将在锚纲内引起很大的内张力(T'),从而对锚纲抗拉强度、锚的水平抗拉力、锚的抗拔力以及浮桥下的倾覆力矩增大带来的动稳性问题提出了更高的要求,深水急流河流中架桥的实践及有关锚纲上水压力的试验,都充分证明了这个问题。

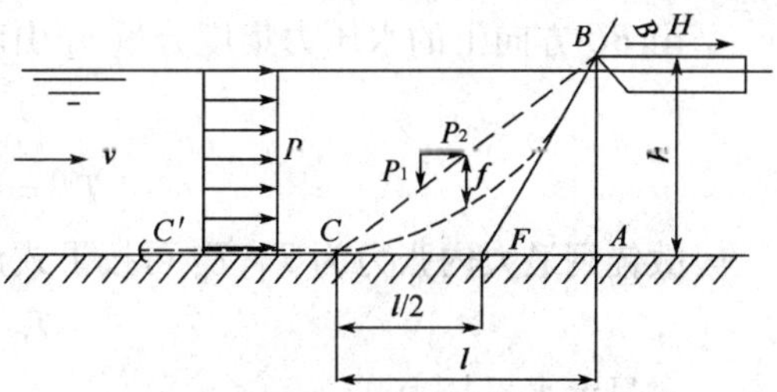

图 12-3　锚纲在水流压力作用下的工作状态

当考虑水流对锚纲的压力时,不论锚纲采用何种材料,均认为锚和锚纲处于正常工作状态(图 12-3),同时认为作用在锚纲上的水平方向上的水压力集度 p,不随水深变化而变化。水压力集度 p 可按下式计算:

$$p = c \times d \times \rho \times \frac{v^2}{2}\ (\mathrm{N/m}) \tag{12-18}$$

式中:d——锚纲直径(m);

p——水的密度,取为 1 020Ns^2/m^4;

v——水流沿深度方向上的平均流速(m/s),取最大表面流速的 85%;

c——锚纲截面形状系数,圆形取 0.8。

水压力集度 p 可分解为 BC 方向的 p_2 和垂直于水面方向的 p_1 两个分集度:

$$p_1 = p\tan^2\alpha \ , \ p_2 = p\tan\alpha/\cos\alpha \tag{12-19}$$

锚纲中矢度 f:

$$f = l/4 \tag{12-20}$$

锚纲计算单位重 p'(在水中):

$$p' = p_0 + p_1 \tag{12-21}$$

若投放锚纲足够长,锚纲河底有卧链时,则卧链端部至系留点距离 l 为:

$$l = \sqrt{\frac{2Hh}{(p_0 + p_1)}} \tag{12-22}$$

近似计算中可认为:

$$\cos\alpha = \frac{l}{\sqrt{l^2 + h^2}}, \sin\alpha = \frac{h}{\sqrt{l^2 + h^2}} \tag{12-23}$$

若投放锚纲长度有限,锚纲河底无卧链时认为:

$$\cos\alpha = \frac{L}{\sqrt{L^2 + h^2}}, \sin\alpha = \frac{h}{\sqrt{L^2 + h^2}} \tag{12-24}$$

式中:L——投锚线至系留点间水平距离。

由系留桥段水平力 H、锚纲单位纵长米水中计算垂直荷载 $p' = p_0 + p_1$ 引起的锚纲内张力 T'_B 及 T'_C。

有卧链时:
$$T'_B = T'_C = H(1 + \frac{2h^2}{l^2}) \tag{12-25}$$

无卧链时:
$$T'_B = T'_C = \frac{H}{\cos\alpha} \tag{12-26}$$

由 BC 方向上的水压力集度分量 p_2 引起的锚纲内张力 T''_C、T''_B:

$$T''_B = 0$$

$$T''_C = \sqrt{l^2 + h^2} \times p_2 \tag{12-27}$$

故锚纲最大内张力为 T_C,T_C 可按下式计算:

$$T_C = T'_C + T''_C \tag{12-28}$$

锚最大水平拉力 N:

$$N \approx T_C \tag{12-29}$$

锚最大竖向上拔力 V:

$$V \approx T_C\sin\alpha \tag{12-30}$$

由此可知,锚和锚纲的工作状况和受力大小除与系留桥段水平力 H、水流速 V 有关外,还取决于锚纲投放长度、锚纲材料、直径及每纵长米自重等。

第二节　浮桥横张纲固定计算

一、基本假设

(1)柔性假设:主索是绝对柔性的,不能承受任何弯矩。

(2)弹性假设:主索材料服从虎克定律。

(3)荷载假设;主索以小垂度柔索形式工作,系留纲较多且分布在主索的大部分长度上,因而可把主索自重及由系留纲传来的集中力全部换算为布满全跨的均布载。

(4)共面假设:在系留纲足够短(即主索变形线最低点接近或重合浮桥舟首系留点)以及系留纲张力足够大(即浮桥在设计荷载作用下)的条件下,可以认为:主索和一系列系留纲,张紧在同一平面内,即忽略了主索、系留纲自重对主索摆动角度、对系留纲悬吊角度的影响,认为各系留纲悬吊角度均相同,且同处于主索摆动的平面内,该平面与水平面夹角为β。

(5)主索外形假设:主索在张设后架桥前在垂面内或在水平面内呈抛物线形工作;主索在架桥后的设计荷载作用下,在β平面内呈抛物线形工作。

(6)主索截面假设:主索在受力过程中截面不变,在计算中不考虑截面的横向增量,即泊松比$\mu=0$。

运用上述假设进行近似计算,可以大力简化计算过程,同时,其计算精度又可保证实际作业中的要求。

浮桥横纲固定中,横纲的终矢度通常不超过跨度的5% ~7%,属于小矢度柔索。横纲固定中的荷载,包括横纲自重、浮桥的水阻力、风压力,有水平荷载和垂直之分;其分布情况有全长均布和部分长度均布两种;部分长度均布载可以对称布置,也可以不对称布置。因而从平面和空间柔索理论出发,对横纲进行受力分析。

二、基本参数

(1)主索跨度

即两岸塔架间距离,两岸塔架(其连线即塔架轴线,应平行于桥轴线)间距应尽量减小,通常可按下式确定:

$$L = 1.2B \tag{12-31}$$

式中:L——主索跨度(m);

B——河幅宽度(m)。

具体确定塔架位置时,应在考虑水位变化影响及锚碇座设置条件的基础上,尽量靠近河边。

(2)塔架高度

当有条件时(河幅较小,岸较高或有可架设高塔架的器材、设备时)可设置高塔架,即横张主索在初垂度f_0条件下,主索底部悬吊离水面1m高,以便水上架设作业。此时塔架高度为:

$$h = (f_0 + 1) - h_0 \tag{12-32}$$

式中:f_0——主索初垂度(m);

h_0——设塔架点处岸高出水面值(m)。

要求两岸塔架顶部高程相同。由于两岸地形条件不尽相同,所以两岸塔架自身高可不一致。设置高塔架时,系留纲通常比较长。

当设置高塔架不具备条件时,可设置低塔架。为保证横张主索不垂直入水下,需设置一系列浮标浮托主索。此时塔架高由当时条件(岸边地形条件及塔架器材条件等)具体确定。

(3)塔架轴线至系留点的水平距离

水平距离 S' 应保证尽可能缩短系留纲的长度,以满足共面假设条件。在采用低塔架方案时,距离 S' 近似于主索水平终垂度 f_H 加浮桥中央系留索长度,该系留索长度可取 1m 左右。

$$f_H = \frac{HL^2}{8l'[T]} \tag{12-33}$$

式中:$[T]$——主索容许张力(即主索破断拉力的一半)或为主索预计达到的张力(小于容许张力);

f_H——一般为主索跨度 L 的 5% ~10%,如计算后不能满足要求时,则改变钢索的直径(或根数);

H——系留桥段水平力;

l'——单根系留纲所对应的系留桥段长度值。

(4)主索初垂度

主索初垂度 f_0 的确定应考虑多方面的因素。垂度小,有利于降低塔架高度,有利于浮桥架设作业,有利于保持桥轴线正直。但垂度过小会造成张紧主索费力费时以及主索受力过大,要求用直径更大的钢索做主索等问题。应根据当时作业的具体条件和要求确定初垂度的大小。通常初垂度为 3% ~7%L。在本教材中,先定塔架高及终垂度,再反算主索初垂度。

(5)主索弹性模量

主索采用钢索材料。钢索在拉伸过程中有钢丝的弹性变形,也有钢索内部的非弹性几何变形,因此其 E 值是个变值,可在 $1.0\times10^5 \sim 1.5\times10^5$MPa 范围内取值。

新索、受力较小的索以及未经预拉的索,E 取较小值;旧索、受力较大的索以及经过预拉的索,E 取较大值。

三、横张纲固定装置系统的计算

(1)系留纲张力的计算

系留纲受力简图如图 12-4 所示。

$$T_1 = \frac{H}{\cos\beta} \leqslant \frac{S_1}{K_1} \tag{12-34}$$

式中:T_1——系留纲内张力(N);

H——系留桥段水平力(N);

S_1——系留纲的破断拉力(N);

K_1——安全系数,钢索取 2,麻索及聚乙烯塑料索取 3;

β——系留纲的仰角,近似于主索的摆角。

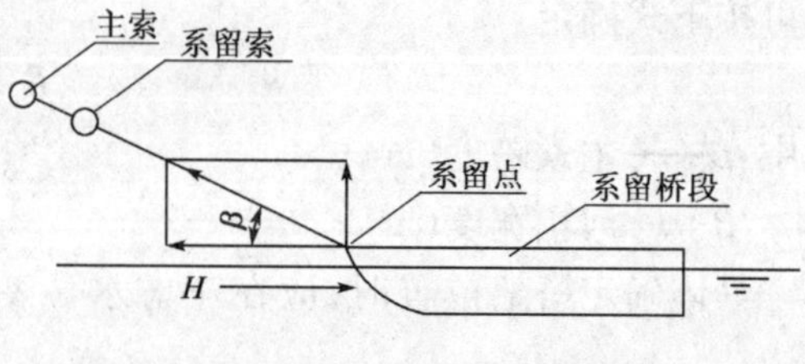

图 12-4 系留纲受力简图

当两岸有塔架时:

$$\tan\beta = \frac{h'}{S'} \tag{12-35}$$

式中:h'——塔架顶点高出系留桥段的系留点的距离;

S'——塔架轴线到系留点的水平距离。

(2)横张主索张力的计算

主索在β平面内呈抛线形式(图12-4)工作。位于β平面内沿跨长均匀分布的作用于主索上的荷载集度为q。

$$q = \frac{T_1}{l'} + g_0 \sin\beta \tag{12-36}$$

式中:T_1——单根系留纲张力(N);

l'——单根系留纲对应的系留桥段长度(m);

g_0——主索单位纵长米自重(N/m);

β——主索所在平面与水平面的夹角。

则主索最大张T_{max}发生在塔架鞍部处:

$$T_{max} = \frac{qL^2}{8f}\sqrt{1 + 16\left(\frac{f}{L}\right)^2} \approx \frac{qL^2}{8f} \tag{12-37}$$

式中:q——主索上在β平面内沿跨长均布的荷载集度(N/m);

L——主索跨度(m);

f——主索在β平面的终垂度(m)。

主索强度条件应满足:

$$T_{max} \leqslant \frac{S_P}{K_S} \tag{12-38}$$

式中:S_P——用作主索的钢索的破断拉力(N);

K_S——安全系数,K_S值不小于2。

当横张主索中内张力很大时,浮桥采用双纲固定较为适宜,如图12-5所示。图中列出两种双纲固定方式,它们都使每根主索所受的内力比单纲体系减小一半。其中图12-5a)中是由于计算跨度和垂度减小了一半;在图12-5b)中是由于主索上的荷载集度减小了一半。

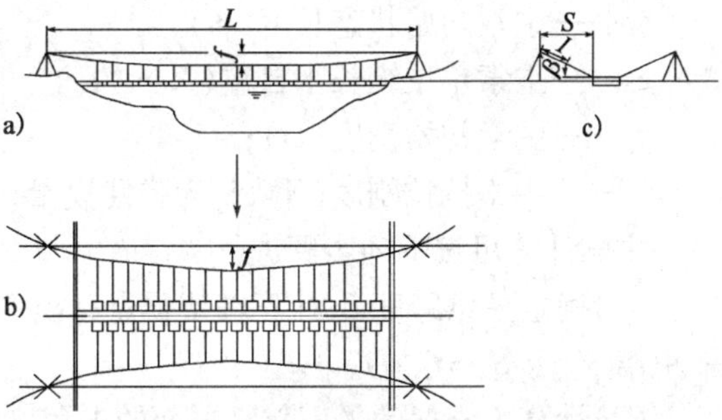

图12-5 横张纲固定系统工作图

在式(12-37)中,f值可根据塔高、塔架轴线到系留点的水平距离、初步算出的f_H等因素从几何关系中求出。

根据共面假设的的条件,系留索的长度(在浮桥中央舟上)与f值相比是很小的,并处于同一平面中(与水平面成β角)。为了保证横张纲索在设计荷载作用下形成以上的f值,必须在选定的初垂度中给予保证,初垂度应符合计算出的数值。

在初始状态下主索张力为:

$$T_0 = \frac{g_0 L^2}{8f} \tag{12-39}$$

索长为:

$$L_0 = L\left[1 + \frac{8}{3}\left(\frac{f_0}{L}\right)^2\right] \tag{12-40}$$

在最终状态下主索张力为:

$$T_1 = \frac{q_0 L^2}{8f_0} \tag{12-41}$$

索长为：

$$L_1 = L\left[1 + \frac{8}{3}\left(\frac{f}{L}\right)^2\right] \tag{12-42}$$

运用虎克定律：

$$\Delta L = \frac{\Delta T}{\mathrm{EF}} L_0 \tag{12-43}$$

其中：ΔT 为最终状态和初始状态的张力差值，$\Delta T = T_1 - T_0 = \frac{L^2}{8}\left(\frac{q}{f} - \frac{g_0}{f_0}\right)$；$\Delta L$ 是索长差值，$\Delta L = L_1 - L_0 = \frac{8}{3L}(f^2 - f_0^2)$。

代入后得：

$$\frac{8}{3L}(f^2 - f_0^2) = \frac{\frac{L^2}{8}\left(\frac{q}{f} - \frac{g_0}{f_0}\right)}{\mathrm{EF}} L_0 \tag{12-44}$$

在求 f_0 时，式(12-44)化简后为(在这里显然可以忽略 L 和 L_0 的差值)：

$$f_0^3 + \left(\frac{3L^4 q}{64\mathrm{EF}f} - f^2\right) f_0 - \frac{3L^4 g_0}{64\mathrm{EF}} = 0 \tag{12-45}$$

式中：f——主索终垂度(m)；

L——主索跨度(两岸塔架间距)(m)；

L_0——主索初始状态长度(m)；

g_0——主索单位纵长米自重(N/m)；

f_0——主索初始垂度(m)；

EF——主索抗拉刚度(N)，E 为弹性模量，F 为主索横截面积。

主索计算可按下列步骤进行。

(1)确定主索跨度 L，计算塔架顶点高出系留桥段系留点距离 h' 及塔架轴线到系留点的水平距离 S'，令 $S' = f_H + 1$。

(2)计算主索摆动平面与水平面的夹角 β 及 β 面内主索终垂度 f。

$$\tan\beta = \frac{h'}{S'},\ f = \frac{f_H}{\cos\beta} \tag{12-46}$$

(3)计算系留纲张力 T_1

$$T_1 = \frac{H}{\cos\beta} \tag{12-47}$$

(4)计算主索上的荷载集度 q

$$q = \frac{T_1}{l'} + g_0 \sin\beta \tag{12-48}$$

(5)计算主索最大张力 $T_{\max}$，并校核其强度

$$T_{\max} = \frac{qL^2}{8f} \leqslant \frac{S_P}{K_S} \tag{12-49}$$

(6)根据式(12-45)计算初垂度,根据式(12-40)计算索长。

四、塔架的计算

塔架的作用在于支承和抬高主索。主索通过塔架顶部鞍座与锚碇座引出的后拉钢索连接起来。必须保证锚碇座、后拉钢索、塔架所形成的立面与主索端部相切(图 12-6),从而使主索在最大受力时不对塔架产生侧向作用,使塔架仅受轴向力的作用。这一点是通过张钢固定装置系统的现场经始作业来保证的。

通过系留纲和主索的设计计算,我们已经确定了下列因素:桥轴线位置;塔架轴轴线位置;塔架设置点位置;塔架高度 h 及塔架顶点到水面的高程($h+h_0$);主索、系留纲共面且与水平面的夹角 β;主索跨度 L;主索初始垂度 f_0 及终垂度 f 等。这些就是经始作业的基础,通过上述因素准确定出锚碇座的位置和方向。

横张纲固定装置系统经始作业,可参看图 12-6。图中 B 为锚碇座位置,A 为塔架位置,C 为塔架顶点,h 为塔架高;y 为锚碇座偏离塔架轴线的距离,x 为锚碇座位于塔架后的距离,z 为锚碇座与塔架间的距离。

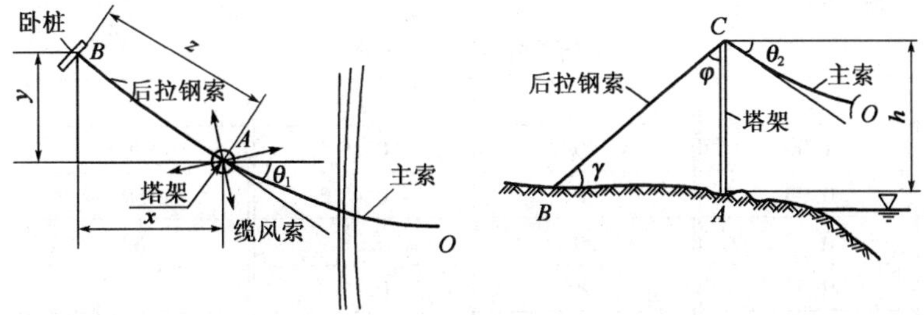

图 12-6　横张纲固定装置系统经始图

BCO 为主索,CO 段为跨中主索,BC 段为后拉钢索、γ 为后拉钢索倾角,φ 为后拉钢索与塔架间的夹角,θ_1 为主索端部水平投影与塔架线间之夹角,θ_2 为主索端部垂直立面上投影与水平面夹角。

为保证锚碇座、后拉钢索和塔架所成的立面与主索端部相切,需使 $\theta_1=\theta_3$。

由于 $\theta_1=\arctan\left(\frac{4f_x}{L}\right)=\arctan\left(\frac{4f\cos\beta}{L}\right)$,$\theta_3=\arctan\left(\frac{y}{x}\right)$,故锚碇座的方向(亦即后拉钢索的方向)必须满足下式要求:

$$\frac{y}{x}=\frac{4f\cos\beta}{L} \tag{12-50}$$

锚定座的具体位置视 y、x 的具体值而定,其根据是选择便于构筑锚碇座的地点。

在确定了锚碇座的方向和位置后,即知后拉钢索与塔架间的夹角 φ,就可以计算出主索通过塔架顶部索鞍对塔架的压力 N。

设后拉钢索张力为 T',主索跨端张力为 $T_{\max}$,由于 C 点的各水平方向力平衡,得:

$$T_{\max}\cos\theta_2=T'\sin\varphi \tag{12-51}$$

$$T'=T_{\max}\frac{\cos\theta_2}{\sin\varphi} \tag{12-52}$$

式中:$T_{\max}=\frac{qL^2}{8f}\sqrt{1+16\left(\frac{f}{L}\right)^2}\approx\frac{qL^2}{8f}$;

$$\varphi = \arctan \frac{z}{h};$$

$$z = \sqrt{x^2 + y^2};$$

$$\theta_2 = \arctan\left(\frac{4f_y}{L}\right) = \arctan\left(\frac{4f\sin\beta}{L}\right)。$$

塔架正压力 N 为：

$$N = T_{max}\sin\theta_2 + T'\cos\varphi \tag{12-53}$$

常用独根圆木做成独脚塔架，并按压杆稳定条件进行校核：

$$\sigma = \frac{N}{F} \leqslant [\sigma] = \varphi[\sigma] \tag{12-54}$$

式中：N——塔架正压力(N)；

F——塔架横截面积(m^2)；

$[\sigma]$——塔架材料抗压允许应力(MPa)；

φ——允许压应力折减系数，折减系数 φ 是压杆的长细比 λ 的函数，φ 与 λ 对应关系如表 12-4 所示。

压杆折减系数 φ 值　　表 12-4

λ	φ	λ	φ	λ	φ
0	1.00	70	0.60	140	0.16
10	0.99	80	0.48	150	0.14
20	0.97	90	0.38	160	0.12
30	0.93	100	0.31	170	0.11
40	0.87	110	0.25	180	0.10
50	0.80	120	0.22	190	0.09
60	0.71	130	0.18	200	0.08

压杆的长细比 λ 按下式计算：

$$\lambda = \frac{l_K}{l} \tag{12-55}$$

式中：l_K——塔架计算长度，与塔架两端支持方式有关，顶端因有缆风索牵制，可当铰支端考虑，因此塔架计算长度取决于下端固定情况。

当下端采取埋桩形式，深度 1.2～1.5m，并确实嵌固，可按固定端考虑，则塔架为一端铰支一端固定的压杆，则 $l_K = 0.7h$；

当下端采取支托形式定位固定时，可按铰支端考虑，则塔架为两端铰支的压杆，则 $i = \sqrt{J/F}$（J 和 F 分别为塔架横截面的惯性矩和面积）。

当独脚塔架为圆木时：

$$i = r/2 \text{（}r\text{ 为圆木半径）} \tag{12-56}$$

五、锚碇座的形式及设计

在横张纲固定浮桥的作业中，构筑锚碇座是最重要的工程之一。横张主索上受到浮桥上全部水压、风压力的综合作用，主索内部产生巨大的张力，这就要求以直径较大的高强度钢索来充当主索，其极限强度达一百多千牛到几百千牛。然而，只有锚碇座也具有与设计所要求的主索同等极限强度时，主索的安全工作才是有保证的。因此，对锚碇座的设计计算同对主索和塔架的设计计算具有同样的重要性。此外，锚碇座的构筑又往往是最费力费时的。往往由于锚碇座工程的拖延，使浮桥迟迟不能架起来，影响到渡河工程保障任务的完成。因此，合理地确定锚碇座的结构形式和尺寸，快速地确定其承载力，快速地进行锚碇座构筑作业，是实现横张纲固定的重要要求。

1. 横张纲固定装置系统对锚碇座的要求

(1)锚碇座的位置

由塔架的设计计算可知，锚碇座应位于塔架与后拉钢索所形成的平面内。后拉钢索延伸线与地面的交点即锚碇座位置。

(2)安全锚定力的大小和方向

锚碇座的安全锚定力一般取 $2T'$，锚定力的方向即为后拉钢索的张力 T' 方向。

2. 横张纲固定浮桥时常用的锚碇座形式

(1)卧桩锚碇座

卧桩锚碇座又称水平锚碇座，它是由一根或几根圆木捆在一起，水平横置埋入土内当作系留横木(卧桩)，在横木上缠绕锚定钢索，并按后拉索同样方向引出地面以提供锚定力的结构物，如图 12-7 所示。卧桩埋入深度应根据锚定受力的大小、方向以及土质情况决定，一般为 1.5 ~ 3.5m，能提供的锚定力为 3 ~ 40t。当荷载超过 75t 时，锚定常用水平栅或圆木做成的木壁加强。卧桩锚碇座结构简单，使用方便。

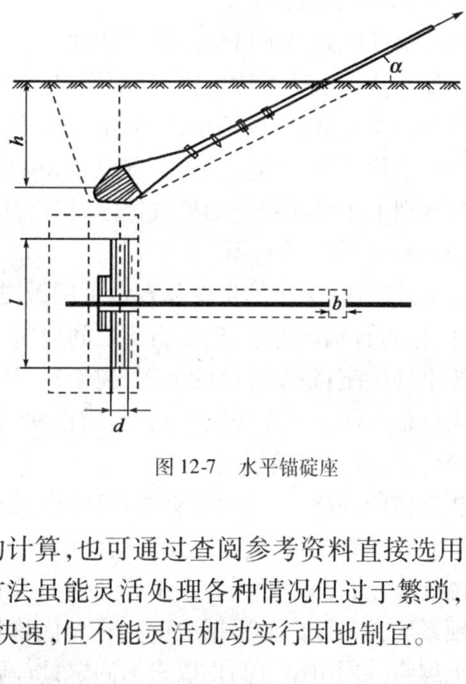

图 12-7 水平锚碇座

在实际运用此种锚碇座时，可在现地对锚碇座进行具体的结构设计。通过对锚碇座在垂直力作用下的稳定性、在水平力作用下的土压力以及水平系留横木的强度条件等三个方面的计算，也可通过查阅参考资料直接选用合乎锚定力要求的水平锚碇座结构标准方案。前一方法虽能灵活处理各种情况但过于繁琐，很难满足野战条件下的快速设计；后一方法虽然简单快速，但不能灵活机动实行因地制宜。

(2)竖桩锚碇座

植入土壤中的桩柱(木桩、混凝土桩等)，不仅具有轴向承载能力，而且具有横向承载力，因此，桩顶可对缠绕其上的缆索提供锚定力。

垂直桩的横向承载力问题很复杂，因此，计算结果常与实际情况出入较大，横向承载力取决于桩在土中的嵌固条件，桩与土的变形性质、桩本身的强度条件以及土壤的承压能力。

桩横向承载能力的计算也是以桩的水平荷载试验为基础的。在工程中，常常直接用单桩水平荷载试验确定单桩的横向承载力。

竖桩锚碇座可分为单桩、并列桩(由系材连接的两个单桩)、桩群以及有支撑圆木加固的桩，其使用时机一般是：

单桩用于土壤可植(埋)桩、锚定力要求 10 ~ 30kN 的时机；并列桩用于土壤可植(埋)桩、锚定力要求 30 ~ 50kN 的时机；桩群用于土壤可植(埋)桩、锚定力要求 30 ~ 100kN 的时机；有支撑圆木加固的桩用于松软土壤。

(3)重力式锚碇座

任何一个重物都可当成锚碇座设施,停下的汽车、拖拉机、巨大的石块,都可利用,这叫重力式锚碇座,或叫压载锚碇座。

锚碇座需要进行三方面估算:

①为系留缆索点的结构强度(抗弯、抗剪、挤压等强度)。

②为压载重物与地面的摩擦力。

③为压载重物倾倒的稳定性及竖向稳定性。

例如,竖向稳定性,一个混凝土块锚碇座,其质量应相当于后拉钢索垂直上拔力的(4.8~6.0)倍,以此来确定混凝土块体积(G/γ)。

若缆索固定点与岩石接触,则岩石承受应力应小于1MPa。

压载锚碇座常与桩式锚碇座共同使用,以压载加强桩式锚碇座或以桩式锚定加强压载锚碇座。

(4)综合措施锚碇座

有些锚碇座是多种措施综合工作的。

例如在沙洲上构筑锚碇座,就常将埋设水平桩、植桩、压载等措施综合使用。

因为砂质松散,摩擦角小,所以基坑挖不大,挖不深,在卧桩之前都必须植桩,上部回填必须混合以杂草等物,除此之外,上部以砂袋确实进行压载。

在沙洲上也可用单纯的桩式锚定,但必须植桩很深,数量也较多。

(5)地形、地物的利用

石嘴锚碇座:突出的生根孤石也可用做锚碇座,但石嘴直径需较大且突出较多,钢索缠绕时,为防止岩石割坏缆索,钢索石嘴之间应垫钢钎。

树干锚碇座:根深叶茂的大树,树干经采取措施保护不被钢索切割时,可用做锚碇座。

但热带山区江河岸边的大树,木质松软,多无主根,须根多靠近地面,有时河谷中风大,树干摇动厉害,故不宜做锚碇座。

建筑物的利用:如桥梁遭破坏后,墩台可供做锚定使用。

坑洞式锚碇座:当渡口进出路受到山地地形的限制,不可能有足够的直线地段,可采用坑洞式锚碇座。它的位置可靠近山脚也可在山腹。坑洞应按后拉钢索倾斜角开掘,并被覆(岩石坚硬系数在8级以上不用被覆),在坑底构筑木质、钢筋混凝土或型钢锚碇轴。系留纲在锚定轴上缠绕一周引出坑洞再以索卡固定;坑洞不必回填;洞口开挖尺寸依具体情况确定。

3.锚碇座构筑作业

往往由于作业量大和作业正面小展不开兵力,不能快速开设锚碇座,拖长了整个架设浮桥(或开设滑纲渡口)的时间。

为解决这个矛盾,必须从以下四个方面深入研究:

(1)机动灵活地决定锚碇座的结构形式

根据具体地形、土质、材料、工具所需锚定力及作业时间要求等条件,灵活地决定锚定类型。例如适当增大基坑长宽度,减小深度以增大作业面,加速作业进度。

(2)要有标准格式,既要做到心中有数,又要大大简化运算。

(3)采用预制构件,锚碇座必须准备质量好的木材、混凝土构件或型钢,必要时可采用桥桁、桥板材料代替。较长时间埋设地下的卧桩必须做防腐处理。最好采用单独的锚碇座钢索

(15 ~ 20m)，这样就可在主索张设作业之前(或同时)就完成锚碇座作业，不必等待主索缠绕卧桩。锚碇座钢索绕过卧桩通过索道孔(以木板被覆保证钢索不被土掩埋，不被其他物体卡结)引出，与主索卡结。在撤收器材时间紧迫时，可只抽出锚碇座钢索而丢弃卧桩。

(4)开设基坑，快速出土。尤其是坚硬土质条件，作业十分困难。基坑位置应及早经始(以便及早投入作业)，并尽量选择易于挖的地段，作业中应善于组织作业力突击，并尽可能采用机械工具和爆破技术。

第三节　浮桥斜张纲固定

用岸边斜张钢索固定系留桥段，即是斜张纲固定法，又叫系留固定法，如图 12-8 所示。斜张纲固定浮桥的器材及作业都比较简单，只要用系留索将系留桥段系在岸边的系留桩柱、锚环或锚碇座上并紧定即可。这一切作业均在桥头(投掷绳、引系留索)及岸边(固定、紧定系留索)进行。

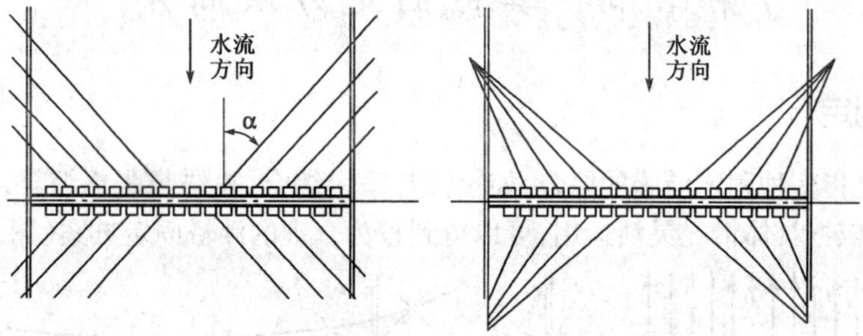

图 12-8　斜张纲固定浮桥

系留索的直径大小和数量与系留桥段上的水平力 H 的大小、系留索和桥脚舟轴线间的夹角 α 等有关，系留索内张力按下式计算：

$$T = H/\cos\alpha \tag{12-57}$$

式中：α 角应在 30° ~ 60°。

得系留索内张力 T 后即可依下式校核系留索强度：

$$T \leqslant \frac{S}{K} \tag{12-58}$$

式中：S——系留索破断拉力(N)；

K——安全系数，麻绳、聚乙烯塑料绳取 $K-3$，钢索取 $K=2$。

若浮桥短期使用，期间风力作用不大，江河流速较缓、河幅不宽时，一座浮桥可以用少数几根系留索就有效地固定住。例如，固定纵长 100m 的浮桥仅用四根上游系留索即可。对具有较大水平刚度的浮桥，例如带式桥，在不宽的河上，可以仅仅采用岸边系留索固定，如图 12-9 所示，浮桥中段可不必固定，但此时必须注意，浮桥横向水平弯矩值不得超过规定的要求。

采用系留固定浮桥时，河面不能过宽，因为浮桥过长则带来系留索过长过多的问题，系留索与桥轴线的夹角也难以保持在 30° ~ 60°，系留索的紧定也是问题。同时，由于系留固定给浮桥带来很大的轴向力以及系留索本身对水上机动造成的障碍，浮桥的架设、撤收作业都比较困难，例如必须从两岸向河中架设，必须从河中向两岸分解，河中闭塞遇到流速大、岸边部分难以移动的复杂情况。

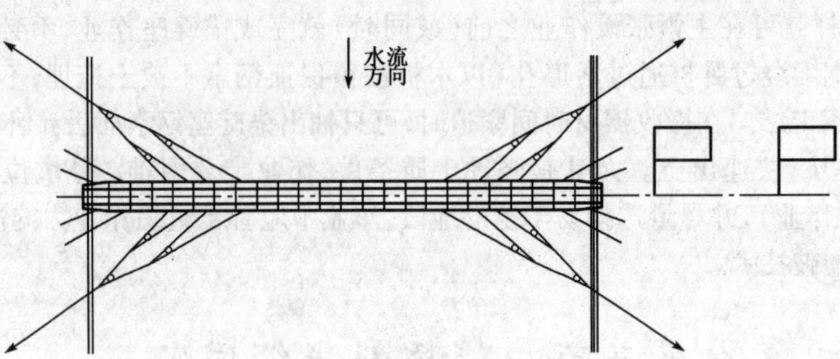

图 12-9　带式桥的斜张纲固定

系留固定多在流速大、石质河底、河幅在 100m 以下的江河上架设浮桥时使用，对于较宽大的江河，系留固定多做为辅助固定方法，用于固定近岸的桥段（20～30m），这时，系留固定部分只使用原有的锚和锚纲采用设置陆锚的形式即可，无需增设器材。

第四节　其他固定方法简介

一、混合固定

混合固定是指多种固定措施的综合，如投锚与系留综合，投锚与张纲综合，张纲与系留综合，等等。只要依据具体情况灵活运用，可以得到较为合理的浮桥固定方案（图 12-10）。

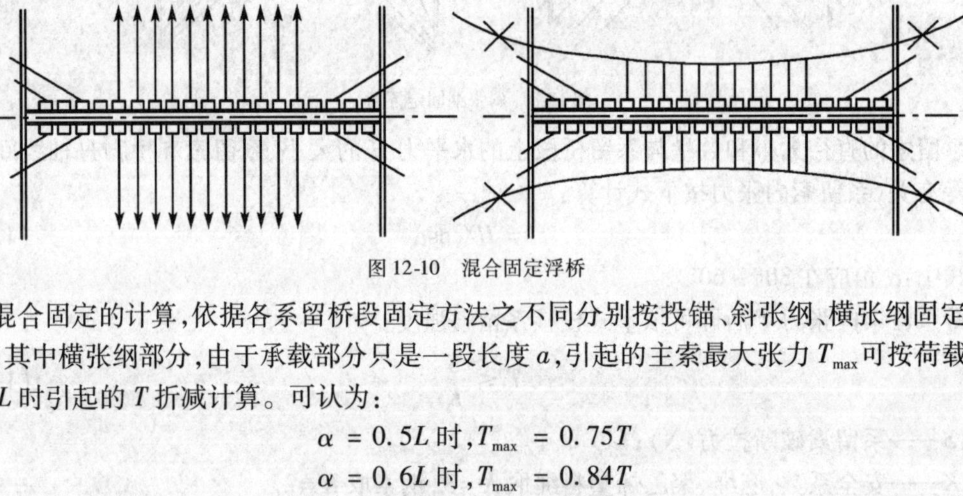

图 12-10　混合固定浮桥

混合固定的计算，依据各系留桥段固定方法之不同分别按投锚、斜张纲、横张纲固定进行计算，其中横张纲部分，由于承载部分只是一段长度 a，引起的主索最大张力 T_{max} 可按荷载布满全跨 L 时引起的 T 折减计算。可认为：

$$\alpha = 0.5L \text{时}, T_{max} = 0.75T$$
$$\alpha = 0.6L \text{时}, T_{max} = 0.84T$$
$$\alpha = 0.7L \text{时}, T_{max} = 0.91T$$
$$\alpha = 0.8L \text{时}, T_{max} = 0.96T$$

二、动力固定

动力固定包括以汽艇逆水顶推系留桥段以及自行浮桥器材桥段依其自身动力发出的推力平衡该桥段上的横向水平荷载，实现浮桥的固定。

动力固定所需的水上摩托器材有效功率 N(hp) 是依据系留桥段上的计算横向水平荷载 H(N) 及江河平均流速 v(m/s) 而定：

$$N = \frac{HV}{7.50\eta}\,(\text{hp}) \tag{12-59}$$

式中：η——推进效率系数，对于功率等于或大于 300hp（1hp = 745.7w）的，取为 0.35；对于功率小于 300 hp 的，取为 0.30；由车辆装载或拖带运输的汽艇，取为 0.20。若已知摩托器材的牵引力，则按牵引力不小于系留桥段上的总的横向水平力 H 来考虑摩托器材的布置及总的数量要求。

三、锚定门桥（舟）固定

锚定门桥（舟）固定法（图 12-11）是在浮桥的上流投重达 2 000 ~ 4 000N 的犁锚或其他重锚，用于固定"锚定门桥（舟）"，再用系留纲将 30 ~ 60m 桥段系留于锚定门桥（舟）的固定装置上，以此来固定浮桥。此方法通常在河宽、水深、流速大、河底松软易受冲刷等情况下采用其他固定方法难以奏效时采用。

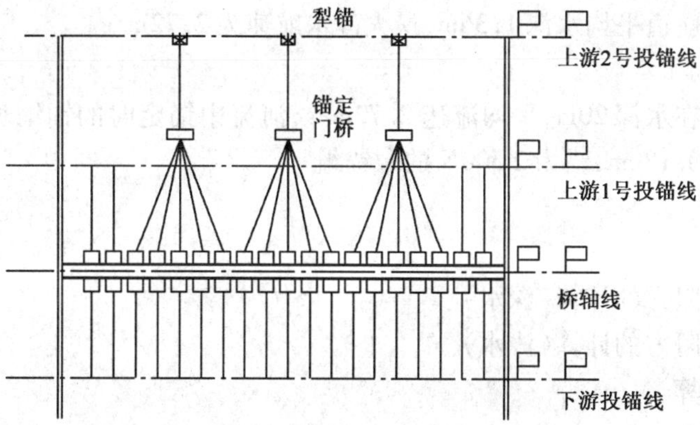

图 12-11　锚定门桥（舟）固定法

锚定门桥（舟）的设置距离，应根据固定半门桥的数量和边舟系留纲与桥轴线的夹角（不小于50°）而定，通常在上流离桥轴线 60 ~ 70m 处。锚定门桥的投锚线距离，为水深的 7 ~ 10 倍。为了使锚定门桥（舟）有准确的固定位置而不因偏流或风的影响而漂动，可在其两侧各斜投一个上流锚。

锚定门桥（舟）要有足够的浮力、稳定性和作业面。锚定门桥可用制式器材或民用器材结构，其上应设有投起锚机械、吊杆、锚纲和投起锚钢索。如用桥脚分置式浮桥器材结合锚定门桥时，通常用两个半门桥结合，每个半门桥用 2 ~ 3 个节套舟。

锚定门桥（舟）固定的计算区分为两部分：其一是该门桥（舟）的下游部分，以一系列系留纲系留若干个系留桥段，这是一个斜张纲系留固定计算问题；其二是该门桥（舟）的上游部分，以一条或两条锚纲及重锚固定，承受所有系留纲传递到门桥（舟）上的水平力，这是一个投锚固定计算问题。除此之外，还应对若干横向、纵向水平力给门桥（舟）带来的稳性问题进行校核，见图 12-12。

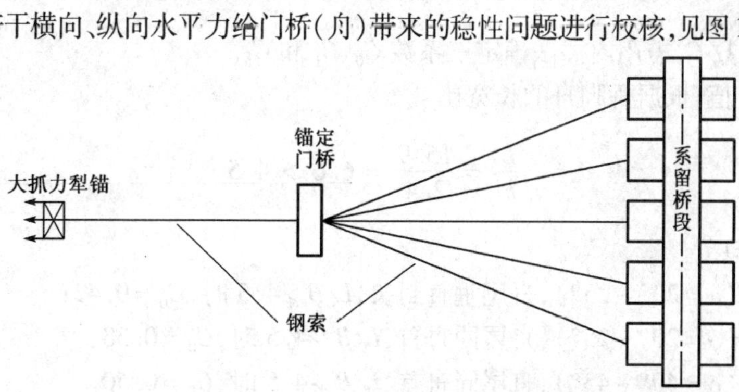

图 12-12　锚定门桥（舟）固定计算图

第五节 计 算 示 例

一、已知数据

(1)桥脚分置式重型浮桥50t大面积漕渡门桥,中心装载重型自行火炮一辆(全重460kN)及战斗人员20名(全重20kN)。装载后门桥边舟平均吃水66cm,中央舟平均吃水72cm,门桥以一艘大功率拖艇顶推。该漕渡门桥为三舟门桥,跨度为5.01m,桥脚舟长15.9m,舟宽2.4m,舟高1.15m,舟型首部为雪橇型,舟尾为垂直封头。

(2)深水航行时航道平均水深3.1m,最大静水航速为2.72m/s。

(3)浅水航行时航道平均水深1.36m,最大静水航速为2.72m/s。

(4)风速为7.1m/s。

(5)该漕渡门桥在水深20m,平均流速2.72m/s,河流中锚定时的锚纲长200m,锚纲为未涂油的麻索,直径为3.18cm,锚为2 500N的犁锚组。

二、计算内容

(1)漕渡门桥水阻力的计算(深水)。

(2)漕渡门桥水阻力的计算(浅水)。

(3)风压力的计算。

(4)锚定计算。

三、计算过程

1. 漕渡门桥水阻力的计算(深水)

运用公式(12-60)计算

$$R = C\frac{\rho v^2}{2}\Omega_H \quad (12\text{-}60)$$

式中:ρ、v 已知,Ω_H 易于求出:

$\rho = 1\,020\text{Ns}^2/\text{m}^4$,$v = 2.72\text{m/s}$,则:

$$\Omega_H = B \cdot T = 2.4\times(0.66\times2+0.72)\text{m}^2 = 4.9\text{m}^2$$

总水阻力系数 C,需用内插法确定三系数 C_0、C_1 和 C_h。

(1)确定 C_0 值,根据桥脚舟的长宽比

$$\frac{L}{B} = \frac{15.9}{2.4} = 6.6 > 4.5$$

查表11-1,知:

舟首雪橇形($\alpha = 20° \sim 25°$),舟尾垂直封头,$L/B > 4.5$ 时,$C_0 = 0.42$;

舟首雪橇形($\alpha = 20° \sim 25°$),舟尾同舟首,$L/B > 4.5$ 时,$C_0 = 0.38$;

舟首雪橇形($\alpha = 40° \sim 45°$),舟尾同舟首,$L/B > 4.5$ 时,$C_0 = 0.50$。

比较以上三种情况可得:

舟首雪撬形($\alpha=40°\sim45°$),舟尾垂直封头,$L/B>4.5$ 时:

$$C_0 = 0.50 \times \frac{0.42}{0.38} = 0.55$$

(2)确定 C_1 值

根据桥脚舟的跨宽比 $l/B=5.01/2.4=2.09$

查表 11-2 可得:

当 $l/B=2.09$ 时,$C_1=1.04$。

(3)确定 C_h 值

由于 $h=3.1\text{m}$,$T=(0.66\times2+0.72)/3\text{m}=0.68\text{m}$

则相对水深 $h/T=3.1/0.68=4.56$

查表 11-3(内插)得 $C_h=1.81$

故:$C = C_0 \times C_1 \times C_h = 0.55 \times 1.04 \times 1.81 = 1.04$

$$R=1.04\times\frac{1\,020\times2.72^2}{2}\times4.9\text{N}=19\,228\text{N}$$

2. 漕渡门桥水阻力的计算(浅水)

因 $h=1.36\text{m}$,$T=0.68\text{m}$

故相对水深 $$\frac{h}{T}=\frac{1.36}{0.68}=2.0$$

查表 11-3,并用内插公式计算:

$$C_h = 3.8 + \frac{4.5-3.8}{3.0-2.5}\times(2.72-2.5) = 4.108$$

故:

$$C = C_0\times C_1\times C_h = 0.55\times1.04\times4.108 = 2.35$$

$$R=2.35\times\frac{1\,020\times2.72^2}{2}\times4.9=43\,448\text{N}$$

由于大功率拖艇最大牵引力约为 21 000N,因此运用一个大功率拖艇顶推门桥,在这条浅水航道中,是无法达到 2.72m/s 的静水航速的。

3. 风压力计算

漕渡门桥长 $L=16\text{m}$,桥桁为槽钢,高 30cm,桥板为木质板,厚 75mm,缘材为槽钢,高 12cm。

重型自行火炮车体外廓长 $l_1=6.77\text{m}$;车体外廓高 $h_1=2.48\text{m}$

则: $$C_1=\frac{(1.15-0.66)\times2+(1.15-0.72)}{3}\text{m}=0.47\text{m}$$

$$C_2=0.075\text{m}+0.12\text{m}+0.30\text{m}=0.495\text{m}$$

(1)门桥上的风压强度

$$\omega=0.8v^2=0.8\times7.1^2\text{Pa}=40.3\text{Pa}$$

(2)门桥阻风面积

$$\Omega=n\Omega_1+\Omega_2'+\Omega_3'=nC_1B+KC_2L+0.7l_1h_1$$

$$=3\times2.4\times0.47+1\times0.495\times16+0.7\times6.77\times2.48$$

$$=3.38+7.92+11.75=23.05\text{m}^2$$

人员阻风面积,每人按0.3 m^2 计(坐姿)20人共计6 m^2。

(3)门桥风压力

$$W_1=\omega\sum\Omega=40.3\times(23.05+6)\text{N}=1\,171\text{N}$$

(4)门桥航行总阻力

$$H=R+W_1=19\,228+1\,171=20\,399\text{N}$$

4.锚定计算

(1)不考虑水流对锚纲的压力

相对水深 $\dfrac{h}{T}=\dfrac{20}{0.68}=29.41>12$,可认为不存在浅水影响,$C_h=1$。

总水阻力系数 $C=C_0\times C_1\times C_h=0.55\times1.04\times1=0.572$,故得 $R=0.572\times\dfrac{1\,020\times2.72^2}{2}\times4.9\text{N}=10\,575\text{N}$。

由风速 $v=7.1\text{m/s}$,查表11-4得 $\omega=36\text{Pa}$,则:$W_1=\omega\cdot\sum\Omega=36\times29.05\text{N}=1\,046\text{N}$。

门桥总水平力:$H=R+W_1=10\,575\text{N}+1\,046\text{N}=11\,621\text{N}$。

若锚纲在河底有卧链,锚纲每纵长米重 $p'=7\text{N/m}$ 锚纲每纵长米水中重 $p_0=0.35p'=2.45\text{N/m}$。

则:
$$l=\sqrt{\frac{2Hh}{p_0}}=\sqrt{\frac{2\times11\,621\times20}{2.45}}\text{N}=436\text{N}$$

由于投放锚纲长仅200m,故锚纲处于非正常工作状态。

锚纲张力、锚的水平力、上拔力:

$$T\approx H=11\,621\text{N},V=T\sin\alpha\approx11\,621\times\frac{20}{200}\text{N}=1\,162\text{N}$$

锚纲强度和锚定力校核:查附录二得,麻索 $K_1=3,S=40\,130\text{N}$,则锚的安全拉力 $[T]=\dfrac{S}{K_1}=\dfrac{40\,130}{3}\text{N}=13\,377\text{N}$,锚纲内张力 $T=11\,621\text{N}<[T]=13\,377\text{N}$,锚纲强度有保证。

锚重 $G=2\,500\text{N}$,查表11-4得,$K_2=24$。

则锚的安全抓持力 $[N]=\dfrac{K_2}{1.5}G=\dfrac{24}{1.5}\times2\,500\text{N}=40\,000\text{N}$

锚的水平力 $N=11\,621\text{N}<[N]=40\,000\text{N}$,足够

锚的抗拔阻力系数 $K_3=1.5$

则锚的安全抗拔力 $[V]=\dfrac{K_3}{1.5}G=\dfrac{1.5}{1.5}\times2\,500\text{N}=2\,500\text{N}$

锚所受的竖向上拔力 $V=1\,162\text{N}<[V]=2\,500\text{N}$,足够

(2)考虑水流对锚纲的压力

门桥总水平力 $H=11\,621\text{N}$,锚纲在水平方向上的水压力集度:

$$p=c\times d\times\rho\times\frac{V^2}{2}=0.8\times0.031\,8\times1\,020\times\frac{2.72^2}{2}\text{N/m}=96\text{N/m}$$

设锚纲呈俯角 α,$\tan\alpha=\dfrac{20}{200}=0.1$。

则垂直于水面方向的分集度 $p_1 = p\tan^2\alpha = 0.96\text{N/m}$

顺沿锚纲方向的分集度 $p_2 = \dfrac{p\tan\alpha}{\cos\alpha} = 9.6\text{N/m}$

若锚纲在河底存在卧链，$l = \sqrt{\dfrac{2Hh}{p_0 + p_1}} = \sqrt{\dfrac{2 \times 11\,621 \times 20}{2.45 + 0.96}}\text{m} = 369\text{m}$

由于投放锚纲长度为200m，故锚纲仍处于非正常工作状态。

锚纲强度校核，锚纲最大内张力：

$$T_C = T'_C + T''_C = H + L \cdot p_2 = 11\,621\text{N} + 200 \times 9.6\text{N} = 13\,541\text{N}$$

$T_C > [T] = 13\,377\text{N}$，但仅超过1.2%，仍认为锚纲强度有保证。

锚定力校核，锚最大水平拉力 $N \approx T_C = 13\,541\text{N} < [N] = 40\,000\text{N}$，足够。

锚最大竖向上拔力：

$V = T_C\sin\alpha \approx 13\,541 \times \dfrac{20}{200}\text{N} = 1\,354\text{N} < [V] = 2\,500\text{N}$，足够。

(3)考虑水流对锚纲的压力比不考虑该压力时的情况，如表12-5所示。

锚 纲 受 力 表12-5

受力及距离	考虑水流对锚纲的压力	不考虑水流对锚纲的压力	差 值	百分比
锚纲张力	13 541N	11 621N	1 920N	16.5%
锚的最大水平力	13 541N	11 621N	1 920N	16.5%
锚的最大竖向上拔力	1 354N	1 162N	192N	16.5%
系留点到卧链端部水平距离	369m	436m	−67m	15.4%

第十三章　浮桥架设组织

第一节　船　舶　加　强

在征集民舟架设浮桥时，要考虑船舶的加强。无论是木质船舶、钢筋混凝土船舶、还是钢质船舶，由于在作为船舶使用时，考虑其舱载承重，但是作为浮桥的桥脚舟，主要承受舷载，因此有必要对船舶进行加强。

船舶加强主要有三种方法。

一、框架加强

当船舶的主要纵向骨架强度有保障，而船舶的舷板较弱时，可采用框架加强的方式，如图 13-1 所示。

框架加强一般采用复式框架（即两排框架）加强，框架主要由础材、立柱、冠材、横系材、纵系材等组成。框架构件的具体的断面与位置间隔按照军用低水桥的要求确定。

桥跨的承重荷载通过框架的冠材、立柱传递到框架础材上，而直接传递到船舶底板结构。这种方法对船舶的加强作用可靠，传力明显；但是船舶加强的作业量大，材料需要多。一般适用于木质船舶和舷缘较为薄弱的钢制船舶的加强时使用。

二、负桁材加强

在船舶的框架加强中，位于两侧舷缘上的纵向负重构件，成为负桁材。

负桁材也是一种船舶加强的方式，例如在图 13-2 所示中，除了框架加强以外，负桁材也是重要的加强构件之一。

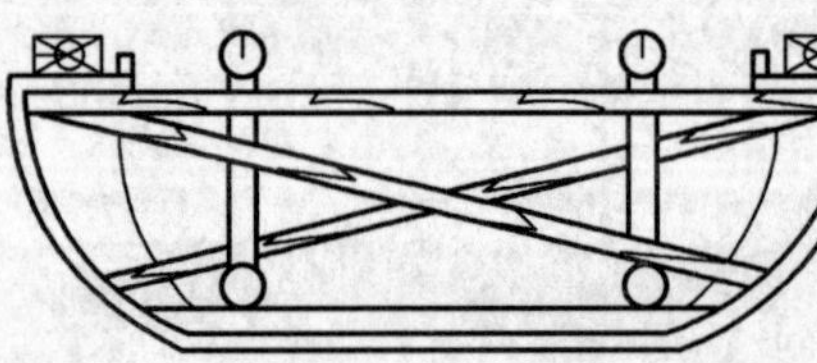

图 13-1　框架加强

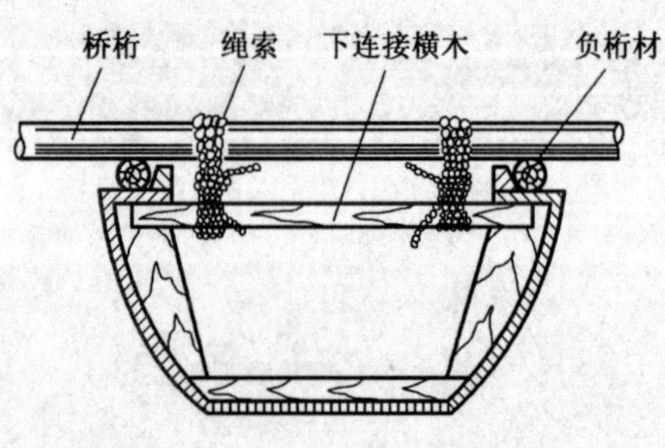

图 13-2　负桁材加强

负桁材一般设置在舷缘甲板上，由于传播舷缘存在一定的曲线弧度，因此，负桁材的厚度也是变化的，越是靠近桥轴线（船舶中横轴线）附近的负桁材就越厚，越是靠近两侧的则越薄，使得负桁材的上表面在同一个水平面上。如果没有加强框架，则更加具有在船舶舷缘上设置负桁材的必要了。

负桁材的固定可以单独进行，也可以与桥跨一起固定在框架或船舶上。

三、船舶调整和局部改造

通过对所征集船舶的检查，根据架设浮桥的结构要求，可以进行局部加强或者改造。对于甲板式驳船，可以将甲板面直接构成桥面，但是需要将甲板面用于桥面范围内的多余结构去除，如确定桥轴线时尽量避开重要的难以移动的舾装件，对甲板上的围板进行局部切割，或者设置成可拆卸的围板，对与甲板下可以设置临时支撑或者临时隔舱进行加强，在甲板上还可以设置临时缘材，限制车辆行驶时的桥面范围。

所征集的民船尽量要求吨位、型号、规格一致，但是还是需要进行调整，一是尽量将状态一致的民船放在一个桥节门桥内，二是通过加强框架的冠材或负桁材顶面位置来调整高度；三是通过重物压载来调整高度。

第二节　架桥点选择

选择架设浮桥的地段时，应考虑到以下要求：

（1）河幅窄，流速缓，河岸平坦坚实，河中没有浅滩和暗礁；若有适合的支流可以利用，则更为有利。

（2）构筑和设置渡口的土工作业量不大。

（3）有便于器材卸载，泛水和进行结构作业的河岸。

（4）有徒涉场和可以利用的原有渡口及沙洲等，以节省人力、器材和时间。

（5）渡口附近没有引起水位急剧变化的水工建筑物（如水闸、坝、堰、堤等）。

上述要求，在选择渡河地段时，通常很难全部满足，但必须满足当时的主要要求。

第三节　桥节门桥结合

浮桥渡口，由浮桥和两岸进出路组成，主要用于在主要使用方向保障江河两岸的水上交通，也可用于后方江河上保障道路机动。其特点是通行能力大；但构筑所需人员、器材多，时间较长；目标大，伪装防护较困难，易遭敌火破坏。在受敌火威胁较大时，可采取黄昏架设，夜间通行，拂晓撤收的办法。

桥节门桥的结合与分解用四折带式浮桥所架设的浮桥为例加以说明，其他类型的浮桥的架设可以参照执行。

一般的带式浮桥器材可架设50t（图13-3）和20t（图13-4）两种吨位的浮桥。

一、一般吨位的浮桥桥节门桥结合和分解

50t桥节门桥（图13-5）由3个河中全形舟连接而成。结合一个50t桥节门桥需要门桥长1名，作业手9名，分为3个作业组，每组3名作业手进行。其结合方法与60t漕渡门桥基本相同，不同之处是不设置跳板而设置吊杆。

50t桥节门桥的分解，按结合的相反顺序进行。

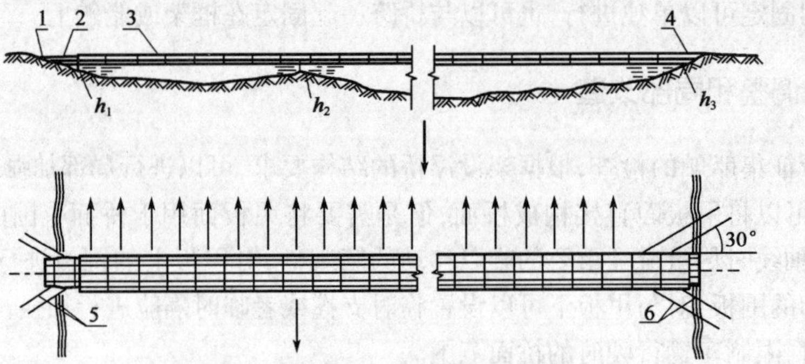

图 13-3　50t 浮桥

1-岸边舟跳板;2-岸边舟;3-河中舟;4-河中舟跳板;5-系留固定装置;6-锚纲

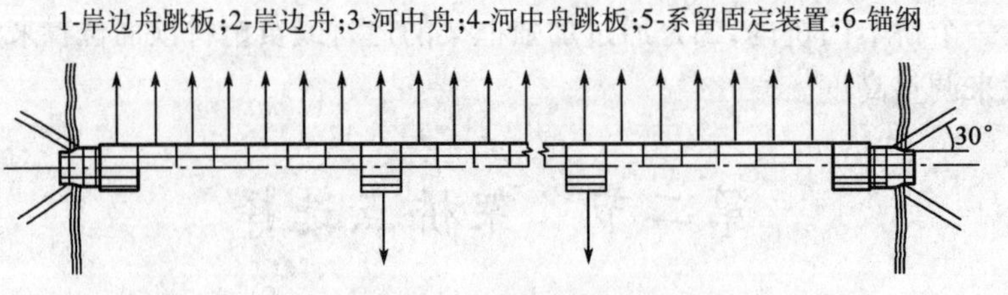

图 13-4　20t 浮桥

二、20t 浮桥桥节门桥的结合和分解

(1) 20t 浮桥桥节门桥,通常结合成“6 ×1/2”(图 13-6)、“4 ×1/2”(图 13-7)和“2 ×1/2”(图 13-8)三种形式的桥节门桥。“6 ×1/2”桥节门桥,由 6 个半全形舟和 1 个全形舟组成,用于流速小于 1m/s 时;“4 ×1/2”,由 4 个半全形舟和 1 个全形舟组成,用于流速为 1 ~ 1. 8m/s 时;“2 ×1/2”桥节门桥由 2 个半全形舟和 1 个全形舟组成,用于流速为 1. 8 ~ 2. 5m/s 时。“6 ×1/2”桥节门桥,是架设 20t 浮桥时的基本组合形式,只是为了浮桥的闭塞才采用其他两种结合形式。

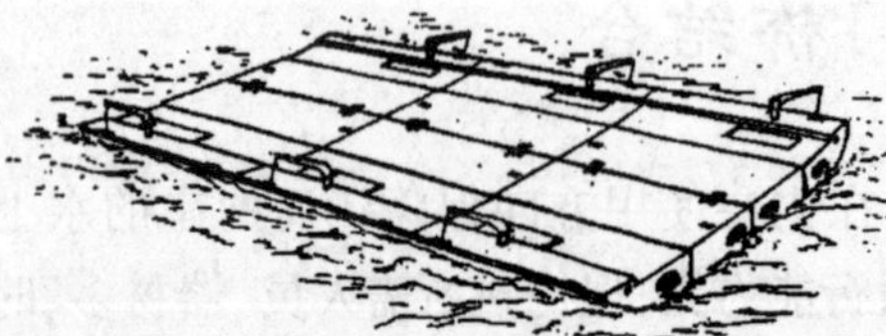

图 13-5　50t 桥节门桥

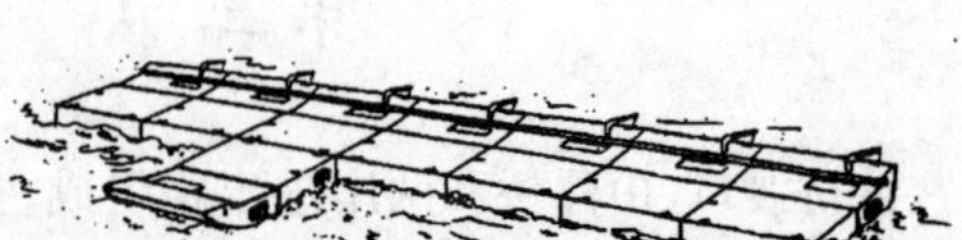

图 13-6　20t 浮桥“6 ×1/2”桥节门桥

图 13-7　20t 浮桥“4 ×1/2”桥节门桥

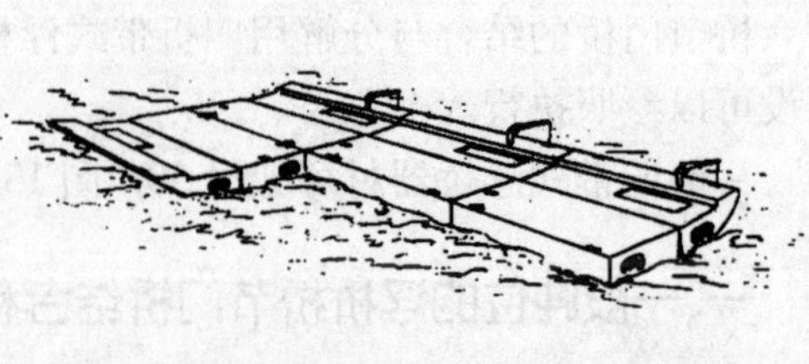

图 13-8　20t 浮桥“2 ×1/2”桥节门桥

(2)“4 ×1/2”桥节门桥的结合和分解

“4 ×1/2”桥节门桥的结合与分解作业需门桥长 1 人,作业组 3 个,作业手 9 名。门桥长负责门桥结合与分解作业的组织指挥。

作业开始前,9 名作业手成一线面向河面站好,门桥长面向作业手在队伍前站好。在作业开始时,门桥长必须明确作业组织和任务区分。通常先整队,1 ~ 3 报数,然后下达课目,根据以下内容进行作业分工与任务区分:前 3 名为第 1 作业组,下 3 名为第 2 作业组,后 3 名为第 3 作业组。第 1、3 作业组分别负责分解下游和上游全形舟及结合桥节门桥,第 2 作业组负责结合中间全形舟及结合桥节门桥。每个作业组的第 1 名为组长,第 1 名和第 3 名为连接手,第 2 名为钩篙手。

分组分工完毕,门桥长根据如下口令和步骤组织作业:

①“登舟”:门桥长先下达“各组带开”口令,作业组长下达“向右转”,“跑步走”口令,然后带领所属作业人员到各自负责的河中舟处,成一路纵队面向河面站好。门桥长下达“登舟”口令,作业手登舟后成一线站好,位于靠岸一侧河中方舟,面向河岸。每个作业组的第 1 名作业手位于从下游往上游数第 2 个防滑条右侧;

②“就位”:当听到“就位”口令后,各作业组的第 1 名和第 3 名分别跑到陆侧和水侧并舟具座处,面向并舟具站好;第 2 名跑到陆侧方舟的钩篙处,面向钩篙站好。就位时,要求动作要快;

③“取器材”:听到“取器材”口令后,每组的第 1 名和第 3 名作业手左腿跪下迅速取下并舟具,同时,各组第 2 名作业手左腿跪下,手握钩篙。听到“好”的口令后,所有作业手手持各自作业工具成立正姿势站好(注意:并舟具尖端朝上,钩篙尖端向下);

④“连接尖舟”:听到“连接尖舟”口令后,每组的第 1 名作业手负责连接下游一侧尖舟,第 3 名负责连接上游一侧尖舟。连接时的作业顺序是:第 1 名由水侧向陆侧,第 3 名由陆侧向水侧;

⑤“分解全形舟”:听到“分解全形舟”的口令后,第 1、3 组第 1 名和第 3 名作业手跑向方舟底板铰链处,面向内侧(第 1 名在下游,第 3 名在上游,跑步时手握并舟具成持枪姿势),将并舟具套筒套在底板铰链杠杆头部,扳动并舟具,使插销退出工作位置,底板铰链分开;第 2 名用钩篙将水侧半舟调整到陆侧半舟下游(舟尖向陆侧);

⑥“连接半门桥”:听到“连接半门桥”的口令后,第 1、3 组第 2 名作业手分别将两半舟拉拢对正,各组第 1 名负责连接上部连接器,第 3 名负责连接下部连接器;

⑦“结合桥节门桥”:门桥长下达“结合桥节门桥”口令后,首先,上游两组第 2 名作业手用钩篙调整舟,将上游半门桥和中间河中舟靠拢后,第 2 名作业手用钩篙将两舟拉拢后再拉紧。第 3 组的第 1 名和第 2 组的第 3 名作业手分别负责连接陆侧上部连接器和下部连接器。然后,第 2 组和第 1 组的第 2 名作业手用钩篙调整舟,将下游半门桥和中间河中舟靠拢后,第 2 名作业手用钩篙将两舟拉拢后再拉紧。第 2 组的第 1 名和第 1 组的第 3 名作业手分别负责连接陆侧上部连接器和下部连接器;

⑧“连接方舟”:听到“连接方舟”口令后,第 2 组第 1、3 名位于甲板扣环处(第 1 名在下游,第 3 名在上游),将并舟具套筒插入甲板扣环的环柄上,第 1、3 组相应作业手协同作业,由第 2 组组长下达“连接”口令,所有作业手协力将扣环扣紧;

⑨“设置栏杆”:听到“设置栏杆”口令后,第 2 组第 2 名用钩篙防止门桥搁浅。各组第 1、3 名分别取出所属半形舟尖舟上的吊杆,将吊杆插入尖舟薄甲板的吊杆孔内,松吊杆钢索将吊钩挂在羊角上,并张紧钢索。第 3 组及第 1 组的第 2 名分别将 4 根栏杆柱插入上、下游 4 个半全形舟方舟的栏杆孔内,并设置栏杆绳;

⑩“整理器材”:听到“整理器材”口令后,要快速地将并舟具放回并舟具座,将钩篙放到尖舟上,紧靠缘材。最后,所有作业手成一线,站到登舟时的就位位置。

桥节门桥的分解,按结合的相反顺序进行,作业组织和分工相同。

①“就位”:同登舟后的就位位置;

②“撤收栏杆”;

③“分解方舟”;

④“分解桥节门桥”(先分解上部连接器,再分解下部连接器);

⑤“分解半门桥”;

⑥“结合全形舟”(第1、3组结合全形舟);

⑦“分解尖舟”;

⑧“整理器材”。

(3)“6×1/2”桥节门桥、“2×1/2”桥节门桥的结合和分解

“6×1/2”、“2×1/2”桥节门桥的结合和分解的步骤方法与4×1/2桥节门桥基本相同,只是所需人员、器材相应改变。

第四节　浮桥组成的确定

一、浮桥由河中部分和岸边部分组成

(1)河中部分:由若干个河中舟连接而成,是浮桥的主要部分。在流速较高的江河上,河中部分的水深一般不应小于1.5m,局部水浅处的水深可以减小到0.8m;对局部浅水,但河底松软处可减小到0.4m。

(2)岸边部分:由岸边舟和跳板组成,是浮桥的接岸部分。岸边舟与河中舟连接处的水深不得小于0.4m。在地面上的支承长度可在1.0~2.5m范围内变化。跳板陆侧一端接岸长不小于0.5m(土质坚硬时)或1m(土质较松软时)。当岸边水深0.4m处距水沿线在2m之内而岸边舟数量不足时,可不使用岸边舟而直接利用河中舟的跳板与河岸搭接。也可一岸用岸边舟,另一岸用河中舟跳板。但靠岸的第1个河中舟陆侧的水深必须在0.4~0.6m。

1.50t浮桥

(1)河中部分的确定

①河中舟数量

$$\text{河中舟数量(个)}=\frac{\text{河幅(两岸水沿至水深0.4m处的距离)}}{\text{6.74m(河中舟长度)}}$$

计算中出现余数(m),在确定岸边部分时处理。

②河中部分长度

$$\text{河中部分长度}=6.74\times\text{河中舟数}$$

③桥节门桥数量

$$\text{桥节门桥数量}=\frac{\text{河中舟数量}}{3}$$

计算中出现余数时,其中一个门桥可增加或减少1~2个舟,也可作为闭塞门桥。

(2)岸边部分的确定

岸边部分的长度根据其组成不同,有以下几种情况:

①两岸均由岸边舟组成时

$$岸边部分长度 = (5.63 + 2.06) \times 2 = 15.38(m)$$

②一岸由岸边舟、另一岸由河中舟跳板组成时

$$岸边部分长度 = 5.63 + 2.06 + 2.46 = 10.15(m)$$

③两岸均由河中舟跳板组成时

$$岸边部分长度 = 2.46 \times 2 = 4.92(m)$$

(3)闭塞方案的确定

当确定浮桥河中部分舟的数量出现余数时，通常用增减河中舟，调整岸边舟搭岸长度使浮桥闭塞。

①当余数(剩余河幅)较大，而岸边条件允许岸边舟向岸上移动时，可增加一个河中舟；反之，则减少一个河中舟或进行填、挖作业；

②当余数(剩余河幅)较小，而岸边条件允许岸边舟向水侧移动时，可直接移动岸边舟闭塞。

(4)浮桥的长度

$$浮桥长度 = 河中部分长 + 岸边部分长$$

2. 20t 浮桥

(1)河中部分的确定

①半全形舟数(含全形舟在内顶一个数)及河中部分长度

同 60t 浮桥。

②桥节门桥数量

确定桥节门桥数量时，应先考虑“6×1/2”桥节门桥的数量，如有余数则考虑“4×1/2”桥节门桥的数量，还有余数则再考虑“2×1/2”桥节门桥的数量。

$$“6 \times 1/2”的数量 = \frac{桥脚舟数量 - 1}{7} \cdots 余数$$

$$“4 \times 1/2”的数量 = \frac{余数}{5} \cdots 再余数$$

$$“2 \times 1/2”的数量 = \frac{再余数}{3} \cdots 最后余数$$

③河中全形舟数量

$$河中全形舟数(个) = “6 \times 1/2”的个数 \times 4 + “4 \times 1/2”的个数 \times 3 + “2 \times 1/2”的个数 \times 2 + 1 + 最后余数$$

(2)岸边部分的确定

岸边部分的长度：同 50t 浮桥。

(3)闭塞的确定

同 50t 浮桥。

(4)浮桥长度

同 50t 浮桥

3. 示例

在某渡口架设 50t 浮桥一座，测得河幅为 213m，左岸水沿线至水深 0.4m 处距离为 5m，右岸为 3m。试确定浮桥的组成。

(1)河中部分的确定

①河中舟数量

$$河中舟数量(个)=\frac{213-(5+3)}{6.74}=30.4$$

取 30 个,余数待处理。

②河中部分长度

$$河中部分长度=6.74m\times30=202.2(m)$$

因水深超过 0.4m 的河幅(205m)大于河中部分长(202.2m),所以河中部分末端处水深不小于 0.4m。

③桥节门桥数量

$$桥节门桥数量=\frac{30}{3}=10(个)$$

(2)岸边部分的确定

根据岸边条件,确定浮桥两岸均使用岸边舟。

①岸边部分长度

$$岸边部分长度=(5.63+2.06)\times2=15.38(m)$$

②闭塞处理

$$河幅余数=213-202.2=10.8(m)$$

两岸的岸边舟陆侧一端各伸出水沿线长度约为:

$$(5.63\times2-10.8)\times\frac{1}{2}=0.23(m)$$

(3)浮桥长度

$$浮桥长度=202.2+15.38=217.58(m)$$

二、桥轴线和投锚线的标定

(1)桥轴线的标定

桥轴线(图 13-9)是浮桥纵方向中心线,作为架设作业的基准。标定时,桥轴线应与主流线垂直,通常在两岸各用两面白旗(或标杆)标示。旗(标杆)与旗(标杆)之间的距离应根据岸边状况而定,通常第一面白旗距水边 8 ~ 10m,旗的间距为 20m。

(2)投锚线的标定

投锚线(图 13-9)分为上、下游投锚线,是投锚的基准线。投锚线应与桥轴线平行,桥轴线与投锚线的距离为桥轴线上最大水深的 7 ~ 10 倍,但不得小于 30m。如最大水深超过 10m,应在上、下游各标定两条投锚线,其中一条以 10m 水深的 7 ~ 10 倍计算,另一条以最大水深的 7 ~ 10倍计算,上游投锚线、两岸各用两面红旗标示,下游投锚线、两岸各用两岸绿旗标示。

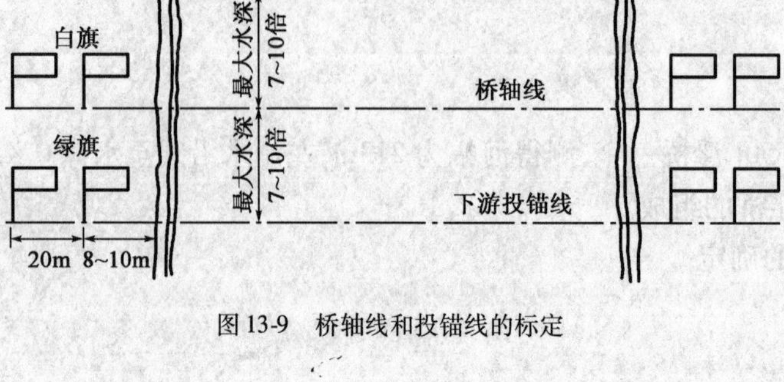

图 13-9 桥轴线和投锚线的标定

第五节　浮桥的架设

一、作业组织

架设浮桥的作业组织，应根据架设的方法、浮桥长度、江河及兵力状况等确定，通常设浮桥长1名，副浮桥长1~3名，桥段长若干名。

(1)浮桥长、副浮桥长、桥段长

浮桥长负责指挥浮桥架设的全部作业。在组织指挥中，应切实抓住影响架桥速度的关键作业，恰当处理各作业阶段间的衔接，及时组织指挥排除重大故障，根据情况变化适时调整部署，并充分发挥其他指挥员的作用，以提高架桥的速度。

副浮桥长的任务是协助浮桥长工作，根据浮桥长的分工，负责某项作业的组织指挥。

一般在分段架设时设立，桥段长在浮桥长指挥下，负责组织指挥一个浮桥段的架设作业。

(2)门桥长、门桥班

门桥长根据浮桥长的信号，及时指挥本门桥按规定路线进入桥轴线和与本门桥有关的架设、检查作业，并适时指挥作业人员撤离浮桥。

每个门桥设一个门桥班，负责引门桥进入桥轴线并进行连接、固定和浮桥架设完毕的检查工作。

(3)岸边班、动力班

每岸组织一个岸边班，负责协助与岸边舟相连接的门桥班将岸边舟与门桥共同引入桥轴线，并负责岸边舟的升降、固定和浮桥闭塞时牵引装置的设置；通载前使承压座处于工作状态，通载中不断检查各承压座处的间隙是否保持一致。

动力班由汽艇驾驶员和投锚手组成，负责顶推桥段（桥节门桥）进入桥轴线，协助门桥班投、起锚并担任动力固定作业。

(4)观察组、水上巡逻组

观察组主要负责观察张纲、河中锚的受力、固定等情况，并及时报告浮桥长。

水上巡逻组主要负责浮桥上、下游的警戒，及时排除漂流物和阻止来往船只通过。

二、架设方法

通常采取门桥架设法、旋转架设法、单舟架设法和混合架设法。

1.门桥架设法

门桥架设法是将桥节门桥逐次引入桥轴线架设的方法；可自一岸架设或两岸同时架设；通常在流速较高，或江河状况复杂时采用。这种方法机动灵活，受地形、流速限制较小，因此，是一种常用的方法。

(1)一岸架设法（图13-10）是将桥节门桥自一岸引入桥轴线并逐次接长成浮桥。通常在河幅不宽或流速较高的情况下采用。当桥节门桥分别系留在桥轴线上、下游岸边时，按先上游后下游，先近后远的顺序顶推（牵引）门桥进入桥轴线，最后移动岸边舟闭塞浮桥（闭塞位置选择在对岸流速较低处）；当桥节门桥都系留在桥轴线下游时，按先近后远的顺序顶推（牵引）门桥进入桥轴线。闭塞门桥应在带有岸边舟的桥节门桥进入对岸桥轴线后再进入桥轴线，最后移动岸边舟使浮桥闭塞。

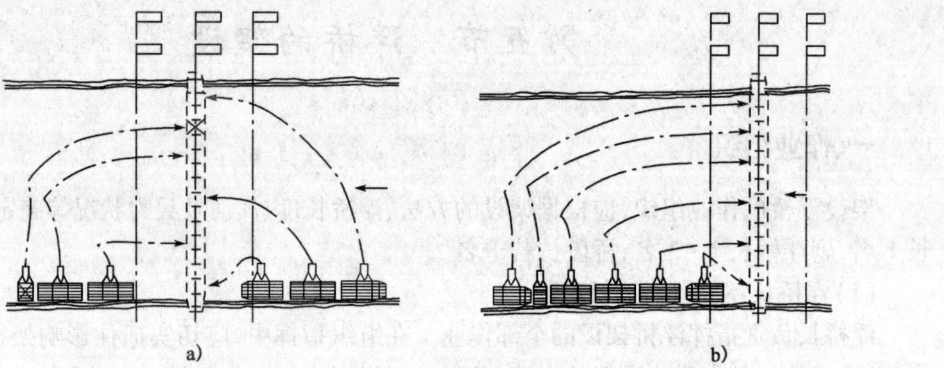

图 13-10　一岸架设法

a）桥节门桥自桥轴线上、下游岸边引入；b）桥节门桥自桥轴线下游岸边引入

（2）两岸架设法（图 13-11）是将桥节门桥自两岸引入桥轴线向河中接长成浮桥。通常在河幅宽大、流速较高、泛水条件好的江河上采用。

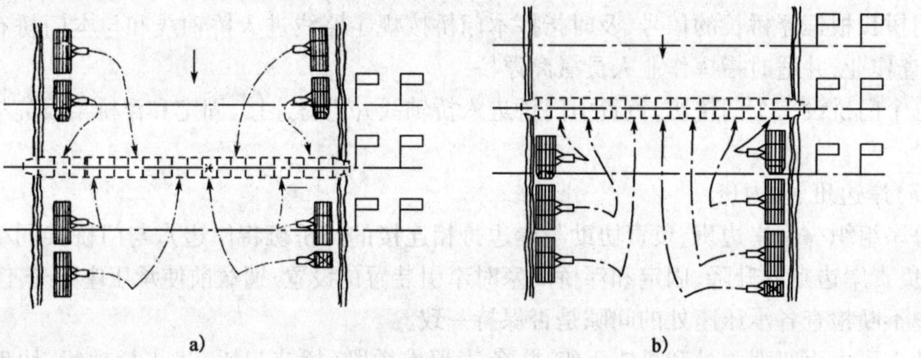

图 13-11　两岸架设法

a）桥节门桥自桥轴线上、下游岸边引入；b）桥节门桥自桥轴线下游岸边引入

（3）门桥架设法的作业组织

①门桥班：通常由门桥长 1 名、钩篙手 1 名、投锚手 1 名、连接手 4 名组成（桥段每增加一个舟应增加 1 名投锚手）；

②岸边班：每岸一个，每班作业手 3 名（第 1 名为班长），其中升降手 2 名，系留手 1 名；

③动力班：根据桥节门桥的数量、流速高低决定所需汽艇数量。通常流速在 2.5m/s 以下时，每个三浮桥节门桥一艘汽艇（流速低时可适当增加门桥长度）。每艘汽艇由驾驶员、副驾驶员（兼投锚手）各 1 名组成；

（4）桥节门桥进入桥轴线的方法：桥节门桥由下游引入桥轴线时，门桥长按下述顺序（口令）指挥作业。

①离岸准备：汽艇靠上门桥后，门桥班接过汽艇上递过来的固定钢索，挂在两个边舟的内侧羊角上，再将下游锚交给汽艇上的投锚手；

②离岸：门桥长指挥钩篙手和汽艇（倒车）使门桥离岸，汽艇顶推门桥按规定路线驶向上游投锚线的位置。在流速高、流向紊乱的江河上架桥时，主流线附近的数个门桥不能超过桥轴线到上游去投锚，以免门桥失控冲垮架好的桥段，应在架桥前将锚从锚机上卸下连上尼龙或麻索锚纲投到相应处，锚纲用浮标（救生圈）漂至桥轴线，待门桥引入桥轴线后再与锚机上的锚

纲用卸扣相连;

③投锚:当舟首到达投锚线时,门桥长下达"投锚"口令,投锚手将上游锚投下,同时松锚纲,汽艇减速使门桥下滑;

④对正:门桥滑到桥轴线时,投锚手停放锚纲,门桥长指挥钩篙手和汽艇使门桥靠拢码头,下达"松(紧)锚纲"口令,投锚手调整锚纲,使门桥对正桥头并进行固定;然后,门桥上两名作业手将汽艇固定钢索从尖舟羊角上解脱,汽艇副驾驶员将钢索收回放好,汽艇到下游投锚线投下游锚;

⑤连接:门桥对正桥头后,门桥长下达"连接"口令,连接手迅速取下纵向拉紧装置绞盘上的钢索回圈,从方销导孔中将钢索回圈引出,挂在相连方舟方销头部的挂钩上(事先将方销头拨出舟外),用并舟具操纵绞盘旋转,将方销拉入导孔,直到完全定位,再拨出横销,将方销固定,用定位销将横销定位;然后,按结合20t、60t浮桥桥节门桥的方法结合纵向接头,其他作业手整理器材、固定下游锚纲,准备连接随后进入桥轴线的门桥;

⑥闭塞:应根据浮桥组成的确定中规定的方法,或根据闭塞间距的大小,两岸向水侧或陆侧移动。移动前,岸边班将牵引装置固定在岸边舟的陆侧端,将牵引装置上的圆环放在舟车的牵引钩内,浮桥长指挥向水侧或陆侧移动,使浮桥闭塞。闭塞后,岸边班将岸边舟的固定钢索与埋在岸上的锚(桩)相连,并张紧钢索,使浮桥的纵向确实固定;

桥节门桥由上游引入桥轴线的方法与下游相同,可采取汽艇牵引法,但闭塞门桥必须放在桥轴线下游。

(5)桥轴线的校正:浮桥闭塞后,门桥长持标杆位于门桥中央,投锚手就位,浮桥长指挥投锚手松紧锚纲,使浮桥轴线与标定的桥轴线重合。而后,检查浮桥各部分是否连接好,作业手将吊杆插入尖舟首部插孔内,将吊钩钩在羊角上并张紧钢索。架设20t浮桥时还应将缘材插入插座内,然后将栏杆(并舟具)插入栏杆内,并设置栏杆绳。浮桥夜间通载时,应在浮桥下游设置缘材,再在缘材上装设夜光浮标。

(6)岸边舟的岸侧应有1~2.5m着地支承,不可浮起。浮桥架好后,提升器链环应予放松。

2. 旋转架设法

旋转架设法,通常在河幅较小,流速不高,且河中无浅滩、暗礁的江河上采用。先在上游投锚线的上游20~30m处沿一岸或两岸将结合好的桥节门桥连接成桥段,然后将其旋转引入桥轴线架设浮桥,可自一岸旋转或两岸旋转。

(1)一岸旋转架设法[图13-12a)]:是将桥节门桥在一岸(通常在我岸)连接,然后旋转引入桥轴线进行架设。自一岸架设时,对岸的岸边舟同两个河中舟连接成桥段,在浮桥架到对岸前设置好;浮桥的闭塞在对岸进行。

(2)两岸旋转架设法[图13-12b)]:先将桥节门桥在两岸连接成桥段,两岸同时旋转将桥段引入桥轴线,最后用闭塞门桥进行浮桥闭塞。

(3)旋转架设法的作业组织

岸边班:两岸各设1个,每班作业手3名(第1名任班长),其中升降手2名,系留手1名。

投锚班:投锚班的数量和作业手的数量应根据上游锚的数量和投锚汽艇数量确定,通常每个上游锚设投锚手1名。

系留班:两岸各设1外,每班由班长1名、作业手4名组成。

动力班:一般每个桥段设1个,人员根据使用的汽艇数量确定,每艇有正、副驾驶员各1名。

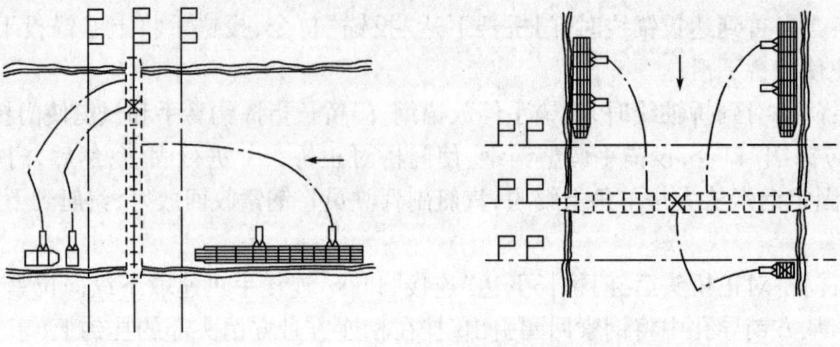

图 13-12 旋转架设法

a)一岸旋转架设法;b)两岸旋转架设法

(4)浮桥段旋转进入桥轴线的方法

桥段旋转进入桥轴线,浮桥长按下述顺序(口令)指挥作业。

①离岸准备:作业手在桥段两端舟陆侧的羊角上各固定1根系留绳。靠下游的系留绳递给岸上的系留班;上游的系留绳整理好,准备在旋转过程中投给另一岸的系留班。上游用1艘汽艇牵引,将钢索挂在桥段靠上游的第1个河中舟的羊角上,其他汽艇顶推,将钢索挂在顶推舟的羊角上。再将下游锚交给汽艇上的投锚手。用斜张纲固定时,可将靠岸门桥的钢索和斜纲预先设置好;

②旋转:当浮桥长发出桥段旋转的信号时,桥段长迅速指挥钩篙手和汽艇驾驶员,使桥段上游离岸旋转;在旋转过程中,钩篙手和所有汽艇驾驶员协力控制桥段的速度和方向;待桥段旋转到与主流线垂直时,向对岸系留班投系留绳。然后,浮桥长指挥两岸系留班和岸边班,校正桥段位置,当接近投锚线时,浮桥长下达"投锚准备"的口令,投锚手投下浮标并作好投锚的准备;

③投锚:当舟首到达上游投锚线时,浮桥长下达"投锚"口令,投锚手将上游锚投入河中,同时放松锚纲,汽艇减速使桥段下滑。此时,桥段上的作业手将牵引汽艇的钢索取下,汽艇离开,副驾驶员收回钢索;

④对正:桥段到达桥轴线时,浮桥长指挥投锚手停放钢索,下达"松(紧)锚纲"的口令,投锚手调整锚纲使桥段对正桥轴线。然后,桥段上的作业手将汽艇的固定钢索取下,汽艇副驾驶员收回钢索,到达下游投锚线投下游锚;

⑤闭塞:按门桥架设法的闭塞方法进行。

(5)校正桥轴线

校正桥轴线与门桥架设法相同。

3.单舟架设法

通常在岸边作业场地狭窄,只能一辆舟车泛水;浮桥器材陆续运到渡口或破冰架桥时采用。其方法是将陆续泛水的河中舟结合好后,由一岸引入桥轴线进行架设。这种方法所需作业人员少,但架桥时间较长。

4.混合架设法

通常在江河流线偏于一岸和河幅较宽时采用。其方法是靠一岸或两岸的桥段采用旋转架设法,河中或一岸的桥段采用门桥架设法。

5. 陡岸架设浮桥

当河岸陡峭且修整困难时,可考虑采用以下方法架设浮桥。

(1)当岸高 $h\leqslant 2m$ 时,浮桥器材可直接由舟车泛水,再用重型机械化桥桥跨做岸边过渡跨,架设混合浮桥(图 13-13)。

(2)当 $2m < h < 3.5m$ 时,浮桥器材可用吊车泛水,再用坦克冲击桥桥跨做岸边过渡跨,架设混合浮桥。

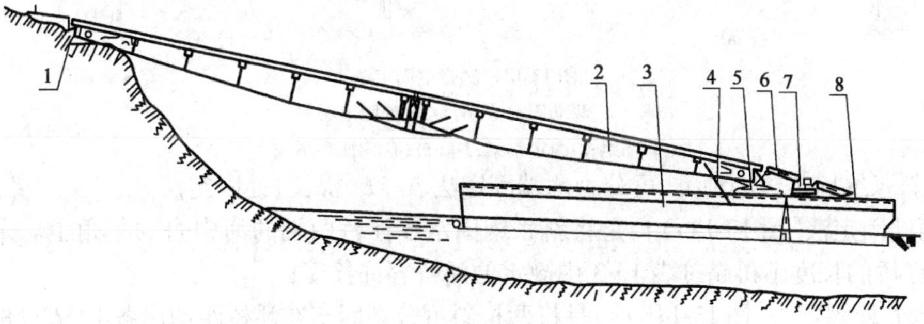

图 13-13 混合浮桥

1-老虎头;2-机械化桥桥跨;3-带式浮桥;4-系紧索;5-础板;6-跳板;7-支座;8-衬垫物

第六节 浮桥的固定

浮桥的固定包括纵向固定和横向固定。

纵向固定主要是利用岸边舟上的系留钢索或靠岸边的河中舟上的锚纲成"八"字形固定在岸边设置好的系留桩或埋设的锚上来实现的,固定钢索与桥轴线的夹角一般不超过 30°。

横向固定分为投锚固定、张纲(斜、横)固定、动力固定和混合固定。

一、投锚固定法

投锚固定法,通常在河底土质允许、流速不大于 2m/s 时采用。这种方法作业简单,投(起)锚速度快。投锚数量应根据流速高低、浮桥的载重量、风向、风力、河底土质等情况而定(表 13-1)。为便于浮桥的固定和撤收,当河底土质松软难以固定时,可投并联锚或串联锚,靠岸边的锚可埋在岸上。

投锚数量参考表　　表 13-1

流速(m/ε)	上 游 锚		下 游 锚	
	50t 浮桥	20t 浮桥	50t 浮桥	20t 浮桥
0.5 以下	1/4	1/4	1/4	1/7
0.5 ~ 1	1/3	1/3	1/4	1/7
1 ~ 1.5	1/2	1/2	1/6	1/7
1.5 ~ 2	1/1	1/1	1/8	1/7

注:分子为投锚个数,分母为河中舟数或半全形舟数。

二、斜张纲固定法

斜张纲固定法(图 13-14):是将钢索的一端与卧桩的手扳葫芦固定,另一端通过分纲将拉力分散到河中舟的 2 ~ 4 个羊角上,斜张纲与桥轴线的夹角为 45° ~ 50°。在河宽 250m 以下的中小江河上当流速不大于2m/s,河底难以投锚等情况下采用。一般只在上游张设,在流速较小、逆风较大或有回流的江河上,下游也应张设。这种方法具有作业简单,固定、调整及撤收速度快等特点。

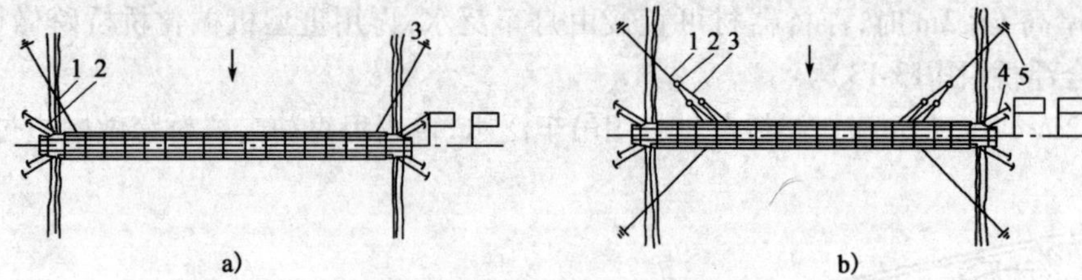

图 13-14　斜张纲固定法

a)两端固定法;b)1/5L 处固定法

1-锚纲;2-固定钢索;3-卧桩;4-斜纲;5-滑轮

(1)斜张纲固定法的种类,可分为两端固定法、1/5L(桥长)处固定法。

①两端固定法[图 13-14a)]:是将斜张纲固定在浮桥两端的河中舟的羊角上。采用这种方法时,浮桥的长度不得超过表 13-3 中规定的浮桥容许长度;

②1/5L 处固定法[图 13-14b)]:是将两根斜纲分别固定在浮桥距两岸各 1/5L 处的一种方法。这种方法固定浮桥的容许长度查表 13-4。

(2)确定斜张纲固定的方法如下。

①确定斜张纲固定的类型

根据架设浮桥的长度,查表 13-2、表 13-3,确定斜张纲固定的类型。

②确定斜纲的直径

根据单根斜纲的容许拉力$\geqslant \dfrac{\text{浮桥总阻力} \times 1.2}{\sin\alpha \times \text{固定点数}}$的原则,再由钢索的容许拉力确定斜纲的直径。其中,浮桥总阻力 = 浮桥每纵长米阻力 × 桥长(m);1.2 为斜纲受力不均匀系数;α 为斜纲与桥轴线的夹角。

四折带式浮桥对水流的阻力(kgf/m)　　表 13-2

流速(m/s)	桥型	50t 浮桥						20t 浮桥	
	载重量(kN)	500		360		200		200	
	车距(m) 水深(m)	20	40	20	40	20	40	20	40
1.2	6	16	7	12	5	7	6	24	18
	3	28	12	20	9	11	8	36	20
	2	31	14	22	10	13	10	44	24
1.9	6	31	21	22	15	20	18	36	24
	3	54	32	39	23	29	21	44	32
	2	75	43	54	31	40	32	56	36
2.5	6	63	40	40	29	36	32	64	42
	3	94	60	68	43	55	45	76	52
	2	—	95	105	68	85	66	116	80
3.1	6	—	68	—	44	63	56	106	76
	3	—	115	—	83	103	81	192	132
	2	—	—	—	134	—	—	384	276

斜张纲两端固定时浮桥的容许长度(m)　　　　表13-3

流速(m/s)	桥型	50t浮桥						20t浮桥	
	载重量(kN)	500		360		200		200	
	车距(m) 水深(m)	20	40	20	40	20	40	20	40
1.2	6	90	115	150	195	220	250	75	90
	3	80	105	135	175	205	240	70	85
	2	75	100	130	175	200	230	65	80
1.9	6	75	90	130	160	185	200	70	80
	3	65	80	110	140	165	195	65	75
	2	55	70	100	130	150	170	60	70
2.5	6	60	75	110	130	155	170	55	70
	3	50	65	90	115	135	150	50	60
	2	—	50	80	95	115	130	45	50
3.1	6	—	60	—	115	130	140	45	55
	3	—	50	—	90	100	120	35	40
	2	—	—	—	70	—	—	25	30

斜张纲 1/5*L* 处固定时浮桥的容许长度(m)　　　　表13-4

流速(m/s)	桥型	50t浮桥						20t浮桥	
	载重量(kN)	500		360		200		200	
	车距(m) 水深(m)	20	40	20	40	20	40	20	40
1.2	6	205	260	340	430	490	570	170	200
	3	175	240	305	400	460	540	150	190
	2	170	230	300	390	450	520	140	180
1.9	6	170	205	255	360	410	460	150	180
	3	145	180	230	320	370	440	140	170
	2	125	165	250	290	340	380	130	160
2.5	6	135	170	210	290	350	380	120	150
	3	115	145	170	260	300	340	110	140
	2	—	120	—	210	250	290	100	120
3.1	6	—	135	—	250	290	310	100	120
	3	—	110	—	200	240	270	80	90
	2	—	—	—	160	—	—	50	60

③卧桩位置的确定：选择卧桩位置时，应考虑下列因素：斜纲与桥轴线夹角 α 应为 45°～50°；浮桥使用期间，如水位上升，卧桩不被淹没，通常选择在离水沿线 10～15m 的岸上。

三、动力固定法

动力固定法是在浮桥下游配置数艘汽艇，利用汽艇的顶推力来固定浮桥。通常在流速较稳，河底不易投锚的江河上短时间（一般不超过 4h）固定浮桥。浮桥使用时间较长时，应在动力固定的同时，设置张纲以代替动力固定。动力固定所需汽艇数按下式计算：

$$所需汽艇数 = \frac{桥节舟数}{一艘汽艇能锚固的桥节舟数} \tag{13-1}$$

计算所需汽艇数时，根据流速高低可分段计算。

四、混合固定法

当浮桥采用一种方法固定力量不足时，可采用两种以上的方法进行固定，以保证浮桥的稳定可靠性。

第七节　浮桥的使用与维护

一、浮桥使用规则

（1）通行人员和装备必须服从渡河检查站的安排和调度。

（2）严禁超过浮桥载重量的车辆在浮桥上通行。

（3）严禁超宽车辆在浮桥上通行。

（4）人员和车辆禁止在桥上停留。

（5）禁止车辆在桥上紧急制动、变速、转向。

（6）60t 浮桥通行履带式车辆，允许最高车速为 20km/h；20t 浮桥通过履带式车辆，车速应小于 10km/h；两种浮桥通过轮式车辆时可不限速，荷载间距为 20～40m。

（7）当遇到突发事件时（如敌人临空袭击、上游水流突然增加等），渡河检查站有权封闭浮桥，当情况解除后再恢复通行。

二、浮桥的维护

1. 浮桥渡口的技术检查和应采取的措施

（1）浮桥通过一定数量的荷载后，应检查进出路的状况。当出现凹陷、崩塌时应及时填平和消除；当发现岸边冲刷严重时，应用装沙的草袋等加以保护。

（2）应经常检查桥轴线是否顺直，如产生弯曲，应及时加以校正。

（3）检查岸边舟的提升器链条，使其保持充分松弛，以免通载时受到损坏。

（4）定期检查浮桥各固定部位的连接状况，发现松动时要及时加以处理使其固定牢固。

（5）舟有无漏水，当发现漏水时应排水和补漏，严重时应将其更换。

（6）岸边舟承压螺杆的螺杆帽与河中舟的承压板是否保持规定的间隙，并根据浮桥的载重量和荷载的不同，随时加以调整。四个承压座间隙应保持一致。

(7)观察水位变化的情况，当变化超过允许范围时，应加以调整。

(8)检查固定系统的情况，发现钢索有损坏现象时及时更换；发现有的锚滑移较大时，要起锚重投。

(9)在河底流水较大的江河上，应定时起、投锚，以防锚入土太深，撤收时难以起出。

(10)流速在 1m/s 以上时，浮桥上游 500m 以内禁止汽艇驶入。

2. 开放桥门

当浮桥受到漂雷、漂流物、洪水的威胁或船只等需要通行时，通常在航道位置上引出几节桥节门桥，形成桥门(图 13-15)。

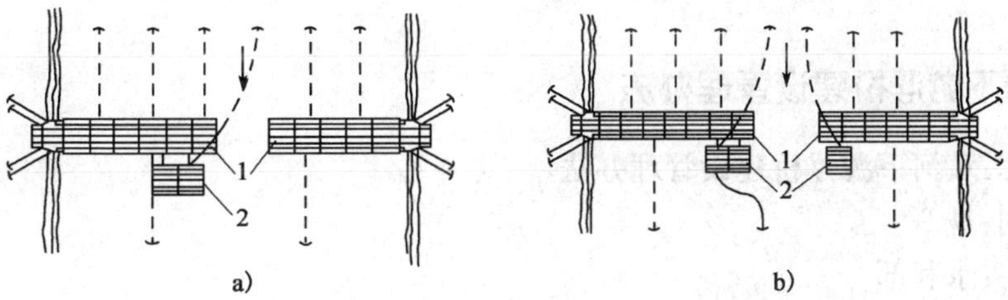

图 13-15　开放桥门

a)桥门门桥从一侧引出；b)桥门门桥从两侧引出

1-门边门桥；2-桥门门桥

被引出桥轴线的桥节门桥称桥门门桥，与桥门门桥相邻的门桥称门边门桥。

开放桥门时，应组织作业手先将桥门门桥的拉紧装置和纵向接头分解，分解后，一岸用提升器升起岸边舟。再用汽车将桥段向岸侧移动 40 ~ 50cm；然后，桥门门桥和两个门边门桥班将引出的门桥系在桥门一侧的下游，并将上游锚纲放松，使之从门边门桥上面通过[图 13-15a)]。

桥门门桥的长度应根据通过物的情况而定。当桥门门桥较长时，可将桥门门桥分为两个门桥，并分别引到两个门边门桥下游系留固定[图 13-15b)]。

附　录

第一节　浮桥相关法规

一、黄河下游浮桥建设管理办法

法规名称:黄河下游浮桥建设管理办法

法规类别:规章

制定机关:水利部

颁布日期:1990.08.31

实施日期:1990.08.31

修改日期:1997.12.25

法规内容:黄河下游浮桥建设管理办法

(1990 年 8 月 31 日水利部水政[1990]17 号颁发)

根据 1997 年 12 月 25 日水利部《关于修改并重新发布〈黄河下游浮桥建设管理办法〉的通知》修正)。

第一条　为了加强黄河河道管理,发挥河道的综合效益,根据《中华人民共和国水法》、《中华人民共和国河道管理条例》及有关黄河河道管理的规定,特制定本办法。

第二条　本办法适用于黄河下游干流河道上架设的民用浮桥。

第三条　河南、山东两省交界河段的浮桥建设方案,由黄河水利委员会审查;其他河段的浮桥建设方案,分别由省黄河河务局审查。

建设单位必须按照河道管理权限,于开工前两个月将浮桥建设方案一式五份报送当地黄河河道主管机关,经审查同意后,方可按照有关规定履行建设审批手续。

第四条　建设方案应包括以下主要内容:

1. 建设单位,施工单位,管理单位;

2. 建设地点(位置);

3. 建设时间和使用期限;

4. 社会效益和经济效益;

5. 浮桥长度、宽度、结构、设计负荷;

6. 施工安排;

7. 防洪、防凌措施及责任制;

8. 收费管理办法;

9. 占用黄河防洪兴利工程的情况;

10. 其他应予说明的事项。

第五条　浮桥建设和运用不得缩窄河道,浮桥两岸不得设立永久性的桥头建筑物。

第六条　浮桥建设和运用不得影响水文测验和河道观测，不得影响黄河工程管理。水文测验断面及引黄涵闸上下游各五百米内不准架设浮桥。

第七条　位于主航道部位的浮桥桥体应便于拆装，以满足通航的需要。抢险调船、运送料物、水文测验、河道查勘等船只急需通行时，建设单位、管理单位必须保证在船到桥位三十分钟前将主航道桥体拆除，拆除宽度必须满足船只安全通过的需要。

第八条　浮桥的架设必须符合防洪防凌的要求：

1. 黄河伏秋大汛（7～10 月）期间，不准架设新的浮桥，当预报花园口流量 3 000m^3/s 以上时，已架设浮桥必须在 24 小时内拆除；凌汛期（12 月至次年 2 月）艾山以下河段不准架设新的浮桥，已有浮桥一律拆除；艾山以上河段已架设浮桥，当洛口河面出现淌凌时，必须在 24 小时之内拆除；

2. 遇特殊情况，建设单位必须按照黄河河道主管机关的要求，在指定的时间内拆除浮桥。

第九条　建设单位应在浮桥开工前将浮桥施工方案报送当地黄河河道主管机关，经批准后方可施工。施工完毕后必须经河道主管机关验收合格后方可启用。

第十条　浮桥在施工运用期间，建设单位应加强管理，严禁破坏河道水利工程及其附属设施，不得动用防汛料物。

第十一条　黄河河道主管机关对浮桥架设和拆除实施监督管理。

第十二条　凡通过黄河防洪工程的浮桥，须按规定向当地黄河河道主管机关交纳工程管理维护费用。不按规定交纳工程管理维护费用的，由黄河河道主管机关责令其交纳，并可处以罚款。其中，对非经营性的浮桥，可以处 1 000 元以下的罚款；对经营性的浮桥，可以处 10 000 元以上，30 000 元以下的罚款。

第十三条　违反本办法规定，有下列行为之一者，由黄河河道主管机关责令停止违法行为，赔偿损失，采取补救措施，并依照《防洪法》和《河道管理条例》的有关规定予以处罚；对有关责任人员，由其所在单位或上级主管机关给予行政处分；违反《中华人民共和国治安管理处罚条例》的，报公安机关查处；触犯刑律的，依法提请司法机关追究刑事责任。

1. 未经黄河河道主管机关同意，擅自建设浮桥的；
2. 浮桥不按审查同意的方案建设的；
3. 因浮桥施工管理不善，造成黄河河道及工程设施受到破坏的；
4. 违反黄河防汛总指挥部有关命令的；
5. 阻碍执法人员依法执行公务的。

第十四条　本办法由黄河水利委员会负责解释。

第十五条　本办法自颁布之日起施行。

二、山东海事局承压舟浮桥安全监督检查办法（试行）

第一条　为加强承压舟浮桥安全监督检查，保证承压舟浮桥的安全状况，防止水域污染，根据《中华人民共和国内河交通安全管理条例》、《中华人民共和国防治船舶污染内河水域环境管理规定》和《山东省水路交通管理条例》等有关规定，制定本办法。

第二条　本办法适用于在山东海事局辖内黄河通航水域内设置的承压舟浮桥和辅助船舶及其所有人、经营人。

第三条　山东海事局统一管理辖内承压舟浮桥的安全监督检查工作。

济南海事局及所辖潍坊、东营、滨州海事处按照职责划分，负责对行政辖区内的承压舟浮桥实施监督指导和安全监督检查。

第四条 单体承压舟应当配备《承压舟安全监督检查记录簿》。

承压舟浮桥应当配备《舟桥安全监督检查记录簿》。

承压舟浮桥的辅助船舶应当配备《小型船舶安全检查记录簿》。

《承压舟安全监督检查记录簿》、《舟桥安全监督检查记录簿》和《小型船舶安全检查记录簿》由海事行政主管部门核发，用完后应保存一年。

第五条 安全监督检查以我国有关法规、规章和检验规则、规范为依据，参照《山东省承压舟及承压舟浮桥检验规定》及相应的检验规程、规定。

第六条 海事行政主管部门执法人员负责实施安全监督检查，检查结束后签发相应的检查报告。

海事执法人员实施安全监督检查，应出示《海事行政执法证》。

第七条 承压舟浮桥的所有人、经营人对检查中发现的缺陷应根据处理意见予以纠正，并申请复查。

第八条 安全监督检查分为一般检查和详细检查两种形式。

一般检查是对证书、文书和维护保养记录的查验，对舟体形状、连接装置和安全设施的巡视检查。

详细检查是对承压舟浮桥及其辅助船舶技术设备状况、人员配备及安全管理状况的全面检查。

第九条 每年汛期、凌期前对承压舟浮桥及其辅助船舶实施一次详细检查，连续两次详细检查之间实施一次一般检查。

一般检查时发现明显缺陷的，海事执法人员可视缺陷性质决定是否进行详细检查。

第十条 经过详细检查的承压舟浮桥及其辅助船舶，六个月内不再检查，但下列情况除外：

1. 上级海事行政主管部门制定检查的；
2. 被举报或发现安全状况低于标准的。

第十一条 详细检查分单体承压舟检查、舟桥检查和辅助船舶检查三部分。

第十二条 对单体承压舟检查内容包括：

1. 证书：船舶国籍证书、船舶检验证书；
2. 标志：船名、载重线标志及水尺；
3. 舟体状况：结构、强度、变形、磨损、锈蚀、水密性；
4. 连接装置：连接销、连接销耳、连接销底座；
5. 系泊设备：系缆索、系缆桩、纵向系固和横向系固的状况。

第十三条 对舟桥的检查内容包括：

1. 救生设备：救生圈、救生衣；
2. 消防设备：灭火器、太平斧、消防桶；
3. 信号设备：白光环照灯；
4. 照明设备：照明灯具、电缆敷设；
5. 防护设施：安全护栏、防滑设施、行驶界限线、人行道；
6. 警示标志：车辆行驶限制标志；

7. 防污染设备：垃圾储存容器、垃圾告示牌；

8. 安全管理：过渡须知、检查制度、管理记录、垃圾管理制度、值班制度、应急预案、舟桥纵坡度巡检记录；

9. 人员：值班人员、安全管理人员。

第十四条 对辅助船舶的检查，依据《中华人民共和国小型船舶安全检查规定》。

第十五条 详细检查结束后，海事执法人员应在相应记录簿中记录检查时间、地点，签发检查通知书，注明检查所共发现的缺陷及处理意见，签名并加盖船舶安全监督检查专用章。

检查通知书一式三份，一份留在记录簿内，一份送承压舟浮桥所有人或经营人，一份由海事行政主管部门存查。

第十六条 一般检查完成后，海事执法人员应填写《承压舟浮桥现场巡查记录》。《承压舟浮桥现场巡查记录》一式两份，一份送承压舟浮桥所有人或经营人，一份由海事行政主管部门存查。

第十七条 海事执法人员认为存在的缺陷与船舶检验有关，应将缺陷情况通知船舶检验管理机构。

第十八条 承压舟浮桥的所有人或经营人对检查中发现的缺陷予以纠正后，应向实施检查的海事行政主管部门提出复查申请。海事行政主管部门依据申请安排海事执法人员复查。

第十九条 实施复查的海事执法人员确定缺陷已消除后，出具复查结果并提出处理意见。

第二十条 对检查中发现的缺陷参照《中华人民共和国小型船舶安全检查规定》处理。

承压舟浮桥存在的缺点严重危及水上交通安全或者可能造成水域严重污染的，海事行政主管部门应根据《中华人民共和国海事行政强制实施程序暂行规定》的有关规定，责令停止作业，并将有关情况报告当地县级以上人民政府，通知所在市交通主管部门和安全监督部门。

第二十一条 海事行政主管部门在监督检查中发现违法行为的，应责令其改正，并依照《中华人民共和国内河交通安全管理条例》及《中华人民共和国海事行政处罚规定》等法律、法规实施行政处罚。

第二十二条 承压舟浮桥的所有人和经营人未按照要求申请复查或逾期未整改的，依照《中华人民共和国内河交通安全管理条例》的相关规定处理。

第二十三条 海事执法人员应当运用良好的专业知识对承压舟浮桥及辅助船舶存在的缺陷做出判断，提出处理意见。

对徇私舞弊、玩忽职守、滥用职权或违反廉政、行风等规定的，依据有关规定给予行政处理；构成犯罪的，移交司法部门。

第二十四条 海事行政主管部门应健全承压舟浮桥及其辅助船舶的监督检查档案，妥善保存检查记录。

第二十五条 上级海事行政主管部门对承压舟浮桥及其辅助船舶管理另有规定的，从其规定。

第二十六条 本办法由山东海事局负责解释。

第二十七条 本办法自2008年2月1日起施行。

第二节　浮桥的车辆荷载

一、军用车辆荷载

1. 车辆荷载等级

车辆荷载分为履带式荷载(LD)和轮式荷载(LT)两种,各等级对应的荷载总重力见附表1。

军用车辆荷载等级表　　附表1

荷载等级		总重力(kN)	荷载等级		总重力(kN)
履带式	轮式		履带式	轮式	
LD-5	LT-5	50	LD-20	LT-20	200
LD-10	LT-10	100	LD-25	LT-25	250
LD-15	LT-15	150	LD-30	LT-30	300
LD-40	LT-40	400	—	LT-80	800
LD-50	LT-50	500	—	LT-100	1 000
LD-60	LT-60	600	—	LT-120	1 200

注:1. LD-5 表示履带式荷载 5t 级,LT-5 表示轮式荷载 5t 级,以此类推。

2. 该表不表示履带式荷载与轮式荷载同等级必须对应的关系,而是在设计时自主选用。

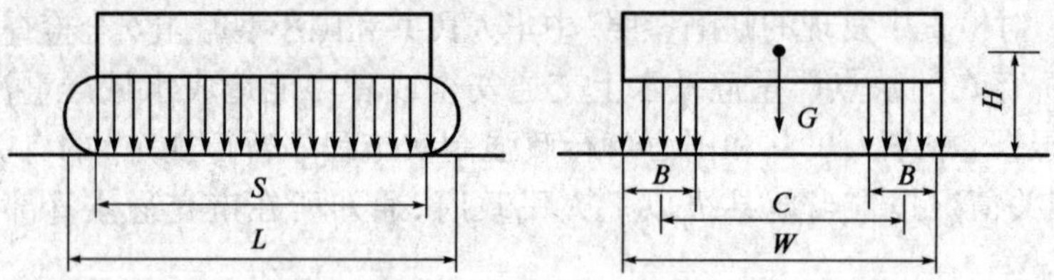

附图1　履带式荷载主要参数示意图

注:H-履带式荷载车辆重心离地高度,一般取1.1m;G-履带式车辆总重力;L-履带式车辆底盘车长度;W-履带式车辆履带外缘宽度;C-履带中心距;B-履带宽度;S-履带着地长度。

2. 履带式车辆荷载主要技术指标

履带式车辆荷载主要技术指标见附表2。

履带式车辆荷载主要技术指标　　附表2

参数	单位	LD-5	LD-10	LD-15	LD-20	LD-25	LD-30	LD-40	LD-50	LD-60
G	kN	50	100	150	200	250	300	400	500	600
S	m	2.7	3.6	3.6	3.6	3.8	4.0	4.2	4.5	5.0
B	m	0.3	0.3	0.4	0.4	0.4	0.5	0.6	0.7	0.7
C	m	1.9	2.5	2.6	2.6	2.6	2.6	2.6	2.6	2.8
L	m	4.5	5.5	5.5	6.0	6.0	6.0	6.0	7.0	7.5
W	m	2.2	2.8	3.0	3.0	3.0	3.1	3.2	3.3	3.4

3. 轮式车辆主要技术指标（附图 2 ~ 附图 6）

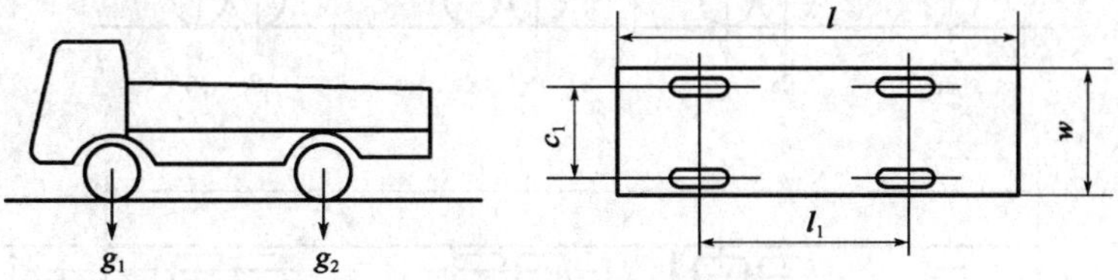

附图 2　LT-5 ~ LT-20 军用汽车

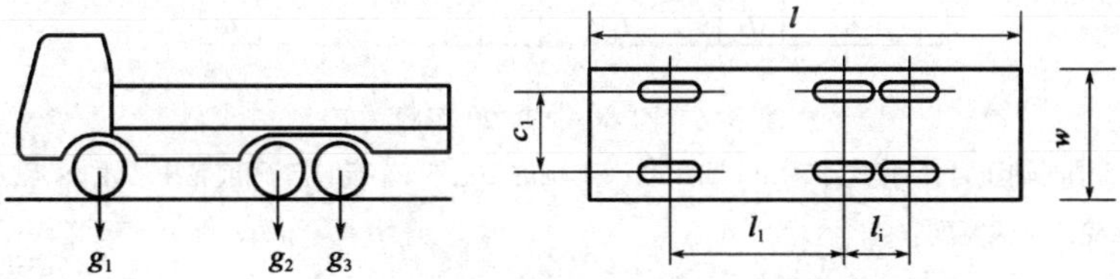

附图 3　LT-25 军用汽车

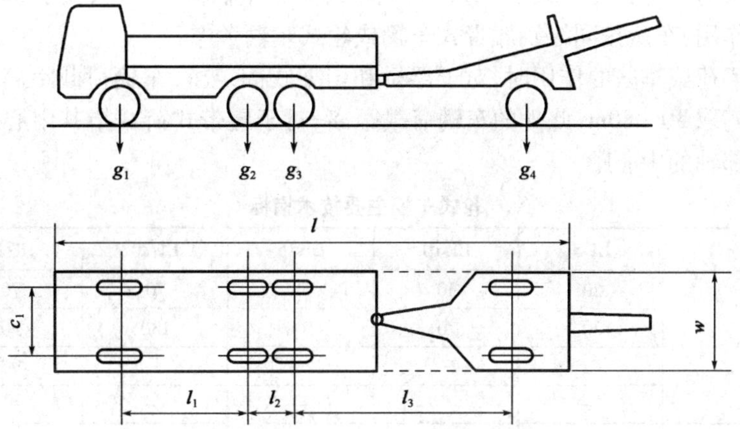

附图 4　LT-30 军用汽车

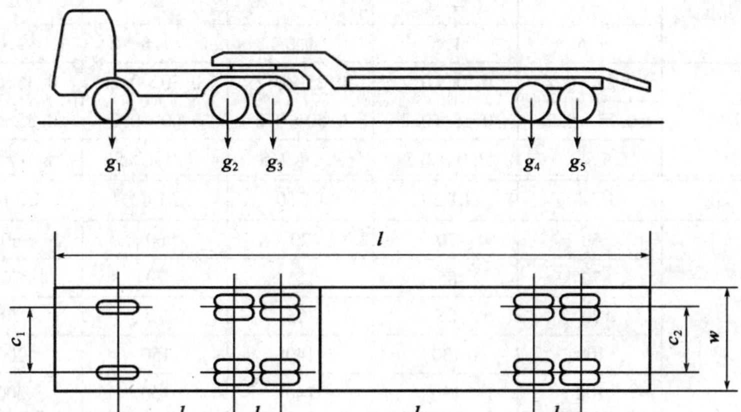

附图 5　LT-40 ~ LT-60 军用汽车

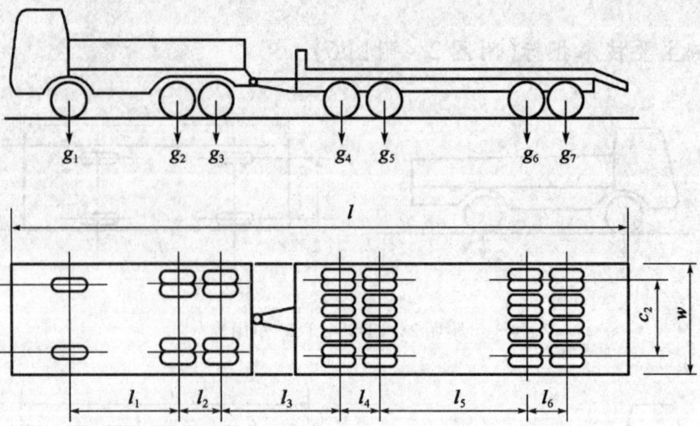

附图 6　LT-80 ~ LT-120 军用汽车

注：g_i-轮式车辆第 i 轴的轴压力；l_i-轮式车辆第 i 轴和第 $i+1$ 轴的中心距；c_1-轮式车辆前轮中心距；c_2-轮式车辆后轮中心距；l-轮式车辆长度；w-轮式车辆宽度

轮式车辆主要技术指标见附表 3。

4. 对于车辆荷载车队的规定

军用固定桥的单跨长度不大于 50m 时，只考虑单个车辆荷载作用，大于 50m 时，应考虑车辆荷载车队的作用，车队按同级别履带式车辆或轮式车辆考虑。

在考虑车辆荷载车队的作用时，对于浮桥和桁架式固定桥，车辆荷载距离取 30m；对于吊桥车辆荷载距离取 30 ~ 80m，此外的车辆荷载距离，对于履带式荷载指其中心距，对于轮式荷载指两荷载相邻轴的中心距。

轮式车辆主要技术指标　　附表 3

参　数	单　位	LT-5	LT-10	LT-15	LT-20	LT-25	LT-30
g_1	kN	20	30	50	70	70	70
g_2		30	70	100	130	90	70
g_3		—	—	—	—	90	70
g_4		—	—	—	—	—	90
l_1	m	3.3	4.0	4.0	4.0	3.0	3.5
l_2		—	—	—	—	1.45	1.45
l_3		—	—	—	—	—	5.0
c_1/c_2		1.6	1.8	1.8	1.8	2.0	2.0
$b \times s$	m^2	0.25×0.2	0.25×0.2	0.25×0.2	0.30×0.2	0.35×0.2	0.35×0.2
$b' \times s'$		0.25×0.2	0.25×0.2	0.50×0.2	0.60×0.2	0.35×0.2	0.35×0.2
$l \times w$		5.5×2.3	7.0×2.5	7.0×2.5	7.0×2.5	8.0×2.5	12.0×2.5
参　数	单　位	LT-40	LT-50	LT-60	LT-80	LT-100	LT-120
g_1	kN	60	70	70	60	60	60
g_2		70	85	125	70	70	70
g_3		70	85	125	70	70	70
g_4		100	130	140	150	200	250
g_5		100	130	140	150	200	250
g_6		—	—	—	150	200	250
g_7		—	—	—	150	200	250

续上表

参　数	单　位	LT-40	LT-50	LT-60	LT-80	LT-100	LT-120
l_1	m	3.5	3.5	3.5	3.5	3.5	3.5
l_2		1.4	1.4	1.4	1.4	1.4	1.4
l_3		8.5	8.5	8.5	4.0	4.0	4.0
l_4		1.3	1.4	1.4	1.2	1.2	1.2
l_5		—	—	—	4.0	4.0	4.0
l_6		—	—	—	1.2	1.2	1.2
c_1 / c_2		2.0/2.4	2.0/2.5	2.0/2.5	2.0/2.7	2.0/2.7	2.0/2.7
$b \times s$	m^2	0.3×0.2	0.3×0.2	0.3×0.2	0.3×0.2	0.3×0.2	0.3×0.2
$b' \times s'$		0.6×0.2	0.6×0.2	0.6×0.2	0.6×0.2	0.6×0.2	0.6×0.2
		(0.5×0.2)	(0.6×0.2)	(0.6×0.2)	(0.5×0.2)	(0.5×0.2)	(0.5×0.2)
$l \times w$		16.0×3.0	16.0×3.0	16.0×3.0	20.0×3.5	20.0×3.5	20.0×3.5

注:表中 $b' \times s'$栏括号内的数据表示半挂或全挂车的轮胎着地宽度和长度。

5. 车辆冲击力

车辆荷载冲击力等于车辆荷载乘以冲击系数。

对于简支的主梁、主桁,L 为计算跨度;对于悬臂梁、连续梁、刚构、桥面系,仅受局部荷载的构件,以及桥脚等,L 为响应内力影响线的荷载长度(即为各荷载区段长度之和)。各种桥梁冲击系数见附表 40

6. 人群荷载

军用高水桥人行道上的人群荷载按 3kN/m^2 计,人行道板买块按 1.2kN 的集中竖向力计,栏杆立柱顶上水平推力按 0.75kN/m 计,栏杆扶手上的竖向力按 1kN/m 计。徒步桥上每名战斗负荷的单兵按 0.95kN,间距一般按 1.5m 计。

桥梁冲击系数　　附表 4

桥梁结构种类		冲击系数 μ
固定桥主桁、桥面系		$\frac{1}{2} \times \frac{15}{37.5 + L}$ 且≤0.15
吊桥主桁、桥面系		$\frac{1}{2} \times \frac{50}{70 + L}$ 且≤0.10
浮桥	连续体系浮桥河中部分	0.05(总体强度计算) 0.10(桥面系局部强度计算)
	铰接体系、简支体系河中部分	0.10(总体强度计算) 0.15(桥面系局部强度计算)
	铰接接头	0.20~0.25
	过渡部分、带式浮桥岸边部分	0.10(总体强度计算) 0.20(桥面系局部强度计算)
	岸边部分、固定栈桥及限制桥脚构件、跳板	0.20~0.25

注:各种木质桥梁不计冲击系数。

二、桥梁汽车荷载

1. 汽车荷载等级与组成

汽车荷载等级：汽车荷载分为公路—Ⅰ级和公路—Ⅱ级两个等级。

汽车荷载组成：汽车荷载包括车道荷载和车辆荷载两部分组成。

汽车荷载等级见附表5。

汽车荷载等级 附表5

公路等级	高速公路	一级公路	二级公路	三级公路	四级公路
汽车荷载等级	公路—Ⅰ级	公路—Ⅰ级	公路—Ⅱ级	公路—Ⅱ级	公路—Ⅱ级

二级公路作为干线公路而且重型车辆较多时，可采用公路—Ⅰ级汽车荷载等级。

车道荷载：是虚拟荷载，桥梁结构的整体计算采用车道荷载。

车辆荷载：单车荷载（虚拟荷载），桥梁结构的局部加载、涵洞、桥台和挡土墙土压力等的计算采用车辆荷载。

车道荷载与车辆荷载的作用不得叠加。

车道荷载纵向形式为均布荷载加单个集中荷载，如附图7所示。

横向形式：两条、横向相距1.8m、数值均等（分别为$q_k/2$及$P_k/2$）见附图8。

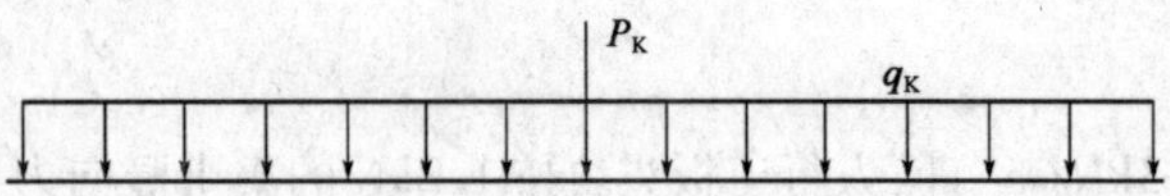

附图7 车道荷载纵向布置

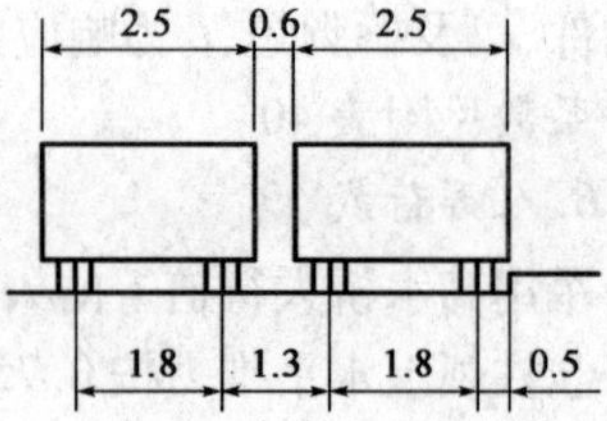

附图8 车道荷载横向布置
（尺寸单位：m）

均布荷载标准值和集中荷载标准值见附表6、附表7。

均布荷载标准值 附表6

汽车荷载等级	公路—Ⅰ级	公路—Ⅱ级
q_k/（kN/m）	10.5	7.875

集中荷载标准值 附表7

计算跨径	P_k（kN）	
	公路—Ⅰ级	公路—Ⅱ级
$l \leqslant 5$m	180	135
$l \geqslant 50$m	360	270

2. 汽车荷载计算图式及标准值

车辆荷载计算图式及标准值

计算图式：单车5轴（附图9）。

标准值：550kN。

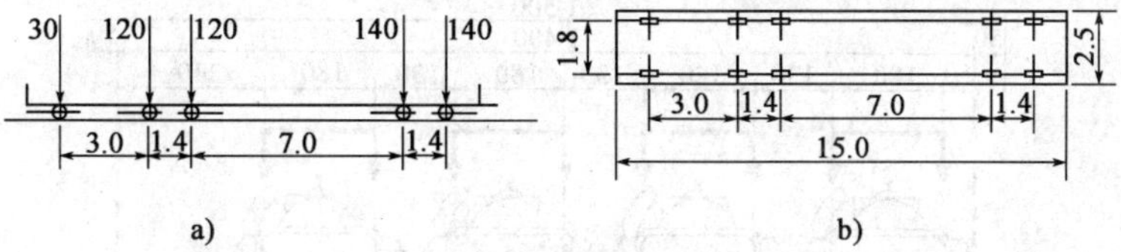

附图9　车辆荷载布置图（轴压力单位：kN；尺寸单位：m）

a）立面；b）平面

车辆荷载主要技术指标和汽车荷载标准值见附表8和附表9。

车辆荷载主要技术指标　　附表8

项　目	单位	技术指标	项　目	单位	技术指标
车辆重力标准值	kN	550	轮距	m	1.8
前轴重力标准值	kN	30	前轮着地宽度及长度	m	0.3×0.2
中轴重力标准值	kN	2×120	后中轮着地宽度及长度	m	0.6×0.2
后轴重力标准值	kN	2×140	车辆外形尺寸（长×宽）	m	15×2.5
轴距	m	3+1.4+7+1.4			

汽车荷载标准值一览表（单位：kN）　　附表9

级别类别与要素				公路—Ⅰ级	公路—Ⅱ级	Ⅰ、Ⅱ级关系
类别	计算图式	符号	计算跨径	①	②	
车道荷载	均布	q_k	不区分	10.5	7.875	①×0.75=②
	单个集中	P_k	$L \leqslant 5$m	180	135	①×0.75=②
			$L \geqslant 50$m	360	270	①×0.75=②
车辆荷载	单车5轴	—	不区分	550	550	①=②

桥涵跨径大于5m，小于50m，采用内插方式。

3. 车道布置及车辆荷载横向分布系数

考虑车辆实际行驶需要足够的行车道宽度见附表10，车辆横向布置见附图10。

考虑车辆实际行驶需要足够的行车道宽度　　附表10

桥面宽度 W(m)		桥涵设计车道数
车辆单向行驶	车辆双向行驶	
$W<7.0$		1
$7.0 \leqslant W<10.5$	$6.0 \leqslant W<14.0$	2
$10.5 \leqslant W<14.0$		3
$14.0 \leqslant W<17.5$	$14.0 \leqslant W<21.0$	4
$17.5 \leqslant W<21.0$		5
$21.0 \leqslant W<24.5$	$21.0 \leqslant W<28.0$	6
$24.5 \leqslant W<28.0$		7
$28.0 \leqslant W<31.5$	$28.0 \leqslant W<35.0$	8

原则：使桥梁获得最大的作用效应。

纵向：满布于使结构产生最不利效应的同号影响线上，P_k只作用于相应影响线中一个最大的影响线峰值处。

汽车荷载分为公路—Ⅰ级和公路—Ⅱ级两个等级。

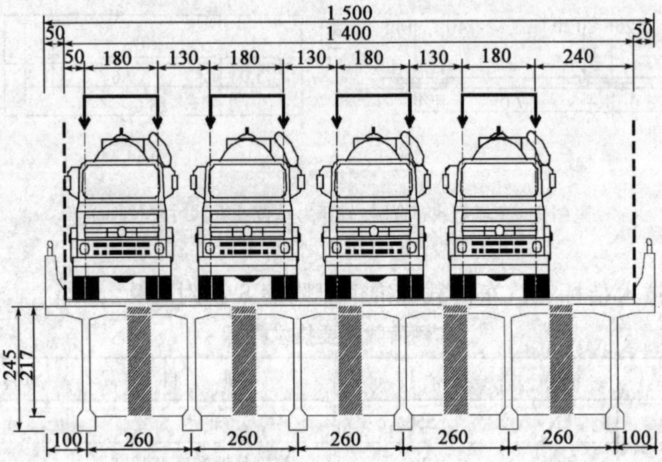

附图 10　车辆横向布置(尺寸单位:cm)

汽车荷载由车道荷载和车辆荷载组成,车道荷载由均布荷载和集中荷载组成。

桥梁结构的整体计算采用车道荷载;桥梁结构的局部加载、涵洞、桥台和挡土墙土压力等的计算采用车辆荷载。

车道荷载与车辆荷载的作用不得叠加。

4. 汽车荷载折减

(1)横向车道折减

横向布置车队增加,则车道内同时出现最大荷载的概率减小,因此可以进行折减,横向车道折减系数见附表 11。

横向车道折减系数　　附表 11

车道数	2	3	4	5	6	7	8
横向折减系数	1	0.78	0.67	0.60	0.55	0.52	0.50

(2)纵向跨径折减

纵向随着桥梁跨度增加,则桥梁上通行高密度和重载的概率减小,因此可以进行折减,纵向跨径折减系数见附表 12。

纵向跨径折减系数　　附表 12

计算跨径(m)	$150 < L_0 < 400$	$400 \leqslant L_0 < 600$	$600 \leqslant L_0 < 800$	$800 \leqslant L_0 < 10\,000$	$L_0 \geqslant 10\,000$
纵向折减系数	0.97	0.96	0.95	0.93	0.92

5. 汽车荷载其他力

(1)汽车冲击力(省略)

(2)汽车离心力(省略)

(3)汽车引起的土侧压力(省略)

三、铁路列车荷载

1. 普通铁路荷载

铁路列车竖向活载采用中华人民共和国铁路标准活载,即"中—活载",标准活载的计算图式见附图 11。

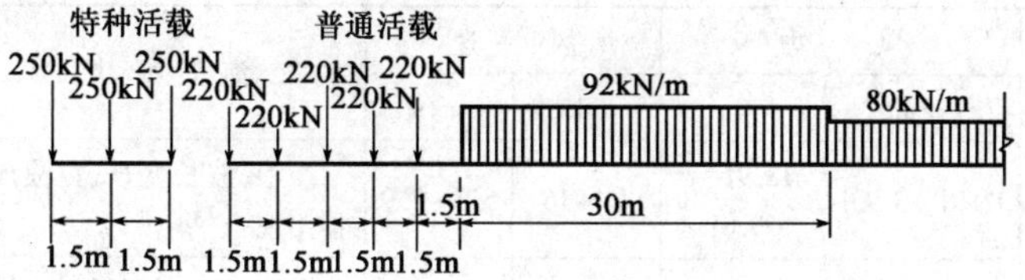

附图 11　中—活载

2. 高速铁路荷载

中国高速铁路采取客运专线和客货共线铁路并存的运营模式。

(1)客运专线专用于旅客快速运输,设计时速 300 ~ 350km/h,如武广、郑西客运专线等;对客运专线桥梁,最终确立了基于 UIC 活载模式的 ZK 活载模式,见附图 12。

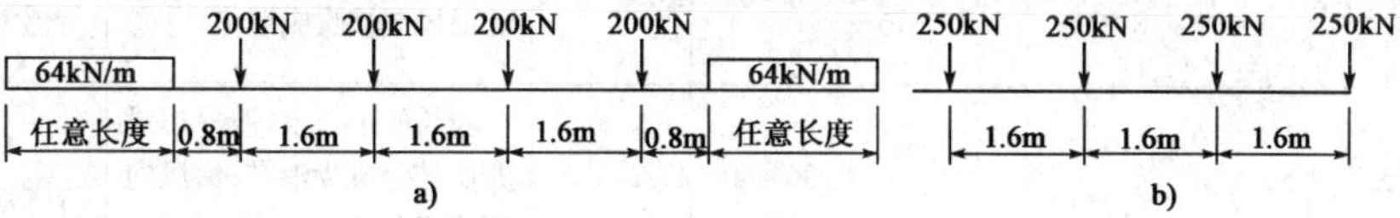

附图 12　客运专线荷载

a) ZK 标准荷载;b) ZK 特种荷载

(2)对客货共线高速铁路桥梁设计活载为 ZK 活载(附图 13),同时采用中活载进行检算强度及应力,ZK 荷载检算变形。

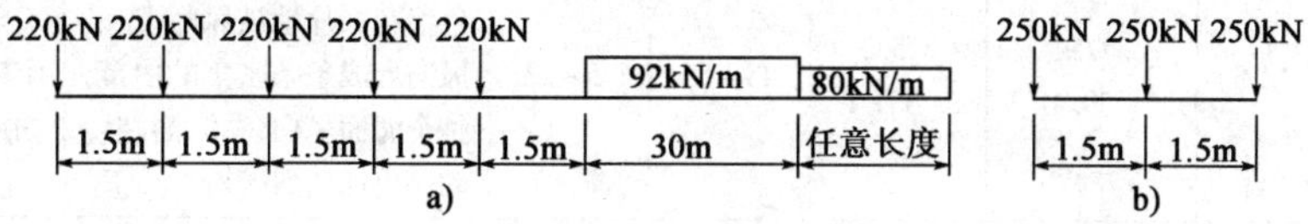

附图 13　客货共线荷载

a) 普通荷载;b) 特种荷载

第三节　风力、航区、船舶及航道资料数据

一、风力

风力等级见附表 13。

风力等级表　　附表 13

风级	名称	参考浪高	风力		风速		海面征状	陆地征状
		m	kg/m^2	N/m^2	n mile/h	m/s		
0	无风	—	0 ~ 0.003	0 ~ 0.03	1 以下	0 ~ 0.2	海面如镜	静,炊烟直上
1	软风	0.1(0.1)	0.06 ~ 0.141	0.6 ~ 1.41	1 ~ 3	0.3 ~ 1.5	鱼鳞状涟漪,没有浪花	烟能表示风向,但是风向标不动
2	轻风	0.2(0.3)	0.160 ~ 0.681	1.60 ~ 6.81	4 ~ 6	1.6 ~ 3.3	小波、尚短,但波形显著,波峰呈玻璃色,未破碎	人面感觉有风、树叶微响、风向标转动
3	微风	0.6(1.0)	0.723 ~ 1.823	7.23 ~ 18.23	7 ~ 10	3.4 ~ 5.4	较大的小波,波峰开始破碎,出现玻璃色浪花,间或有稀疏白浪	树叶与树枝摇动不息,旗帜展开

续上表

风级	名称	参考浪高	风力		风速		海面征状	陆地征状
		m	kg/m²	N/m²	n mile/h	m/s		
4	和风	1.0(1.5)	1.891~3.901	18.91~39.01	11~16	5.5~7.9	小浪,波长变长,白浪成群出现	能吹起地面灰尘与纸张,小树枝摇晃
5	清劲风	2.0(2.5)	4.000~7.156	40.00~71.56	17~21	8.0~10.7	中浪,具有较显著的长波形状,许多白浪形成(间有飞沫)	有叶的树枝摇晃,内河的水面有小波
6	强风	3.0(4.0)	7.290~11.903	72.90~119.03	22~27	10.8~13.8	大浪开始形成,带有白色浪花的波峰遍地都是(可能有飞沫)	大树枝摇晃,电线呼呼有声,撑伞困难
7	疾风	4.0(5.5)	12.076~18.276	120.76~182.76	28~33	13.9~17.1	大浪,破碎的白色浪花开始沿风向被吹成带状	全树晃动,迎风步行感觉不便
8	大风	5.5(7.5)	18.190~26.780	181.90~267.80	34~40	17.2~20.7	较长的中长浪,波峰边缘开始破碎成为浪花,沿风向形成很显著的带状	小枝折断,迎风步行感觉风力甚大
9	烈风	7.0(10.0)	27.04~37.21	270.4~372.1	41~47	20.8~24.5	狂浪,沿风向出现密集的白色浪花带,波峰开始摇动,翻滚,飞沫影响能见度	烟囱顶部及屋瓦被吹掉,小屋有损坏
10	狂风	9.0(12.5)	37.52~50.41	375.2~504.1	48~55	24.5~28.4	狂涛,波峰长而翻转,白色浪花大片地被风削去,沿风向形成条条密集的白带,整个海面呈白色,海面翻转动荡更加猛烈,影响能见度	陆地上少见,可将小树连根拔起或建筑物摧毁
11	暴风	11.5(16.0)	50.77~66.42	507.7~664.2	56~63	28.5~32.6	异常狂涛,沿风向伸展的大片白浪花完全覆盖海面,视线所及浪峰边缘被吹到空中,影响能见度	陆地上很少,有时有重大摧毁
12	飓风	14.0	>66.42	>664.2	64以上	32.6以上	空中充满了白色的浪花和飞沫,被风驱赶的飞沫使海面完全呈白色,严重影响能见度	陆地上极少,其摧毁力极大

二、航区

1. 以河流的波浪情况划分的航区的等级标准(附表14)

河流的波浪情况划分 附表14

航区	波高×波长(m²)	航区	波高×波长(m²)	航区	波高×波长(m²)
A	2.0×20.0	B	1.20×12.0	C	0.5×5.0

考虑上下限,进一步划分(附表15)。

河流的波浪情况细化划分 附表15

航区	波高(m)	航区	波高(m)	航区	波高(m)
A	1.2~2.00	B	0.5~1.20	C	0.5以下

2. 全国分为两个风区

以 17.19m/s 等速线外为 8 级风区，以 17.19m/s 等速线内为 7 级风区。

3. 各地河流水面宽、水深与各级航区的关系

(1)8 级风地区(附表 16)

8 级风地区 附表 16

航区	水面宽	水深	航区	水面宽	水深	航区	水面宽	水深
A	4.3 ~ 11.5km	7.0m 以上	B	220m ~ 4.3km	3.0m 以上	C	220m 以下	3.0m 以下

(2)7 级风地区(附表 17)

7 级风地区 附表 17

航区	水面宽	水深	航区	水面宽	水深	航区	水面宽	水深
A	5.9 ~ 20.5km	7.0m 以上	B	570m ~ 5.9km	3.0m 以上	C	570m 以下	3.0m 以下

4. 全国河流航区划分

(1) A 级航区

长江自江阴至吴淞口，为实用起见，可以江阴为分界线，即自江阴至吴淞口(包括经崇宝沙至堡镇)及长江北口五条港。

(2) B 级航区

长江：自江阴至重庆；

赣江：自南昌至吴城入湖；

湘水：自衡阳至洞庭泅；

黄河：自喇嘛湾至河口；

红水河：白迁江至石龙；

柳江：自柳州至石龙；

黔江：自石龙至桂平；

浔江：自桂平至梧州；

西江：自梧州至磨刀口；梧州以下经三水至各门主要路线(其中包括珠江及狮子洋等)；

东江：自石龙至两大坦及倒运海；

九龙江：自石码至九龙江口；

闽江：自马尾至闽江口；

飞云江：自平阳坑经瑞安至江口；

颐江：自青田至瓯江口；

灵江：自临海至江口；

浙江：自芦茨埠经建德、桐芦、杭州至江口；

币汀：自宁波至江口；

黄浦江：自分水龙王庙经闵行至吴松口；

淮河：自新城口至许嘴子；

灌河：自响水口至灌河口；

渭河：自渭南至潼关；

辽河：自三岔河至辽河口；

鸭绿江：自榆树林子至江口；

乌苏里江：兴凯湖；

黑龙江：自爱珲以下至国境；

海拉尔河：自牙克石至札赛诺尔；

太湖、邵伯湖、高邮湖、殿山湖、微山湖、洞庭湖、潘阳湖、洪泽湖、加里湖、石臼湖、洮湖、巢湖。

(3)C 级航区

其他 A、B 两级没有提到的小河流均属 C 级。

5. 其他

(1)本试行规则，由于大部分水库尚未建成，缺乏推算波浪资料，因此暂缺水库标准，待今后资料收到后陆续公布。

(2)对于水流湍急或经过显著滩防因而影响船舶强度者(以及东北地区在冬季用抬举法修船影响船舶强度者)另在有关建造规范中考虑之。

(3)自莲花山水道以外，出虎门后南至拉圾尾岛，东至香港，西至澳门的珠江口区域系属我国内河范围，但在令汀停附近推测被高达 3.9m 以上与长江南口的情况类同，要作为出海标准对待，应在有关规范中另行考虑之。

注：水面宽及深不以洪水或枯水为准，而以自然河道的常水或一般面宽与水深为准。

三、驳船

各种驳船结构见附图 14～附图 21，部分运输驳船主要尺度及性能见附表 18，工程驳船主要尺度及性能见附表 19。

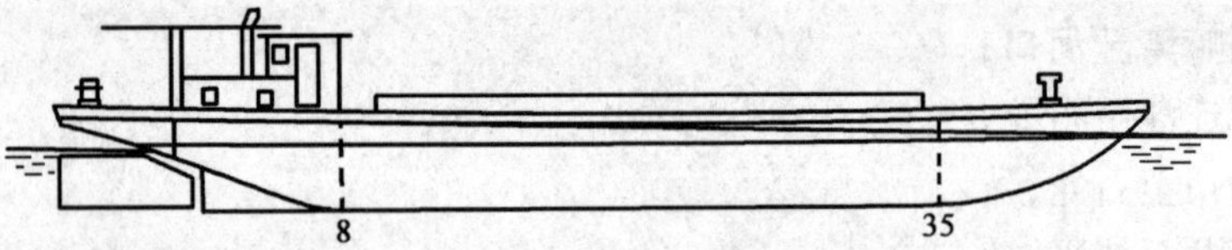

附图 14　100t 舱口驳

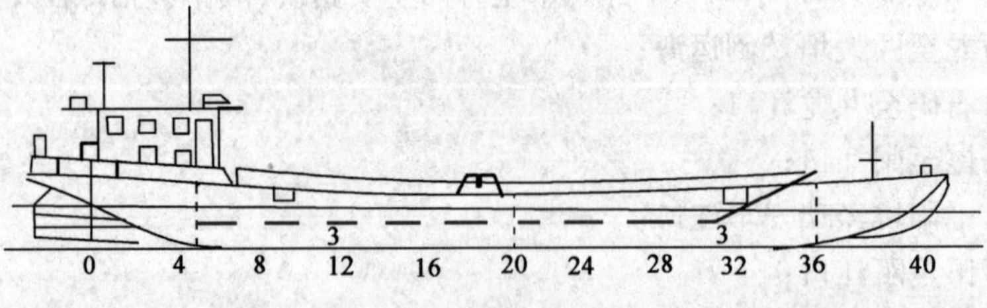

附图 15　100t 半甲板驳

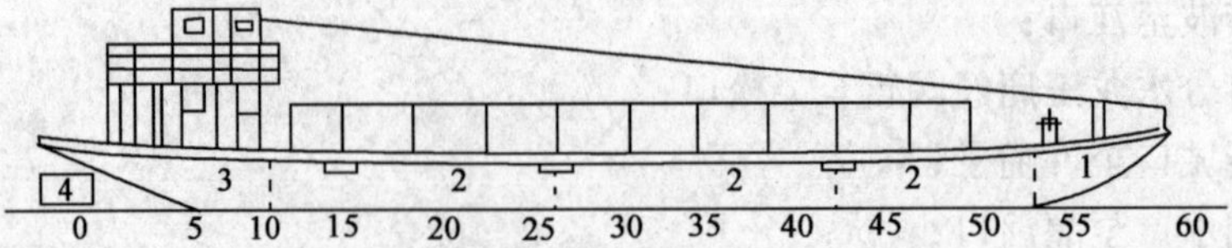

附图 16　120t 甲板驳

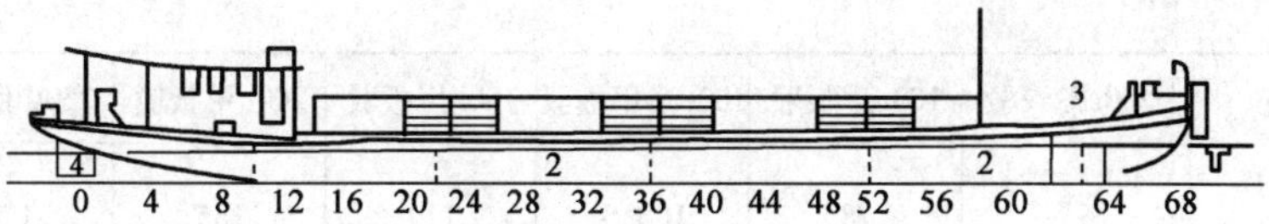

附图 17　150t 甲板驳

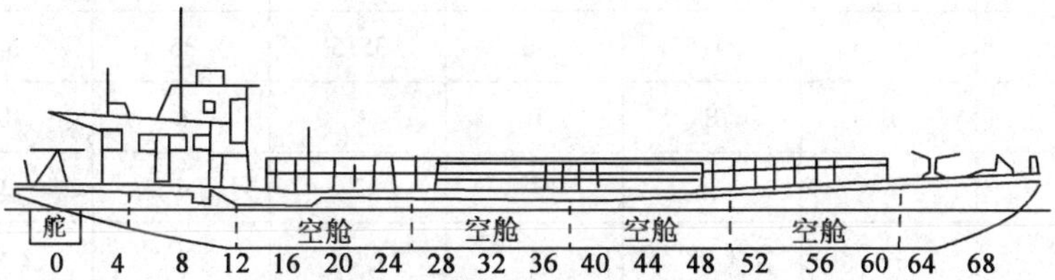

附图 18　200t 甲板驳

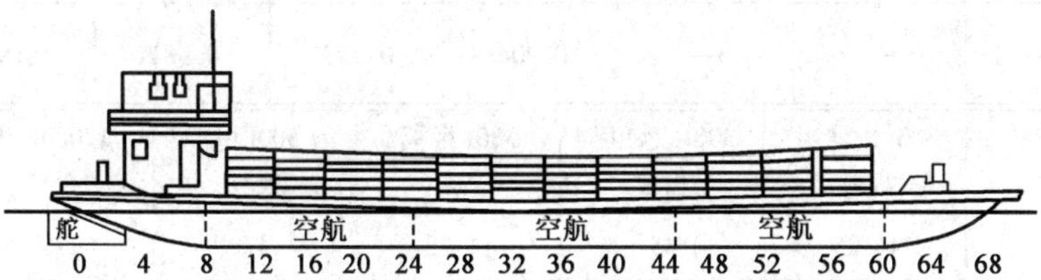

附图 19　250t 甲板驳

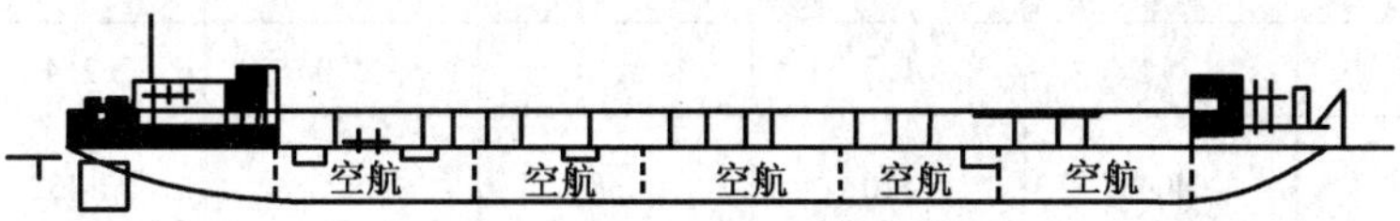

附图 20　1 000t 甲板驳

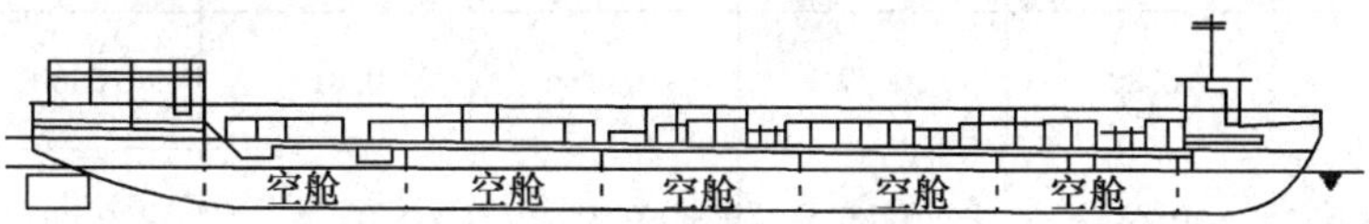

附图 21　1 500t 甲板驳

部分运输驳船主要尺度及性能　　附表 18

参数	单位	100t 舱口驳	100t 甲板驳	100t 半甲板驳	150t 甲板驳	200t 甲板驳	250t 甲板驳	300t 甲板驳
总长	m	24.3	27.5	32	38.05	37.5	36.89	40.15
型宽	m	5.2	5.7	7.0	7.8	7.6	9.0	7.7
型深	m	1.85	1.6	1.4	1.45	1.5	1.8	2.5
平均吃水	m	1.45	1.15	1.0	0.87	1.4	1.27	2.0
满载排水量	t	124	130	163	204	286	330	412
载重量	t	100	100	120	150	200	250	300
方形系数	—	—	0.805	0.776	0.853	0.768	0.847	0.743
菱形系数	—	—	0.82	—	0.858	0.782	—	0.805

续上表

参数	单位	100t 舱口驳	100t 甲板驳	100t 半甲板驳	150t 甲板驳	200t 甲板驳	250t 甲板驳	300t 甲板驳
载货甲板面积	t/m^2	—	78	103.5	119	135	170	—
人员铺位	个	4	4	4	4	5	8	5
水线长	m	—	24.5	30	35.5	35	34	36
航区		B	B	B	C	B	B	B
甲板负荷		—	3	3	2	4	3	—
舵面积	m^2	—	3.03	3	1.25	4	2.92	4.35
舵面积系数	%	—	10.7	10	4.05	8.9	6.76	6.04
中剖面系数	—	—	—	0.904	0.995	0.981	0.99	0.92

参数	单位	300t 内河甲板驳	300t 长江甲板驳	330t 甲板驳	500t 甲板驳	1 000t 甲板驳	1 500t 甲板驳
总长	m	44.95	45	44.38	47	75	75
型宽	m	10.0	10.5	10	9.4	10.5	13
型深	m	1.82	2.1	1.82	2.5	3.5	3.5
平均吃水	m	1.1	1.3	1.2	2.0	2.4	2.6
满载排水量	t	404	420	438	695	1 452	1 850
载重量	t	300	300	330	500	1 000	1 500
方形系数	—	0.88	0.77	0.86	0.817	0.80	0.75
菱形系数	—	0.885	0.782	0.87	0.82	0.803	0.757
载货甲板面积	t/m^2	202	225	200	—	400	600
人员铺位		5	6	10	6	9	10
水线长	m	42.1	40	42.33	45	72	75
航区		C	—	A	—	A	A
甲板负荷		2	3	—	—	8	8
舵面积	m^2	2.23	2.74	5.13	6	6.07	6.83
舵面积系数	%	4.8	5.27	10.1	—	—	—
中剖面系数	—	0.995	0.985	0.99	0.996	0.997	0.99

工程驳船主要尺度及性能 附表 19

项目	单位	400t 方驳	600t 方驳	400t 工程驳	800t 工程驳	$300m^3$ 砂石驳	$120m^3$ 开底泥驳	$280m^3$ 双开底泥驳	$90m^3$ 双开底泥驳
总长	m	40.0	33.0	40.25	47.0	43.0	29.0	45.27	28.3
型宽	m	9.30	12.00	9.20	11.95	9.20	6.70	8.00	7.40
型深	m	2.50	2.70	2.40	3.00	2.10	2.20	2.60	2.40
水线长	m	—	—	—	—	42	—	—	—
满载排水量	t	591	820	497	1012	436	288	680	322
满载吃水	m	1.50	2.10	1.50	1.80	1.30	1.83	2.20	2.00
载重量	t	400	600	400	800	300	192	—	—
船员铺位	个	6	8	6	6	—	10	6	6
载砂石容积	m^3	—	—	—	—	190	120	280	90

各种驳船的外形如附图 22、附图 23 所示。

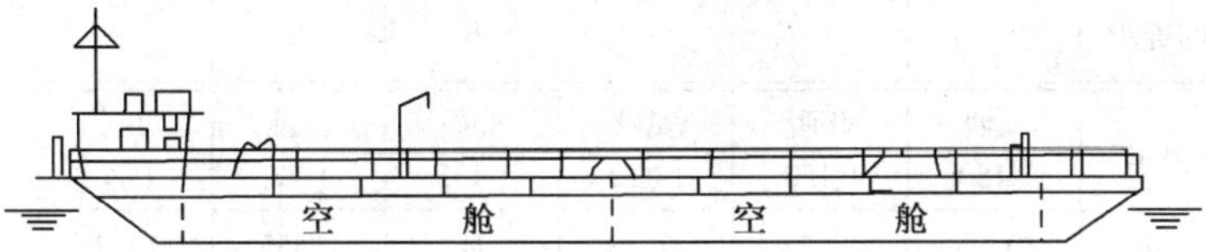

附图 22 400t 方驳

附图 23 600t 方驳

四、拖船

拖船顶推拖拉功率为：

$$N = \frac{R \cdot v}{75\eta} \cdot 100$$

式中：N——功率(hp)(1hp = 745.7W)；

R——风压力及水阻力之和(kN)；

v——速度(m/s)；

η——功率有效系数，顶推时 $\eta = 0.4 \sim 0.5$，拖拉时 $\eta = 0.25 \sim 0.3$。

部分拖船主要尺度及性能见附表 20。

部分拖船主要尺度与性能 附表 20

项目		单位	云南 2-150	四川 2-80	四川 2-150	湖北 1-120	湖北 2-120	湖南 2-120	湖南 2-150	湖南 2-2000
主尺度	总长	m	22.8	19.5	26	19.5	22.62	26	26.7	25.2
	型宽	m	4.5	3.8	4.8	4.6	5.8	4.8	5.0	5.6
	型深	m	1.6	1.3	1.4	1.6	1.6	1.4	1.4	1.7

续上表

项目		单位	云南 2-150	四川 2-80	四川 2-150	湖北 1-120	湖北 2-120	湖南 2-120	湖南 2-150	湖南 2-2000
平均吃水		m	1.1	0.75	0.65	1.25 （艉1.3）	0.85 （艉0.9）	0.55 （艉0.6）	0.72 （艉0.8）	1.3 （艉1.4）
满载排水量		t	46.6	29	48.3	48	65	41	53.4	94
航速	自由航速	m/s	20	17	18	18	16	19.5	18.7	18.0
	拖航速		17	16	10	8	8	10	8.7	8
船员铺位	铺位	个	14	17	17	10	10	12	15	16
	定员	名	12	13			16		13	
机组	型号		6135ACa	4135	6135ACa	6135	6135	6135Ca	6135ACa	6E150C
	台数	台	2	2	2	1	2	2	2	2
	功率	hp	150	80	150	120	120	120	150	200
强度、稳性满载长江的等级			—	C	C	B	C	B	B	B
项目		单位	江西 1-180	江西 1-150	安徽 1-120	安徽 1-135	江苏 1-72	江苏 1-72	江苏 1-135	江苏 1-150
主尺度	总长	m	19.05	20.25	17.53	21	1 355	15.7	19	18
	型宽	m	3.6	4	3.9	4.4	3	3.8	4.2	3.8
	型深	m	0.95	1.5	1.3	1.7	1.25	1.5	1.9	1.6
平均吃水		m	0.6 （艉0.63）	0.7	0.55 （艉0.6）	1.19 （艉1.3）	0.875 （艉1.12）	1.1 （艉1.3）	1.45 （艉1.75）	1.2 （艉1.56）
满载排水量		t	20.2	30.0	21.5	41.7	16.5	26.7	42.8	34.0
航速	自由航速	m/s	14	17.5	15.7	18.0	16.5	15.0	18.0	17.0
	拖航速		—	11.1	8	8	—	8	8	8
船员铺位	铺位	个	10	10	12	11	9	10	13	11
	定员	名			18		7		11	
机组	型号		4135	6135ACa	6135Ca	6160A-1	695	695C	6160A-1	6135ACa
	台数	台	1	1	1	1	1	1	1	1
	功率	hp	80	150	120	135	72	72	135	150
强度、稳性满载长江的等级			C	B	B	B	C	B	B	B
项目		单位	江苏 3-150	浙江 1-80	浙江 1-135	浙江 1-250	广西 2-120	广西 2-135	广西 2-185	广东 1-120
主尺度	总长	m	27.5	17	19.65	23	22.94	22.84	22.74	20.5
	型宽	m	6.1	3.4	4.2	4.7	5.0	5.0	5.0	4.0
	型深	m	2.4	1.6	1.9	1.9	1.45	1.45	1.5	1.0
平均吃水		m	1.75 （艉2.05）	1.2 （艉1.4）	1.45 （艉1.75）	1.5 （艉1.8）	0.79 （艉0.8）	0.85 （艉0.9）	0.93	0.5
满载排水量		t	138	28.5	44.2	71.8	47	50	56.5	26.1
航速	自由航速	m/s	—	15	15.5	18	19.6	18	19.2	16.7
	拖航速			6.5		7	11	10	10	9

续上表

项目		单位	江苏 3-150	浙江 1-80	浙江 1-135	浙江 1-250	广西 2-120	广西 2-135	广西 2-185	广东 1-120
船员铺位	铺位	个	20	9	14	16	15	20	20	10
	定员	名	16	7	13	14	13	16	18	
机组	型号		6160A-1	4135Ca	6160A-Ⅰ或Ⅱ	6160A-Ⅱ	6135 Ca	6160A	6160A-Ⅱ	6135
	台数	台	2	1	1	1	2	2	2	1
	功率	hp	135	80	135(185)	250	120	135	180	120
强度、稳性满载长江的等级			A	B	C	B	B	B	B	C

项目		单位	福建 1-135	河北 1-120	河北 1-120	河北 1-135	河北 2-120	天津 1-120	辽宁 2-120	河南 1-120
主尺度	总长	m	22.6	18.4	18.3	17.9	20.2	18.6	24.65	18.3
	型宽	m	5.15	3.8	3.5	3.8	3.8	3.7	5.0	3.9
	型深	m	1.5	1.1	1.4	1.5	1.5	1.4	1.85	1.2
平均吃水		m	1.0(艉1.05)	0.5(艉0.6)	0.8(艉0.88)	0.95(艉1.1)	0.975(艉1.1)	0.8(艉0.9)	1.3(艉1.4)	0.6
满载排水量		t	52.8	21	21	26	40.5	21	77.67	26.3
航速	自由航速	m/s	16	16.21	17.3	17.5	17	17	17.8	16
	拖航速		12	8.5	8.5	8	8	8	—	—
船员铺位	铺位	个	14	6	7	10	12	6	9	8
	定员	名			6	7	7			
机组	型号		6060A-Ⅰ	6135 Ca	6135 Ca	6060A-Ⅰ	6135 Ca	6135 Ca	6135 Ca	6135 Ca
	台数	台	1	1	1	1	2	1	2	1
	功率	hp	135	120	120	130	120	120	120	120
强度、稳性满载长江的等级			C	C	可拆	B	B	B	沿海	不够灵活

项目		单位	河南 2-120	山东 1-80	山东 1-120	山东 1-135
主尺度	总长	m	26.0	15.7	19	18.53
	型宽	m	4.8	3.0	3.8	3.8
	型深	m	1.4	1.17	1.5	1.6
平均吃水		m	0.55(艉0.6)	0.9(艉1.0)	1.0(艉1.1)	1.2(艉1.3)
满载排水量		t	41	15	30.6	35.6
航速	自由航速	m/s	19.5	15	17	16
	拖航速		10	6	6	7
船员铺位	铺位	个	12	7	9	9
	定员	名		6	8	8
机组	型号		6135 Ca	6135 Ca	4135	6060A-Ⅰ
	台数	台	2	1	1	1
	功率	hp	120	80	120	135
强度、稳性满载长江的等级			B	C	C	—

注:1hp = 745.7kW。

五、水上过河建筑物通航净空尺度

水上过河建筑物通航净空尺度见附表21。

水上过河建筑物通航净空尺度　　附表21

<table>
<tr><th rowspan="2">航道等级</th><th>驳船吨级</th><th>船型尺度(总长×型宽×设计吃水)</th><th>船队尺度(长×宽×吃水)</th><th colspan="4">天然及渠化河流(m)</th><th colspan="4">限制性航道(m)</th></tr>
<tr><th>t</th><th>m×m×m</th><th>m×m×m</th><th>净高 H_M</th><th>净宽 B_M</th><th>上底宽 b</th><th>侧高 h</th><th>净高 H_M</th><th>净宽 B_M</th><th>上底宽 b</th><th>侧高 h</th></tr>
<tr><td rowspan="4">Ⅰ</td><td rowspan="4">3 000</td><td rowspan="4">75.0×16.2×3.5</td><td>350×64.8×3.5</td><td>24</td><td>160</td><td>120</td><td>7.0</td><td></td><td></td><td></td><td></td></tr>
<tr><td>271×48.6×3.5</td><td>18</td><td>125</td><td>95</td><td>7.0</td><td></td><td></td><td></td><td></td></tr>
<tr><td>267×32.4×3.5</td><td>18</td><td>95</td><td>70</td><td>7.0</td><td></td><td></td><td></td><td></td></tr>
<tr><td>192×32.4×3.5</td><td>18</td><td>85</td><td>65</td><td>8.0</td><td>18</td><td>130</td><td>100</td><td>7.0</td></tr>
<tr><td rowspan="3">Ⅱ</td><td rowspan="3">2 000</td><td rowspan="2">67.5×10.8×3.4</td><td>316×32.4×3.4</td><td>18</td><td>105</td><td>80</td><td>6.0</td><td></td><td></td><td></td><td></td></tr>
<tr><td>245×32.4×3.4</td><td>18</td><td>90</td><td>70</td><td>8.0</td><td></td><td></td><td></td><td></td></tr>
<tr><td>75.0×14.0×2.6</td><td>180×14×2.6</td><td>10</td><td>50</td><td>40</td><td>6.0</td><td>10</td><td>65</td><td>50</td><td>6.0</td></tr>
<tr><td rowspan="4">Ⅲ</td><td rowspan="4">1 000</td><td rowspan="4">67.5×10.8×2.0</td><td>243×32.4×2.0</td><td rowspan="4">10</td><td>70</td><td>55</td><td>6.0</td><td></td><td></td><td></td><td></td></tr>
<tr><td>238×21.6×2.0</td><td>70</td><td>55</td><td>6.0</td><td></td><td></td><td></td><td></td></tr>
<tr><td>167×21.8×2.0</td><td>60</td><td>45</td><td>6.0</td><td>10</td><td>85</td><td>65</td><td>6.0</td></tr>
<tr><td>160×10.8×2.0</td><td>40</td><td>30</td><td>6.0</td><td>10</td><td>50</td><td>40</td><td>6.0</td></tr>
<tr><td rowspan="3">Ⅳ</td><td rowspan="3">500</td><td rowspan="3">45×10.8×1.6</td><td>160×21.6×1.6</td><td rowspan="3">8</td><td>60</td><td>50</td><td>4.0</td><td></td><td></td><td></td><td></td></tr>
<tr><td>112×21.6×1.6</td><td>50</td><td>41</td><td>4.0</td><td>8</td><td>80</td><td>66</td><td>3.5</td></tr>
<tr><td>109×10.8×1.6</td><td>35</td><td>29</td><td>5.0</td><td>8</td><td>45</td><td>37</td><td>4.0</td></tr>
<tr><td rowspan="3">Ⅴ</td><td rowspan="3">300</td><td rowspan="3">35×9.2×1.3</td><td>125×18.4×1.3</td><td>8</td><td>46</td><td>38</td><td>4.0</td><td></td><td></td><td></td><td></td></tr>
<tr><td>89×18.4×1.3</td><td>8</td><td>38</td><td>31</td><td>4.5</td><td>8</td><td>75</td><td>62</td><td>3.5</td></tr>
<tr><td>87×9.2×1.3</td><td>8.5</td><td>28~30</td><td>25</td><td>5.5~3.5</td><td>8.5</td><td>38</td><td>32</td><td>5.0~3.5</td></tr>
<tr><td rowspan="4">Ⅵ</td><td rowspan="4">100</td><td>35×9.2×1.8</td><td>361×5.5×2.0</td><td rowspan="2">4.5</td><td rowspan="2">22</td><td rowspan="2">17</td><td rowspan="2">3.4</td><td></td><td></td><td></td><td></td></tr>
<tr><td>32×7.0×1.0</td><td>154×16.4×1.0</td><td></td><td></td><td></td><td></td></tr>
<tr><td>32×6.2×1.0</td><td>65×6.5×1.0</td><td>6</td><td>18</td><td>14</td><td>4.0</td><td>6</td><td>25~30</td><td>19</td><td>3.6</td></tr>
<tr><td>30×6.4(7.5)×1.0</td><td>74×6.4(7.5)×1.0</td><td>6</td><td>18</td><td>14</td><td>4.0</td><td>6</td><td>28~30</td><td>21</td><td>3.4</td></tr>
<tr><td rowspan="3">Ⅶ</td><td rowspan="3">50</td><td>21×4.5×1.75</td><td>273×4.8×1.75</td><td rowspan="2">3.5</td><td rowspan="2">14</td><td rowspan="2">11</td><td rowspan="2">2.8</td><td>3.5</td><td>18</td><td>14</td><td>2.8</td></tr>
<tr><td>23×5.4×0.8</td><td>200×5.4×0.8</td><td>3.5</td><td>18</td><td>14</td><td>2.8</td></tr>
<tr><td>30×6.2×0.7</td><td>60×6.5×0.7</td><td>4.5</td><td>18</td><td>14</td><td>2.8</td><td>4.5</td><td>25~30</td><td>19</td><td>2.8</td></tr>
</table>

注:1. 在平原河网地区建桥遇到特殊困难时,可按具体条件研究确定。

2. 桥墩(或桥柱)侧如有显著的紊流,则通航孔桥墩(或墩柱)间的净宽值应为本表的通航净宽加两侧紊流区的宽度。

3. 当不得已将水上过河建筑物建在航行条件较差或弯曲的河段上,其净宽应在表列数值基础上,根据船舶航行安全的需要适当放宽。

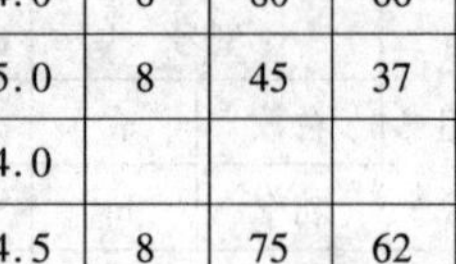

第四节　钢材、木材相关资料

一、钢材基本资料（附表22）

钢材拉伸和冲击试验值　　附表22

牌号	等级	屈服强度 R_{ctl}（N/mm²）不小于						抗拉强度 R_{cs}（N/mm²）	断后伸长率不小于					冲击试验V形缺口	
		厚度或直径（mm）							厚度或直径（mm）					温度	吸收功
		≤16	16～40	40～60	60～100	100～150	150～200		≤40	40～60	60～100	100～150	150～200	°C	J
Q195	—	195	185	—	—	—	—	315～430	33	—	—	—	—	—	—
Q215	A	215	205	195	185	175	165	335～450	31	30	29	27	26	—	—
	B													+20	27
Q235	A	235	225	215	205	195	185	370～500	26	25	24	22	21	—	—
	B													+20	
	C													—	27
	D													−20	
Q275	A	275	265	255	245	225	215	410～540	22	21	20	18	17	—	
	B													+20	
	C													—	27
	D													−20	

二、合金钢力学性能（附表23）

合金钢力学性能　　附表23

牌　号	尺寸（mm）	推荐热处理正火（°C）	力学性能				硬度 HBS10/3000 不小于
			σ_b（MPa）	σ_s（MPa）	δ_5（%）	ψ（%）	
			不小于				
15	25	920	375	225	27	55	143
20	25	910	410	245	25	55	156
15Mn	25	920	410	245	26	55	163
20Mn	25	910	450	275	24	50	197

三、低合金高强度结构钢（附表24）

低合金高强度结构钢　　附表24

牌号	等级	屈服点 σ_s（MPa）不小于				抗拉强度 σ_b（N/mm²）	伸长率 δ_5（%）	冲击功（纵向）（J）				弯曲试验	
		厚度或直径（mm）						不小于				厚度（直径）	
		≤16	16～35	35～50	50～100			20°C	0	－20°C	－40°C	≤16	16～100
Q295	A	295	275	255	235	390～570		23		29	27	2*a*	3*a*
	B								34				
Q345	A												
	B							34					
	C	345	325	295	275	470～630			34			2*a*	3*a*
	D									34			
	E										27		
Q390	A						19						
	B							34					
	C	390	370	350	330	490～650			34			2*a*	3*a*
	D						20			34			
	E										27		
Q420	A						18						
	B							34					
	C	420	400	380	360	520～680	19		34			2*a*	3*a*
	D									34			
	E										27		
Q460	A								34				
	B	460	440	420	400	550～720	17			34		2*a*	3*a*
	C										27		

注：*a* 为试样厚度。

四、调质低合金高强度结构钢（附表25）

调质低合金高强度结构钢　　附表25

牌号	等级	屈服强度（规定残余伸长应力 $\delta_{0.2}$）（MPa）不小于		抗拉强度 σ_b（MPa）	伸长率 δ_5（%）	冲击功 A_{KV}（J）			180°冷弯试验
		厚度≤50mm	厚度 50～100mm			0°C	－20°C	－40°C	
						不小于			
Q420	C					40			
	D	420	400	520～670	18		40		3*a*
	E							27	

续上表

牌号	等级	屈服强度（规定残余伸长应力 $\delta_{0.2}$）（N/mm²）不小于		抗拉强度 σ_b（N/mm²）	伸长率 δ_5	冲击功 A_{kV}（J）			180°冷弯试验
		厚度≤50mm	厚度 50～100mm		（%）	0°C	-20°C	-40°C	
					不小于				
Q460	C	460	440	550～710	17	40	—	—	3a
	D					—	40	—	
	E					—	—	27	
Q500	D	500	480	610～770	16	—	40	—	3a
	E						—	27	
Q550	D	550	530	670～830	16	—	40	—	3a
	E						—	27	
Q620	D	620	600	720～890	15	—	40	—	3a
	E						—	27	
Q690	D	690	670	770～940	14	—	40	—	3a
	E						—	27	

注：1. 进行拉伸和冷弯试验时，应取横向试样；进行冲击试验时，应取纵向试样。

2. 夏比冲击试验结果，冲击功按照一组三个试样算术平均值计算，允许其中一个试样单值低于表中规定值，但不得低于规定值的 70%。

3. 当采用 5mm×10mm×55mm 小尺寸试样做冲击试验时，其试验结果不小于规定值的 50%。

4. 按照表要求进行冷弯试验不得有裂缝。如生产厂能保证弯曲试验合格，可不做检验。

五、桥梁用结构钢（附表 26）

桥梁用结构钢 附表 26

牌号	质量等级	厚度（mm）	屈服点 σ_s（N/mm²）	抗拉强度 σ_b（N/mm²）	伸长率 δ_5（%）	V 形缺口冲击功		V 形缺口时效冲击功（纵向）（J）	180°弯曲试验 d	
						°C	J			
			不小于						钢材厚度≤16mm	钢材厚度>16mm
Q235q	C	≤16	235	390	26	0	27	—	15a	2.5a
		16～35	225	380						
		35～50	215	375						
		50～100	205	375						
	D	≤16	235	390	26	-20	27	27	1.5a	2.5a
		16～35	225	380						
		35～50	215	375						
		50～100	205	375						

续上表

牌号	质量等级	厚度(mm)	屈服点 σ_s (N/mm²)	抗拉强度 σ_b (N/mm²)	伸长率 δ_5 (%)	V形缺口冲击功 °C	V形缺口冲击功 J	V形缺口时效冲击功(纵向)J	180°弯曲试验 d 钢材厚度≤16mm	180°弯曲试验 d 钢材厚度>16mm
			不小于							
Q345q	C	≤16	345	510	21	0	34	—	2a	3a
		16~35	325	490	20					
		35~50	315	470	20					
		50~100	305	470	20					
	D	≤16	345	510	21	−20		34		
		16~35	325	490	20					
		35~50	315	470	20					
		50~100	305	470	20					
	E	≤16	345	510	21	−40				
		16~35	325	490	20					
		35~50	315	470	20					
		50~100	305	470	20					
Q370q	C	≤16	370	530	21	0	41	—	2a	3a
		16~35	355	510	20					
		35~50	330	490	20					
		50~100	330	490	20					
	E	≤16	370	530	21	−20		41		
		16~35	355	510	20					
		35~50	330	490	20					
		50~100	330	490	20					
	F	≤16	370	530	21	−40				
		16~35	355	510	20					
		35~50	330	490	20					
		50~100	330	490	20					
Q420q	C	≤16	420	570	20	0	47	—	2a	3a
		16~35	410	550	19					
		35~50	400	540	19					
		50~100	390	530	19					
	D	≤16	420	570	20	−20		47		
		16~35	410	550	19					
		35~50	400	540	19					
		50~100	390	530	19					
	E	≤16	420	570	20	−40				
		16~35	410	550	19					
		35~50	400	540	19					
		50~100	390	530	19					

注：1. Q420qE 级钢的 −40°C 冲击功值由供需双方协议规定。

2. 180°弯曲试验 d 为弯心直径；a 为试样厚度（直径）。

六、焊接材料

1. 碳钢焊接材料

(1)融敷金属拉伸性能(附表 27)

碳钢融敷金属拉伸性能 附表 27

<table>
<tr><th rowspan="2">焊条型号</th><th colspan="2">抗拉强度 σ_b</th><th colspan="2">屈服强度 σ_s</th><th rowspan="2">伸长率
%</th></tr>
<tr><th>MPa</th><th>kgf/mm²</th><th>MPa</th><th>kgf/mm²</th></tr>
<tr><td colspan="6">E43 系</td></tr>
<tr><td>E4300、E4301、E4303、E4310
E4311、E4315、E4316、E4320
E4323、E4327、E4328</td><td rowspan="3">420</td><td rowspan="3">43</td><td rowspan="2">330</td><td rowspan="2">34</td><td>22</td></tr>
<tr><td>E4312、E4313、E4324</td><td>17</td></tr>
<tr><td>E4322</td><td colspan="3">不要求</td></tr>
<tr><td colspan="6">E50 系</td></tr>
<tr><td>E5001、E5003、E5010、E5011</td><td rowspan="4">490</td><td rowspan="4">50</td><td rowspan="3">400</td><td rowspan="3">41</td><td>20</td></tr>
<tr><td>E5015、E5016、E5018
E5027、E5028、E5048</td><td>22</td></tr>
<tr><td>E5014、E5023、E5024</td><td>17</td></tr>
<tr><td>E5018M</td><td>365 ~ 500</td><td>37 ~ 51</td><td>24</td></tr>
</table>

注:1. 表中的单值均为最小值。

2. E5024-1 型焊条的伸长率最低值为 22%。

3. E5018M 型焊条融敷金属抗拉强度名义上是 490MPa,直径为 2.5mm 焊条的屈服强度不大于 520MPa。

(2)主要型号焊条说明

①E4301、E5001 型焊条

这类焊条为钛铁矿型。药皮中含有钛铁矿大于或等于 30%,熔渣流动性良好,电弧吹力较大,熔深较深,渣覆盖良好,脱渣容易,飞溅一般,焊波整齐。这类焊条适用于全位置焊接,焊接电流为交流或直流正、反接,主要焊接较重要的碳钢结构。

②E4303、E5003 型焊条

这类焊条为钛钙型。药皮中含 30% 以上的氧化钛和 20% 以下的钙或镁的碳酸盐矿,熔渣流动性良好,脱渣容易,电弧稳定,熔深适中,飞溅少,焊波整齐。这类焊条适用于全位置焊接,焊接电流为交流或直流正、反接,主要焊接较重要的碳钢结构。

③E4303、E5003 型焊条

该焊条为铁粉钛钙型。熔敷效率高,适用于平焊、平角焊,药皮类型及工艺性能与 E4303 基本相似,焊接电流与 E4303 一样。这类焊条主要焊接较重要的碳钢结构。

④E4310、E5010 型焊条

该焊条为高纤维素钠型。药皮中纤维素含量较高,电弧稳定。焊接时有机物在电弧区分解产生大量的气体,保护熔敷金属。电弧吹力大,熔深较深,熔化速度快,熔渣少,脱渣容易,熔渣覆盖较差。通常限制采用大电流焊接。这类焊条适用于全位置焊接,特别适用于立焊、仰焊的多道焊和有较高射线探伤要求的焊缝,也可用于立向下焊接。焊接电流为直流反接,主要焊接一班的碳钢结构,如管道的焊接等,也可用于打底焊接。

⑤E4310、E5010 型焊条

这两类焊条为高纤维素钾型。药皮在与 E4310 型焊条药皮相似的基础上添加了少量的钙与钾的化合物，电弧稳定。焊接电流为交流或直流反接，适用于全位置焊接。焊接工艺性能与 E4310 相似，但采用直流反接焊接时，熔深浅。这类焊条主要焊接一般的碳钢结构，如管道的焊接等，也可用于打底焊接。

⑥E4312 型焊条

该焊条为高钛钠型。药皮中含 35% 以上的氧化钛，还含有少量的纤维素、锰铁、硅酸盐及钠水玻璃等，电弧稳定，再引弧容易，通常适用于立向上或立向下焊接。焊接电流为交流或直流正接。这类焊条主要焊接一般的碳钢结构、薄板结构，也可用于盖面焊。

⑦E4313 型焊条

该焊条为高钛钾型。药皮在与 E4312 型焊条药皮相似的基础上采用钾水玻璃作粘结剂，电弧比 E4312 稳定，工艺性能、焊缝成型比 E4312 好。这类焊条适用于全位置焊接，焊接电流为交流或直流正、反接，主要焊接一般的碳钢结构、薄板结构，也可用于盖面焊接。

⑧E5014 型焊条

该焊条为铁粉钛型。药皮在与 E4313 型焊条药皮相似的基础上添加了铁粉，熔敷效率较高，适用于全位置焊接，焊缝表面光滑，焊波整齐，脱渣性很好，角焊缝略凸，焊接电流为交流或直流正、反接。这类焊条主要焊接一般的碳钢结构。

⑨E4324、E5024 型焊条

这两类焊条为铁粉钛型。药皮与 E5014 型焊条相似，铁粉量比 E5014 多，药皮比 E5014 厚，熔敷效率高，适宜平焊和平角焊，飞溅少，焊缝表面光滑，焊接电流为交流或直流正、反接。这类焊条主要焊接一般的碳钢结构。

⑩E4320 型焊条

该焊条为氧化铁型。药皮中含有多量的氧化铁及较多的锰铁脱氧剂，电弧吹力大，熔深较深，电弧稳定，再引弧容易，熔化速度快，渣覆盖好，脱渣性好，焊缝成型好，略带凹度，飞溅稍大。这类焊条不宜焊薄板，适用于平焊及平角焊，焊接电流为交流或直流正接，主要焊接较重要的碳钢结构。

⑪E4322 型焊条

该焊条为氧化铁型。药皮及工艺性能基本与 E4320 相似，但焊缝较凸。这类焊条适用于薄板的高速焊、单道焊，焊接电流为交流或直流正、反接，主要焊接碳钢的薄板结构。

⑫E4327、E5027 型焊条

这两类焊条为铁粉氧化铁型。药皮在与 EA320 型焊条药皮基本相似的基础上添加了大量的铁粉，熔敷效率很高，电弧吹力大，焊缝成型好，飞溅少，脱渣好，焊缝稍凸。这类焊条适用于平焊、平角焊，焊接电流为交流或直流正接，可采用大电流焊接，主要焊接较重要的碳钢结构。

⑬E4315、E5015 型焊条

这两类焊条为低氢钠型。药皮主要组成物是碳酸盐矿和萤石，碱度较高。熔渣流动性好，焊接工艺性能一般，焊波较粗，角焊缝略凸，熔探适中，脱渣性较好，焊接时要求焊条干燥，并采用短弧焊。这类焊条可全位置焊接，焊接电流为直流反接。这类焊条的熔敷金属具有良好的抗裂性和力学性能，主要焊接重要的碳钢结构，也可焊接与焊条强度相当的低合金钢结构。

⑭E4316、E5016 型焊条

这两类焊条为低氢钾型。药皮在与 E4315 和 E5015 型焊条药皮基本相似的基础上添加了稳弧剂，如钾水玻璃等，电弧稳定。工艺性能、焊接位置与 E4315 和 E5015 型焊条相似，焊接电流为交流或直流反接。这类焊条的熔敷金属具有良好的抗裂性能和力学性能，主要焊接重要的碳钢结构，也可焊接与焊条强度相当的低合金钢结构。

2. 低合金钢焊接性能(附表 28)

碳钢融敷金属拉伸性能 附表 28

焊条型号	抗拉强度 σ_b		屈服强度 σ_s		伸长率 %
	MPa	kgf/mm²	MPa	kgf/mm²	
E5003-X	490	50	390	40	20
E5010-X、E5011-X、E5015-X、E5016-X、E5018-X、E5020-X、E5027-X、E4322					22
E5500-X、E5503-X	540	55	440	45	16
E5510-X、E5511-X					17
E5513-X					16
E5515-X					17
E5516-X、E5518-X	540	55	450	45	17
E5516-C3、E5518-C3			440 ~ 540	45 ~ 55	22
E6000-X	590	60	490	50	14
E6010-X、E6011-X					15
E6013-X					14
E6015-X、E6016-X、E6018-X					15
E6018-M					22
E7010-X、E7011-X	690	70	590	60	15
E7013-X					13
E7015-X、E7016-X、E7018-X					15
E7018-M					18

注：1. 表中为最小值。

2. E50XX-X 型焊后状态下的屈服强度不小于 410MPa。

3. 常用结构钢选配焊条原则(附表 29)

常用结构钢材手工电弧焊接材料的选配原则 附表 29

钢材							手工电弧焊接焊条				
牌号	等级	抗拉强度 σ_b (MPa)	屈服强度 σ_s (MPa)		冲击功		型号	融敷金属性能			
			≤16mm	>50 ~ 100mm	T (℃)	A_{kV} (J)		抗拉强度 σ_b (MPa)	屈服强度 σ_s (MPa)	延伸率 (%)	冲击功 27J 时温度 (℃)
Q235	A	375 ~ 460	235	205	—	—	E4303[1]	420	330	22	0
	B				20	27	E4303[1] E4328 E4315 E4316				0
	C				0	27					−20
	D				−20	27					−30

续上表

钢材							手工电弧焊接焊条				
牌号	等级	抗拉强度 σ_b（MPa）	屈服强度 σ_s（MPa） ≤16mm	屈服强度 σ_s（MPa） >50～100mm	冲击功 T（℃）	冲击功 A_{kV}（J）	型号	融敷金属性能 抗拉强度 σ_b（MPa）	融敷金属性能 屈服强度 σ_s（MPa）	融敷金属性能 延伸率（%）	融敷金属性能 冲击功27J时温度（℃）
Q295	A	390～570	295	235	—	—	E4303①	420	330	22	0
	B				20	34	E4315 E4316				-30
							E4328				-20
Q345	A	470～630	345	275			E5003①	490	390	20	0
	B				20	34	E5003① E5015 E5016 E5018			22	-30
	C				0	34	E5015 E5016 E5018				
	D				-20	34					
	E				-40	27	②				②
Q390	A	490～650	390	330	—	—	E5015 E5016	490	390	22	-30
	B				20	34					
	C				0	34	E5515DB、-G E5516DB、-G	540	440	17	
	D				-20	34					
	E				-40	27	②				②
Q420	A	520～680	420	360	—	—	E5515DB、-G E5516DB、-G	540	440	17	-30
	B				20	34					
	C				0	34					
	D				-20	34					
	E				-40	27	②				②
Q460	C	550～720	460	400	0	34	E5515DB、-G E5516DB、-G	590	490	15	-30
	D				-20	34					
	E				-40	27	②				②

注：①用于一般结构。
②由供需双方协商。
1. 表中单值为最小值。
2. 为板厚度60～100mm时的屈服强度 σ_s。

第五节　常用材料有关参数

一、钢轨

钢轨结构见附图24，钢轨主要尺寸及质量见附表30。

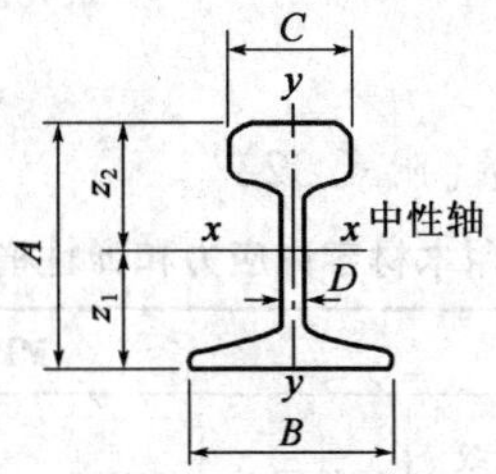

钢轨主要尺寸及质量表 附表 30

	钢轨类型(kg/m)	主要尺寸(mm)				截面面积(cm^2)	重心矩(cm)		惯性矩(cm^4)		截面模量(cm^3)			理论质量(kg/m)	通常长度(m)	标准代号
		A	B	C	D	F	轨底	轨顶	x 轴	y 轴	轨底	轨顶	轨中			
轻轨	5	50	44	22	4.5	6.41	2.22	2.78	25.2	5.35	11.4	9.1	2.43	5.03	5 – 10	YB222-63
	8	65	54	25	7.0	10.76	2.89	3.61	59.3	9.62	20.6	16.4	3.56	8.42	5 – 10	
	11	80.5	66	32	7.0	14.31	3.96	4.09	125	15.10	31.7	30.5	4.58	11.20	6 – 10	
	15	91	76	37	7.0	18.80	4.35	4.75	222	30.20	51.0	46.6	7.94	14.72	6 – 12	
	18	90	80	40	10.0	23.07	4.29	4.71	240	41.10	56.1	51.0	10.30	18.06	7 – 12	
	24	107	92	51	10.5	31.24	5.31	5.39	480	80.46	91.64	90.12	17.49	24.46	7 – 12	
重轨	38	120	110	60	12.5	42.5	5.76	6.24	821.9	165.1	142.6	131.8	30	33.286	12.5	YB350-63
	38	134	114	68	13.0	49.5	6.67	6.73	1 204.4	209.3	180.5	178.9	36.7	38.733	12.5/25	GB183-63
	43	140	114	70	14.5	57.0	6.90	7.10	1 489.0	260.0	217.3	208.3	45	44.653	12.5/25	
	50	152	132	70	15.5	65.8	7.10	8.10	2 037.0	377.0	287.2	251.3	57.1	51.514	12.5/25	

二、枕木

枕木根据在线路上使用部位不同,分为普通枕木、岔枕及桥枕三种,其分类及规格尺寸如附表 31 所示。

枕木各部尺寸及等级表 附表 31

木枕类型	长 度(m)	枕 厚(cm)		枕前宽(cm)	枕底宽(cm)	侧面高(cm)	适用等级
普通木枕	2.5	Ⅰ类型	16	16 ~ 22	27	11 ~ 16	一、二
		Ⅱ类型	14.5	15 ~ 20	20	10 ~ 14.5	一、二
		Ⅲ类型	13.5	13 ~ 19	19	9 ~ 13.5	一、二
道岔木枕	2.6 ~ 4.85	16		16 ~ 22	22	11 ~ 16	一、二
桥梁木枕	3.0	高×宽:20×22、20×24、20×25					一
	3.1	高×宽:22×28、24×30					一
	3.2	高×宽:24×30					
	4.2/4.8	高×宽:20×22、20×24、22×26、22×28、24×30					一

三、常用木材

1. 常用木材容许应力和弹性模量（附表32）

常用木材容许应力和弹性模量 附表32

木材种类	木材名称	应力等级	MPa						GPa
			受弯顺纹受压及承压 $[\sigma_w][\sigma_s]$	顺纹受拉 $[\sigma_L]$	顺纹受剪 $[\tau]$	横纹承压 $[\sigma_{ah}]$			弹性模量 E
						全表面	局部表面及齿面	拉力螺栓垫板下面	
针叶松	东北落叶松、陆均松	A-1	12	7.5	1.3	1.9	2.9	3.8	11
	鱼鳞云杉、西南云杉、铁杉、红杉、赤松、新疆落叶松	A-2	11	7.0	1.2	1.7	2.4	3.4	10
	红松、樟子松、华山松、马尾松、云南松、广东松、油松、红皮云松	A-3	10	6.5	1.1	1.5	2.2	3.0	0
	杉木、华北落叶松、秦岭落叶松	A-4	9	6.0	1.0	1.5	2.2	3.0	9
	冷杉、西北云杉、山西云杉、山西云松	A-5	8	5.5	1.0	1.4	2.1	2.8	8.8
阔叶松	栎木、(柞木)、青岗	B-1	16	10	2.2	3.4	5.1	6.8	12
	水曲柳	B-2	14	9	1.9	3.1	4.6	6.2	11
	锥栗、(栲木)、桦木	B-3	12	8	1.6	2.5	3.7	5.0	10

2. 木材纵向弯曲折减系数（附表33）

木材纵向弯曲折减系数 附表33

任何截面		边长为 h 的矩形面积		直径为 d 的圆形面积	
细长比 $\lambda = l/r$	折减系数 φ_1	细长比 $\lambda = L/h$	折减系数 φ_1	细长比 $\lambda = L/d$	折减系数 φ_1
0	1.00	0	1.00	0	1.00
5	1.00	2	0.99	2	0.99
10	0.99	4	0.98	4	0.98
15	0.98	6	0.97	6	0.95
20	0.97	8	0.94	8	0.92
25	0.95	10	0.90	10	0.87
30	0.93	12	0.86	12	0.82
35	0.90	14	0.81	14	0.75
40	0.87	16	0.75	16	0.67
45	0.84	18	0.70	18	0.59
50	0.80	20	0.62	20	0.48
55	0.76	22	0.50	22	0.40
60	0.71	24	0.42	24	0.34

续上表

任何截面		边长为 h 的矩形面积		直径为 d 的圆形面积	
细长比 $\lambda = l/r$	折减系数 φ_1	细长比 $\lambda = L/h$	折减系数 φ_1	细长比 $\lambda = L/d$	折减系数 φ_1
65	0.66	26	0.35	26	0.29
70	0.61	28	0.31	28	0.25
75	0.55	30	0.27	30	0.22
80	0.48	32	0.24	32	0.19
85	0.43	34	0.21	34	0.17
90	0.38	36	0.19	36	0.15
95	0.34	38	0.17	38	0.13
100	0.31	40	0.15	40	0.12
110	0.26	42	0.13	42	0.11
120	0.22	44	0.12	44	0.10
130	0.18	46	0.11	46	0.09
140	0.16	48	0.11	48	0.08
150	0.14	50	0.10	50	0.08

四、各种常用材料的密度(附表 34)

各种材料的密度(kg/m^3)　　附表 34

名称	密度	名称	密度
木材		砂岩	2 200 ~ 2 500
红松(东北长白山)	440	碎石子	1 400 ~ 1 500
马尾松(安徽黄山)	533	砖	
落叶松(小兴安岭)	641	普通黏土砖	1 600 ~ 1 800
杉木(四川青衣江)	387	耐火砖	2 200
樟木(湖南郴州)	580	胶凝材料	
金属矿产		生石灰块	1 100
铸铁	7 250	石灰砂浆	1 700
钢	7 850	硅酸盐水泥(散)	1 100 ~ 1 300
黄铜	8 550	水泥砂浆	1 800
铝	2 640	普通混凝土	2 300 ~ 2 400
铅	11 350	钢筋混凝土	2 400 ~ 2 500
土壤		油脂、燃料	
黏土(干、实)	1 600	无烟煤(块)	800 ~ 900
砂土(干、实)	1 500	煤油	720 ~ 800
细砂(干)	1 400	汽油	640 ~ 670
粗砂(干)	1 700	其他	
卵石(干)	1 600 ~ 1 800	普通玻璃	2 560
黏土夹卵石(干、松)	1 500 ~ 1 700	软橡胶	930
砂夹卵石(干、松)	1 600 ~ 1 920	水(4℃)	1 000
花岗岩	2 500 ~ 2 700	一般塑料	2 100 ~ 2 300
石灰岩	1 000 ~ 2 400	泡沫塑料	100 ~ 200

五、摩擦系数

1. 滑动摩擦系数(附表35)

$$f = \frac{F_{max}}{N} = \tan\varphi \quad (附\text{-}1)$$

式中:f——滑动摩擦系数;

F_{max}——最大静摩擦力;

N——法向反力;

φ——摩擦角。

材料滑动摩擦系数　附表35

编号	摩擦材料	启动			运动中		
		干燥表面	湿润表面	油润表面	干燥表面	湿润表面	油润表面
1	硬木顺纹	0.62	—	0.11	0.48	—	0.08
	硬木垂纹	0.54	0.71	—	0.34	0.25	—
	硬木端部	0.43	—	—	0.19	—	—
	硬木与钢	0.6	0.65	0.11	0.4	0.24	0.1
	硬木与花岗岩	—	0.5	—	0.3	0.1	0.06
	硬木与贝壳石灰石	0.63	—	—	0.38	—	—
	硬木与卵石	0.6 ~ 0.46	—	—	—	—	—
2	压力小时钢与钢	0.15		0.11	0.11		0.1 ~ 0.08
	压力大(100MPa)时钢与钢	0.25 ~ 0.15	—	0.12 ~ 0.11	0.09 ~ 0.07	—	—
	钢与生铁或青铜	0.19	—	—	0.18 ~ 0.17	—	0.08 ~ 0.07
	钢与含磷的青铜						
	(甲)平面	0.11		0.1	0.1	—	0.09
	(乙)圆筒形面	0.17		0.16 ~ 0.13	0.16	—	0.15 ~ 0.12
	钢与砂岩	—	—	—	0.45 ~ 0.40	—	—
	钢与贝壳石灰石	0.49 ~ 0.42	—	—	0.29 ~ 0.24	—	—
	钢与卵石	0.49 ~ 0.42	—	—	—	—	—
	钢与软木	—	—	—	0.65 ~ 0.5	—	—
	钢与冰	0.027	—	—	0.14	—	—
3	砖与贝壳石灰石	0.67	—	—	—	—	—
	片石砌体与混凝土	0.76	—	—	—	—	—
	混凝土与混凝土	0.65	0.17 ~ 0.34	0.196	—	—	—
	黏土上片石和混凝土	0.30	—	—	—	—	—
	抛石基础上作圬工	0.8 ~ 0.65	—	—	—	—	—
	片石砌体与植物土	0.8 ~ 0.65	0.3	—	—	—	—
	在黏土上的抛石圬工	0.45 ~ 0.35	0.4 ~ 0.3	—	—	—	—
	在抛石基础上的木材框架	0.60 ~ 0.58	—	—	—	—	—
	在干地生植土壤上的木材框架	0.5 ~ 0.4	—	—	—	—	—
	在湿黏土土壤上的木材框架	0.25	—	—	—	—	—

续上表

编号	摩擦材料	启动			运动中		
		干燥表面	湿润表面	油润表面	干燥表面	湿润表面	油润表面
4	皮革与橡胶	0.6~0.5	—	—	0.5~0.3	—	—
	皮革与生铁	0.5~0.3	0.6~0.4	0.12	0.56	0.36	0.15
5	麻绳与木料(甲)粗面木料	0.8~0.5	—	—	0.5	—	—
	(乙)光面木料	0.33	—	—	—	—	—

2. 滚动摩擦系数(附表36)

$$f_k \geqslant \frac{Q \cdot r}{N} \qquad (附\text{-}2)$$

式中:f_k——滚动摩擦系数;

Q——滚动重力;

N——法向反力;

r——滚动力臂。

材料滚动摩擦系数 附表36

编号	摩擦材料	滚动摩擦系数	编号	摩擦材料		滚动摩擦系数
1	淬火钢与淬火钢	0.001	6	铁或钢质车轮与木面		0.15~0.25
2	生铁制轮或钢制轮与钢轨之间	0.05	7	有铁轮箍的大车与普通道路之间	坏路(无路面)	0.15
3	钢板间的滚子(桥梁活动支座)	0.02~0.07			干实土路	0.04
4	铸钢与铸钢	0.05			坏路面	0.04
5	木材与钢	0.03~0.04			沥青路面	0.01

注:启动时的摩擦力应增加2.5~5倍。

3. 基底摩擦系数(附表37)

$$f = \frac{K_c \sum T_c}{\sum P_c} \qquad (附\text{-}3)$$

式中:f——基础底面与地基土间的摩擦系数,当缺乏实际资料时,可采用附表37数据;

K_c——墩台基底滑动稳定系数≥1.3,施工荷载作用下不得小于1.2;

$\sum P_c$——各垂直力之和;

$\sum T_c$——各水平力之和。

基底摩擦系数 附表37

地基土分类	摩擦系数	地基土分类	摩擦系数
软塑黏土	0.25	碎石类土	0.5
硬塑黏土	0.3	软质岩	0.4~0.6
砂黏土、黏砂土、半干硬黏土	0.3~0.4	硬质岩	0.6~0.7
砂类土	0.4		

第六节　六四式铁路军用梁技术资料

一、简介

六四式铁路军用梁（代号 102-1，以下简称六四式）和加强型：六四式铁路军用梁（代号 102-2，以下简称加强型六四式）均为全焊接构架、销接组装、单层或双层多片式、明桥面体系的拆装式上承钢桁梁；“加强型六四式”中的“加强三角”和“加强弦杆”系采用 15 锰钒氮高强度低合金钢制造，所以，提高了承载能力、增大了适用跨度、减轻了整桥重量。这两种型号的桥梁使用范围很广，主要用于铁路桥梁的抢修。

二、构件及配件

1. 构件

这两种型号的梁各有 11 种。其中 9 种构件（代号为②、④、⑥、⑤、⑦、⑧、⑨、⑩、⑪）在两种型号的梁中是通用的，其余两种构件：代号为①、③的（面漆颜色为中灰色）用于“六四式”中；代号㉑、㉓的（面漆为军绿色）用于“加强型六四式”中，详见附表 38 中。

主要构件名称、质量与用途表　　附表 38

名称		构件质量(kg)		用途
六四式	加强六四式	六四式	加强六四式	
标准三角①	加强三角㉑	455	482	单双层梁均用
端构架②		412		单双层梁均用，主要拼组铁路标准路
标准弦杆③	加强弦杆㉓	231	240	仅单层梁使用
端弦杆④		177		仅单层梁使用
斜弦杆⑤		139		仅双层梁使用
撑杆⑥		137		仅双层梁使用
1.5m 辅助端构架⑦		354		单、双层式梁均可用，代替或配合端构架②调整跨长用
2.5m 辅助端构架⑧		495		
3.0m 辅助端构架⑨		562		
2.0m 低支点端构架⑩		367		单、双层式梁均可用，代替端构架②主要用于铁路标准跨度的低支点桥跨
3.0m 低支点端构架⑪		468		单、双层式梁均可用，代替或配合 20m 低支点端构架⑩调整跨长用

注：1. 除了②、⑦、⑧、⑨、⑩、⑪等六种端构件是根据所需跨长、支点高度选用其中一或两种外，其余均为通用构件和配件。

2. ①与㉑，③与㉓可以互换装配。㉑可代替①使用，㉓可代替③使用，反之则不行。

2. 配件

两种型号梁的配件是通用的，共分 4 类 11 种，主要构件的截面性质和容许承载力见附表 39。

主要构件的截面性质和容许承载能力汇总表 附表39

构件和杆件名称				钢材性质	截面性质			容许承载能力	
					截面	面积（cm^2）	φ	验算军用梁	验算轻便架桥机
标准三角	弦杆	轴向力		16Mnq	2[16*b*	50.3	0.833	±100	-116
		偏心受压	7片梁时				0.752	-91	
			6片梁时				0.737	-89	
			5片梁时				0.718	-87	
			4片梁时				0.690	-83	
	斜腹杆				2[8	20.48	0.867	±43	45
	中竖杆				2L50×50×5	9.6	0.594	-10	-15
加强三角	弦杆	轴向力		15MnVT 16Mnq	2[16*b*	50.3	0.833	±140	
		偏心受压	7片梁时				0.775	-133	
			6片梁时				0.766	-131	
			5片梁时				0.754	-129	
			4片梁时				0.733	-126	
	斜腹杆				2[8	20.48	0.867	±42	
	中竖杆				2L50×50×5	9.6	0.594	-10	
端构架	端压杆			16Mnq	2[10	25.48	0.884	-54	
	斜拉杆						—	+55	
	斜压杆				2[8	20.48	0.832	-41	-44
标准弦杆				16Mnq	2[16*b*	50.3	—	+100	+131
加强弦杆				15MnV 16Mnq			—	+140	
端弦杆				16Mnq	2[16*a*	43.9	—	+100	+114
斜弦杆							—	+100	
撑杆							0.844	-45	

第七节　各类锚纲材料参数

一、D型钢丝绳参数表(附表40)

D型钢丝绳参数表 附表40

6×19			6×37		
钢索直径（mm）	一纵长米钢索的重量(N)	最小破坏拉力（N）	钢索直径（mm）	一纵长米钢索的重量(N)	最小破坏拉力（N）
7.7	2.1	28 500	6.7	1.6	20 600
9.3	3.1	41 000	7.4	1.9	24 700
11.0	4.2	55 900	8.0	2.3	29 300

续上表

6×19			6×37		
钢索直径（mm）	一纵长米钢索的重量(N)	最小破坏拉力（N）	钢索直径（mm）	一纵长米钢索的重量(N)	最小破坏拉力（N）
12.5	5.3	73 000	8.7	2.6	34 200
14.0	6.9	92 400	11.0	4.1	53 500
15.5	8.5	114 000	13.0	5.9	77 100
17.0	10.3	138 000	15.5	8.0	105 000
18.5	12.2	164 000	17.5	10.5	137 000
20.0	14.3	192 500	19.5	13.3	173 500
22.0	16.6	223 500	22.0	16.5	214 000
23.5	19.0	256 500	24.0	19.9	259 000
25.0	21.7	292 000	26.0	23.8	308 500
26.5	24.5	329 500	28.5	27.7	362 000
28.0	27.4	369 500	30.5	32.2	420 000
31.0	33.9	456 000	32.5	36.8	482 000
34.0	41.1	552 000	35.0	42.1	548 500
37.0	48.8	657 000	37.0	47.5	619 000
40.5	57.4	771 000	39.0	53.1	694 000
43.5	66.4	894 500	43.5	65.7	857 000
46.5	76.4	1 025 000	47.5	79.4	1 035 000
			52.0	94.5	1 230 000
			56.5	111.0	1 445 000

7×19			7×37		
钢索直径（mm）	一纵长米钢索的重量(N)	最小破坏拉力（N）	钢索直径（mm）	一纵长米钢索的重量(N)	最小破坏拉力（N）
7.5	2.3	33 200	6.51	1.7	24 000
8.25	2.8	40 200	7.14	2.1	28 900
9.0	3.3	47 900	7.77	2.5	34 200
9.75	3.9	56 200	8.40	2.9	40 000
10.5	4.5	65 200	10.5	4.5	62 500
12.0	5.9	85 100	13.0	6.4	90 000
13.5	7.5	107 500	15.0	8.8	122 500
15.0	9.3	133 000	17.0	11.4	160 000
16.5	11.2	161 000	19.0	14.4	202 500
18.0	13.3	191 500	21.0	19.7	250 000
19.5	15.6	224 500	23.5	21.7	302 500
21.0	18.1	260 500	25.5	25.8	360 000
22.5	20.7	299 000	27.5	30.3	422 500
24.0	23.7	340 500	29.5	35.1	490 000
25.5	26.8	384 500	31.5	40.1	562 500
27.0	29.9	431 000	34.0	45.8	640 000

续上表

7×19			7×37		
钢索直径（mm）	一纵长米钢索的重量(N)	最小破坏拉力（N）	钢索直径（mm）	一纵长米钢索的重量(N)	最小破坏拉力（N）
30.0	37.0	532 000	36.0	51.7	722 500
33.0	44.8	644 000	38.0	57.9	810 000
36.0	53.3	766 500	42.0	71.5	1 000 000
39.0	62.6	899 500	46.5	86.9	1 210 000
42.0	72.5	1 040 000	50.5	102.9	1 440 000
45.0	83.3	1 195 000	55.0	120.9	1 690 000
8×19			8×37		
钢索直径（mm）	一纵长米钢索的重量(N)	最小破坏拉力（N）	钢索直径（mm）	一纵长米钢索的重量(N)	最小破坏拉力（N）
11.5	4.2	54 700	10.5	3.7	45 700
12.5	4.9	64 200	13.0	5.7	71 400
13.5	5.7	74 500	16.0	8.3	102 500
15.0	7.5	97 300	18.5	11.3	140 000
17.0	9.5	123 000	21.0	14.7	182 500
19.0	11.7	152 000	23.5	18.6	231 000
20.5	14.2	184 000	26.5	23.1	285 500
22.5	16.8	219 000	29.0	27.9	345 500
24.5	19.8	257 000	31.5	33.2	411 500
26.0	22.9	298 000	34.0	39.0	483 000
28.0	26.2	342 000	36.5	45.2	560 000
30.0	29.9	389 000	39.5	51.6	643 000
32.0	33.8	439 500	42.0	58.9	731 500
33.5	37.8	492 500			
37.5	46.8	608 500			
41.0	56.6	736 000			

注:钢丝绳公称抗拉强度为 15MPa。

二、麻绳诸元(附表 41)

各类麻绳参数表 附表 41

直径（cm）	周长（cm）	未涂焦油的麻绳		涂焦油的麻绳	
		100 纵长米重量(N)	麻绳的拉断力(N)	100 纵长米重量(N)	麻绳的拉断力(N)
1.11	3.5	87.5	6 100	103	5 750
1.27	4.0	117	7 750	138	7 350
1.43	4.5	146	9 450	172	8 950
1.59	5.0	174	11 200	205	10 650
1.91	6.0	248	15 700	293	14 900
2.07	6.5	293	17 550	346	16 650
2.39	7.5	395	23 930	466	22 260

续上表

直径（cm）	周长（cm）	未涂焦油的麻绳		涂焦油的麻绳	
		100纵长米重量(N)	麻绳的拉断力(N)	100纵长米重量(N)	麻绳的拉断力(N)
2.87	9.0	572	34 330	675	32 230
3.18	10.0	700	40 130	826	37 670
3.66	11.5	920	51 150	1 086	48 510
3.98	12.5	1 100	58 250	1 300	55 250
4.78	15.0	1 560	83 900	1 841	79 600
5.57	17.5	2 160	107 400	2 550	101 850
6.37	20.0	2 800	138 050	3 304	130 900
7.96	23.0	4 400	201 800	5 192	191 400

注:涂焦油的麻绳系由涂焦油的麻绳股制成。

三、聚乙烯塑料绳诸元(附表42)

各类聚乙烯塑料绳参数表　　附表42

直径(mm)	拉力(N)	标距长(cm)	标距断长(cm)	总伸长(cm)	延伸率(%)
12	9 120	10	20.3	10.3	130
14	13 100	10	23	13	130
16	16 300	10	23	13	130
20	25 300	10	23	13	130
24	33 700	6	14	8	133
32	58 300	10			
36	63 400				130
40	68 800				130

注:1. 聚乙烯塑料绳由聚乙烯颗粒或聚乙烯单丝塑料制作而成。

2. 适用温度在 -20℃ ~50℃。

参 考 文 献

[1] 王建平,程建生.舟艇原理与设计.解放军理工大学工程兵工程学院,2005.
[2] 王家麟,李志刚,等.浮桥结构与计算.工程兵工程学院,1995.
[3] 李志刚,郑峰,等.舟桥装备与运用.解放军理工大学工程兵工程学院,2006.
[4] 吴培德,刘建成,林铸明,等.带式浮桥.北京:国防工业出版社,2005.
[5] 王建平,程建生,等.舟桥设计理论.北京:国防工业出版社,2012.
[6] 铁道部大桥工程局.桥梁设计手册.上海:上海科学技术出版社,1963.
[7] 吴德馨.浮桥施工技术.北京:中国建材工业出版社,2000.
[8] 张增勤,辛实,陆立太.铁路浮桥.北京:中国铁道出版社,2001.
[9] 徐练.遵义革命文化资源的开发与利用研究.济南:山东大学,2008.
[10] 任峙.宋金桥梁研究.开封:河南大学,2007.
[11] 中国人民解放军89001部队.外军舟桥器材.无锡:工程兵科研一所,1979.